看護医療学校受験

オープンセサミシリーズ 参考書 ③

英　語

平成30年告示 学習指導要領対応

東京アカデミー｜編

東京アカデミー七賢出版

はじめに

オープンセサミ・シリーズは，看護・医療系学校入試に完璧に対応できるよう，入試問題を分析し作成した看護・医療系専用の参考書です。豊富な問題演習と分かりやすく丁寧な解説により，繰り返し学習することによって，基礎を確実に固めながら，同時に自然に入試傾向をつかむことができるよう構成されています。

あなたがこのシリーズを十分に活用し，目的を達成されることを念願します。

東京アカデミー看護医療試験研究室スタッフ一同

■本書の特色と利用法■

● 基礎からわかりやすく解説

本書は，従来の参考書で起こりがちな，「どうしてこれがこうなるの？」といった皆さんの疑問に応えるため，解説を以下のようにまとめました。

Key Sentence 各単元で学ぶ事項の例文をまとめたものです。
本文の理解をよりいっそう深めるために，本文で解説される事項と照らし合わせた上でこの例文を覚えるようにしましょう。また，必ず覚えてほしい重要例文には**重**マーク（ex. **重 15**. May I ask **you a favor** ?）をつけました。確実に身につけておきましょう。

本文解説 Key Sentence と関連して文法の基礎事項をわかりやすく説明してあります。繰り返し繰り返しじっくりと学習してください。

Open Sesame 文法等における重要事項や間違えやすい点などが指摘してあります。必ず覚えましょう。

Advance 各単元における発展的な内容についてまとめたものです。知識のステップアップに役立つ項目です。

● 何度も反復練習することにより，確実にパターンをマスター

Practice 本文で学んだ文法で，例題を解いてみましょう。まずは，自力で解いてみてください。解けなかった問題については，ここに着眼！を参考にしたり，本文の解説に戻って復習したりして，どこで間違えたのか，何がわからなかったのかを必ず確認しましょう。

問題演習 各単元の終わりに，本文で学んだ文法がどれだけ理解できたのかを確認するための練習問題です。Aは基本問題，Bは標準問題，Cは応用問題となっています。また，巻末の解答・解説に，本文中のどの例文を参照するとよいかが明記されていますので，自信のないところ，間違えたところは再度学習し，自分の理解を完全なものにしましょう。

Practice および**問題演習**の問題番号についている★印は，やや難題を示しています。

目次

§1 文　型

▶文の要素

主部・述部の中には，その中心となる**主語・述語動詞**がある。主語になるものは，名詞・代名詞とそれに相当する語・句・節である。述語動詞には，大きく分けて**他動詞**と**自動詞**があるが，この動詞によって文型は決まる。

目的語は他動詞の働きを受ける。目的語になるものは，名詞・代名詞とそれに相当する語・句・節であり，述語動詞の後に置く。

また，主語や目的語の状態，性質，身分，職業などを表す要素を**補語**という。補語には，**主格補語**と**目的格補語**があり，名詞・代名詞・形容詞とそれに相当する語・句・節がある。

key Sentence

1. **Birds fly.**
(鳥は飛ぶ)

2. **He is** young.
(彼は若い)

3. **Emily's sister saw** the boy in the library.
(エミリーの姉さんは図書館でその少年を見た)

文は主題となる**主部**と，主題について述べる**述部**から成る。これが，文として成立するための最小限の要素である。

1. Birds が主語，fly が述語である。

2. He が主語，is は述語動詞，young は補語である。

3. Emily's sister が主部（sister＝主語），saw the boy in the library が述部（saw＝述語）である。

Open Sesame

文の４つの要素を覚えよう。

I	am	an English teacher.	
(主語)	(述語動詞)	(補　語)	
We	played	tennis	in the park.
(主語)	(述語動詞)	(目的語)	修 飾 語

主語 / 主部　(S)＝Subject Word
述語動詞　(V)＝Predicate Verb
補語　(C)＝Complement
目的語　(O)＝Object

Practice

1　次の各文から主語（S）と述語動詞（V）を選べ。

(1)　His son became a doctor.

(2)　The dictionary on the desk is mine.

(3)　There was a church on the hill.

(2)　on thc desk は The dictionary を修飾する。

(3)　文頭の There は副詞なので主語にはならない。

▶第 1 文型（S＋V）

key Sentence

4. Fire **burns**.
（火が燃える）

5. The baby in the bed **is crying**.
（ベッドの赤ちゃんが泣いている）

6. There **is** a vase on the table.
（テーブルの上に花びんがある）

第 1 文型とは，「**〜は（が）〜する**」つまり，**〈S＋V〉**だけの要素で成立する文型である。これをつくる動詞を**完全自動詞**といい，この文型には，補語も目的語も用いられない。

4. 主語は Fire，述語動詞は burns である。

5. 主語は The baby，述語動詞は is crying，修飾語は in the bed である。

6. There is〔are〕の構文は，there が副詞で〈V＋S〉の語順となり，倒置が起こっている。主語は a vase，述語動詞は is，修飾語は on the table である。

▶第 2 文型（S＋V＋C）

key Sentence

7. He is **kind**.
（彼は親切だ）

重 **8**. Your mother looks **young** for her age.
(君のお母さんは年のわりに若く見える)

9. He became **a teacher** of English.
(彼は英語の先生になった)

第2文型とは，主語と動詞だけでは文意が通じず，主語の補足説明を必要とする文型，つまり，**〈S+V+C〉**となる文型である。この補語〈C〉を**主格補語**という。補語が名詞であれば，主語と同一人物を表し，形容詞であれば，主語の状態や性質を説明している。よって，この文型では，S=Cの関係が成り立つ。

7. 主語はHe，述語動詞はis，補語はkindである。

8. 主語はYour mother，述語動詞はlooks，補語はyoungである。

9. 主語はHe，述語動詞はbecame，補語はa teacherである。

▶第3文型(S+V+O)

key Sentence

10. I read **an interesting book** yesterday.
(私は昨日おもしろい本を読んだ)

11. The student tried **to solve the problem**.
(学生はその問題を解こうとした)

12. He said **that he was an American**.
(彼は自分はアメリカ人だと言った)

第3文型の動詞は**完全他動詞**という。完全他動詞はあとに目的語だけがきて，補語は必要ない。目的語には名詞・代名詞の他，不定詞（名詞的用法）句や名詞節がある。

10. 主語はI，述語動詞はread，目的語はan interesting bookである。

11. 主語はThe student，述語動詞はtried，目的語はto solve the problemである。

12. 主語はHe，述語動詞はsaid，目的語はthat以下である。

Open Sesame

目的語と補語の見分け方

I know Mr. Brown.　(I≠Mr. BrownなのでMr. Brownは目的語)
He is Mr. Brown.　(He=Mr. BrownなのでMr. Brownは補語)

▶第4文型（$S+V+O_1+O_2$）

key Sentence

13. He gave **me some flowers.**
（彼は私に花をくれた）

14. Father bought **me a new dictionary**.
（父は私に新しい辞書を買ってくれた）

重**15.** May I ask **you a favor** ?
（お願いがあるのですが）

第4文型をとる動詞を特に**授与動詞**という。代表的なものは**「〜に…を与える」**という形で，「〜に」に相当するのは $\mathbf{O_1}$ で**間接目的語**といい，「…を」に相当するのは $\mathbf{O_2}$ で**直接目的語**という。$\mathbf{O_1}$ には「**人**」，$\mathbf{O_2}$ には「**物**」がくることが多い。

13. O_1 は me「人」，O_2 は some flowers「物」である。

14. O_1 は me「人」，O_2 は a new dictionary「物」である。

15. O_1 は you「人」，O_2 は a favor である。

〈O_1+O_2〉を語順転換し，**〈O_2＋前置詞＋O_1〉**にすると第3文型になる。この場合の前置詞は to と for がほとんどである。

①**〈O_2+to+O_1〉**になる動詞（give，tell，teach，show，bring，lend，send など）

He gave me some flowers.　　　（第4文型）
＝He gave　　some flowers to me.（第3文型）

②**〈O_2+for+O_1〉**になる動詞（buy，get，find，make など）

Father bought me a new dictionary.　　　（第4文型）
＝Father bought　　a new dictionary for me.（第3文型）

③**〈O_2+of+O_1〉**になる動詞（ask）

May I ask you a favor ?　　　（第4文型）
＝May I ask　　a favor **of** you ?（第3文型）

この表現以外では，of はあまり用いられない。

▶第 5 文型（S＋V＋O＋C）

key Sentence

16. They call **him Tom.**
（彼らは彼をトムと呼ぶ）

17. We found **the story false.**
（私たちはその話が嘘だとわかった）

18. He made **me happy.**
（彼は私を幸せにしてくれた）

第 5 文型の動詞は**不完全他動詞**で，目的語とそれを説明する**目的格補語**を伴う。よって，この文型では，**O＝C** の関係が成り立つ。目的格補語には，名詞・代名詞・形容詞・不定詞がくることが多い。

16. him＝Tom である。

17. the story は false である，という考え方が成り立つ。なお，false は形容詞である。

18. me は happy である，という考え方が成り立つ。なお，happy は形容詞である。

Open Sesame

〈S＋V＋O_1＋O_2〉 or 〈S＋V＋O＋C〉?

① They made their son a toy.（彼らは息子におもちゃを作ってあげた）

They	made	their son	a toy.
S	**V**	**X_1**	**Y_1**

② They made their son a doctor.（彼らは息子を医者にした）

They	made	their son	a doctor.
S	**V**	**X_2**	**Y_2**

①では，$X_1 \neq Y_1$ となり，〈S＋V＋O_1＋O_2〉で第 4 文型である。

②では，$X_2 = Y_2$ となり，〈S＋V＋O＋C〉で第 5 文型である。

Practice

2 次の各文の要素を指摘せよ。

(1) My aunt likes a cat.

(2) There were many students under the tree.

(3) Mr. Tanaka is a very intelligent man.

(1) a cat は名詞である。My aunt≠a cat

(2) 文頭の There は副詞なので主語にはならない。

(3) a very intelligent man は Mr. Tanaka を補足する要素である。

Practice

3 次の各文から目的語(O)あるいは補語(C)を指摘せよ。

(1) Betty has a good racket.

(2) Tom gave me a present on my birthday.

(3) Kazuko always keeps her room clean.

(1) Betty≠a good racket

(2) Tom≠me, me≠a present

(3) Kazuko≠her room, her room＝clean

文尾の clean は形容詞である。

問題演習

A

1　次の各文は第何文型かを指摘せよ。

(1)　My uncle keeps a cat.

(2)　We elected him captain of our team.

(3)　Mr. Tanaka teaches us English.

(4)　There was a fire in my neighborhood last night.

(5)　Jane is a very kind girl.

2　次の英文を和訳し，第何文型かを指摘せよ。

(1)　She makes a chocolate cake.

(2)　She made me a doll.

(3)　He made her his wife.

(4)　The letter from her mother made her sad.

3　次の各文と同じ文型のものを下の**ア〜コ**から 2 つずつ選び，記号で答えよ。

(1)　She worked hard.

(2)　We love our parents.

(3)　Are you busy now ?

(4)　He named his son Thomas.

(5)　We bought you these dolls.

ア. You look tired, Bob.

イ. I found the empty box.

ウ. She laughed at me.

エ. I found the box empty.

オ. Will you show me your house ?

カ. He will be a good singer.

キ. I saw Mary yesterday.

ク. Does your dog run fast ?

ケ. You must keep your hands clean.

コ. Who taught you English ?

B

1　次の各文は下の**ア〜オ**の中のどの文型に属するか，記号で答えよ。

(1)　This story originally appeared in a magazine.

(2)　Flowers will keep fresh in water.

(3)　Water will keep flowers fresh.

(4)　Where did you find this flower ?

(5)　The tailor has made me a pair of baggy trousers.

ア.　文型 1：S+V　　**イ.**　文型 2：S+V+C

ウ.　文型 3：S+V+O　　**エ.**　文型 4：S+V+O+O

オ.　文型 5：S+V+O+C

2　次の各文は下の**ア〜オ**の中のどの文型に属するか，記号で答えよ。

(1)　There once lived a very clever king called Minos.

(2)　The children kept silent all the while.

(3)　The man showed me how to get to the museum.

(4)　He is the last man that I want to marry.

(5)　I suggested that a new road should be built.

ア.　S+V　　**イ.**　S+V+C　　**ウ.**　S+V+O

エ.　S+V+O+O　　**オ.**　S+V+O+C

3　次の英文を和訳せよ。

(1)　Fred lived a busy life. He always worked for his country, and you may wonder if he had time for anything else.

(2)　When you feel very tired at night, you had better give up your work and go to bed early. Sleep makes your body clear.

4　次の日本文を英訳せよ。

(1)　母は毎朝 5 時に起きます。

(2)　彼の姉はテニスがとてもうまい。

(3)　私は彼を親切な少年だと思う。

§2　文の種類

文は表現形式の上から，**平叙文・疑問文・命令文・感嘆文**の 4 つに分けられる。

▶平叙文

key Sentence

19. She **plays** the piano every day.
(彼女は毎日ピアノを弾きます)

20. This handkerchief **is not** mine.
(このハンカチは私のではない)

平叙文には「〜は…である」という**肯定文**と「〜は…でない」という**否定文**がある。否定の平叙文は肯定の平叙文に not, never などの否定語をつけて作るが，否定語のつけ方には次のようなルールがある。

① be 動詞・助動詞のあとに not をつける。

He can drive a car.　→　He can not〔cannot〕drive a car.
(彼は車の運転ができる)　(彼は車の運転ができない)

②一般動詞の文は〈do〔does, did〕not＋原形〉にする。

She studies hard.　→　She does not study hard.
(彼女は一生懸命勉強します)　(彼女は一生懸命勉強しません)

③ never「決して〜ない」を be 動詞は後に，一般動詞は前につける。

I am never happy.（私は決して幸せではない)
Judy never tells a lie.（ジュディは決して嘘をつかない)

19.「彼女は……弾く」という肯定文である。

20.「このハンカチは……ない」という否定文である。

▶疑問文

key Sentence

21. **Are** you a student ?
(君は学生ですか)

22. **Will** it be rainy tomorrow ?
(明日は雨だろうか)

23. **Where** do you live ?
(どこにお住まいですか)

24. **Who** broke the window ?
(誰が窓ガラスを割ったのですか)

25. **Don't** you know the reason ?
(あなたはその理由を知らないのですか)

26. **Which** do you like better, coffee or tea ?——I like tea better.
(コーヒーと紅茶ではどちらが好きですか——紅茶の方が好きです)

27. Your mother heard the news, **didn't she** ?
(君のお母さんはそのニュースを聞きましたね)

人に何かを問いかける文を**疑問文**といい，文尾には疑問符(？)がつく。疑問文の作り方には次のようなルールがある。

① be 動詞や助動詞を含む文の場合

be 動詞・助動詞を文頭に置く。これらは Yes や No で答えられる疑問文となる。

②一般動詞の場合

do〔does, did〕を主語の前に置く。その際，必ず述語動詞は**原形**にする。これらも Yes や No で答えられる疑問文である。

③疑問詞を含む疑問文の場合

疑問詞を文頭に置き，その後は一般疑問文と同じ要領（①，②）で作る。この疑問文は Yes や No で答えられない。

●疑問詞の種類

who「だれが」，**what**「何」，**which**「どれ」，**whose**「誰の」，**when**「いつ」，**where**「どこで」，**why**「なぜ」，**how**「どのように」

また，how については，how long（期間・長さ），how far（距離），how much（金額・量）など多くの表現があり，覚えておくとよい。

21. be 動詞を文頭に置く Yes／No 疑問文である。

22. 助動詞を文頭に置く Yes／No 疑問文である。

23. 疑問詞が文頭に置かれているので，Yes／No では答えられない。

24. Who が主語である。疑問詞が主語である疑問文は，一般動詞の文でも do〔does, did〕は用いない。

25. 否定疑問文である。これに対する答えが **"Yes**, I do." であるならば「**いいえ**，知っています。」**"No**, I don't." であるならば「**はい**，知りません。」となるので注意が必要である。

26. このような文を**選択疑問文**という。コーヒーと紅茶のどちらが好きかを尋ねているのであるから，Yes／No では答えられない。

27. このような文を**付加疑問文**という。平叙文の後に疑問文の省略形をつけて，相手の確認または同意を求める疑問文である。肯定文の後には否定の疑問文が，否定文の後には肯定の疑問文がつく。

① This stone is very heavy, isn't it ?
（This stone is very heavy：肯定文　isn't it：否定）
(この石はとても重いですね)

② She can't speak French, can she ?——No, she can't.
（She can't speak French：否定文　can she：肯定）
(彼女はフランス語を話せないのですね——はい，話せません)

その他にも特殊な付加疑問文として，次のものがあげられる。

③命令文，will you ?「〜してくれないか」
Lend me your book, will you ? (＝Will you lend me your book ?)
(君の本を貸してくれないか)

④ Let's 〜, shall we ?「〜しようよ」
Let's go to the movie, shall we ? (＝Shall we go to the movie ?)
(映画を見に行こうよ)

Open Sesame

疑問詞が主語である疑問文では助動詞 do〔does, did〕は用いない！

What happened next ?　←　What は主語であるから，did はない。
(次に何が起こったか)

What did you buy ?　←　What は目的語であるから，通常の疑問文の形になっている。
(君は何を買ったか)

Practice

4　次の各文の下線部が答えの中心となる疑問文を書け。

(1)　<u>He</u> broke my glasses.

(2)　She likes <u>English</u>.

(1)　who を主語にするので did は用いない。

(2)　対象となるものが何か分らないときには what を用いる。

▶間接疑問文

key Sentence

28.
What is he like ?
(彼はどんな人ですか)
Do you know **what he is like** ?
(彼がどんな人か知っていますか)

重 **29.**
What is he like ?
(彼はどんな人ですか)
What do you think he is like ?
(彼はどんな人だと思いますか)

重 **30.**
Is he a student ?
(彼は学生ですか)
Do you know **if〔whether〕 he is** a student ?
(彼が学生かどうか知っていますか)

文の一部に疑問文が組み込まれた文を間接疑問文という。間接疑問文では，組み込まれた疑問文は**疑問詞＋平叙文の語順(S＋V)**になることに注意する。

28. Do you know ～ ? の文に What is he like ? の疑問文が組み込まれている。そのため Do you know what の後は he is と **S＋V の語順**である。

29. 主節の動詞が think, suppose などの場合は，**疑問詞＋do you think(suppose など)＋S＋V の語順**にする。

30. Do you know ～ ? に Is he a student ? の Yes／No 疑問文が組み込まれている。Yes／No 疑問文の場合，**if** または **whether** で文をつなぎ，その後は **S＋V の語順**となる。

Practice

5　次の各文を［　］内の語句を用いて間接疑問文に書き換えよ。

(1)　Does she like music ?　[Do you know ～ ?]
(2)　Why did he say so ?　[Do you think ～ ?]
(3)　When will you leave Japan ?　[Please tell me ～.]

(1)　if 以下の文では，主語の she が 3 人称単数なので likes になる。
(2)　疑問詞＋do you think＋S＋V の語順で he said so となる。
(3)　When you will leave Japan が tell の目的語となる名詞節。

▶命令文

key Sentence

31. **Go** at once.
（すぐ行きなさい）

32. **Be** kind to others.
（他人には親切にしなさい）

33. **Don't make** a noise.
（音をたてるな）

34. **Don't** be afraid, please.
（どうか怖がらないでください）

命令文で用いられる動詞は原形であり，主語の you は省略される。また，「～するな」という禁止を表す文を**否定命令文**といい，どんな動詞であっても（be 動詞であっても），Don't ～で始まる。また命令文の前後いずれかに please をつけると，丁寧な命令文となる。

31. 一般動詞が文頭にくる命令文である。

32. be 動詞が文頭にくる命令文である。

33. 否定命令文であり，Don't＋一般動詞の原形となっている。

34. 否定命令文であり，Don't＋be 動詞の原形となっているが，please がついているので丁寧な命令文となっている。

▶感嘆文

key Sentence

35. **How beautiful** this flower is !
（この花はなんて美しいのだろう）

36. **What a nice present** you gave me !
（君はなんて素敵なプレゼントをくれたことだろう）

37. **What tall boys** they are !
（彼らはなんて背の高い少年たちなのだろう）

感嘆文は，驚き・喜び・悲しみなどの強い感情を詠嘆的に述べる文である。What と How で始まる文がある。

① **How＋形容詞〔副詞〕(＋S ＋ V)！**

② **What＋(a〔an〕)＋形容詞＋名詞 (＋S＋V)！**

①は形容詞や副詞を強めるときに用い，②は名詞語句を強めるときに用いる。なお②の場合，名詞が複数のとき，冠詞は不要となる。

35. How＋形容詞＋S＋V！(＝This flower is very beautiful.)

36. What＋a＋形容詞＋名詞＋S＋V＋O！(＝You gave me a very nice present.)

37. What＋形容詞＋名詞＋S＋V！(＝They are very tall boys.)

Open Sesame

感嘆文と疑問文の違いは明確！

How tall you are！（なんて君は背が高いんだろう）

How tall are you？（君の身長はどのくらいですか）

What や How は疑問文にも感嘆文にも用いるが，〈S〉，〈V〉の語順の違いや文尾の符号からはっきりと区別できる。

▶構造からみた文の種類

key Sentence

38. **I went** to the library with her.
（私は彼女と図書館に行きました）

39. **Hurry** up, or **you will miss** the train.
（急ぎなさい，さもないと列車に遅れますよ）

40. Everybody knows **that** Bob is honest.
（ボブが正直であることは皆が知っている）

41. I know **that** she has come to Tokyo, **but** I don't know **when** she came.
（彼女が東京へ来ていることは知っているが，いつ来たかは知らない）

文はその構造（主部・述部，主節・従属節，等位節など）から，単文・重文・複文・混文に分けることができる。

単文とは，ただ 1 つの主部と述部でできている文のことをいう。下記のような例文も単文に属する。

Jack and Mary went to school.
（Jack and Mary：主部　went to school：述部）
（ジャックとメアリーは学校へ行った）

重文とは，2つ以上の独立した節（等位節）が，**等位接続詞**で結ばれた文のことをいう。等位接続詞には，and，but，for，or，so などがある。（☞ **§11「接続詞」**）

He had two sons and they became doctors.

等位節　　等位節

（彼には二人の息子がいるが，二人とも医者になった）

複文は，2つ以上の節でできている点は重文と同じであるが，重文の節と違って1つ1つの節が独立した文になっていない。つまり，複文には中心になる節（**主節**）とその中心となる節に従属している節（**従属節**）とがある。

① I believe that he will come.（私は彼が来ると信じる）

主　節　　従　属　節

従属節が**名詞節**となり，believe の目的語となっている。

② This is the boy who came yesterday.（この子が昨日来た少年だ）

主　節　　従　属　節

従属節が**形容詞節**となり，the boy を修飾している。

③ Though he was ill, he went out.（彼は病気だったけれども外出した）

従　属　節　　主　節

従属節が**副詞節**となり，went を修飾している。

なお，従属節は，before，after，when，since，because，though，if，that などの接続詞（従属接続詞）や，関係詞によって導かれる（☞ **§9「関係詞」**）。

混文とは，重文と複文がまじって用いられている文のことをいう。つまり重文の中の等位節が従属節を含むような場合に混文となる。

I hear that he is a doctor, but I'm not sure if he is a surgeon.

主　節　　従　属　節　　主　節　　従　属　節

等　位　節　　等　位　節

（彼は医者だとは聞いているが，外科医かどうかは確かではない）

上記の例文を見ると，2つの等位節が but で結ばれた重文になっているが，等位節のそれぞれが従属節をもった複文になっている。

38. I が主部，went 以下が述部の単文である。

39. Hurry up と you will miss the train は等位節で，等位接続詞 or で結ばれた重文である。

40. Everybody knows が主節，that 以下が従属節の複文である。that Bob is honest は名詞節で knows の目的語となっている。

41. I know が主節，that she has come to Tokyo が従属節の複文と，I don't know が主節，when she came が従属節の複文が，等位接続詞 but で結ばれた混文である。

Open Sesame

文の種類の基本形をマスターしよう！

You are a nurse.（あなたは看護師さんです）

疑問文→ Are you a nurse？（あなたは看護師さんですか）

否定文→ You aren't a nurse.（あなたは看護師さんではありません）

You run very fast.（あなたは速く走ります）

感嘆文→ How fast you run！（あなたはなんて速く走るのだろう）

You study English.（あなたは英語を勉強します）

命令文→ Study English.（英語を勉強しなさい）

複雑そうに見える文も文の要素がわかれば大丈夫！

We must always keep in mind that health is the most important.

We〔S〕 keep〔V〕 that health（Ⓢ） is（Ⓥ） the most important（Ⓒ） ＝ 従属節〔O〕

（我々は常に健康第一ということを心しておくべきだ）

全体の文は〈S＋V＋O〉の第 3 文型。〈O〉が名詞節となり，その中にⓈⓋⒸが入っている。

Practice

6　次の各文をあとの指示に従って書き換えよ。

(1)　We study English at school.［否定文に］

(2)　誰がこのコップを割ったのか。［英文に］

(3)　Don't be lazy.［must を用いた文に］

(4)　That mountain is very high.［How を用いた感嘆文に］

(1)　study は一般動詞であるから do not または don't を用いる。

(2)　疑問詞が主語の疑問文になる。したがって，助動詞 did は不要である。

(3)　一般に，命令文は you must ～「～しなければならない」，否定命令文は you must not ～「～してはいけない」に書き換えることができる。

(4)　very の代わりに How を用い，How high を文頭に出す。

Practice

7　次の各文の下線部が答えの中心となる疑問文を書け。

(1)　She is <u>a musician</u>.

(2)　The game will begin <u>at one o'clock</u>.

(3)　<u>Mr. Brown</u> visited Sapporo last Sunday.

(4)　It is <u>two miles</u> from here to the station.

(5)　Tom came to school <u>by bicycle</u>.

ここに着眼！

(1)　職業を尋ねるときは What を使う。

(2)　時間を尋ねるときは What time ～？または When ～？を使う。

(3)　主語を尋ねるとき，それ以下の語順は平叙文になる。

(4)　距離を尋ねるときは How far ～？を使う。

(5)　手段を尋ねるときは How を使う。

問題演習

A

1　次の各文の（　）内に適当な疑問詞を補い，英文を完成させよ。

(1)　(　　) does he do ? —He does teaching.

(2)　(　　) are you ? —Fine, thank you.

(3)　(　　) teaches you English ? —Mr. White does.

(4)　(　　) were you absent from school yesterday ?
—Because I had a headache.

(5)　(　　) do you like better, tea or coffee ? —I like coffee better.

2　次の各文の下線部が答えの中心となる疑問文を書け。

(1)　This bicycle cost twenty thousand yen.

(2)　She is going to stay in Japan for three weeks.

(3)　I like tea better than coffee.

(4)　The famous writer was born in Scotland.

(5)　I borrowed Dick's car yesterday.

(6)　Miss James taught him the piano.

3　次の各文をあとの指示に従って書き換えよ。

(1)　He put off his departure.［疑問文に］

(2)　Ellen seems to feel cold.［否定文に］

(3)　Winter in Alaska is long and cold.［付加疑問をつけて］

(4)　(　　) me to your family.［1語入れて「みなさんによろしく」という文に］

(5)　How do you think about it ?
［1語訂正して「それをどう思いますか」という文に］

4　次の各文の（　）内に適当な語を補い，英文を完成させよ。

(1)　He is a very ambitious boy.
＝(　　) (　　) (　　) boy he is !

★(2)　What a nice camera you have !
＝The camera which you have (　　) (　　) nice.

(3)　She'll be here tomorrow, (　　) she ?

(4)　He always tells a lie, (　　) he ?

B

1　次の各文は単文・複文・重文のうちのどれか，答えよ。

(1)　What do you call this flower in English ?

(2)　I'll stay at home if it rains tomorrow.

(3)　Hurry up, and you will be in time.

(4)　The stone is too heavy for him to lift.

(5)　I expect that he will attend the meeting.

2　次の各文をあとの指示に従って書き換えよ。

(1)　Unless you study hard, you will fail.［重文に］

(2)　The sunset was very beautiful.［感嘆文に］

(3)　He studies English very hard.［疑問文に］

(4)　Those students are diligent.［付加疑問文に］

(5)　It was raining, but they started.［複文に］

(6)　He is so clever that he can do it.［不定詞を用いて単文に］

(7)　He has never been abroad.［付加疑問文に］

3　次の各文に誤りがあれば訂正せよ。

(1)　What nice a camera she has !

(2)　Jack, opens the door for the teacher.

(3)　Be not in a hurry, Helen.

(4)　He told you all about it, did he ?

4　次の各文の（　）内の語を並べかえて英文を完成させよ。ただし，文頭にくる語も小文字にしてある。

(1)　あなたは両親に月に何回たよりを書きますか。
（ア．many　イ．you　ウ．times　エ．write　オ．do　カ．how　キ．to）your parents a month ?

(2)　彼らはいつ来ると思いますか。
When（ア．they　イ．do　ウ．think　エ．you　オ．will）come ?

(3)　私はその話がとても興味深いと思った。
（ア．found　イ．I　ウ．interesting　エ．story　オ．the　カ．very）.

§3　時　　制

▶基本時制

英語では動詞の形を変化させたり，動詞の前に語を補ったりすることによって現在，過去，未来を表す。この時間と動詞の変化との関係を**時制**といい，特に現在・過去・未来の時制を３つの**基本時制**という。また，この３つの基本時制をもとに，英文では，完了時制・進行形という表現形式がある。「I work.(私は働く)」の work を時制によって変化させると次の図のようになる。

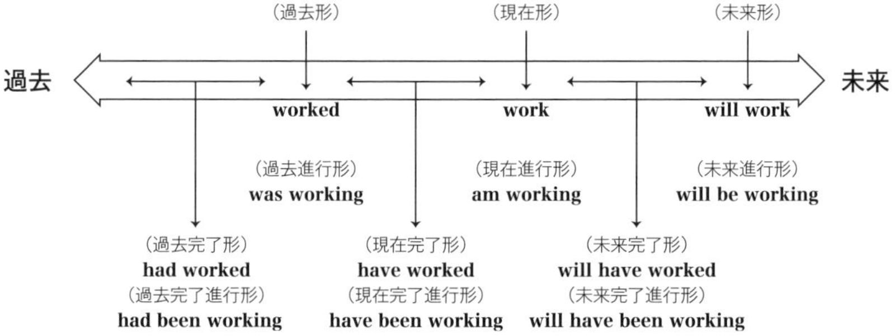

1　現在時制

key Sentence

42. I **have** a brother.
(私には兄がいる)

43. I **go** to bed at nine every night.
(私は毎晩９時に寝る)

44. The earth **moves** round the sun.
(地球は太陽のまわりを回る)

現在時制には動詞の現在形を用いる。動詞の現在形は，be 動詞では am，is，are のいずれかとなる。また，一般動詞では主語が３人称単数のとき以外は動詞の原形と同じであり，主語が he, she, it など３人称単数のときは，**〈原形＋-s〔-es〕〉**の形にする（**３人称単数現在の s**）。また，have は has となる。

● ３人称単数現在の -s，-es のつけ方

①ふつうの動詞──s をつける。

like「好む」 → likes（無声音の後では発音は[s]）

run「走る」 → runs（有声音の後では発音は[z]）

②-s, -sh, -ch, -x——es をつける。(発音は[iz])

pass「通る」 → passes

wash「洗う」 → washes

teach「教える」 → teaches

mix「混ぜる」 → mixes

③子音字+y——y を i に変えて es をつける。(発音は[z])

study「勉強する」 → studies

④子音字+o——es をつける。(発音は[z])

go「行く」 → goes

42. 現在の事実・事柄・状態を表す。

43. 現在の習慣・動作の反復を表す。

The bus usually **runs** every fifteen minutes. ……〈反復〉

(バスはたいてい 15 分ごとに運行する)

44. 不変の真理・事実・ことわざを表す。

この場合は，時制の一致の制約を受けず，常に現在時制となる(☞ **§13「話法」key Sentence 334**)。また，例文は The earth **goes around** the sun. ということもある。

Two and three **make(s)** five. (2+3=5 です) ……〈事実〉

All **is** not gold that glitters. (光るものすべて金ならず) ……〈ことわざ〉

key Sentence

45. My father **returns** home tomorrow.

(私の父は明日帰宅する)

重46. I will phone you when he **comes** back.

(彼が帰ってきたら君に電話してあげよう)

45. 未来時制の代用

go, come, start, leave, arrive, return などの**往来・発着の動詞**は，確定的なときには，未来のことでも現在形で述べる。この場合，tomorrow などの未来を表す語を伴うのがふつうである。例文**45**は明日のことであるが，現在形で表している。

46. when, before, after, till, until, by the time, as soon as などの接続詞を用いた**「時」を表す副詞節**では，現在時制で未来の内容を述べる。例文の when he comes back は時の副詞節なので，未来のことであるが，現在形を用いる。

if などの**「条件」を表す副詞節**の中で未来のことを述べるときも，現在時制を用いる。

If it **rains** tomorrow, I'll stay at home.

(明日雨が降れば，家にいる)

Open Sesame

時や条件を表す副詞節中の未来は現在形で表す！

I don't know when he will come, but I'll tell him so when he comes.

（when he will come = 名詞節、when he comes = 副詞節）

（いつ来るか知らないが，彼が来たらそう言おう）

名詞節（彼がいつ来るかということ）…know の目的語になっている。

副詞節（彼が来たら）…I'll tell him so の従属節になっている。

Practice

8　次の各文の（　）内の動詞を適切な形にせよ。

(1)　The sun (rise) in the east and (set) in the west.

(2)　Mother (get) up at six every morning.

(3)　If he (come) tomorrow, I'll go on a hike with him.

(4)　Copernicus discovered that the earth (be) round.

(5)　Two times two (make) four.

(1)　不変の真理を表す。

(2)　every morning　→　現在の習慣

(3)　If＋S＋V～は条件を表す副詞節

(4)　discovered は過去形なので，that 節は時制の一致が考えられるが，that 節内は不変の真理を表しているので現在形である。

(5)　2×2＝4 で事実を表す。

２　過去時制

key Sentence

47. Columbus **discovered** America in 1492.
（コロンブスは 1492 年にアメリカを発見した）

48. In those days people **lived** in caves.
（当時，人々はほら穴に住んでいた）

過去時制は動詞の過去形で表して，過去のある時点のことについて述べるものである。

47. **過去の事柄を表す**。discovered は discover(s) の過去形である。

48. **過去の習慣を表す**。in those days「当時」は過去を表す語である。

過去の習慣は **every day**, **always**, **often**, **sometimes**, **usually**, **in those days** などの副詞・副詞句を伴って表すことが多い。

過去の習慣をさらに明確に表したいときは would often や used to を用いる。(☞ **§5「助動詞」key Sentence 100**, **126**)。

①過去時制の種類

be 動詞の過去形には，was，were がある。

am，is　→　was

are　→　were

一般動詞の多くは原形の語尾に -ed，-d をつけて過去形をつくる(**規則動詞**)が，このルールがあてはまらない動詞（**不規則動詞**）もある。

	原形		過去形		過去分詞形	
規則動詞	walk	―	walked	―	walked	
	love	―	loved	―	loved	
不規則動詞	cut	―	cut	―	cut	〔**A―A―A 型**〕
	make	―	made	―	made	〔**A―B―B 型**〕
	see	―	saw	―	seen	〔**A―B―C 型**〕
	come	―	came	―	come	〔**A―B―A 型**〕

②規則動詞の活用

規則動詞の活用は原則として，原形の語尾に -ed をつけて過去形・過去分詞形をつくるが，つづり字やアクセントの位置によって，活用上のルールがある。

	原形		過去・過去分詞形	
(ア)	open	―	open**ed**	→**そのまま -ed をつける。**
(イ)	hope	―	hope**d**	→ **-d だけをつける。** 〔-e で終わるもの〕
(ウ)	study	―	studi**ed**	→ **y を i にかえて -ed をつける。** 〔〈子音字＋y〉で終わるもの〕
(エ)	stop	―	stop**ped**	→**語尾を重ねて -ed をつける。** 〔〈短母音＋子音字 1 つ〉の 1 音節の語〕
(オ)	prefer	―	prefer**red**	→**語尾を重ねて -ed をつける。** 〔2 音節以上で最後の音節にアクセントがあるもの〕

●-ed，-d の発音

-ed，-d の発音は，原形の語尾の発音によって次の 3 通りに分けられる。

(ア)　原形の語尾の発音が[t]または[d]のときは[id]と発音する。

end[-d]――ended[-id]　　　start[-t]――started[-id]

(イ)　原形の語尾の発音が[d]以外の有声音のときは[d]と発音する。

call[-l] —— called[-d]　　　use[-z] —— used[-d]

(ウ)　原形の語尾の発音が[t]以外の無声音のときは[t]と発音する。

ask[-k] —— asked[-t]　　　laugh[-f] —— laughed[-t]

③不規則動詞の活用

不規則動詞とは，原形に -ed または -d をつけて過去形・過去分詞形をつくるという規則動詞の活用のルールが，あてはまらない動詞のことをいう。また，この不規則動詞は，活用の仕方によって，次の 4 つのタイプに分けることができる。

A—A—A 型……原形・過去形・過去分詞形がすべて同形。

原形		**過去形**		**過去分詞形**
cut	——	cut	——	cut
put	——	put	——	put
read[riːd]	——	read[red]	——	read[red]

＊ read は発音に注目して A—B—B 型に分類されることもある。

A—B—B 型……過去形・過去分詞形が同形。

bring	——	brought	——	brought
find	——	found	——	found
meet	——	met	——	met

A—B—C 型……原形・過去形・過去分詞形がすべて異なる。

begin	——	began	——	begun
choose	——	chose	——	chosen
take	——	took	——	taken

A—B—A 型……原形・過去分詞形が同形。

become	——	became	——	become
come	——	came	——	come
run	——	ran	——	run

④まぎらわしい動詞の活用と発音

fall「落ちる」	——	fell	——	fallen
[fɔːl]		[fel]		[fɔːlən]
feel「感じる」	——	felt	——	felt
[fiːl]		[felt]		[felt]

find「発見する」	——	found	——	found
[faind]		[faund]		[faund]
found「基礎を置く」	——	founded	——	founded
[faund]		[faundid]		[faundid]

lie「横たわる」 —	lay —	lain
[lai]	[lei]	[lein]
lay「置く」 —	laid —	laid
[lei]	[leid]	[leid]
rise「起きる」 —	rose —	risen
[raiz]	[rouz]	[rizən]
raise「上げる」 —	raised —	raised
[reiz]	[reizd]	[reizd]
wind「巻く」 —	wound —	wound
[waind]	[waund]	[waund]
wound「傷つける」 —	wounded —	wounded
[wuːnd]	[wuːndid]	[wuːndid]

＊ wind「風」は名詞で，[wind] と発音する。

Open Sesame

まぎらわしい自動詞と他動詞に注意すること！

「横たわる」〈自〉 lie—lay—lain
「置く」〈他〉 lay—laid—laid

「昇る」〈自〉 rise—rose—risen
「上げる」〈他〉 raise—raised—raised

「落ちる」〈自〉 fall—fell—fallen
「倒す」〈他〉 fell—felled—felled

Advance　～その他の過去時制の用法～

過去の経験を表す用法

○ **Did** you ever **see** such a big elephant ?
(君はあんなに大きな象を見たことがありますか)

本来，過去から現在までの「経験」は現在完了形で表すが，**ever**，**never** などの副詞を伴った過去時制で表すことがある。

過去完了の代用

○ I **arrived** at the station after the train **left.**
(列車が出た後に私は駅に着いた)

本来，過去のある時点よりももっと古い過去を述べるには過去完了を用いるが，**after**，**before**，**as soon as** などの接続詞を用いた場合は，「時」の前後関係がはっきりしているので，どちらも過去形を用いることがある。

Practice

9　次の各文に誤りがあれば訂正せよ。

(1)　He studyed very hard to pass the examination.

(2)　A good idea occured to me at that time.

(1)　study は〈子音字＋y〉の形で終わっている規則動詞。

(2)　occur は 2 音節からなっており，後ろにアクセントがある。

Practice

10　次の各文の（　）内から適切な語を選べ。

(1)　Columbus (discover, discovers, discovered) America in 1492.

(2)　He often (go, goes, went) fishing last year.

(3)　My brother (arrives, arrived, has arrived) at New York yesterday.

(1)　過去の事柄である。

(2)　過去の習慣である。last year は過去を表す。

(3)　yesterday は過去を表す。

3　未来時制

key Sentence

49.　**Will** he be at home tomorrow ?——Yes, he **will.**／No, he **won't.**
(彼は明日家にいるだろうか——はい，います／いいえ，いません)

50.　I **will** do my best.
(私は最善を尽くそう)

重**51.**　**Shall** I open the window ?——Yes, please.
(窓を開けましょうか——ええ，お願いします)

重**52.**　**Shall** we start now ?——Yes, let's.
(今出発しましょうか——ええ，そうしましょう)

重**53.**　**Will** you pass me the salt ?——Sure.／Here you are.
(塩をとってくれませんか——いいですよ／はいどうぞ)

重**54.**　**Will** you have another cup of coffee ?
(コーヒーのおかわりはいかがですか)

未来時制はこれから先の状態やこれから先に行われるであろう動作を示すもので，助動詞 will や shall を用いて，**〈will〔shall〕＋動詞の原形〉**の形で表す。単純未来と意志未来の 2 つに大きく分けられる。なお，shall は 1 人称の意志を表す。

単純未来とは，自然の成り行きでそうなるのであって，人の意志によって左右できない未来をいう（イギリスでは，1 人称では will のかわりに shall を使うこともある）。

一方，**意志未来**とは，そうなってほしいとか，そうしたいというように，話し手または文の主語の意志を含む未来をいう。

49. 未来についての推量の文で，意志が入っていないので単純未来の文である。

50. 話者の意志を表しているので，意志未来の文である。

51. **Shall I ～？**で**「私が（あなたのために）～しましょうか，してあげましょうか」**と**相手の意向**を尋ねている。

52. **Shall we ～？**は**「(一緒に)～しましょうか」**と**提案**の意味である。
＝Let's start now, shall we ?

53. **Will you ～？**は**「～してくれませんか」**とか**「～してはどうですか」**という**依頼**や**勧誘**の意味を表すことが多い。例文では「～してくれませんか」と依頼を表している。

54. 「～してはどうですか」と勧誘を表している。

Advance ～話し手の意志を表す shall～

○ You **shall** have this book.
（君にこの本をあげよう）

shall が使われているので，you ではなく，I の意志を表す。

直訳すれば「君は（話者の意志で）この本をもつことになろう」となることから「君にこの本をあげよう」という意味になる。この文は次のように書き換えることができる。

＝I will give you this book.（君にこの本をあげよう）

4　will と shall の特別用法およびその他の未来表現

key Sentence

55. Accidents **will** happen.
（事故は起こるものだ）

56. This door **will** not open.
（このドアはどうしても開かない）

57. It **is going to** rain.
（雨になりそうだ）

will や shall は単純未来，意志未来を表すのに用いられるばかりではなく，傾向・拒絶などを表す特別な用法がある。

55. **傾向**を表し，**「～するものだ」**の意味になる。

56. will は**「どうしても～する」**という**固執**や**強い主張**を表すものであるが，否定形なので「どうしても～しない」という**拒絶**を表している。

その他，**現在の習慣**（**「よく～する」**）や shall を用いて 1 人称の**強い意志**を表すものもある。

She **will** often sit for hours before the fire.……〈現在の習慣〉

（彼女はよく暖炉の前に何時間も座っている）

（注）　過去の習慣を表す場合には，would often を用いる（☞ **§5「助動詞」key Sentence 100**）。

I **shall** remember you all my life.……〈1 人称の「強い意志」〉

（あなたのことは一生忘れません）

● will，shall を用いない未来表現

will，shall 以外にも未来の動作・状態を表すことができるものがある。

57. **be going to ～「～しようとしている，～するつもりだ」**と訳す。

単純未来，意志未来の will はこれに書き換えることができる。

その他にも，**be about to ～「まさに～しようとする」**や **be＋to ～「～することになっている」**（**予定**）もある。

The sun **is about to** set in the west.

（太陽が今まさに西に沈もうとしている）

He **is to make** a speech tonight.

（彼は今晩演説することになっている）

〈be＋to 不定詞〉は（予定）の他に**「義務」・「可能」・「運命」**などの意味を表すこともある（☞ **§6「不定詞」▶不定詞の慣用表現 Advance**）。

Practice

11　次の各文の（　）内に will または shall を入れよ。

(1)　(　　) it be rainy tomorrow ?

(2)　(　　) you lend me some money ?

(3)　(　　) I carry your bag ?　No, thank you.

(4)　(　　) you have another cup of tea ?

(1)　単純未来の文である。

(2)　「～してくれませんか」と依頼を表す。

(3)　「(私が)～しましょうか」No, thank you. は「いいえ，結構です」

(4)　「～はいかがですか」と勧誘を表す。

Practice

12　次の各文の（　）内に適当な語を補い，英文を完成させよ。

(1)　I am (　　) to see a doctor tomorrow.
（明日医者に診てもらうつもりだ）

(2)　She is (　　) sing at the concert hall tonight.
（彼女は今夜音楽堂で歌うことになっている）

(1)　「〜するつもりだ」は will＝be going to 〜になる。

(2)　日本文から近い未来を表すような文にしたい。〈be going to 〜〉，〈be about to 〜〉，〈be＋to 不定詞〉のどれがあてはまるかを考える。

語彙　(1)　see a doctor「医者に診てもらう」

▶進行形

進行形は**〈be 動詞＋現在分詞〉**で表す。現在分詞とは，動詞の〜ing 形のことである。

●〜ing 形の作り方

①ふつうは原形の語尾にそのまま -ing をつける。

read——read**ing**　　　sing——sing**ing**

② -e で終わる動詞は e をとって -ing をつける。

come——com**ing**　　　make——mak**ing**

（注）　be—being と see—seeing は，動名詞としての用例を覚えること。

③ -ie で終わる動詞は ie を y にかえて -ing をつける。

die——d**ying**　　　lie——l**ying**

④〈短母音＋子音字１つ〉で終わる１音節の動詞の場合は，語尾の子音字を重ね，その後に -ing をつける。

run——run**ning**　　　stop——stop**ping**

cut——cut**ting**　　　sit——sit**ting**

⑤２音節以上の語で最後の音節にアクセントのある場合は，子音字を重ねて -ing をつける。

begin——begin**ning**　　　omit——omit**ting**

最後の音節にアクセントがない場合は，子音字を重ねない。

limit——limit**ing**　　　visit——visit**ing**

1 現在進行形

key Sentence

58. I **am watching** TV.
（私はテレビを見ている）

59. She **is** always **scolding** her children.
（彼女はいつも子どもたちを叱ってばかりいる）

60. When **are** you **leaving** for England ?
（あなたはいつイギリスへお発ちになりますか）

現在進行形は，**〈am，is，are＋現在分詞〉**で表す。意味には次のようなものがある。

58. **現在の動作・状態が進行・続行中（～している）**であることを表す。

「テレビを見ている」と，動作が現在続行中であることを表している文である。

59. always，constantly，usually などの副詞を伴って，動作の反復，転じて**性質・習慣（～ばかりしている）**を表す。

always を伴って「叱ってばかりいる」という動作の習慣を表している文である。

60. 往来・発着の動詞が未来を表す副詞とともに進行形の形になっているとき，**近い未来（～するところだ）**を表す。

「いつ発つか」という近い未来を表す文である。

2 過去進行形，未来進行形

key Sentence

61. What **was** he **doing** then ?
（彼はそのとき何をしていましたか）

62. I **will be playing** baseball all afternoon.
（私は午後ずっと野球をしているだろう）

過去のある時に動作が進行中であった（～していた）ときには過去進行形が，また**未来のある時に動作が進行中である（～しているだろう）ときには未来進行形**が用いられる。

過去進行形は**〈was，were＋現在分詞〉**の形で**「～しているところだった」**と，**過去のある時に動作が進行中**であったことを表す。

未来進行形は**〈will＋be＋現在分詞〉**の形で**「～しているだろう」**と，**未来のある時に動作が進行中**である場合に用いられる。

61. 「何をしていたか」と，過去進行形の文である。疑問詞のある疑問文なので〈疑問詞＋be 動詞（was）＋主語＋現在分詞…?〉の形になっている。

62. will be playing で「野球をしているだろう」と，これから午後の動作を表す未来進行形の文である。

Open Sesame

一般に進行形にならない動詞もあるので注意すること！

①知覚動詞─**see**，**hear**，**smell**，**feel**，**taste** など。

②感情，心理状態などそれ自体に継続の状態の意味が含まれる動詞
─**like**，**love**，**hate**，**want**，**need**，**know**，**remember**，**forget**，**doubt**，**desire**，**be**，**have**，**belong**，**resemble** など。

(例 1)(×)　I am seeing the plane.
(○)　I am looking at the plane.　(私は飛行機を見ている)
(○)　I see the plane.　(私は飛行機を見る)

(例 2)(×)　I am liking music.
(○)　I like music. (私は音楽が好きだ)

Practice

13　次の英文を和訳せよ。

(1)　In those days he was always smoking.

(2)　We will be enjoying the concert about this time tomorrow.

(1)　always を伴って，過去の習慣を表している。

(2)　未来進行形を用いて，明日の今頃の動作を表している。

▶完了時制

完了時制には，**現在完了・過去完了・未来完了**があり，それぞれ次の図のように時間の基準点となるべきところがある。

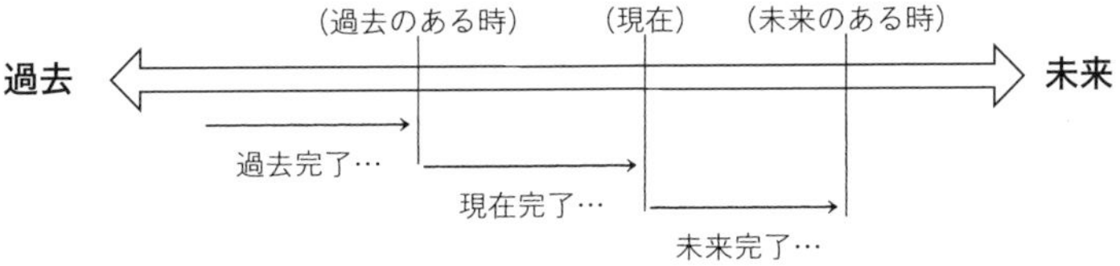

1　現在完了〈have〔has〕＋過去分詞〉

key Sentence

63. My son **has** just **come** home from school.
（私の息子はちょうど今学校から帰ったところだ）

64. Mr. White **has gone** to New York.
（ホワイト氏はニューヨークへ行ってしまった――今ここにいない）

65. I **have read** the book before.
（以前その本を読んだことがある）

66. I **have known** him for ten years.
（私は彼とは10年来の知り合いだ）

have〔has〕＋過去分詞の形で表す（主語が3人称単数の場合はhasを用いる）。このとき，have〔has〕には「持っている」という意味がないので訳さない。疑問文では主語の前，否定文では後にnotを用い，do，does，didは用いない。またhave〔has〕を過去形（had）にすると過去完了に，haveの前にwillをつけると未来完了になる。

現在完了はその表す内容から，**「完了」**（または**「結果」**），**「経験」**，**「継続」**の3つ（または4つ）に分類することができる。

①完了――「～してしまった」「ちょうど今～したところだ」

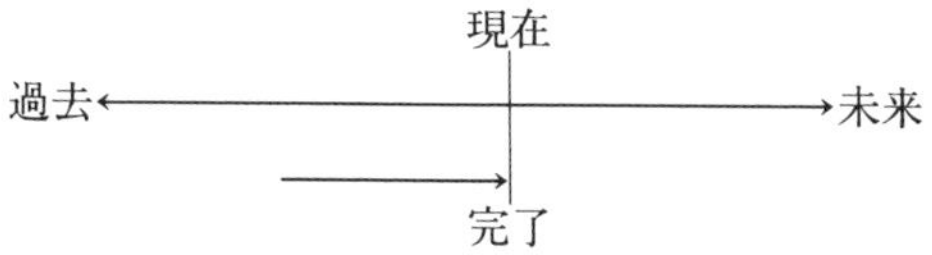

過去のある時に始まった動作が，今完了したという意味を表す。この場合，**just**「ちょうど」，**already**「すでに」，**now**「今」，**yet**「もう，まだ」などの副詞を伴うことが多い。また，justとalreadyはhave〔has〕と過去分詞の間に置き，nowとyetは通例文末に置く。

63. **just「ちょうど」**という副詞を伴って**「ちょうど～したところだ」**という完了の意味となる。

yetは疑問文では「もう」，否定文では「まだ」となる。

Has the bell **rung** *yet*?――No, it **has** not **rung** *yet*.

（ベルはもう鳴りましたか――いいえ，まだ鳴りません）

②結果――「～た」（その結果今は～）

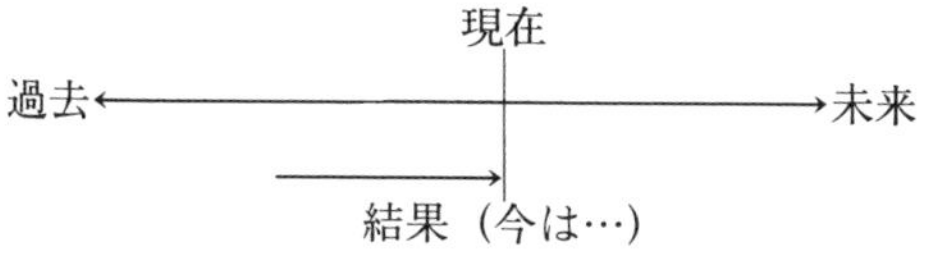

過去の動作の結果が現在まで残っていることを表す。訳の上では,「〜た」となり,過去形と同じであるが,過去形は単に過去の事実を述べているだけであるのに対し,完了形の結果の場合は,現在にもその結果が及んでいることを暗示している。

64. **have〔has〕gone to 〜「〜へ行ってしまって今ここにはいない」**と「行った」というだけでなく,現在もその結果が及んでいることを表す結果の文である。

He **has become** a doctor.

(彼は医者になった——今も医者であることを表している)

(注)　He became a doctor. は単に（医者になった）ことを意味し,現在も彼が医者であるかどうかは問題としていない。

③経験——「(今までに）〜したことがある」

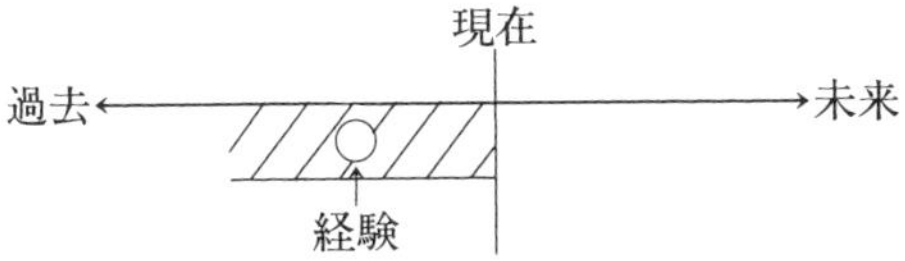

ある過去の時点から,現在までの経験を表す。このとき,**ever**「かつて」,**never**「一度も〜ない」,**often**「しばしば」,**before**「以前」,**twice**「２度」,**〜times**「〜回」,などの副詞を伴うことが多い。

また,ever, never, often は have〔has〕と過去分詞の間に置き,before, twice, 〜 times は通例文末に置く。

65. 過去から現在までの間に「読んだことがある」という経験を表す文である。また,never という副詞を伴うと,過去から現在までに**「一度も〜したことがない」**という経験を表す文となる。

Have you *ever* **been** to Hawaii ?

(あなたは今までにハワイに行ったことがありますか)

(注)　have been to 〜は「〜へ行ってきたところだ」という完了の意味と,「〜へ行ったことがある」という経験の意味をもつ。

④継続——「(過去のある時から今まで）ずっと〜している,ずっと〜である」

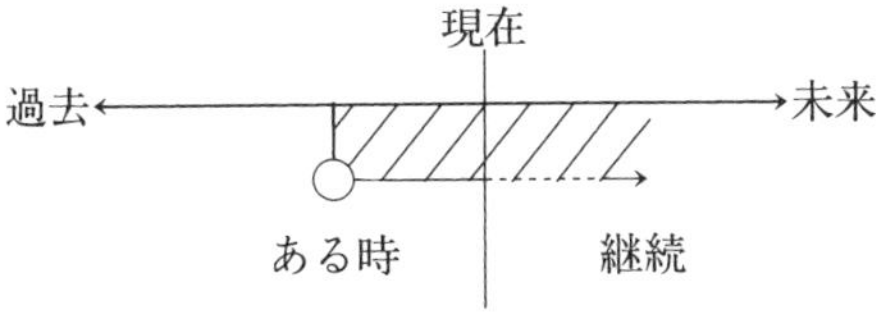

過去のある時に始まった動作または状態が今も継続中であることを表す。

since「〜以来」,**for**「〜の間」,**these**, **the past**「ここ〜の間」などの期間を表す副詞句とともに用いられることが多い。これらはいずれも通例文末に置く。

66. **「10 年間ずっと知っている」**と継続を表している。

完了形の文で継続の意味になるのは，be，live，know，see のような，本来状態の継続の意味をもつ動詞のときだけである。したがって，その他の動詞で継続の意味を表すには，**〈have been 〜ing〉**の**現在完了進行形**の形にする（☞▶完了時制④完了進行形，**key Sentence 74**）。

I **have been studying** French for three years.

（私は 3 年間ずっとフランス語を学んでいる——学び続けている）

⑤未来完了の代用

時や条件を表す副詞節の中で，未来完了の代わりに用いる。

I will go out when I **have finished** this work.

（この仕事が終わったら，私は外出します）

Open Sesame

現在完了の文にははっきりと過去を示す副詞は使えない！

yesterday，ago，then，last week〔month など〕，in 1970，When〜 ?，just now〔＝a short time ago〕…など。

Practice

14　次の各文をあとの指示に従って書き換えよ。

(1)　He is absent from school. [since last week を加えて現在完了に]

(2)　I didn't see him. [never を加えて現在完了に]

(3)　I have already finished my work. [否定文に]

(1)　現在完了形は have〔has〕＋過去分詞でつくる。

(2)　never は have〔has〕と過去分詞の間に置く。

(3)　already は否定文になると yet に変わり，文末に置かれる。

Practice

15　次の各文に誤りがあれば訂正せよ。

(1)　When have you seen her ?

(2)　He has gone to New York last week.

過去にしか使えない語に注意する。

2　過去完了〈had＋過去分詞〉

key Sentence

重**67.** When I reached the village, the sun **had** already **set.**
(私が村に着いたとき，太陽はすでに沈んでいた)

68. I recognized him at once, for I **had seen** him once before.
(私はすぐに彼がわかった。というのは前に一度彼に会ったことがあるからだ)

69. She **had been** ill for a week when I visited her.
(私が彼女を訪問したとき，彼女は病気になって 1 週間がたっていた)

70. I gave him the camera which I **had bought** the day before.
(私は前の日に買ったカメラを彼にあげた)

過去完了は，「過去のある時」を基準にして，その時よりも「前の時」(大過去) に始まった動作・状態が，過去の一定の時までにどうであったかを表す。用法には，現在完了と同じように完了・経験・継続の用法がある。

67. 「村に着いた」とき (過去のある時点) より前に「沈んでいた」と**過去の完了**を表す文である。

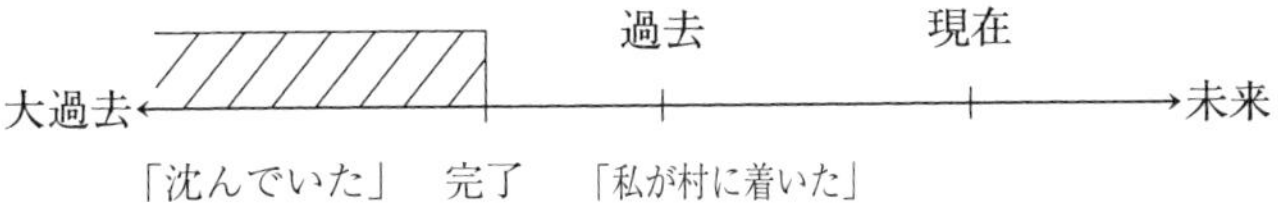

68. 過去に「彼がわかった」とき，それ以前に「会ったことがあるから」という**過去の経験**を表す文である。

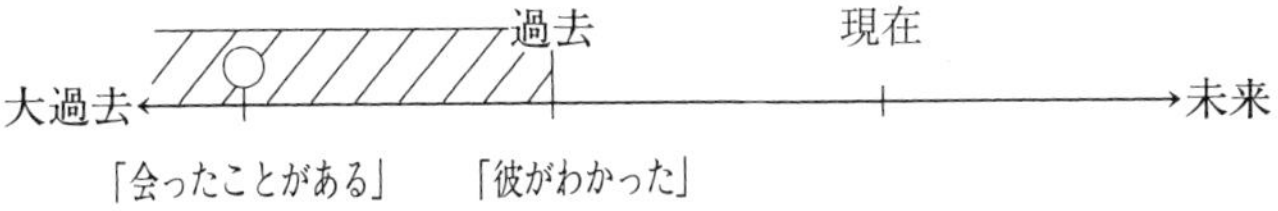

69. 「彼女を訪問した」過去の時点まで「1 週間病気だった」と**過去の継続**を表す文である。

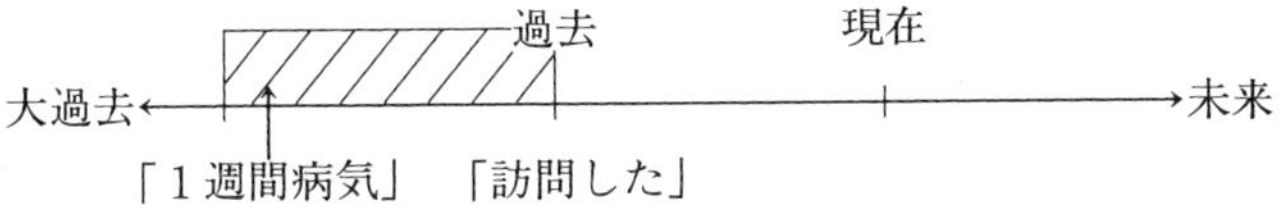

70. 「カメラをあげた」ときよりも前に「カメラを買った」ので，前の動作を**大過去**といい過去完了形で表し，後の動作を過去形で表している。

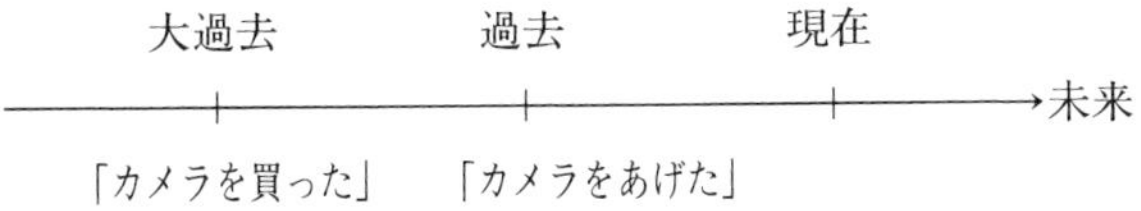

③　未来完了〈will〔shall〕＋have＋過去分詞〉

key Sentence

71. The train **will have started** when we arrive at the station.
（私たちが駅へ着くときには列車は出てしまっているだろう）

72. By the time you are thirty, you **will have seen** much of the world.
（30 歳になるまでには，君も世の中を随分と見ているだろう）

73. I **will have been** ill for a month tomorrow.
（私は明日で 1 か月間病気でいることになる）

未来完了は，時の基準を「未来」に置き，**「～のときまでには～してしまっているだろう」**という，**未来のある時までの動作の完了・経験・継続**などを表す。

71.「駅へ着くとき」（未来のある時）には「列車が出てしまっている」という**未来の完了**を表す文である。when ～は時を表す副詞節なので，未来の内容であるが現在形で表されている（☞ ▶**基本時制①現在時制 key Sentence 46**）。

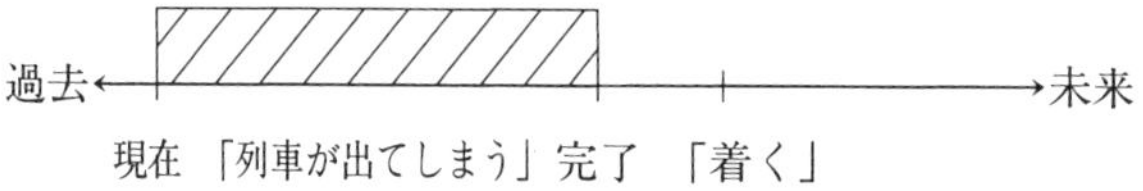

72.「30 歳になる」という未来の時点までには「世の中を見る」という**未来の経験**を表す文である。By ～ thirty も時を表す副詞節なので，未来の内容であるが現在形で表されている。

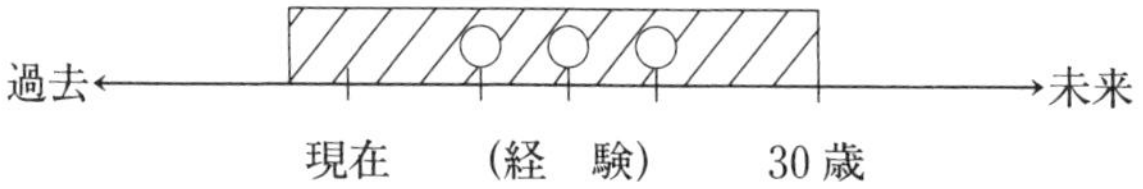

73.「明日」という未来の時点で「1 か月間病気でいる」という**未来の継続**を表す文である。

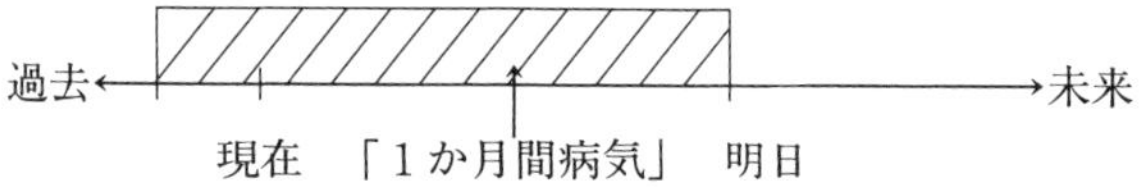

Practice

16　次の英文を和訳せよ。

(1) The man had been dead before the ambulance came.
(2) He had hardly got up when the telephone rang.
(3) I will have finished this work by tomorrow.
(4) If I visit New York again, I will have been there three times.
(5) I had not seen a panda till I went to the zoo.

(1) before はそれより前の文を受けて「〜する前に」となる。

(2) hardly 〜 when…は「〜するやいなや，…する」の意味。

(3) by tomorrow は「明日までに」となり，未来の完了を表す文である。

(4) 未来の経験を表している。

(5) 過去の経験を表している。

4 完了進行形

key Sentence

74. She **has been playing** the piano since this morning.
（彼女は今朝からずっとピアノを弾いている）

75. He **had been waiting** there for about an hour when I arrived.
（私が着いたとき，彼は〔それまで〕1 時間ほどそこで待っていた）

76. It **will have been raining** for a whole week if it does not stop raining tomorrow.
（明日になってもやまなければ，まる 1 週間雨が降り続くことになる）

完了形と進行形が結びついた形を，完了進行形という。完了進行形は基準とする時の違いによって，3 つの形ができる。

74. 「今朝から今までずっとピアノを弾いている」と現在までの動作の継続を表す文である。be, live, know, see など以外の動詞で継続の意味を表すには，この現在完了進行形の形で表す（☞ **▶完了時制 1 現在完了〈have(has)＋過去分詞〉key Sentence 66**）。

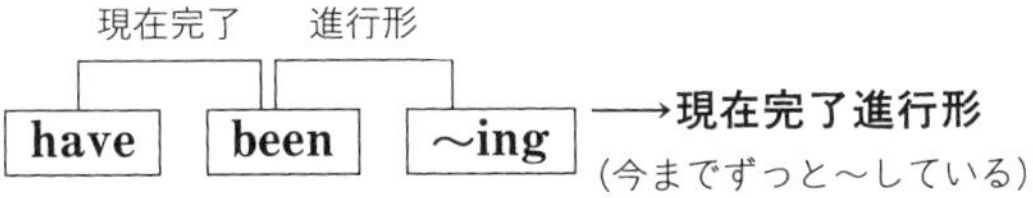

75. 「私が着いたとき」までの 1 時間「ずっと待っていた」と，過去の動作の継続を表す。

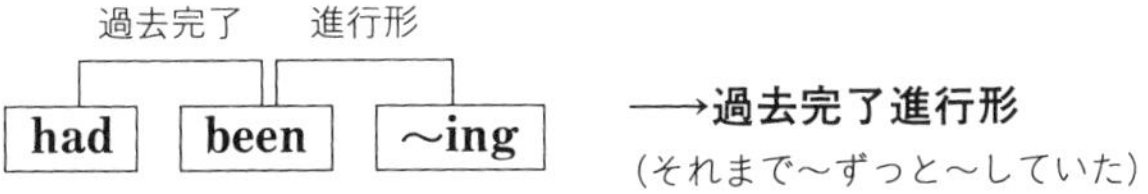

76. 「明日」という未来の時点まで「1 週間降り続く」と，未来までの動作の継続を表す。

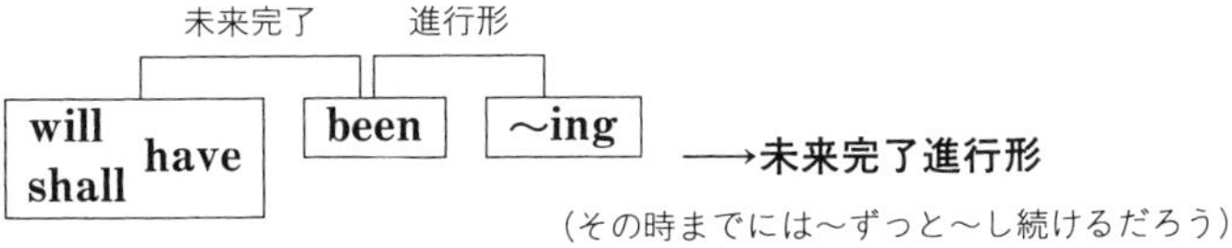

Practice

17　(　) 内の動詞を適切な形にせよ。

⑴　I (know) her for five years.

⑵　I (play) tennis for three years.

⑴　知覚・感情・知識などを表す動詞は進行形にならない。

Practice

18　次の英文を和訳せよ。

⑴　If it does not clear up tomorrow, it will have been raining for five days.

⑵　How long have you been waiting for him ?

⑴　未来の状態の継続を表している。

⑵　現在までの動作の継続を表すためには，現在完了進行形を用いる。

問題演習

A

1　次の各文の（　）内の動詞を適切な形にせよ。

⑴　My father usually (get) up at seven, but he (get) up half an hour later this morning.

⑵　I (write) my report when you called on me last night.

⑶　I (study) English since I entered junior high school.

⑷　It is rainy today, but it (be) fine tomorrow.

2　次の各文の（　）内から適切な語句を選び，記号で答えよ。

⑴　今までにニューヨークへ行ったことがありますか。
(**ア．** Have　**イ．** Had　**ウ．** Did) you ever been to New York ?

⑵　彼が明日やって来たとき，私は彼に何と言いましょうか。
When he (**ア．** come　**イ．** comes　**ウ．** will come　**エ．** came　**オ．** has come) tomorrow, what shall I say to him ?

⑶　私が帰宅したとき，父は本を読んでいた。
My father (**ア．** was　**イ．** has been　**ウ．** had being) reading when I came home.

⑷　もし晴れるならば，我々は明日出発するつもりだ。
We will start tomorrow if it (**ア．** is　**イ．** will be　**ウ．** is going to) fine.

⑸　昨夜からずっと雨が降っている。
It (**ア．** has been　**イ．** was　**ウ．** had been) raining since last night.

⑹　シェイクスピアは1616年に亡くなった。
Shakespeare (**ア．** has died　**イ．** dead　**ウ．** died) in the year 1616.

⑺　彼女はロンドンに着くとすぐに私たちに手紙をくれるでしょう。
She will write to us as soon as she (**ア．** arrives　**イ．** arrived　**ウ．** will arrive　**エ．** will have arrived) in London.

3　次の各文の（　）内に will または shall を入れよ。

(1)　Where (　　) I carry this chair ?

(2)　"(　　) you lend me 10,000 yen ?"　"No, I won't."

(3)　"There's someone at the door."　"OK, I (　　) answer it."

(4)　"(　　) we play tennis after school ?"　"Yes, let's."

(5)　Never mind. These things (　　) happen.

4　次の各文をあとの指示に従って書き換えよ。

(1)　Roy studies English.［「〜しているところです」という現在進行形の文に］

(2)　My mother went to bed at ten.［現在形に］

(3)　The weather is fine.［since last Friday をつけて］

(4)　My uncle doesn't go to the beach.［未来形に］

(5)　She (just go) out when I called at her home.［(　) 内の時制を変えて］

B

1　次の各文に誤りがあれば訂正せよ。

(1)　She has gone out an hour ago.

(2)　I can't tell if it is fine tomorrow.

(3)　She always brings me something when she will come.

(4)　Our club is closed since last week.

(5)　I lent her the book I bought the day before.

2　次の各文の（　）内に適当な語を補い，英文を完成させよ。

(1)　Two years have passed since they got married.

＝(　　) (　　) two years since they got married.

＝They (　　) (　　) (　　) for two years.

＝They (　　) (　　) two years ago.

(2)　She began to clean our room this morning, and is still cleaning it.

＝She (　　) (　　) (　　) our room since this morning.

(3)　My father died five years ago.

＝My father (　　) (　　) (　　) these five years.

＝It is five years (　　) (　　) (　　) (　　).

＝(　　) (　　) (　　) (　　) since my father died.

(4)　Do you want me to open the windows ?

＝(　　) I open the windows ?

3 次の各文の（　）内の語を並べかえて英文を完成させよ。ただし，文頭にくる語も小文字にしてある。

(1) コンサートが終わったときには，雨が降っているでしょう。
(be, the concert, is, it, over, raining, when, will).

(2) 私がコーヒーを飲み終えるまで待っていてください。
(till, finish, wait, please, coffee, I, my).

(3) あなたはどれくらい大阪に住んでいますか。
(have, how, in, lived, long, Osaka, you)?

(4) 昨日私が電話をかけたときには，ジョンはすでに出掛けていた。
(John, yesterday, when, him, I, already, had, phoned, left).

(5) 彼女は空港に行く前に両親を訪ねるつもりだ。
(airport, before, goes, her, parents, she, she, the, to, visit, will).

4 次の日本文を英訳せよ。

(1) 父はすぐによくなるでしょう。

(2) 私はその本をまだ読んだことがない。

(3) 私が駅に着いたときには，列車は出てしまっていた。

(4) 私は彼女を彼女が子どものときから知っている。

§4 態

▶受動態の形

key Sentence

77. She **is loved** by them.
（彼女は彼らに愛されている）

英文において「(主語が) ～する」という文を**能動態**,「(主語が) ～される」という文を**受動態**という。

77. They love her. という能動態の文を受動態にしたものである。

（能動態） They③ **love**② her.① （彼らは彼女を愛している）

（受動態） She **is loved** by them. （彼女は彼らに愛されている）

能動態の文を受動態の文に書き換えるには，次の手順に従う。

①**能動態の目的語を受動態の主語に**する。代名詞は目的格を主格にする。

②**述語動詞は〈be 動詞＋過去分詞〉に**する。be 動詞で時制を表し，さらに新しい主語の人称・数に合わせる。

③**能動態の主語は by をつけて後置**する。代名詞は主格を目的格にする。

▶受動態の時制

key Sentence

78. The song **was sung** by him.
（その歌は彼によって歌われた）

79. The date and place of the meeting **have been fixed**.
（会合の日にちと場所が決定された）

80. The house **is being built**.
（その家は建設されているところだ――建設中だ）

81. The door **must be closed** by him.
（ドアは彼によって閉められなければならない）

受動態の時制は**be 動詞**によって決まる。過去分詞には時制はない。

78. 過去形の文は，**be 動詞を過去形**にする。
未来形は，**will＋be＋過去分詞**の形になる。

79. 完了形は，**have＋been＋過去分詞**の形になる。

80. 進行形は，**be 動詞＋being＋過去分詞**の形になる。

81. 助動詞を用いた文は，**助動詞＋be＋過去分詞**の形になる。

Practice

19 次の各文を受動態の文に書き換えよ。

(1) Tom loves his children.
(2) He broke the dishes.
(3) You have written the long letter.
(4) His teacher will scold him.
(5) Children are singing the song.
(6) One of the players must deal cards.

能動態の目的語を受動態の主語とする。
(3) 現在完了形の文は，have〔has〕＋been＋過去分詞。
(4) 未来形は，will＋be＋過去分詞。
(5) 現在進行形なので，is〔am, are〕＋being＋過去分詞。
(6) 助動詞の文は，助動詞＋be＋過去分詞。

▶受動態の否定文と疑問文

key Sentence

82. The teacher **is not liked** by the students.
（その先生は学生に好かれていない）

83. **Was** the letter **written** by him ?
（その手紙は彼によって書かれましたか）

84. **By whom** was America discovered ?
（アメリカは誰によって発見されましたか）

85. **Who is loved** by Tom ?
（誰がトムに愛されていますか）

82. 受動態の否定文は，〈be 動詞＋過去分詞〉の場合は be 動詞の後ろに not を入れる。助動詞や完了形の have〔has，had〕を含んでいる場合には，その後ろに not を入れる。

Stars can **not** be seen tonight.（今夜は星が見えない）

The work has **not** been finished by John.

（その仕事はジョンによって終えられていない）

83. 疑問文にする場合は，〈be 動詞＋過去分詞〉の場合は，be 動詞を文頭に置く。助動詞や完了形の have〔has，had〕を含んでいる場合は，それらを文頭に置けばよい。

Can stars be seen tonight ?（今夜は星が見えますか）

Has the work been finished by John ?

（その仕事はジョンによって終えられていますか）

84. 疑問詞のある疑問文は，疑問詞になる語が文中で何の働きをしているかに注意する。例文は疑問詞が主語である能動態の文を受動態にしたものである。

Who discovered America ?
S　V　O

（誰がアメリカを発見しましたか）…疑問詞は主語にあたる

→① America was discovered by whom.

…まず能動態を受動態にし，前置詞の後ろは必ず目的格となるので，Who を whom に変える

→② By whom was America discovered ?

…was を America の前に出して疑問文の語順にし，疑問詞 by whom を文頭へ置く

→③ Who(m) was America discovered by ?

①の文は考える途中経過を示したものであり，実際にはない形である。

②と③は，どちらも正しい形である。

疑問詞はふつう文頭に置かれるが，②のように by を伴うか，あるいは③のように疑問詞のみ文頭に置く場合もある。**③の場合のみ, Who（主格）にしてもよい。**

85. 疑問詞が目的語である能動態の文を受動態にしたもの。

Who(m) does Tom love ?
O　(V)　S　V

（トムは誰を好きですか）…疑問詞は目的語にあたる

→① Tom loves whom. …平叙文の語順に戻して考える。疑問詞は目的語

→② Who is loved by Tom. …受動態にすると能動態の目的語が主語になる

→③ Who is loved by Tom ? …？をつけて疑問文に

①の文は説明をしやすくするために，元の疑問文を平叙文の語順に戻したものであり，実際にはない形である。

②と③は見た目には同じであるが，②は①の文を受動態にしたもの（平叙文）で，それを疑問文にしたものが③の文である。疑問詞 Who が主語なので，その後の語順は平叙文と変わらない（☞ **§2「文の種類」▶疑問文 Open Sesame**）。

③のみ正しい形である。

What	did	Jane	name	the baby ?
C	(V)	S	V	O

（ジェーンは，赤ちゃんに何と名づけましたか）…疑問詞は目的格補語

→ What was the baby named by Jane ?

Where	did	Tom	buy	the flower ?
副詞	(V)	S	V	O

（トムはどこでその花を買いましたか）…疑問詞は副詞

→ Where was the flower bought by Tom ?

上の 2 つの例は，ともに疑問詞は文頭に置いたままで，残りの部分を受動態に書き換えればよい。

※ No one など否定語を含む語を主語とする能動態の文を受動態にするときは，by no one の形をとらず，文そのものを否定表現にする。

No one loves him.（誰も彼のことを愛していない）

→（×）He is loved by no one.

→（○）He isn't loved by anyone.　…not ～ any の否定表現

Practice

20 That fence is painted by Tom. の文について，次の各問いに答えよ。

(1) この文を過去形にせよ。

(2) (1)の文を疑問文にせよ。

(3) (1)の文を否定文にせよ。

21 次の各文を受動態の文に書き換えよ。

(1) Who invented this machine ?

(2) What did he read ?

(3) When did you buy this camera ?

20 (1) 受動態の文を過去形にするときは，be 動詞を過去形にする。

(2) 受動態の疑問文は，be 動詞を前に出す。

(3) 受動態の否定文は，be 動詞の後に not を入れる。

21 (1) 疑問詞が主語の文。

(2) 疑問詞が目的語の文。

(3) 疑問詞が副詞の文。

▶いろいろな形の受動態

key Sentence

86. We **are taught** English **by** Mr. Tanaka.
（私たちは田中先生に英語を教えてもらう）

86. 第4文型をつくる授与動詞の文を受動態にしたものである。目的語が2つあるため，2種類の受動態の文をつくることができる。

Mr. Tanaka teaches us English.（田中先生は私たちに英語を教える）
　　　　　　　　　　O_1　O_2

O_1を主語にして…

→ We are taught English by Mr. Tanaka.
　O_1　　　　　O_2

O_2を主語にして…

→ English is taught (to) us by Mr. Tanaka.
　O_2　　　　　　　O_1

（英語は田中先生によって私たちに教えられる）

teach は第4文型から第3文型に書き換えるときに to を必要とする動詞である（☞ §1「文型」▶第4文型（$S+V+O_1+O_2$））。この to は省略可能である。

key Sentence

87. She **was elected** chairman (by them).
（彼女は〔彼らによって〕議長に選ばれた）

重**88**. He **was seen to run** (by me).
（彼は〔私に〕走るのを見られた）

重**89**. Mary **was made to clean** the room by him.
（メアリーは彼によって部屋を掃除させられた）

87. 不完全他動詞のつくる第5文型の文を受動態にしたものである。

They elected her chairman.（彼らは彼女を議長に選んだ）
　　　　　　　O　　C

She was elected chairman (by them).

目的格補語は過去分詞の後ろに置けばよい。

88. see, hear, feel などの知覚動詞が目的格補語に原形不定詞をとる場合（☞ §6「不定詞」**key Sentence 144**），受動態にすると**原形不定詞はto不定詞にかわる**。

I saw him run.（私は彼が走るのを見た）
O　原形不定詞

He was seen to run (by me).
to 不定詞

89. 使役動詞（make）の文が目的格補語として原形不定詞をとる場合（☞ **§ 6「不定詞」key Sentence 145**），受動態にすると**原形不定詞は to 不定詞にかわる。**

He made Mary clean the room.（彼はメアリーに部屋を掃除させた）
O　原形不定詞

Mary was made to clean the room by him.
to 不定詞

Open Sesame

知覚動詞・使役動詞は注意を要する！――原形不定詞を to 不定詞に

We saw the boy **run**.　→　The boy was seen **to run** (by us).

I made him **go** there.　→　He was made **to go** there by me.

Advance

○ **Let** this baggage **be** carried.

（この荷物を運びなさい）

命令文の受動態は，〈Let＋目的語＋be＋過去分詞〉の形で表す。

Carry this baggage.（この荷物を運びなさい）
目的語

Let this baggage **be** carried.

命令文の否定形を受動態にする場合，Don’t を文頭に置く。

Don’t waste your time.（時間を無駄にするな）
目的語

Don’t let your time **be** wasted.

（注）　ただし，口語ではふつう用いられない。

Practice

22　次の各文を受動態の文に書き換えよ。

(1)　The boys named the dog John.

(2)　We made him go at once.

(3)　I often see him play soccer.

ここに着眼！

(1)　不完全他動詞の第 5 文型の文。目的語は the dog。

(2)　使役動詞の文。go は原形不定詞。

(3)　see は知覚動詞，play は原形不定詞。

▶受動態の２つの意味

key Sentence

90. He **got** badly **hurt.**
（彼はひどい怪我をした）

受動態には，**「〜される（〜されるようになる）」**という**受け身の動作**を表す場合と，**「〜された状態である」**という**受け身の状態**を表す場合がある。この動作や状態の区別をはっきり伝えたいときには，be 動詞の代わりに get や become を使って区別することができる。

90. be 動詞の代わりに get〔got〕を用いて，動作を表している。
He **was** badly **hurt.**
（彼はひどい怪我をしていた）
be 動詞の場合は状態を表し，「怪我をしていた」の意味になる。

▶ by 以外の前置詞を用いる受動態

key Sentence

重91. The mountain **is covered with** snow.
（その山は雪で覆われている）

重92. The man **is known to** everybody in the town.
（その男は町のみんなに知られている）

受動態では，動作主を表す名詞の前には by を用いるのが通常であるが，中には by 以外の前置詞を用いるときもある。

91. **「〜で覆われている」**は **be covered with 〜**で，by の代わりに with を用いている。同様に **be crowded with 〜「〜で混んでいる」**，**be filled with 〜「〜で満ちている」**などがある。

92. **be known to 〜**は**「〜に知られている」**という意味になる。
know には他に by，for をとるものもある。
He **is known for** his scholarship.〔＝be famous for 〜〕
（彼はその学識**で知られている**）
A person **is known by** the company he keeps.
（友を見れば人柄が**わかる**）…英語のことわざ
その他，次のようなものがある。

Butter **is made from** milk.（バターはミルクから作られる）

be made from 〜は**「〜でできている」**という意味で，製品を見て材料の原形がなくなっている場合に材料の前に from を用いる。これに対して，原材料が見える場合は of を用いる（☞ **§15「前置詞」key Sentence 402**）。

We **were surprised at** the news.
（私たちはそのニュースを聞いて驚いた）

be surprised at 〜は**「〜に驚く」**の意味で，感情を表している。このように，感情・被害・従事などは，外界の刺激によって起こる状態や出来事なので，日本語では能動的でも，英語では受動態を用いる。

be surprised の後に to 不定詞がくる場合もあるので注意する。

I **was surprised to** hear the news.
（私はそのニュースを聞いて驚いた）

その他にも，**be satisfied with 〜**「〜に満足する」，**be pleased with 〜**「〜が気に入る」，**be interested in 〜**「〜に興味がある」，**be engaged in 〜**「〜に従事している」，**be injured in 〜**「〜で負傷する」，**be convinced of 〜**「〜を確信している」，**be married to 〜**「〜と結婚している」，**be caught in 〜**「〜(にわか雨など）にあう」などがある。

We **were caught in** a shower on our way home.
（私たちは家に帰る途中，にわか雨にあった）

Practice

23　次の各文の（　）内に適当な語を補い，英文を完成させよ。

(1)　We were surprised (　　) the fact.
(2)　The field is covered (　　) snow.
(3)　The story is known (　　) all Japanese people.
(4)　My father is satisfied (　　) my progress.
(5)　She is pleased (　　) her new house.

by 以外の前置詞を用いる受動態を確認する。
(3)「〜に知られている」は，to，for，by の前置詞のうち，どれを用いるのか。

▶その他の注意すべき受動態

1　**by の省略**

key Sentence

93. English and French **are spoken** in Canada.
(英語とフランス語がカナダで話されている)

重**94.** **It is said that** he is still alive.
(彼はまだ生きているそうだ)

受動態の文の中で，行為者（by ～）を省略する場合がある。

93. They speak English and French in Canada. を受動態にした文である。

行為者が漠然と we, they, people などの「一般の人々」を示す場合，by ～を省略できる。

94. **They say that** ～. を受動態にする場合，形式主語の it を用いて **It is said** ～. とすればよい。訳す場合は「～と言われている」「～だそうだ」と訳す。

＝**They say that** he is still alive.

次のような書き換えもできる。

＝He **is said to** be still alive.

その他，行為者を省略できるものとして，次のようなものがある。

①行為者が不明か，容易に言い表せない場合

He was killed in a traffic accident.（彼は交通事故で死んだ）

My book has been stolen.（私の本が盗まれた）

②前後関係から，行為者がはっきりしている場合

Lincoln was elected President of the United States.
（リンカーンはアメリカ合衆国の大統領に選ばれた）

French is not taught in this school.
（この学校ではフランス語は教えていない）

2 群動詞の受動態

key Sentence

重95. I **was laughed at** by all of them.
（私はみんなに笑われた）

動詞の中には，2語または3語で1つの動詞の意味を成しているものがある。これを**群動詞**という。群動詞の受動態は，**be 動詞＋過去分詞＋前置詞〔副詞〕**の形で表す。

95. **laughed at ～**「～を笑った」が受動態になった場合，**was laughed at ～**となり，前置詞を落とさないよう注意する。

その他，次のような群動詞がある。

A truck **ran over** our dog.
→ Our dog **was run over** by a truck.
（私たちの犬はトラックにひかれた）
All the students **looked up to** him.
→ He **was looked up to** by all the students.
（彼はすべての学生たちに尊敬された）

ask for「要求する」，**look into**「調べる」，**look down on〔upon〕**「軽蔑する」，**look after**「世話をする」，**insist on**「主張する」，**complain of**「不平を言う」，**put up with**「我慢する」，**speak ill of**「悪口を言う」，**put off**「延期する」，**put away**「かたづける」，**find fault with**「あら探しする」，**take care of**「世話をする」など。

Advance ～〈be 動詞＋過去分詞〉を使わない受け身表現～

○ I **had my wallet stolen** in the bus.
（私はバスの中で財布を盗まれた）

〈have（使役動詞）＋目的語＋過去分詞〉の形でも受け身を表す。例文は，have＋目的語（my wallet）＋過去分詞の形で，「～される」の意味になる。（☞ **§8「分詞」key Sentence 192**）

○ This book **sells** well.
（この本はよく売れる）

ある特定の動詞の中には，能動態の形で受動態を表すものがある。これを**能動受動態**という。能動態の文であるが，sell は「売れる（売られる）」と訳す。

その他，以下のようなものがある。

This bread **cuts** well.（このパンはよく切れる）
This parcel **carries** easily.（この小荷物は楽に運べる）

また，現在分詞・不定詞・動名詞にも能動受動態がある。

That book is **printing**.〔＝being printed〕(その本は目下印刷中である)

　　└→現在分詞

You are **to blame**.〔＝to be blamed〕

(君が責められるべきである→君に責任がある)

This book is **worth reading**. (☞ §7「動名詞」**key Sentence 177**)

　　└→動名詞

(この本は読まれる価値がある→この本は読む価値がある)

This cloth **wants〔needs〕 washing**.〔＝to be washed〕(☞ **§7「動名詞」▶動名詞を含む慣用句●その他の慣用表現**)

(この布は洗濯する必要がある)

Practice

24　次の各文を受動態の文に書き換えよ。

(1)　They look up to her.

(2)　They say that he is a great dramatist.

(3)　The car ran over the dog.

25　次の各文の（　）内から適切な語を選べ。

(1)　I had my hat (blow, blew, blown) off by the wind.

(2)　Kyoto is a place worth (visited, to visited, visiting).

24　(1)(3)は群動詞の文なので，前置詞を落とさないよう注意する。

25　(1)「〜される」は have＋目的語＋過去分詞。

問題演習

B

1　次の各文の（　）内に適当な語を補い，英文を完成させよ。

(1)　He made me work day and night.
　=I was made (　　) work day and night by him.

(2)　What do they call this tree in English ?
　=What (　　) this tree (　　) in English ?

(3)　Andersen wrote many children's stories.
　=Many children's stories (　　) (　　) (　　) Andersen.

(4)　I saw her cry.
　=She was seen (　　) cry by me.

(5)　Everybody knows him.
　=He is known (　　) everybody.

(6)　They sell vegetables at that store.
　=Vegetables (　　) (　　) at that store.

(7)　He is called Tom.
　=They (　　) him Tom.

2　次の日本文に合うように，（　）内に適当な語を補い，英文を完成させよ。

(1)　あなたは音楽に興味をお持ちですか。
　Are you (　　) in music ?

(2)　彼女はその結果に満足しました。
　She was (　　) (　　) the result.

(3)　富士山の頂上は雪で覆われています。
　The top of Mt. Fuji is (　　) (　　) snow.

(4)　誰によってこの家は建てられたのですか。
　(　　) (　　) was this house built ?

(5)　彼はその仕事をやらされた。
　He was made (　　) (　　) the work.

(6)　その事実は村のみんなに知られている。
　The fact is (　　) (　　) everybody in the village.

3 次の各文を受動態の文に書き換えよ。

(1) We saw him go out.

(2) You must finish the work at once.

(3) All her classmates laughed at her.

(4) When did they build this bridge ?

(5) Who discovered America ? ［By で始めて］

4 次の日本文の英訳で，誤っているものはどれか。

(1) この机は木でできている。
This desk is made of wood.

(2) ぶどう酒はぶどうから作られる。
Wine is made from grapes.

(3) 水は水素と酸素から成り立っている。
Water is composed of hydrogen and oxygen.

(4) 1 週間は 7 日から成る。
A week is consisted of seven days.

(5) この橋は石でできている。
This bridge is built of stone.

5 次の各文の態を変えて，全文を書き換えよ。

(1) Many things are sold at that store.

(2) We have never heard him speak ill of others.

(3) We put off the meeting till the next morning.

(4) His answer did not satisfy his students.

(5) Your hands must be kept clean.

(6) He has to keep his teeth clean.

(7) They say that Tom and Mary got married. ［2 通りに］

(8) No one has used that door for twenty years.

(9) Don’t touch the bench.

6 次の各文の（　）内の語句を並べかえて英文を完成させよ。ただし，文頭にくる語も小文字にしてある。

⑴ その花びんは，誰にこわされたのか。
(the vase, broken, by, who, was)?

⑵ 大きなビルが通りのむこうに建てられています。
(the street, being, is, a, building, built, big, across).

⑶ この私のセーターは純毛で作られている。
(is, mine, pure, this, made, sweater, of, of, wool).

⑷ この建物は1年おきに白く塗られる。
This building (year, other, every, white, painted, is).

⑸ 私はアメリカ人から話しかけられた。
(spoken, I, to, was, an American, by).

7 次の日本文を英訳せよ。

⑴ チーズは牛乳から作られる。

⑵ 英語は国際語であり，世界中で話されている。

⑶ バスは大変混んでいたので，座れなかった。［crowded を用いて］

⑷ 私は満員電車の中で新しい靴を踏みつけられた。

⑸ 丘の上の教会はいつ建てられましたか。

§5　助　動　詞

▶助動詞としての have の用法

key Sentence

96. I **have lost** my camera.
（私はカメラをなくした）

助動詞としての have は，**〈have〔has〕＋過去分詞〉**の形で現在完了形をつくる。この形は，過去完了のときは**〈had＋過去分詞〉**になり，未来完了のときは**〈will＋have＋過去分詞〉**となる（☞ **§3「時制」▶完了時制 ③未来完了**）。

96. have lost で現在完了の文。「なくした」は結果を表す。

▶助動詞としての do の用法

key Sentence

97. They **do not** read books.
（彼らは本を読まない）

98. **Do** you watch television ?――Yes, I **do**.
（あなたはテレビを見ますか――はい，見ます）

①一般動詞の否定文〈do〔does, did〕＋not＋原形〉をつくる。

このとき，主語が3人称単数のときは does となる。また，過去形のときには did を用いる。

97. do not＋read で「読まない」と否定文になる。

She **does** not like him.（彼女は彼が好きではない）

I **did** not miss the train.（私は列車に乗り遅れなかった）

なお，not ではなく never などの否定語を使うときは do は必要としない。

He **never** tells a lie.（彼は決して嘘をつかない）

②一般動詞の疑問文〈Do〔Does, Did〕＋主語＋原形…〉をつくる。

98. 文頭に Do を置き，主語＋watch ～ ? と続けて疑問文となり，通常 Yes, I do.／No, I don't. と答える。

Does he drive a car ?――No, he doesn't.
（彼は車を運転しますか――いいえ，運転しません）

Where **did** you buy it ?（君はそれをどこで買いましたか）

Advance ～強調と倒置の do～

強意〈do＋原形〉

動詞の意味を強調するために do を用いることがある。このときの do は強く発音される。

○ I **do** like him.

(私は彼が大好きだ)

like を強調するため，その前に do を置いた文である。

倒置〈否定語(＋O)or 副詞(句)＋do〔does, did〕＋主語＋原形〉(☞ **§14「特殊構文」key Sentence 350**)

○ Little did Nightingale dream that she would become one of the most famous women in medical history. (ナイチンゲールは，自分が医学史で最も有名な女性の一人になるとは夢にも思わなかった)

Little が否定語である。過去形の文なので，did＋主語＋動詞の原形と続く。本来の語順は Nightingale little dreamed ～であるが，否定語を文頭に出したため，このような倒置が起きている。

Practice

26 次の各文をあとの指示に従って書き換えよ。

(1) They sold salt at that store. ［疑問文に］

(2) She likes him. ［否定文に］

27 次の英文を和訳せよ。

(1) Do come to see me.

(2) I do love him.

(3) Rarely did he laugh.

26 (1) sold は sell の過去形。

(2) like に 3 人称単数の s がついている。

27 (1) 文頭の Do は come を強めている。

(2) love の前の do は，love を強めている。

(3) Rarely は「めったに～ない」という意味の否定語である。

▶ wouldの用法

key Sentence

99. The door **would** not open.
（ドアはどうしても開かなかった）

重**100.** My father **would often** tell me folk stories.
（父はよく私に民話を話してくれたものだった）

重**101.** **Would** you help me ?
（手伝っていただけませんか）

重**102.** I **would rather** stay at home **than** go out in the rain.
（雨の中を出かけるより家にいる方がよい）

wouldはwillの過去形である。**時制の一致**を受けてwouldとなる場合（☞ **§13「話法」▶時制の一致**）の他に次のような用法がある。

①過去の意志・主張（どうしても～しようとした）・拒絶

99. would notと否定文なので，「どうしても～しなかった」と**拒絶**を表す。

②過去の習慣（～したものだった）

100. would often tellは「よく話をしてくれたものだった」と訳す。

過去の習慣を表すには，wouldの他に**used to**もある。wouldはやや不規則的な習慣を表し，used toは規則的な習慣を表す（☞ **key Sentence 126**）。

③丁寧な言い方（～していただけないでしょうか）

101. 相手に何かを依頼するには，Will you～? もあるが，Wouldを使えばより丁寧な言い方になる。

④ wouldの慣用表現

102. **would rather ～ than** …は**「…するより～の方がよい」**と訳す。than以下を表さない場合もある。否定形はwould rather not ～となる。

また，**would like to** ～は**「～したいのですが」**という丁寧な表現である。I would like to ～. はI'd like to ～. という短縮形でよく用いられる。

I'**d like to** go with you.（あなたとご一緒したいです）

▶ shouldの用法

key Sentence

重**103.** You **should** do it at once.
（君はすぐにそれをすべきだ）

重104. She **should have consulted** a doctor.
（彼女は医者にみてもらうべきだったのに〔そうしなかった〕）

should は shall の過去形である。時制の一致を受けて should になる以外に，次のような用法がある。

①義務・妥当（～すべきである）

103. should は「すべきだ」という意味である。should のように義務の意味をもつものに，**ought to** もあり，例文は You ought to do it at once. に書き換えることができる。

104. **〈should＋have＋過去分詞〉**の形になると，**「～すればよかったのに」**というように果たされなかった過去のことに対する非難・後悔の気持ちを表す。

should have consulted a doctor. は「実際には医者にみてもらわなかった」という意味を含んでいる。また，例文は She ought to have consulted a doctor. に書き換えることができる。

key Sentence

重105. It is **natural** that he **should** get angry with her.
（彼が彼女を怒るのは当然だ）

重106. He **insisted** that I **should** pay the money.
（彼は私がお金を払うようにと主張した）

107. I hurried to the station **lest** I **should** miss the train.
（列車に乗り遅れるといけないから駅へ急いだ）

②感情や判断を表す文の中で

It is〔was〕～ that …の構文で，is〔was〕の後の形容詞または名詞が感情をこめた判断の言葉（**surprising**, **strange**, **natural**, **necessary**, **important**, **a pity** など）であるとき, that 節に should を入れる。この should は省略することもできる。その場合は，is〔was〕の時制にかかわらず，should の後の動詞は**必ず原形**にする。なお，感情や判断を特に強めないときは，直説法を用いることもある（☞ **§12「仮定法」key Sentence 313**）。

105. ＝It is natural that he gets angry with her.（直説法）

③主張・提案・要求・命令などの文の should

insist, **demand**, **order**, **suggest**, **propose** などの動詞の後の that 節の中では，should が用いられる。この should も省略できる。省略した後の動詞は主節の時制にかかわらず**必ず原形**となる（☞ **§12「仮定法」key Sentence 314**）。

106. insist「主張する」という語があるので，that 節に should が入っている。

④ lest ～ should …（～が…するといけないから，…しないように）

107. lest I should miss the train で「列車に乗り遅れるといけないから」となる（☞ §11「接続詞」**key Sentence 306**）。この構文では lest の代わりに，**in case**，**for fear that ～ should** も使われる。

＝I hurried to the station in case〔for fear that〕I should miss the train.

また，この構文は不定詞を使って書き換えることができる。

＝I hurried to the station (in order，または so as) not to miss the train.

Practice

28　次の各文の（　）内に would または should を入れよ。

(1)　その患者はどうしても食べなかった。
The patient (　　) not eat.

(2)　彼女がそんなところへ行くとは不思議だ。
It is strange that she (　　) go to such a place.

(3)　彼は見つからないように逃げた。
He ran away lest he (　　) be seen.

29　次の英文を和訳せよ。

(1)　It is a pity that he should make such a mistake.

(2)　You should have talked more politely.

28　(1)　拒絶を表す文。

(2)　strange は感情を表す語。

(3)　lest ～ should …「～が…するといけないから，…しないように」

29　(2)　〈should＋have＋過去分詞〉は「～すればよかったのに（しなかった）」

▶ can〔could〕の用法

key Sentence

108. He **can** run very fast.
（彼はとても速く走ることができる）

109. **Can** I come in ?――Yes, you can.
（入ってもいいですか――ええ，どうぞ）

110. **Could** you lend me your book ?
（あなたの本を貸していただけませんか）

①能力・可能を表す（～できる）

canの典型的な意味は，可能を表すことである。can＝be able toと書き換えることができる。canの否定形はcan't，can not，cannotのいずれでもよい。

108. canは「～できる」の意味である。

②許可を表す（～してよろしい）

canはmayと同様，許可の意味を表すことがある。この場合の否定形cannotは「～してはならない」という強い禁止を表し，must notと同じ意味になる。また，canは「～かもしれない」と推量の意味を表すこともある。

109. Can I ～? は「～してもいいですか」と許可を表している。

110. Could you ～? は「～していただけませんか」という，より丁寧な依頼の文となる。

key Sentence

111. **Can** the rumor be true ?――No, it **cannot** be true.
（いったいそのうわさは本当だろうか――いいや，本当であるはずがない）

112. He **cannot have missed** the last train.
（彼が最終列車に乗り遅れたはずがない）

重**113.** I **couldn't help laughing** at his joke.
（私は彼の冗談に笑わずにはいられなかった）

重**114.** You **cannot** be **too** careful about your health.
（健康にはどんなに注意してもしすぎることはない）

③強い疑いを表す（いったい～かしら，～であるはずがない）

疑問文では「いったい～かしら」となり，否定文では「～であるはずがない」と否定的な推定を表す。

111. 疑問文で「いったい～だろうか」と強い疑いを表す。否定の返答文とともに覚えよう。

112. **〈cannot have＋過去分詞〉**で**「～したはずがない」**と，過去の行為に対する強い疑いを表している。この文は，次のように書き換えることができる。
＝It is impossible that he missed the last train.
※It is ～ thatの構文中のimpossibleは「あり得ない」と訳す。

④ can を用いた慣用表現

113. **cannot help ～ing** は「**～せずにはいられない**」と訳す。

＝**cannot (help) but＋原形不定詞**（☞ § 6「不定詞」**key Sentence 158**）

114. **cannot ～ too** …は「**どんなに～しても…しすぎることはない**」と訳す。

＝cannot ～ too much「どんなに～してもしすぎることはない」

I cannot thank you too much.

（どんなに感謝してもしすぎることはない――お礼の言いようがありません）

Open Sesame

〈cannot have＋過去分詞〉は，「～したはずがない」！

He **cannot have said** so.（彼がそんなことを言ったはずがない）

▶ may〔might〕の用法

key Sentence

115. **May** I smoke here ?

（ここでタバコを吸ってもいいですか）

116. It **may** snow tomorrow.

（明日は雪が降るかもしれない）

117. He **may have had** an accident.

（彼は事故にあったのかもしれない）

重**118.** I hurried so that I **might** be in time for the train.

（列車に間に合うように急いだ）

重**119.** He **may well** get angry with her.

（彼が彼女に腹を立てるのももっともだ）

①許可を表す（～してもよい）

115. May I ～? で「～してもいいですか」と許可を求める文になっている。

May I come in ?――No, you may not〔must not〕.

（入ってもいいですか――いいえ，いけません）

②推量を表す（～かもしれない）

116. may は「～かもしれない」と推量を表している。

117. **〈may have＋過去分詞〉**で「**～したかもしれない**」と訳す。

③目的（～するために）を表す副詞節の中で

so that, in order that「～するために」というような目的を表す副詞節の中で may

が用いられる。なお，主節の時制が過去の場合は時制の一致に従って might になる。

I am saving money **so that** I **may** go abroad.
目的を表す副詞節

（私は外国へ行くために貯金をしている）

118. so that I might be in time for the train が「列車に間に合うように」と目的を表す副詞節。前の動詞が hurried と過去形なので，時制の一致により may が might となっている。なお, so that ～ may＝so that ～ can としてもよい。

また，**though**「～だけれども」，**however**「どんなに～でも」，**whatever**「何であろうとも」などに導かれる**譲歩を表す副詞節**の中でも may を用いることがある（☞ **§9「関係詞」key Sentence 233～235**）。

④ **may を用いた慣用表現**

119. **may well** ～で**「～するのももっともだ」**と訳す。この文は，次のように書き換えることができる。

＝It is natural that he should get angry with her.

＝It is natural for him to get angry with her.

may as well ～は**「～する方がよい」**と訳す。

You **may as well** stay at home.（君は家にいる方がよい）

might as well ～ as … で「…するより～の方がよい」と訳す。

We **might as well** die **as** lose it.

（それを失うくらいなら，死んだ方がましだ）

Open Sesame

〈may＋have＋過去分詞〉は「～したかもしれない」！

She **may have** known the fact.

（彼女はその事実を知っていたかもしれない）

Advance ～その他の may の用法～

可能を表す may（たぶんできよう）

○ You **may** say that she will win the first prize.

（彼女が一等をとるといってもさしつかえないだろう）

can よりもやや弱い意味で可能の意味をもつことがある。

祈願を表す may（～しますように）

○ **May** you succeed !

（あなたが成功されますように）

〈May＋S＋動詞の原形～！〉で「S が～しますように」と訳す。

▶ mustの用法

key Sentence

120. You **must** go home before dark.
(君は暗くならないうちに家に帰らなければならない)

121. You **must not** make such a noise.
(そんなに騒いではいけない)

重**122.** She **must** be ill.
(彼女は病気にちがいない)

123. He **must have missed** the last train.
(彼は最終列車に乗り遅れたにちがいない)

①必要を表す(～しなければならない)

mustの基本的な意味は必要・義務である。

120. mustは「**～しなければならない**」と義務を表している。この文は，次のように書き換えることができる。

＝You **have to** go home before dark.

なお，このmustを用いた疑問文の答えには注意しなければならない。

Must I change cars？(私は乗りかえなければなりませんか)

—No, you **need not 〔don't have to〕**.(いいえ，その必要はありません)

121. must not ～は「**～してはいけない**」と**強い禁止**の意味になる。この文は，次のように書き換えることができる。＝Don't make such a noise.

②推定を表す(～にちがいない)

この意味でmustが用いられる場合，mustの後ろにはbe動詞がくることが多い。

122. must be illで「病気にちがいない」と推定を表す。この文を否定文にすると，次のようになる。

She cannot be ill.(彼女は病気のはずがない)(☞ ▶ can〔could〕の用法 **key Sentence 111**)

なお，**〈must＋have＋過去分詞〉**の場合，**「～だったにちがいない」**の意味となる。

123. must have missedで「乗り遅れたにちがいない」となり，過去の推定を表す。この文は，次のように書き換えることができる。

＝It is certain that he missed the last train.

Open Sesame

〈must＋have＋過去分詞〉は「〜だったにちがいない」！

He must have had an accident.
(彼は事故にあったにちがいない)

Open Sesame

助動詞の反対の意味のつくり方に注意！

may (〜してもよい)
- ──may not (〜してはいけない) …弱い禁止
- ──must not (〜してはいけない)…強い禁止

must
- (〜しなければならない)──need not〔don't have to〕(〜する必要はない)
- (〜にちがいない)──cannot (〜のはずがない)

Practice

30 次の各文に誤りがあれば訂正せよ。

(1) She must tells the truth to all of us.

(2) You may to take a rest for a while.

31 次の各文をあとの指示に従って書き換えよ。

(1) You can go somewhere.［否定文に］

(2) You must attend the meeting.
［「〜する必要はない」の否定文に］

(3) What he told us must be true.［否定文に］

30 (1) must の後ろは動詞の原形。

(2) may の後ろは動詞の原形。

31 (1) somewhere「どこかへ」に注意。

(2) 「〜する必要はない」は need か don't have to 〜を用いる。

(3) must be true は「本当にちがいない」という意味なので，否定文にすると「〜のはずがない」という意味にならなければいけない。

▶その他の助動詞

key Sentence

重**124**. You **had better not** go out.
(あなたは外出しない方がよい)

125. You **ought not** to be absent from school.
(学校を休むべきではない)

重**126**. I **used to** sit up late when I was young.
(若いときはよく夜更かししたものだ)

127. You **need not** get up early.
(あなたは早く起きる必要はない)

①〈had better＋動詞の原形〉「～した方がよい」

had better で助動詞と考える。否定文は had better の後ろに not を入れる。

You had better study hard.（あなたは一生懸命勉強した方がよい）

この文は，次のように書き換えることができる。

＝It would be better for you to study hard.

124. **〈had better not＋動詞の原形〉で「～しない方がよい」**と訳す。

＝It would be better for you not to go out.

②〈ought to＋動詞の原形〉「～すべきだ」

should に書き換えることができる。否定文は ought not to ～となる。

125. **〈ought not to＋動詞の原形〉で「～すべきでない」**と訳す。この文は，次のように書き換えることができる。

＝You should not be absent from school.

③〈used to＋動詞の原形〉「よく～したものだった，かつては～だった」

過去の継続的習慣や，過去の事実・状態を表す。

126. sit up late は「夜更かしをする」という意味なので used to に続けると，「夜更かししたものだった」となる。

There **used to** be a big house here.
(ここにはかつて大きな家があった――今はない)

(注) **be〔get〕used to ～ing「～に慣れている」**と混同しないこと。

I am used to sitting up late.（私は夜更かしすることに慣れている）

④ need「～する必要がある」

need は動詞として用いられることが多いが，**疑問文**と**否定文**では助動詞として用いられる。

127. この文では need は助動詞であり，**〈need not＋動詞の原形〉**で，**「〜する必要はない」**と訳す。下記の表で，助動詞と本動詞の違いを確認しておこう。

		助動詞：need	本動詞：need(s)〔needed〕to
平叙文 (現在)	肯定		You **need to** get up early. (あなたは早く起きる必要がある)
	否定	You **need not** get up early. (あなたは早く起きる必要はない)	You **don't need to** get up early. (あなたは早く起きる必要はない)
平叙文 (過去)		You **need not** have got up early. (あなたは早く起きる**必要はなかったのに**) —実際は早く起きた—	You **didn't need to** get up early. (あなたは早く起きる**必要はなかった**) —実際には分からない—
疑問文		**Need** you get up early ? (あなたは早く起きなければなりませんか)	**Do** you **need to** get up early ? (あなたは早く起きなければなりませんか)

Advance　〜dare の用法〜

○ I daren't tell the truth.
(私は真実を話す勇気がない)

dare は「あえて〜する，〜する勇気がある」という意味を表す。need と同じく動詞としての用法の他に，疑問文・否定文では助動詞としても用いられる。

疑問文では〈Dare＋主語＋動詞の原形〜?〉となり，否定文では〈主語＋dare not〔daren't〕＋動詞の原形〜.〉となる。

dare の慣用表現として，I dare say 〜.「たぶん〜だろう」，How dare you 〜?「よくもまあ〜できるものだ」がある。

Open Sesame

助動詞文の書き換えに注意！

① It is natural that he should get angry with her.
　＝He **may well** get angry with her.
　(彼が彼女に腹を立てるのももっともだ)

② It is certain that he missed the last train.
　＝He **must have missed** the last train.
　(彼は最終列車に乗り遅れたにちがいない)

③ It is impossible that he did it.
　＝He **cannot have done** it.
　(彼がそんなことをしたはずがない)

Practice

32 次の各文に誤りがあれば訂正せよ。

(1) You need not to clean this room.

(2) I used to going to school with him.

(3) You ought to not go.

(1) この need は助動詞と考えられる。

(2) used to の後は動詞の原形。

(3) ought to の否定形に注意する。

Practice

33 次の英文を和訳せよ。

(1) I used to fish for hours on holidays.

(2) You ought to speak more loudly.

(1) used to ～「～したものだった」, for hours「何時間も」

(2) ought to ～「～すべきだ」, loudly「大声で」

問題演習

A

1 次の各文をあとの指示に従って書き換えよ。

(1) You can play tennis well. ［未来時制に］

(2) He must do it himself. ［未来時制に］

(3) I must give up the plan. ［過去時制に］

2 次の各文の（ ）内に適当な語を補い，英文を完成させよ。

(1) "Must I start at once ?"

① "Yes, you ( )." ② "No, you ( ) ( )."

(2) "May I come in ?"

① "Yes, you ( )." ② "No, you ( ) ( )."

(3) "Can the news be true ?"

"No, it ( )."

3 次の日本文に合うように，（ ）内に適当な語を補い，英文を完成させよ。

(1) あなたは今日，外出しない方がよい。

You ( ) ( ) ( ) go out today.

(2) 私は彼のおかしな話に笑わずにはいられなかった。

I couldn't ( ) ( ) at his funny story.

(3) 彼は正直な人にちがいない。

He ( ) ( ) an honest man.

(4) 彼が怒るのももっともだ。

He may ( ) get angry.

(5) 友人を選ぶ際にはいくら注意してもしすぎることはない。

We ( ) be ( ) careful in choosing our friends.

(6) 彼女がそんなことを言ったはずがない。

She ( ) ( ) said such a thing.

4 次の各文の（　）内から適切な語句を選び，記号で答えよ。

(1) I (ア. could イ. would ウ. might) like to go shopping this afternoon.

(2) My uncle (ア. should イ. would ウ. used) to go fishing in the river.

(3) Father, may I go out now ?
Yes, but you (ア. have イ. can ウ. may エ. must) come back before seven.

(4) You (ア. had better not イ. had not better ウ. didn't have better) say such a thing.

(5) It is strange that she (ア. would イ. should ウ. might) go to such a place.

B

1 次の各文の（　）内に適当な語を補い，英文を完成させよ。

(1) It is natural that he should get angry.
＝He may (　　) get angry.

(2) She prefers to stay at home.
＝She would (　　) not go out.

(3) He must have been wrong.
＝It is (　　) that he was wrong.

(4) I could not help laughing at his joke.
＝I could not (　　) laugh at his joke.

(5) It is impossible that she committed suicide.
＝She (　　) (　　) (　　) suicide.

2 次の各組の文を意味の違いに注意して和訳せよ。

(1) ① I am used to getting up early.
② I used to get up early when I was a student.

(2) ① We didn't need to buy a big suitcase.
② We needn't have bought a big suitcase.

(3) ① The baby is asleep. You mustn't shout.
② I can hear you quite clearly. You needn't shout.

(4) ① Can you understand the story ?
② Can the story be true ?

3　次の各文の（　）内の語を並べかえて英文を完成させよ。ただし，文頭にくる語も小文字にしてある。

(1)　いつか外国へ行きたいものです。
Some day (ア. go　イ. I'd　ウ. abroad　エ. like　オ. to).

(2)　6時までに帰るには及びません。
(ア. don't　イ. you　ウ. come　エ. to　オ. home　カ. have　キ. six　ク. by).

(3)　私は釣りに行くよりも，むしろ家にいたい。
(ア. home　イ. I　ウ. fishing　エ. than　オ. rather　カ. go　キ. at　ク. would　ケ. stay).

(4)　あなたは傘を持って行った方がいいでしょう。
You (ア. an　イ. with　ウ. better　エ. umbrella　オ. had　カ. take) you.

(5)　私は医者の忠告に従っていればよかったのに。
(ア. I　イ. have　ウ. should　エ. advice　オ. followed　カ. doctor's　キ. the).

(6)　自動車を運転するときにはいくら注意してもしすぎることはない。
(ア. careful　イ. car　ウ. you　エ. be　オ. cannot　カ. in　キ. driving　ク. your　ケ. too).

(7)　私はその光景を見て笑わざるを得なかった。
I (ア. at　イ. not　ウ. laughing　エ. could　オ. the　カ. help　キ. sight).

4　次の日本文を英訳せよ。

(1)　彼は学生のとき，よく遅刻したものだった。

(2)　この建物の中では靴を脱ぐ必要はない。

(3)　夜遅く人を訪問するべきではない。[to を使って]

§6 不 定 詞

▶不定詞の用法

不定詞には，to 不定詞（to＋動詞の原形）と原形不定詞の 2 種類がある。to 不定詞はさらに，次の 3 つの用法に分けられる。

1 **名詞的用法**

key Sentence

128. **To see** is to believe.
（見ることは信ずることである――百聞は一見に如かず）

129. She likes **to play** the piano.
（彼女はピアノを弾くのが好きだ）

重130. **It** is difficult **to master** English in a few years.
（2，3 年で英語をマスターすることは難しい）

不定詞が名詞と同じ働きをし，主語・補語・目的語として用いられる用法である。「～すること」の意味を表す。

128. To see が主語，to believe が補語である。
To know is one thing, to teach is (quite) another.
（知っていることと教えることは〔全く〕別である）
To know, to teach ともに主語である。

129. to play the piano は目的語である。
like は to 不定詞，動名詞のどちらも目的語にとれるが，意図，決心，希望などを表す動詞は，不定詞のみ目的語にとる。
(hope, wish, want, intend, decide, expect, promise など)

130. To master English in a few years is difficult. のように主部（To master ～ a few years）が長くなりすぎる場合に用いられる。名詞的用法の to 不定詞が主語のときは，この形がよく用いられる。It は**形式主語**（または**仮主語**），to master English ～. は**真主語**とよばれる（☞ **§18「代名詞」key Sentence 469**）。

key Sentence

131. I found **it** easy **to answer** the question.
（私はその質問に答えるのは容易であるとわかった）

132. I want you **to do** your best.
(私は君に最善を尽くして欲しい)

133. I know **how to drive** a car.
(私は自動車の運転の仕方を知っている)

131. it は**形式目的語**で，**真の目的語**は to answer the question, easy は補語である。

不完全他動詞（find, think, make など）が不定詞を目的語にとる場合（第５文型）は，形式目的語 it を用い，真の目的語である不定詞は補語のあとに置く（☞ **§18「代名詞」key Sentence 469**）。

I make it a rule to keep early hours.
(私は早寝早起きをすることにしている)

132. want ～ to …「～に…してほしい」は，S＋V＋O＋不定詞(C)の第５文型である。この不定詞の意味上の主語は，目的語 you である。その他，下記の動詞も同様の文型をとる。

ask ～ to …「～に…するよう頼む」，tell ～ to …「～に…するように言う」，advise ～ to …「～に…するよう忠告する」など。

133. 疑問詞＋to 不定詞で主語，補語，目的語になる。

what to ～「何を～すべきか」，which to ～「どちらを～すべきか」，how to ～「～の仕方」，where to ～「どこへ～すべきか」，when to ～「いつ～すべきか」など。

I don't know **what to** buy.
＝I don't know **what I should** buy.

Practice

34 次の各文をあとの指示に従って解答せよ。

(1) To have good friends is very important.［同意書き換え］
＝(　　) is very important (　　) (　　) good friends.

(2) I asked Father when I should visit my uncle.［同意書き換え］
＝I asked Father (　　) (　　) (　　) my uncle.

(3) I find (　　) difficult (　　) read this book.［適語記入］

(4) 私は君にそこへ１人で行ってもらいたい。［整序］
(you, alone, want, to, there, I, go)

(5) He decided (go, going, to go) to America.［適語選択］

(6) どこに滞在すべきか彼女は私に助言してくれた。[適語記入]

She (　　) me (　　) (　　) stay.

(7) 母は私にお金を使いすぎないようにと言った。[適語記入]

My mother told me (　　) (　　) spend (　　) (　　) money.

(1) It … to ～の構文。

(2) 疑問詞＋to 不定詞

(3) find it＋形容詞＋to 不定詞

(4) want＋人＋to 不定詞「人に～してほしい」

(5) decide は決心を表す。

(6) advise＋人＋to 不定詞「人に～するように助言する」

(7) **「～しないように」は not＋to 不定詞**

[2] 形容詞的用法

key Sentence

134. I have no friend **to help** me.
（私には助けてくれる友達がいない）

重**135.** I want something **to drink.**
（私は何か飲み物が欲しい）

136. I have no house **to live in.**
（私は住む家がない）

137. He broke his promise **to speak** the truth.
（彼は真実を話すという約束を破った）

名詞（代名詞）を後ろから修飾する用法。「～する・～するべき・～するための名詞（代名詞）」という意味を表す。

134. friend は不定詞の動詞（help）に対する主語の関係で，意味上の主語になる。
これは次のように書き換えることができる。
＝I have no friend that helps me.

135. something は不定詞の動詞（drink）と目的語の関係で意味上の目的語になる。
＝I want something which I can drink.

something, anything, nothing は，形容詞を伴うときは必ず後ろに形容詞を続ける。

Please give me something **interesting** to read.［語順に注意］

（何かおもしろい読み物をください）

136. house は前置詞（in）の目的語になっている。この場合 in は省略できない（live a house とはいえないため）。

My son wants a friend to play with.
（私の息子は一緒に遊ぶ友達をほしがっている）

137. his promise が不定詞と同格（「〜という」と訳すのが基本）の関係である。
＝He broke his promise that he would speak the truth.

Open Sesame

形容詞的用法の不定詞は「〜すべき，〜する」と訳すとうまくいく！

Do you have anything **to do** today ?
（今日は何かすべき〔する〕ことがありますか）

Practice

35 次の各文をあとの指示に従って解答せよ。

(1) 何か冷たい飲み物をください。［適語記入］
Please give me something (　　) (　　) (　　).

(2) I want a pen to write (　　). ［適語記入］

(3) I have no paper to write (　　). ［適語記入］

自動詞が形容詞的用法として用いられると前置詞が必要。修飾される名詞を自動詞の後ろに置いて必要な前置詞を考える。

play **with** friends　→　friends to play with
write **with** a pen　→　a pen to write with

③ **副詞的用法**

key Sentence

重**138.** He worked hard **to support** his family.
（彼は家族を養うために一生懸命働いた）

重**139.** She was surprised **to hear** the news.
（彼女はその知らせを聞いて驚いた）

140. He is kind **to help** me.
（彼は私を手伝ってくれるとは親切だ）

重**141.** He grew up **to be** a famous scientist.
（彼は成長して有名な科学者になった）

142. This book is difficult **to read.**
（この本は読むには難しい）
143. **To hear** him speak English, you would think him an American.
（彼が英語を話すのを聞けば，アメリカ人と思うだろう）

不定詞の副詞的用法も，副詞と同様に，動詞・形容詞・副詞を修飾したり，文全体を修飾したりする。

①目的

138. **「～するために」**と訳す。

目的の意味をよりはっきりさせるために，**in order to ～，so as to ～**の形も用いられる。

＝He worked hard in order to support his family.

＝He worked hard so as to support his family.

また，in order to ～, so as to ～は，**so〔in order〕that A may〔can〕～**「A が～するために，～するように」の形に書き換えることができる。

＝He worked hard so〔in order〕that he might〔could〕support his family.

②原因・理由

139. **「～して」**と訳す。

be 動詞＋形容詞〔分詞〕＋to 不定詞で感情を表す形容詞〔分詞〕(sad，glad，angry，happy，surprised，pleased など）の原因を説明している。

＝She was surprised **when** she heard the news.

③判断の根拠

140. **「～するとは・～するなんて」**と訳す。

be 動詞＋形容詞＋to 不定詞で，人の性質を非難・賞賛する形容詞の根拠を説明している。

(非難：foolish，stupid，careless など）

(賞賛：wise，clever，smart，nice，kind，brave，thoughtful など）

＝It is kind of him to help me. (☞ ▶**不定詞の意味上の主語 key Sentence 153**)

④結果

141. grow up，awake などの動詞に続く不定詞部分は**「…して（その結果）～」**と訳す。

その他，結果を表すものとして，次のものがある。

… only to ～「…したが結局～しただけだった」，… never to ～「…して二度と～しなかった」，live to be＋年齢「～歳まで生きる」など。

⑤限定

142. 「～するのが（するには）」と訳す。

be 動詞＋形容詞＋to 不定詞で難・易を表す形容詞（difficult, hard, easy など）を伴うことが多い。

＝It is difficult to read this book.

⑥条件

143. 「もし～すれば」と訳す。文頭で使われ，コンマで切った後に助動詞の過去形がくる。

＝If you heard him speak English, you would think him an American.

Practice

36 次の各文の（　）内に適当な語を補い，英文を完成させよ。

(1) He went to London so as to study English.
＝He went to London (　　) (　　) he (　　) study English.

(2) The mountain is easy to climb.
＝(　　) is easy (　　) climb (　　) (　　).

(3) You are very careless to make such a mistake.
＝(　　) is very careless (　　) you (　　) make such a mistake.

(4) I awoke to find myself lying on the shore.
＝I awoke (　　) (　　) myself lying on the shore.

(1) so as to ～＝so that A may〔can〕
(2) 限定を表す副詞的用法。
(3) 判断の根拠。
(4) awake に続く結果の to 不定詞。

▶原形不定詞

key Sentence

重**144.** I **saw** him **come.**
（私は彼が来るのを見た）

重**145.** The teacher **made** him **stand** by the desk.
（先生は彼を机のそばに立たせた）

重**146.** I **had** my father **repair** my bicycle.
（私は父に自転車をなおしてもらった）

重**147.** Please **let** me **explain** the problem.
（私にその問題を説明させてください）

toのない不定詞を**原形不定詞**というが，これは主に第5文型で知覚動詞や使役動詞とともに**〈S+V+O+原形不定詞〉**の形で用いられ，文中の目的語が原形不定詞の意味上の主語になっている。

①知覚動詞（see, hear, feel, watchなど）

144. see, hear, feel, watchなどの動詞を**知覚動詞**といい次のような文をつくる。

I	saw	him	come.
S	V(知覚動詞)	O(意味上の主語)	C(原形不定詞)

＝He was seen to come by me.
（彼は私に来るのを見られた）

※受動態では原形不定詞の補語がto＋原形にかわることに注意（☞ **§4「態」key Sentence 88**）。

②使役動詞（make, have, let）

make, have, letは使役動詞として次のような文をつくる。

I	made	her	go there alone.
S	V(使役動詞)	O(意味上の主語)	C(原形不定詞)

145. makeは使役動詞で「～させる」の意味を表す（強制）。**force＋目的語＋to不定詞**に書き換えることができる。

＝The teacher **forced** him **to stand** by the desk.

＝He was made to stand by the desk by the teacher.

（彼は先生に机のそばに立たされた）

※受動態になると原形不定詞の補語はto＋原形となる。

146. haveは「～してもらう」の意味を表し（使役），**get＋目的語＋to不定詞**に書き換えることができる。

＝I **got** my father **to repair** my bicycle.

147. letは「～させる」の意味を表す（許可）。

＝Please **allow** me **to explain** the problem.

Open Sesame

知覚動詞・使役動詞の目的格補語には原形不定詞を使う！

I heard her **play** the piano.（私は彼女がピアノを弾くのを聞いた）

I made her **play** the piano.（私は彼女にピアノを弾かせた）

Practice

37 次の各文の（　）内から適切な語句を選べ。

(1) I saw her (cross, crossed, to cross) the street.

(2) She was made (cry, cried, to cry) by Tom.

(3) He had her (to carry, carried, carry) the book.

(4) We could not get her (accept, to accept, accepted) the offer.

使役動詞（make, let, have）と知覚動詞（see, hear, feel）は補語に原形をとる。

※ただし，受け身にするとtoが必要となる。

語彙　(4)　accept「受け入れる」，offer「申出」

▶不定詞の時制

key Sentence

148. He seems **to be rich.**
（彼は金持ちらしい）

149. He seems **to have been** rich.
（彼は〔以前は〕金持ちだったらしい）

単純不定詞（to＋動詞の原形）の時制は，述語動詞の時制に一致する。述語動詞よりも以前の時制を表すには，**完了不定詞（to＋have＋過去分詞）**を使う。

148. 単純不定詞 to be は述語動詞 seems と同じ時制を表す。

＝It seems that he **is** rich.

述語動詞 seem が過去形（seemed）であれば，単純不定詞 to be の時制も過去時制となる。

He seemed to be rich.

＝It seemed that he **was** rich.（彼は金持ちのようだった）

149. 完了不定詞 to have been は述語動詞 seems（現在形）よりも以前の時制を表す。

＝It seems that he **was〔has been〕** rich.

述語動詞が過去形（seemed）であれば，完了不定詞 to have been の時制は過去完了時制となる。

She seemed to have been happy.

＝It seemed that she **had been** happy.

Advance　～未来の希望や期待を表す動詞に続く不定詞～

○ We expect to win the game.

（私達は試合に勝つと思っている）

未来の希望，期待などを表す動詞 hope，wish，want，expect，intend などに続く単純不定詞は，述語動詞より後（未来）の時制を表す。

＝We expect that we will win the game.

○ We expected to have won the game.

（私達は試合に勝つと思っていたのに〔勝てなかった〕）

未来の希望・期待などを表す動詞の過去形に続く完了不定詞は，希望や期待が実現されなかったことを意味する。

＝We expected to win the game, but we couldn't.

Practice

38　次の各文の（　）内に適当な語を補い，英文を完成させよ。

⑴　It seems that he knows the secret.

＝He (　　) (　　) (　　) the secret.

⑵　It seems that Tom was sick.

＝Tom (　　) (　　) (　　) (　　) sick.

⑶　She seems to have been a beauty.

＝(　　) seems (　　) she (　　) a beauty.

★⑷　He hoped to have succeeded.

＝He (　　) (　　) (　　) but he (　　) (　　).

⑴　seems と knows が同じ時制。

⑵　was は seems より前の時制。

⑶　完了不定詞に注意。

⑷　希望・期待を表す動詞に続く完了不定詞。

語彙　⑶　a beauty「美人」

▶不定詞の意味上の主語

key Sentence

150. **He** wanted **to come**.
（彼は来たいと思った）

重**151**. He wanted **you to come**.
（彼は君に来てもらいたいと思った）

不定詞は本来動詞であり，その動作をする主体（**意味上の主語**）が問題となる。主体が誰〔何〕であるかは，文の内容からわかる。

150. 文の主語である He が同時に to come の意味上の主語である。つまり，意味上の主語が文の主語と一致する。(「来る」のも「思った」のも彼)

151. **S+V+O+to 不定詞**で「O に〜をしてもらいたい」と訳す。文の目的語である you が to come の意味上の主語である。(第 5 文型)
つまり，意味上の主語が文の目的語と一致する（「来る」のはあなた，「思った」のは彼)。

key Sentence

重**152**. It is easy **for** me to answer the question.
（私がその質問に答えるのは簡単だ）

重**153**. It is kind **of** him to help me.
（彼が私を助けてくれるなんて親切だ）

152. for me が to answer の意味上の主語である（私が「答える」)。
意味上の主語を **for＋目的格**で表し，to＋不定詞の直前に置くことが一般的である。

①**名詞的用法**　for … to 〜「…が〜すること」と訳す。
For him to do such a thing was a great surprise to us.
（彼がそんなことをするのは，我々にとって大変な驚きだった）

②**形容詞的用法**　名詞＋for … to 〜「…が〜するべき」と訳す。
Here are some books for you to read.
（ここに君が読む本が何冊かあります）

③**副詞的用法**　for … to 〜「…が〜するために（〜するように)」と訳す。
I stepped aside for her to enter the room.
（私は彼女が部屋へ入れるようにわきへどいた）
＝I stepped aside so that she might〔could〕 enter the room.

153. of him が to help の意味上の主語である（彼が「助けてくれる」）。

It is の次にくるのが**人柄や態度の善悪を表す形容詞**（nice, kind, wise, foolish, stupid, clever, careless など）の場合には，**of＋目的格**で表し，to 不定詞の直前に置く。

It is careless of you to make such a mistake.
（君がそんな間違いをするのは不注意です）
＝You are careless to make such a mistake.

Open Sesame

for ～ to … は不定詞の用法に応じてそれぞれ訳す！
①「～が…すること」名詞的用法
②「～が…するべき」形容詞的用法
③「～が…するために」副詞的用法
It is difficult **for me to solve** the problem. ……名詞的用法
（私がその問題を解決するのは難しい）
of ～ to … にも要注意！「～が…してくれるとは」
It is kind of you to write to me.
（君は私に手紙をくれるとは親切だ／お手紙ありがとう）
※形容詞が行為の性質や人柄を評価するときは of ～ to … となる。

Practice

39 次の各文の（　）内に適当な語を補い，英文を完成させよ。
(1) It is kind (　　) her to help me with my homework.
(2) It is easy (　　) him to play the piano.

40 次の各文の（　）内の語句を並べかえて英文を完成させよ。ただし，文頭にくる語も小文字にしてある。
(1) There is (do, a lot of, for, work, you, to).
(2) He (you, go, there, wants, to).
(3) (you, nice, is, help, it, of, to) me.
(4) She expects (the business, to, him, succeed in).
(5) (to, thing, is, do, the first, you, for) to tell the truth.

ここに着眼！

It is＋形容詞＋**of＋人**＋to 不定詞.
非難：foolish, careless, stupid など
賞賛：nice, kind, wise など

▶不定詞の慣用表現

key Sentence

重**154**. You are **too** young **to** drive a car.
（君は若すぎて車の運転ができない）

重**155**. He was kind **enough to** help me.
（彼は親切にも私を手伝ってくれた）

154. **too＋形容詞〔副詞〕＋to ～「とても…なので～できない」**
so＋形容詞〔副詞〕＋that＋S＋cannot ～に書き換えることができる。

＝You are so young that you can’t drive a car.

The problem was too difficult for him to solve.

＝The problem was so difficult that he couldn’t solve **it**. （it は省略不可）

（その問題は難しすぎて彼は解けなかった）

155. **形容詞〔副詞〕＋enough to ～「～できる〔する〕ほど…だ」「とても…なので～できる〔する〕」**

so＋形容詞〔副詞〕＋as＋to ～，so＋形容詞〔副詞〕＋that＋S’＋can ～〔もしくはS’＋V’～〕に書き換えることができる。

＝He was so kind as to help me.

＝He was so kind that he helped me.

またこの例文は，以下のように書き換えることもできる。

＝He had the kindness to help me.

＝It was kind of him to help me. （☞ ▶不定詞の意味上の主語 **key Sentence 153**）

key Sentence

重**156**. **To tell the truth**, I forgot to post your letter.
（実を言うと，君の手紙をポストに入れるのを忘れた）

157. He **is sure to** come.
（彼はきっと来る）

重**158**. I **cannot but** cry at the news.
（私はその知らせを聞いて泣かずにいられない）

不定詞が，文の他の部分とは分離独立していて，文全体の副詞的修飾語句として働くときがある。これを**独立不定詞**という。

156. 独立不定詞には他に次のようなものがある。

to make matters worse「さらに困ったことに」，strange to say「妙な話だが」，so to speak「言わば」，to begin with「まず最初に」，needless to say「言うまでもなく」など。

157. be＋形容詞＋to 不定詞の構文。be sure to ～は「必ず～する」という意味であり，「彼はきっと来る」と，これから起きることに対して私が確信をもっているので，次のように書き換えることができる。

＝I am sure that he will come.

他には次のようなものがある。

be ready to ～「まさに～しようとしている」, be willing to ～「快く～する」, be likely to ～「～しそうである」など。

158. 原形不定詞の慣用表現。cannot but＋原形不定詞「～せずにはいられない」と訳す。

＝I cannot help crying at the news.

●その他の慣用表現

had better＋原形不定詞「～した方がよい」，had better＋not＋原形不定詞「～しない方がよい」，do nothing but＋原形不定詞「～ばかりしている」，come＋to 不定詞「～するようになる」，have only＋to 不定詞「～しさえすればよい」など。

You have only to follow my advice.

＝All you have to do is (to) follow my advice.

(君は私のアドバイスに従いさえすればよいのだ)

Advance ～be＋to 不定詞～

〈be＋to 不定詞〉には，次のような用法がある。

○ They **are to** be married next month.（予定）

(彼らは来月結婚することになっている)

○ You **are to pay** your debt.（義務）

(借金は返さなければならない)

○ Such a man **is to be** despised.（当然）

(そのような人は軽蔑されるべきだ)

○ Nothing **was to be** seen.（可能）

(何も見えなかった)

○ He **was** never **to see** his home again.（運命）

(彼はふたたび郷里に帰ることはなかった)

○ If you **are to succeed**, you must work harder.（意図）
（成功するつもりなら，君はもっと熱心に勉強しなければならない）

Practice

41　次の各文の（　）内から適切な語句を選べ。

(1)　You had better (stay, to stay, staying) at home today.

(2)　The dog did nothing but (bark, to bark, barking).

(3)　(Begin, To begin, Began) with, you are too young.

(4)　We (became, came, mind) to know each other.

(5)　I am (necessary, ready, capable) to go there.

(4)　come to ～「～するようになる」

(5)　necessary は人を主語にとれない。capable は，be capable of ～ing で「～することができる」

語彙　(2)　bark「吠える」

Practice

42　次の各文の（　）内に適当な語を補い，英文を完成させよ。

(1)　He was so tired that he could not work hard.
=He was (　　) tired (　　) work hard.

(2)　She was so kind that she showed me the way.
=She was kind (　　) (　　) (　　) me the way.

(3)　The car is too expensive for me to buy.
=The car is (　　) expensive (　　) I (　　) buy (　　).

(4)　I cannot help feeling sorry for her.
=I cannot (　　) (　　) sorry for her.

(5)　He is sure to succeed.
=I am sure (　　) he (　　) (　　).

★(6)　He is, as it were, a walking dictionary.
=He is, (　　) (　　) (　　), a walking dictionary.

(1)(3)　so ～ that A cannot …

(2)　so ～ that …=enough to ～

(4)　cannot help ～ing=cannot but+原形

(5)　be sure to 不定詞=be sure that+S+will ～

語彙　(6)　as it were「いわば」，a walking dictionary「生き字引き」

問題演習

B

1 次の(1)～(3)の文と同じ用法の不定詞を含む文を下の**ア**～**カ**から２つずつ選び，記号で答えよ。

(1) To play tennis is always a lot of fun.

(2) Please give me something new to read.

(3) Tom came to Japan to study Japanese.

ア. He isn't a man to tell a lie.

イ. I want to know the truth.

ウ. There are a lot of sights to see in Kyoto.

エ. I am glad to see you.

オ. To obey the law is everybody's duty.

カ. He went to London to see his uncle.

2 次の各文の（　）内から適切な語句を選び，記号で答えよ。

(1) The doctor advised him (**ア**. not eat　**イ**. not to eat　**ウ**. to not eat) too much.

(2) I heard a bird (**ア**. sing　**イ**. sang　**ウ**. to sing) in the tree.

(3) How kind it is of you (**ア**. help　**イ**. to help　**ウ**. helping) me !

(4) I want (**ア**. buying　**イ**. bought　**ウ**. to buy) a new pair of shoes.

(5) This book is (**ア**. enough　**イ**. more　**ウ**. too) difficult for me to read.

(6) She was seen (**ア**. to smile　**イ**. smile　**ウ**. had smiled) in a moment.

(7) I got Tom (**ア**. wash　**イ**. to wash　**ウ**. washed) my car.

(8) Strange (**ア**. say　**イ**. saying　**ウ**. to say), none of us noticed the change

(9) I found (**ア**. him　**イ**. it　**ウ**. that) impossible to go on with my work.

(10) My mother doesn't know (**ア**. what　**イ**. which　**ウ**. where) to buy the ticket.

3 次の各文の（　）内に適当な語を補い，英文を完成させよ。

(1) She was kind, so she lent me her bicycle.
=She was kind (　　) to lend me her bicycle.

(2) I cannot help admiring his brave deed.
=I cannot (　　) admire his brave deed.

(3) I didn't know which way I should go.
=I didn't know which way (　　) (　　).

(4) He is very kind to say so.
=It is very kind (　　) (　　) to say so.

(5) The tea was so hot that I could not drink it.
=The tea was (　　) hot (　　) (　　) to drink.

(6) All they have to do is to do their best.
=They (　　) (　　) to do their best.

(7) To master English is not easy.
=(　　) is not easy (　　) master English.

(8) It seems that she is sick.
=She seems (　　) (　　) (　　).

(9) I left home early so that I might avoid a traffic jam.
=I left home early (　　) (　　) (　　) avoid a traffic jam.

(10) Allow me to introduce Mr. Smith.
=(　　) me introduce Mr. Smith.

4 次の各文をあとの指示に従って書き換えよ。

(1) She is so young that she cannot go to school.［too を用いて］

(2) He got up early so as to take the first bus.［複文に］

(3) The stone was so heavy that I could not lift it.［too を用いて］

(4) Her father made her work very hard.［受動態に］

5　次の各文の（　）内の語句を並べかえて英文を完成させよ。ただし，文頭にくる語も小文字にしてある.

(1)　Try (be, not, late, to).

(2)　He thought (nothing, best, the matter, say, about, it, to).

(3)　I (to, happy, be, you, want).

(4)　It (to, us, a lot of, is, make, important, for, friends).

(5)　この問題は難しすぎて私には解けません。
This problem (for, is, difficult, me, too) to solve.

(6)　子どもたちをさわがせるな。
(the children, let, make, don't, a noise).

(7)　私はパリに絵の勉強に行く機会を得ました。
I (to Paris, to go, painting, a chance, to study, got).

(8)　私には彼をとめる権利はない。
(him, right, I, to, no, stop, have).

(9)　私は学校に遅れないように早く起きた。
I got up early (be, not, so, as, to, late) for school.

(10)　口を開けたまま眠るのは見苦しい。
(with, doesn't, well, your mouth, it, open, sleep, look, to).

6　次の(1)～(6)の文と同じ副詞的用法を含む文を下の**ア**～**カ**から選べ。

(1)　He worked hard to make her happy.

(2)　I was pleased to hear the news.

(3)　This book is difficult to read.

(4)　He is stupid to do such a thing.

(5)　Jack grew up to be a scientist.

(6)　To begin with, he is too young.

ア.　This river is dangerous to swim in.

イ.　To tell the truth, I don't like him.

ウ.　He worked hard only to fail in the attempt.

エ.　I got up early so as to catch the first train.

オ.　She was careless to take a wrong bus.

カ.　I am very glad to see you again.

7 次の各文の（　）内から適切な語句を選び，記号で答えよ。

(1) Would you (ア. make　イ. have　ウ. like) me to come and help you ?

(2) Recently many people live (ア. being　イ. to be　ウ. and be) eighty.

(3) It was very foolish (ア. for　イ. to　ウ. of) you to do such a thing.

(4) This new room is very comfortable to study (ア. with　イ. on　ウ. in).

(5) She is said (ア. be　イ. to be　ウ. to have been) a beauty in her day.

(6) Tommy had his sister (ア. to tie　イ. tie　ウ. tied　エ. tying) his shoes for him.

8 次の各文の（　）内に適当な語を補い，英文を完成させよ。

(1) He tried, but failed.
=He tried (　　) to fail.

(2) I expected to call on him last Monday, but I couldn't.
=I expected to (　　) (　　) on him last Monday.

(3) It was impossible to see a star in the sky.
=Not a star (　　) to be seen in the sky.

(4) It seems that she liked you.
=She seems to (　　) liked you.

(5) It is natural that he should get angry.
=It is natural (　　) him (　　) get angry.

(6) He was wise to stay at home.
=It was wise (　　) (　　) to stay at home.

(7) He had the kindness to drive me home.
=He was kind (　　) to drive me home.

(8) They expected that he would succeed in the business.
=They expected him (　　) (　　) in the business.

C

1 次の各文の（　）内の語句を並べかえて英文を完成させよ。ただし，文頭にくる語も小文字にしてある。

(1) あなたの宿題のお手伝いができたらうれしいですね。
I'll be (glad, help, to, with, you) your homework.

(2) ここがどこか教えてくださいませんか。
Would you be (as, kind, me, so, tell, to, where) I am ?

(3) それは話ができすぎている。
That sounds (be, good, to, too, true).

(4) その知らせを聞いて，私はため息をつかずにはいられなかった。
I (heard, when, the news, but, sigh, couldn't, I).

(5) 先生は男の子に静かにするように言った。
The (boy, be, quiet, teacher, the, to, told).

(6) あなたの到着される時刻を知らせてください。
(know, me, when, the, let, time) you will arrive.

(7) 生物がそれぞれいかに環境に適応しているかを見ると驚くだろう。
You will (to, be surprised, each living thing, how, see) is adapted to its surroundings.

(8) オゾン層の破壊を防ぐためにいくつかの対策がとられなければならない。
Several measures should be taken (from, the ozone layer, in order to, prevent, being destroyed).

2 次の各文を不定詞を用いて単文に書き換えよ。

(1) It is said that he invented the machine.
(2) I ran so fast that I overtook him in a minute.
(3) She held out her hand so that he might shake.
(4) I expect that I shall be of some help to you.
(5) He pretended that he did not hear me.

§7　動　名　詞

▶動名詞の性質

key Sentence

159. His job is **driving** a taxi.
（彼の仕事はタクシーを運転することだ）

重**160**. I have just finished **writing** a letter.
（私はちょうど手紙を書き終えた）

重**161**. She is fond **of reading.**
（彼女は読書が好きです）

動名詞は動詞の原形に -ing をつけてつくった名詞の働きをする語であり，文中で主語や補語として，また動詞や前置詞の目的語として働く。「～すること」の意味を表す。否定の意味「～しないこと」を表す場合は **not ～ing** となる。

159. ここでは補語として働いている。

My pleasure（S） is（V） **sleeping**（C）.（私の楽しみは寝ることだ）

主語として働く場合。

Swimming（S） is（V） good exercise（C）.（泳ぐことはよい運動だ）

動詞の目的語として働く場合。

She（S） stopped（V） **talking**（O）.（彼女は話すのをやめた）

160. 次の動詞は目的語に動名詞のみをとる。**m**ind「いやがる」，**e**njoy「楽しむ」，**g**ive up「あきらめる」，**a**void「避ける」，**f**inish「終える」，**e**scape「免れる」，**p**ractice「練習する」，**s**top「止める」，**d**eny「否定する」，**a**dmit「認める」など。

これらの動詞の頭文字をとって，**メガフェプスーダ：Megafeps-da** と覚えるとよい。

161. 前置詞の目的語として働く。

前置詞は目的語をとるので，**すべての動詞は前置詞の後では動名詞の形に直して**名詞化する。

Advance ～動名詞の形容詞的用法～

○ Please smoke in the **smoking** room.

(喫煙室で吸ってください)

room（名詞）を修飾する形容詞的用法。目的・用途を表し，「～するための…」と訳す。

類例として a waiting room「待合室」, a living room「居間」, a sleeping car「寝台車」, a dining room「食堂」などもある。

※現在分詞の限定用法は状態を表し，「～している」と訳す。

a running dog「走っている犬」, the boy playing the piano「ピアノを弾いている少年」(☞ **§8「分詞」key Sentence 180**)

Practice

43 次の各文の（　）内から適切な語句を選べ。

(1) Father gave up (smoke, to smoke, smoking).

(2) I have just finished (read, reading, to read) this book.

(3) I don't mind (waiting, to wait) for an hour.

(4) I am looking forward to (hear, hearing) from you.

Megafeps-da と前置詞は目的語に**動名詞**をとる。

語彙　(4)　hear from「～から便りがある」

▶動詞の目的語としての動名詞と不定詞

key Sentence

重162. I **remember** call**ing** him last year.

(私は昨年彼に電話をしたことを覚えている)

重163. **Remember to** call him.

(忘れずに彼に電話をしなさい)

目的語として動名詞と不定詞の両方をとるが，意味が違うものがある。

動名詞は過去の行為を，不定詞は未来の行為をそれぞれ表現している。

162. remember ～ing「～したことを覚えている」(過去の行為)

この文は remember that＋S＋**V（過去形）**に書き換えることができる。

＝I remember that I called him last year.

163. remember to ～「忘れずに～する」(未来の行為)

これは命令文「忘れずに～しなさい」の形で用いられることが多い。

forget ～ing「～したことを忘れる」(過去の行為)
forget to ～「～することを忘れる」(未来の行為)

I shall never **forget seeing** her.

(私は彼女に**会ったことを**決して**忘れ**ないでしょう)

Don't **forget to meet** me at the station.

(**忘れ**ずに駅へ**迎えに来て**ください)

Don't forget to ～は Remember to ～に書き換えることができる。

=Remember to meet me at the station.

regret ～ing「～したことを残念に思う」(過去の行為)
regret to ～「残念ながら～する」(未来の行為)

I **regret telling** you.

(私はあなたに**話したことを後悔している**)

I **regret to say** that she is seriously injured.

(**残念ながら**彼女は重傷を負っているとお**伝えします**)

try ～ing「試しに～してみる」
try to ～「～しようとする」

stop ～ing「～するのをやめる」
stop to ～「～するために立ち止まる」

stop のあとに to 不定詞が続くと，目的語ではなく副詞的用法として働く。

また，expect，promise，decide，plan，hope などの動詞は，to 不定詞のみ目的語にとる。

Practice

44 次の各文の（　）内から適切な語句を選べ。

(1) Don't forget (paying, to pay) back the money.

(2) I remember (seeing, to see) her once.

(3) It stopped (raining, to rain, rain).

(4) I'll never forget (meeting, to meet) her at Karuizawa last year.

(5) I remember meeting her last summer.
=I remember that I (meet, met, will meet) her last summer.

remember ～ing は過去
=remember that+S+**V（過去形）**

▶動名詞の時制

key Sentence

164. He **is** proud of **being** rich.
（彼は金持ちであることを誇りに思っている）

重**165.** She **is** proud of **having been** beautiful.
（彼女は美しかったことを誇りに思っている）

164. **単純形の動名詞（〜ing）**は，主節の動詞の時制と**「同時」**あるいは**「未来」**を表す。

be proud of 〜ing＝be proud that＋S＋V〔will＋V〕

＝He **is** proud that he **is** rich.

165. **完了形の動名詞（having＋過去分詞）**は，主節の動詞の時制より**「以前」**あるいは**「完了」**を表す。

＝She **is** proud that she **was〔has been〕** beautiful.

また，主節の動詞の時制が過去形のとき，完了形の動名詞は「過去完了」を表す。

She **was** proud of **having been** beautiful.
（彼女は美しかったことを誇りに思っていた）

＝She **was** proud that she **had been** beautiful.

▶動名詞の意味上の主語

key Sentence

166. I am sure of **his passing** the examination.
（私は彼が試験に合格すると確信している）

重**167.** She is ashamed of **her father having been** poor.
（彼女は父親が貧しかったことを恥じている）

重**168.** He **insisted on my paying** the money.
（彼は私がお金を払うようにと主張した）

166. 動名詞の意味上の主語は，その直前に名詞・代名詞の**所有格**または**目的格**を置く。ただし，主節の主語と同じ場合は，意味上の主語を置かない。例文では his が意味上の主語である。この場合の his（所有格）は him（目的格）でもよい。

＝I am sure that **he** will pass the examination.

167. 名詞が意味上の主語となる場合は，-'s を省略することができる。
例文では her father が意味上の主語である。この場合，father's の -'s が省略されている。
＝She is ashamed that **her father** was〔has been〕poor.

168. my が意味上の主語である。この場合の my は me でもよい。
insist on ～ing＝insist that＋S＋(should)＋V（原形）「～と主張する」
＝He insisted that **I** should pay the money.

Open Sesame

完了形動名詞と述語動詞との時制

〈現在形の述語動詞〉＋〈完了形動名詞〉→完了形動名詞の部分の時制は現在完了か過去。

〈過去形の述語動詞〉＋〈完了形動名詞〉→完了形動名詞の部分の時制は過去完了。

Advance

○ I am tired of **being treated** like a child.
（私は子ども扱いされるのがいやになっている）
動名詞の受動態「～されること」にも，単純形（being＋過去分詞）と完了形（having＋been＋過去分詞）がある。

Practice

45 次の各文の（　）内に適当な語を補い，｛　｝内からは適切な語を選び，英文を完成させよ。

(1) I am sure that she is kind.
＝I am sure (　　) (　　) (　　) kind.

(2) He is ashamed that his son did such a thing.
＝He is ashamed of (　　) (　　) (　　) (　　) such a thing.

(3) I escaped { to be killed, being killed, killing } in a traffic accident.

(4) He insisted that she should go there.
＝He insisted (　　) (　　) (　　) there.

(5) She is proud of having been rich.
＝She is proud that she { is, was, to be } rich.

(6) He denied that he had seen her.
＝He denied { seeing, to see, having seen } her.

$$be+\left\{\begin{array}{l}sure\\ ashamed\\ proud\end{array}\right\}+of\sim ing=be+\left\{\begin{array}{l}sure\\ ashamed\\ proud\end{array}\right\}+that+S+V$$

(4)　insist on＋～ing＝insist that＋S＋(should)＋V

▶動名詞を含む慣用句

key Sentence

169. **Do you mind opening** the window ?
　(窓を開けてくれませんか)

重**170.** Do you mind **my smoking** here ?
　(ここでタバコを吸ってもいいですか)

169. Do you mind ～ing ?「～してくれませんか」(依頼)

Do you mind ～ing ? は Will you ～ ? に書き換えることができる。

＝Will you open the window ?

170. Do you mind my ～ing ?「～してもいいですか」(許可)

Do you mind my ～ing ? は May I ～ ? または Do you mind if I ～ ? に書き換えることができる。

＝May I smoke here ?

＝Do you mind if I smoke here ?

Do you mind ～ ? や Do you mind my ～ ? の質問に対する回答は,「はい」であれば No で答える（☞ **§22「会話表現」**)。

key Sentence

171. You must be careful **in driving** a car.
　(車を運転するときは注意しなければならない)

重**172.** **On seeing** the policeman, she ran away.
　(警官を見るとすぐに，彼女は逃げた)

171. **in ～ing**「するときは」

in ～ing は when＋S＋V に書き換えることができる。

＝You must be careful when you drive a car.

172. **on ～ing**「～するとすぐ」

on ～ing は as soon as＋S＋V に書き換えることができる。

＝As soon as she saw the policeman, she ran away.

key Sentence

重**173**. **There is no accounting** for tastes.

（趣味は説明できない→たで食う虫も好きずき）

174. **It is no use crying** over spilt milk.

（ミルクをこぼして泣いても無駄である→覆水盆にかえらず）

173. **There is no ～ing**「～することはできない」

There is no ～ing は We can't ～または It is impossible to ～に書き換えることができる。

＝We can't account for tastes.

＝It is impossible to account for tastes.

174. **It is no use〔good〕～ing**「～しても無駄である」

It is no use ～ing は It is useless to ～に書き換えることができる。

＝It is useless to cry over spilt milk.

key Sentence

重**175**. I **can't** see this picture **without thinking** of my father.

（この絵を見ると必ず父を思い出す）

重**176**. I am **looking forward to seeing** you again.

（またお会いすることを楽しみに待っています）

175. **not〔never〕… without ～ing**「…すれば必ず～する」

not〔never〕… without ～ing は whenever＋S＋V, S＋V に書き換えることができる。

＝Whenever I see this picture, I think of my father.

176. **look forward to ～ing**「～することを楽しみに待つ」この to は不定詞ではなく前置詞なので～ing が続く。同様に，be used〔accustomed〕to ～ing「～することに慣れている」，What do you say to ～ing ?「～してはどうですか」も to に続けて～ing を用いる例である。

key Sentence

177. Kyoto **is worth visiting.**
（京都は訪れる価値がある）

178. I **felt like crying** to hear the news.
（私はその知らせを聞いて泣きたい思いであった）

179. **It goes without saying that** health is the most important.
（健康が最も大切なのは言うまでもない）

177. be 動詞＋worth ～ing「～する価値がある」

S is worth ～ing は It is worth while to ～に書き換えることができる。

＝It is worth while to visit Kyoto.

178. feel like ～ing「～したい気がする」

179. It goes without saying that …「…は言うまでもない」

It goes without saying that …は Needless to say, …に書き換えることができる。

＝Needless to say, health is the most important.

動名詞は他の語句と結びついて慣用的な表現をつくる。ここにあげた慣用表現と書き換えはしっかり覚えておくこと。

●その他の慣用表現

cannot help ～ing「～せずにはいられない」, of one's own ～ing「自分で～した」, besides ～ing「～ばかりでなく」, need ～ing＝want ～ing＝need to be 過去分詞「～される必要がある」, How〔What〕 about ～ing ?「～してはどうですか」などがある。

This cloth wants washing.＝This cloth needs to be washed.

（この布は洗濯する必要がある）…ものが主語のときに用いられる。

Practice

46 次の各文の（ ）内に適当な語を補い，英文を完成させよ。

(1) Do you mind if I turn on the light ?

＝Do you mind (　　) (　　) (　　) the light ?

(2) We can't deny the fact.

＝There is (　　) (　　) the fact.

(3) It is useless to ask him for help.

＝It is (　　) (　　) asking him for help.

(4) As soon as I finished my coffee, I left for school.

＝(　　) (　　) my coffee, I left for school.

(5) You must be careful when you walk across this street.

＝You must be careful (　　) (　　) across this street.

動名詞を使った慣用表現の書き換えは暗記しよう !!

(3) ask A for B「A に B をくれるように頼む」

Practice

47 次の各文の（ ）内にあてはまる最も適切な語を下の語群から選べ。

(1) You look tired. Don't you feel (　　) having a rest ?

(2) It goes (　　) saying that man is mortal.

(3) I couldn't (　　) opening the window.

(4) This book is (　　) reading twice.

(5) This is the tree (　　) my own planting.

〈on, help, want, of, without, like, in, worth, but〉

語彙 (1) have〔take〕a rest「休憩する」

(2) mortal「死ぬ運命にある」

(3) plant「植える」

問題演習

A

1 次の文の下線部と同じ用法の文を下の**ア**〜**ウ**から選び，記号で答えよ。

She makes a rule of going for a walk every morning.

ア. The girl singing over there is my cousin.

イ. She is not used to driving a car.

ウ. He is swimming in the lake.

2 次の各文の（ ）内から適切な語句を選び，記号で答えよ。

(1) Tom enjoys (**ア**. traveled **イ**. traveling **ウ**. to travel) in many countries.

(2) Would you mind (**ア**. put **イ**. to put **ウ**. putting **エ**. if putting) away things on the desk ?

(3) I cannot help (**ア**. feel **イ**. feeling **ウ**. to feel) sorry for her.

(4) The movie is (**ア**. worth watching it **イ**. worth watch **ウ**. worth watching).

(5) There is (**ア**. no telling **イ**. no tell **ウ**. not telling) when another big earthquake will occur.

(6) This house needs (**ア**. repair **イ**. to repair **ウ**. repairing) at once.

(7) I don't feel like (**ア**. go **イ**. going **ウ**. to go **エ**. to going) out tonight.

(8) You cannot make an omelet without (**ア**. break **イ**. broke **ウ**. broken **エ**. breaking) eggs.

(9) Her father didn't like her (**ア**. sit **イ**. sitting **ウ**. was sitting **エ**. have sat) in his chair.

(10) I regret (**ア**. tell **イ**. telling **ウ**. to tell) you that you failed the test.

3 次の各文の（ ）内に適当な語を補い，英文を完成させよ。

(1) I remember that I said so.
=I remember ( ) so.

(2) May I sit here ?
=Do you ( ) my ( ) here ?

(3) As soon as he left school, he went into business.
=( ) leaving school, he went into business.

(4)　She denied that she had told a lie.
　=She denied (　　) told a lie.

(5)　I am sure that he will come on time.
　=I am sure of (　　) (　　) on time.

(6)　Never be too nervous when you speak English.
　=Never be too nervous (　　) (　　) English.

(7)　It is impossible to know what may happen.
　=There is (　　) (　　) what may happen.

4　次の各文の（　）内の語句を並べかえて英文を完成させよ。ただし，文頭にくる語も小文字にしてある。

(1)　彼女がいつ家に帰って来るかはわからない。
　There (ア. will　イ. telling　ウ. is　エ. she　オ. come　カ. no　キ. when) home.

(2)　ここでタバコを吸ってもかまいませんか。
　(ア. smoking　イ. do　ウ. here　エ. mind　オ. you　カ. my) ?

(3)　私はメアリーの子どものような率直さに思わずほほえんだ。
　I (ア. smiling　イ. frankness　ウ. couldn't　エ. Mary's　オ. help　カ. childlike　キ. at).

(4)　失敗することを怖がってはいけません。
　Do (ア. mistakes　イ. of　ウ. be　エ. not　オ. making　カ. afraid).

(5)　彼は一言も言わないで部屋を出ていきました。
　He (ア. a word　イ. the room　ウ. without　エ. left　オ. saying).

(6)　お会いするのを楽しみにしています。
　(ア. forward　イ. to　ウ. you　エ. I　オ. looking　カ. seeing　キ. am).

B

1　次の各文の（　）内に適当な語を補い，英文を完成させよ。

(1)　私は喜びのあまり踊らずにはいられなかった。
　I could (　　) (　　) dancing for joy.

(2)　今晩は勉強をする気がしない。
　I don't (　　) (　　) studying tonight.

(3) 日光は行ってみる価値のあるところだ。

Nikko is ( ) visiting.

(4) 彼は私にぜひ大学へ行けと言った。

He ( ) ( ) my going to college.

2 次の各文の（ ）内に適当な語を補い，英文を完成させよ。

(1) There is a chance ( ) the patient will get well.

=There is a chance of the patient ( ) well.

(2) I am ashamed that I was lazy when I was young.

=I am ashamed ( ) ( ) been lazy when I was young.

(3) This photo reminds me of her.

=I never see this photo ( ) thinking of her.

(4) He could not attend the meeting because of illness.

=Illness ( ) him ( ) attending the meeting.

(5) She regrets that she did not study hard.

=She regrets ( ) ( ) studied hard.

(6) He insisted that I should pay the money.

=He insisted ( ) ( ) ( ) the money.

3 次の各文の（ ）内の語句を並べかえて英文を完成させよ。ただし，文頭にくる語も小文字にしてある。

(1) I don't (ア. while イ. being ウ. reading エ. like オ. disturbed).

(2) もっと早くお手紙を差し上げなくてすみませんでした。

Excuse (ア. having イ. earlier ウ. you エ. me オ. not カ. for キ. written ク. to).

(3) Every time I speak English, I make some mistakes.

=(ア. without イ. mistakes ウ. cannot エ. English オ. speak カ. making キ. I).

(4) 彼女を説得しようとしても無駄である。

It (ア. no イ. persuade ウ. trying エ. good オ. is カ. to キ. her).

§8 分　詞

▶限定用法の分詞

key Sentence

180. Look at the **sleeping** baby.
（眠っている赤ちゃんを見なさい）

181. Look at the baby **sleeping** in the bed.
（ベッドで眠っている赤ちゃんを見なさい）

182. Look at the **broken** window.
（壊された窓を見なさい）

183. Look at the window **broken** by him.
（彼に壊された窓を見なさい）

分詞には**〈動詞＋～ing〉の形の現在分詞**と**〈動詞の原形＋-ed〉の形や不規則変化の過去分詞**がある。この分詞が，述語動詞の一部となり，進行形・受動態・完了形をつくることは先に述べたが，その他にも形容詞と同様に限定用法と叙述用法がある。そして名詞を修飾する分詞を**限定用法**という。

180. 現在分詞が1語だけで名詞を修飾するときは，その分詞は名詞の前に置かれる。

Barking dogs seldom bite.（吠える犬はめったに咬まない）

Look at the **running** boy.（走っている少年を見なさい）

181. 現在分詞が他の修飾語句を伴って名詞を修飾するときは，その名詞の後に置かれる。

Who is the lady **standing at the gate** ?
（門のところに立っている婦人は誰ですか）

The girl **playing the piano** is my sister.
（ピアノを弾いている少女は私の妹だ）

182. 他動詞の過去分詞は受動的意味「～される」，「～された」をもち，自動詞の過去分詞は完了的意味「～した」，「～してしまっている」をもつ。

過去分詞も1語だけで名詞を修飾するときは，その分詞は名詞の前に置かれる。

the **stolen** money (盗まれた金)…他動詞の過去分詞

＝the money which was stolen

fallen leaves (散ってしまった葉：落葉)…自動詞の過去分詞

＝leaves which have fallen

183. 過去分詞も他の修飾語句を伴って名詞を修飾するときは，その名詞の後に置かれる。

I received a letter **written in red ink**.

(私は赤インクで書かれた手紙を受け取った)

Open Sesame

現在分詞は「～している」，過去分詞は「～される」，「～された」と訳す！

a **crying** baby (泣いている赤ちゃん)　　a **broken** cup (壊れたカップ)

▶感情を表す動詞の現在分詞・過去分詞

key Sentence

重**184**. This news is very **surprising**.

(この知らせはとても驚きだ)

184. 動詞の原形が「～させる」の意味をもつものは，これが過去分詞になると「～される」という受動的意味でなく，「～する」という能動的意味になる。一方，現在分詞の場合はそのまま「～させる」と考えるとよい。こういう動詞は感情，被害，関係の動詞に多く見られる。

The game was exciting to me.

(そのゲームは私を興奮させた→わくわくした)

I was excited about the game.

(私はそのゲームに興奮した)

現在分詞は「物」，過去分詞は「人」に対して使われると覚える。

Practice

48　次の各文の（　）内から適切な語を選べ。

⑴　The man (wear, wearing, worn) glasses is my cousin.
⑵　The language (speaking, spoken) in America is English.
⑶　Look at the dog (lie, lay, lying, lain) on the grass.
⑷　The work is very (tire, tired, tiring).
⑸　Tom was (bored, boring, bore) with her story.
⑹　Her story was (bored, boring, bore) to Tom.

感情を表す動詞（受け身を能動的に訳す）

物(＋be 動詞)＋～ing「(人を)～させる」　人＋be 動詞＋～ed「～する」

物(＋be 動詞) surprising「驚かせる」　人＋be 動詞 surprised「驚く」
物(＋be 動詞) tiring「疲れさせる」　人＋be 動詞 tired「疲れている」
物(＋be 動詞) boring「退屈させる」　人＋be 動詞 bored「退屈する」

語彙　⑴ glasses「眼鏡」

▶叙述用法の分詞

key Sentence

重185. He came **running**.
　（彼は走ってきた）

重186. She sat **surrounded** by the students.
　（彼女は生徒たちに囲まれて座っていた）

重187. She kept **standing**.
　（彼女は立ったままでいた）

重188. The door remained **locked**.
　（ドアは錠がかかったままだった）

分詞は形容詞と同じ働きをするので，不完全自動詞の補語，つまり主格補語や目的格補語になる。分詞のこの用法を**叙述用法**という。

185. 第 2 文型の主格補語となっている。

S＋V＋～ing は「～しながら V する」と訳し，能動態の進行形（be 動詞＋～ing）の be 動詞を一般動詞に置き換えた形である。この形に用いられる動詞は go, come, stand, sit などである。

She **sat** knitting by her husband.〔She was knitting by her husband.〕
（彼女は夫のそばで編み物をしながら座っていた→座って編み物をしていた）

186. 第 2 文型の主格補語となっている。**S＋V＋過去分詞**は「～されながら V する」と訳し，受動態（be 動詞＋過去分詞）の be 動詞を一般動詞に置き換えた形である。この形に用いられる動詞は例文 **185** と同じである。

He **stood** there surprised at the sight.〔He was there surprised at the sight.〕

（彼はそこに立って眺めに驚いていた）

187. 第 2 文型の主格補語となっている。

keep ～ing は**「～しつづける」**と訳し，進行形の be 動詞を，第 2 文型をとる一般動詞（keep，lie，remain，look，seem など）に置き換えた形である。

She lay watching TV.〔She was watching TV.〕

（彼女はテレビを見ながら寝ころんでいた）

188. 第 2 文型の主格補語となっている。

受動態の be 動詞を，第 2 文型をとる一般動詞に置き換えた形である。この形に用いられる動詞は例文 **187** と同じである。

He looked excited.〔He was excited.〕

（彼は興奮しているようにみえた）

key Sentence

重**189**. I am sorry to have **kept** you **waiting** for a long time.

（長い間お待たせしてすみません）

190. I **saw** some boys **playing** catch in the yard.

（数人の少年が庭でキャッチボールをしているのが見えた）

191. I **heard** my name **called**.

（私は自分の名前が呼ばれるのが聞こえた）

189. 第 5 文型の目的格補語となっている。

keep〔leave〕＋O＋～ing は**「O を～したままにしておく」**と訳す。

You must not leave the baby crying.

（赤ん坊を泣かせたままにしておいてはいけない）

keep〔leave〕＋O＋過去分詞は**「O を～しておく」**と訳す。

I kept the door closed.（私はドアを閉めておいた）

190. 第 5 文型の目的格補語となっている。

V（知覚動詞）＋O＋～ing は**「O が～しているのを V する」**と訳す。

I heard him playing the piano.

（私は彼がピアノを弾いているのを聞いた）

191. 第5文型の目的格補語となっている。

V(知覚動詞)＋O＋過去分詞は**「Oが〜されるのをVする」**と訳す。

I saw a dog run over by a truck.

（私は犬がトラックにひかれるのを見た）

この場合のrunは過去分詞である。

key Sentence

重**192.** I **had** my watch **repaired.**

（私は時計を修理してもらった）

重**193.** I could **make myself understood** in English.

（私は英語で自分を理解させることができた―英語が通じた）

192. **使役動詞＋O＋過去分詞「Oを〜してもらう」**と訳す（使役）。

この構文では，have，getなどの使役動詞が用いられ，目的語には「物」をとる。

I had my car washed by him.（私は彼に車を洗ってもらった）

＝I had him wash my car.

使役動詞haveは，目的語が（人）の場合は，その後の語は原形不定詞になる。

＝I got my car washed by him.

＝I got him to wash my car.

get＋(人）の後はto不定詞になる。

使役動詞＋O＋過去分詞の構文で「Oを〜される」というように受け身の意味を表すこともある（☞ **§4「態」▶その他の注意すべき受動態** **Advance**）。

I had my bag stolen.

（私はかばんを盗まれた）

193. **make oneself understood（in〜）「(〜で）自分のことを理解してもらう」**と訳す。

open Sesame

使役動詞＋O＋過去分詞の並びに注意！

I had my bag stolen.

→I had stolen my bag. としないように注意しよう。

Practice

49　次の各文の（　）内から適切な語句を選べ。

(1)　He stood (look, looking, looked) at the picture.

(2)　The treasure remains (burying, buried, bury) somewhere.

(3)　We saw him (taking, taken) a photograph of the castle.

(4)　Let's keep the stove (burning, burned, burn).

(5)　Let's have our photographs (take, taking, taken).

(6)　He couldn't make himself (understand, understood, to understand) in English.

(7)　I heard the song (sing, sang, sung) by them.

(1)(2)　stand, remain に続く分詞は，stand, remain を be 動詞に変えて，進行形と受動態のどちらがあてはまるかで判断する。

(5)　have＋O〔物〕のあとは過去分詞。

語彙　(2)　treasure「宝物」，bury「埋める」

(3)　take a photograph of ～「～の写真を撮る」，castle「城」

▶分詞構文

1　分詞構文の働き

分詞が時や理由や条件などを表す接続詞の役目と，もとの動詞の働きを兼ね合わせたものになって，文全体を修飾する副詞句の働きをする場合がある。このような分詞を含んだ文を**分詞構文**という。

接続詞を用いた文を分詞構文にするには，次のような手順で行う。

①副詞節の接続詞をとり去る。

②主節の主語と一致していれば，副詞節の主語をとり去る。

③副詞節の動詞を現在分詞に変える。

When I looked out, I saw a big dog.

＝**Looking** out, I saw a big dog.（外を見ると大きな犬が見えた）

つまり，分詞構文の分詞の中には**〈接続詞＋主語＋述語動詞〉**が含まれていることになる。よって分詞構文を逆に，接続詞を含む文に書き直すには，次のような手順で行えばよい。

①主節の主語と同じものを主語とする。

②現在分詞は主節の時制に合わせた動詞にする。

③主節の文意を考え，適当な接続詞で文を整える。

2　**分詞構文の意味**

分詞構文の表す内容は，時・理由・条件・譲歩・付帯状況などであるため，文の前後の内容を考えながら，適切な接続詞を選ばなければならない。

3　**分詞構文の時制**

単純形の分詞（～ing）は主節の動詞と同じ時制を表す。

Being honest, he is loved by all.

＝As he is honest, he is loved by all.（正直なので彼はみんなに好かれている）

key Sentence

重**194**. **Turning** to the right, you will find the building.
（右へ曲がれば，その建物が見つかるだろう）

重**195**. **Entering** the room, I saw her studying.
（部屋に入ると，彼女が勉強しているのが見えた）

重**196**. **Being** tired, I went to bed early.
（疲れていたので，私は早く寝た）

重**197**. **Admitting** what you say, I still doubt you.
（あなたの言うことは認めるけれど，それでも私はあなたを疑う）

194. 条件を表す。if ～「～すると，～すれば」に書き換えることができる。

＝If you turn to the right, you will find the building.

※If ～節は条件を表す副詞節なので，未来の内容でも現在形で表す（☞ **§3「時制」key Sentence 46**）。

195. 時を表す。when ～「～するとき」，while ～「～している間」，after ～「～のあとで」に書き換えることができる。

＝When I entered the room, I saw her studying.

196. 理由を表す。as ～，since ～，because ～「～なので」に書き換えることができる。

＝As I was tired, I went to bed early.

197. 譲歩を表す。though ～「～だけれども」に書き換えることができる。

＝Though I admit what you say, I still doubt you.

key Sentence

198. They walked along, **singing** merrily.
（彼らは陽気に歌いながら歩いていった）

199. He left home at five, **reaching** the station at seven.
（彼は5時に家を出て，7時に駅に着いた）

198. 付帯状況を表す。2つの動作が同時に起こる場合で，as ～「～しながら」に書き換えることができる。

＝They walked along as they sang merrily.

199. 動作の連続を表す。第2の動作が，第1の動作の結果である場合，第2の動作を現在分詞にする。and ～「そして～」に書き換えることができる。

＝He left home at five and he reached the station at seven.

Open Sesame

分詞構文は～ing（＝接続詞＋S＋V）！

Turning to the left, you will find the post office.

＝If you **turn** to the left, you will find the post office.

（左へ曲がれば，郵便局がある）

Practice

50　次の各文の（　）内に適当な語を補い，英文を完成させよ。

(1)　As I had no money with me, I could do nothing.

＝(　　) no money with me, I could do nothing.

(2)　Going along this street, you will come to the museum.

＝(　　) (　　) (　　) along this street, you will come to the museum.

(3)　When he saw us, he ran away.

＝(　　) (　　), he ran away.

(4)　I went into the garden, looking for my cat.

＝I went into the garden, (　　) looked for my cat.

(5)　Being busy, we could not go to the party.

＝(　　) (　　) (　　) busy, we could not go to the party.

主節と従属節の主語は同じか？

接続詞＋S＋V，S＋V.＝～ing，S＋V.

語彙　(4)　look for ～「～をさがす」

key Sentence

重**200**. **Not knowing** what to say, I kept silent.
（何を言ったらよいかわからず，私は黙っていた）

重**201**. **Having finished** my homework, I watched television.
（宿題を終えて，私はテレビを見た）

200. 分詞構文の否定形は分詞の前に not をつける。
＝As I did not know what to say, I kept silent.

201. **分詞構文の完了形（having＋過去分詞）**は主節の動詞の時制よりも「以前」または「完了」を表す。
　主節の動詞の時制が現在形ならば，分詞の時制は過去または現在完了であり，主節の動詞の時制が過去形ならば，分詞の時制は過去完了である。
＝After I had finished my homework, I watched television.
Having lived here for ten years, he knows everything.
＝As he has lived here for ten years, he knows everything.
（10 年ここに住んでいるので，彼は何でも知っている）

key Sentence

重**202**. **It** being cold, I did not go out.
（寒かったので，私は出かけなかった）

重**203**. **Written** in easy English, this book is very popular.
（易しい英語で書かれているので，この本はとても人気がある）

202. 主節の主語と一致していないために，分詞の意味上の主語（代名詞は主格）が残った構文を**独立分詞構文**という。ここでの it は天候，気温を表す it であり，訳さない。
＝As **it** was cold, **I** did not go out.
Night coming on, we went home.
＝As **night** came on, **we** went home.（夜になったので，私達は家路についた）
意味上の主語

Open Sesame

分詞の前の（代）名詞は分詞の意味上の主語となる！
It *being* very cold, I stayed at home all day.
（非常に寒かったので，終日家にいた）

203. 分詞構文の受動態は，**being＋過去分詞**（主節の動詞と同じ時制），**having been＋過去分詞**（主節の動詞よりも前の時制）の2つがあるが，being や having been はふつう省略されて，過去分詞で始める。

＝As this book is written in easy English, it is very popular.

＝(Being) written in easy English, this book is very popular.

As this letter was written in haste, it has many mistakes.

＝(Having been) written in haste, this letter has many mistakes.

（急いで書かれたので，この手紙には間違いがたくさんある）

key Sentence

重**204**. He stood there **with his arms folded**.

（彼はそこに腕を組んで立っていた）

重**205**. **Judging from** his accent, he must be an American.

（彼のなまりから判断すれば，彼はアメリカ人に違いない）

204. **〈with＋名詞＋分詞〉**独立分詞構文に with がついた形で，付帯状況を表す。「～を…して」，「～を…したままで」，「～が…されて」と訳す。

＝He stood there and his arms were folded.

He sat with his eyes closed.（彼は目を閉じたままで座っていた）

＝He sat and his eyes were closed.

205. 分詞構文の慣用表現。独立分詞構文の意味上の主語が一般の人々(we, they, you）のとき，習慣的に省略される。

＝If we judge from his accent, he must be an American.

次のものも独立分詞構文の慣用表現である。

generally speaking,	「概して言えば」＝if we speak generally, ～
strictly speaking,	「厳密に言えば」＝if we speak strictly, ～
considering ～,	「～のわりには」
talking of ～,	「～と言えば」＝speaking of ～,
supposing ～,	「もし～ならば」
granted that ～,	「仮に～だとしても」
frankly speaking,	「率直に言えば」＝to be frank with you,

Practice

51　次の各文の（　）内に適当な語を補い，分詞構文を完成させよ。

(1) Because I didn't have enough money, I couldn't buy the book.

＝(　　) (　　) enough money, I couldn't buy the book.

(2) As Tom has gone to school, he is not at home now.
=(　　)(　　) to school, Tom is not at home now.

(3) As the weather was fine, we went on a picnic.
=(　　)(　　)(　　) fine, we went on a picnic.

(4) The old man was sitting there and his legs were crossed.
=The old man was sitting there (　　) his legs (　　).

(5) The child began to sob, as she was scolded by her mother.
=The child began to sob, (　　) by her mother.

(6) If we judge from the news, there is no hope of his recovery.
=(　　)(　　) the news, there is no hope of his recovery.

主節と従属節の主語は同じか？
主節と従属節の動詞の時制は同じか？
語彙　(3) go on a picnic「ピクニックに行く」
　　　(5) sob「泣きじゃくる」, scold「叱る」
　　　(6) recovery「回復」

Practice

52 次の各文の（　）内から適切な語句を選べ。

(1) (Not knowing, Knowing not) what to do, he asked for my advice.
(2) (Seeing, Seen) from a distance, the rock looks like a cat.
(3) (Go, Going, Gone) along this street, you will come to the museum.
(4) (Having done, Being done, Doing) my work, I had nothing to do.
(5) Generally (speak, spoken, speaking), they are all hard workers.
(6) He was standing alone with his arms (fold, folding, folded).

(1) 分詞構文の否定形は分詞の前に not をつける。
(2) 前半部分の主語が書かれていない。→主節の主語と同じ。
(3) 条件を表す If ～。
(4) 主節の動詞の時制が過去形。→分詞の時制は過去完了。
(5) 慣用表現
(6) with＋名詞＋分詞
語彙　(2) from a distance「少し離れたところから」
　　　look like ～「～のように見える」

問題演習

A

1　次の各文の（　）内から適切な語句を選び，記号で答えよ。

(1) This is the letter (ア. written　イ. to write　ウ. writing) by your brother just before he died.

(2) Look at the (ア. set　イ. to set　ウ. setting) sun.

(3) He had to keep (ア. standing　イ. stood　ウ. stands　エ. to stand) all the way.

(4) He had a (ア. tiring　イ. tired) look.

(5) I have a camera (ア. make　イ. makes　ウ. made　エ. making) in Japan.

(6) The game was (ア. much excited　イ. very excited　ウ. so exciting). You should have seen it.

(7) I had my purse (ア. steal　イ. stolen　ウ. to steal) yesterday.

(8) I could make myself (ア. understand　イ. to understand　ウ. understood) in English.

(9) Mrs. Bond had her house (ア. paint　イ. painting　ウ. to paint　エ. painted).

(10) The woman (ア. stand　イ. standing　ウ. stood　エ. to stand) in front of the gate is our teacher.

(11) I heard my name (ア. call　イ. calling　ウ. to call　エ. called) on the busy street.

★(12) Someone must have left the water (ア. to run　イ. run　ウ. ran　エ. running).

(13) (ア. Cross　イ. Crossed　ウ. Crossing　エ. Being crossed) the street, I was run over by a bicycle.

(14) School (ア. been　イ. was　ウ. being　エ. had been) over, we went to Sannomiya to buy some Xmas goods.

(15) All things (ア. are considering　イ. considered　ウ. to consider　エ. considering), he is a fairly good husband.

(16) It is rude to speak (ア. by　イ. in　ウ. on　エ. with) your mouth full.

(17) (ア. As　イ. Having　ウ. While　エ. When) eaten my breakfast, I got ready to leave for school.

2 次の各文の（　）内に適当な語を補い，英文を完成させよ。

(1) He lives in a village which lies at the foot of Mt.Yotei.
=He lives in a village (　　) at the foot of Mt.Yotei.

(2) The strong wind blew her umbrella out.
=She (　　) her umbrella blown out by the strong wind.

(3) As he did not know what to say, he remained silent.
=(　　) (　　) what to say, he remained silent.

(4) Soseki wrote this famous story.
=This is a famous story (　　) by Soseki.

(5) When he had done the work, he went fishing.
=(　　) (　　) the work, he went fishing.

(6) The driver greeted a gentleman and opened the door for him.
=The driver greeted a gentleman, (　　) the door for him.

3 次の各文の（　）内の語を並べかえて英文を完成させよ。ただし，文頭にくる語も小文字にしてある。

(1) I am sorry (ア. kept　イ. you　ウ. to have　エ. waiting).

(2) I (ア. her　イ. the　ウ. entering　エ. house　オ. saw).

(3) Have you (ア. bicycle　イ. ever　ウ. your　エ. stolen　オ. had)?

(4) (ア. it　イ. better　ウ. you　エ. leave　オ. had) unsaid.

4 次の各文の（　）内から適切な語句を選び，記号で答えよ。

(1) I couldn't make myself (ア. hear　イ. to hear　ウ. heard) in the noisy restaurant.

(2) She stood (ア. astonished　イ. astonishing　ウ. to be astonished) at the sight of the big lake.

(3) You want this subject (ア. to discuss　イ. discussing　ウ. discussed).

(4) The man had his son (ア. kill　イ. kills　ウ. to kill　エ. killed) in a car accident.

(5) Suddenly he remembered that he had left the door (ア. unlocked イ. unlock ウ. unlocking エ. was unlocked).

(6) I listened to her sad story of life with tears (ア. ran イ. running ウ. were running エ. run) down my cheeks.

(7) (ア. Saw イ. Seen ウ. Seeing エ. See) from a distance, the rock looks like a man's face.

B

1 次の各文の（　）内に適当な語を補い，英文を完成させよ。

★(1) He was standing alone, folding his arms.
＝He was standing alone (　　) his arms (　　).

(2) She was surprised at the news, and burst out crying.
＝(　　) at the news, she burst out crying.

(3) To be frank with you, you are to blame.
＝Frankly (　　), you are to blame.

(4) I saw a blind man with a big dog. He crossed the street.
＝I saw a blind man (　　) the street with a big dog.

2 次の各文の（　）内の語を並べかえて英文を完成させよ。ただし，文頭にくる語も小文字にしてある。

(1) その歯を抜いてもらいなさい。
You (ア. have イ. pulled ウ. better エ. had オ. out カ. tooth キ. that).

(2) 彼は窓を開けたままで部屋の中で座っていた。
He (ア. open イ. the ウ. with エ. window オ. the room カ. sat キ. in).

(3) あまりに寒かったので，誰も外に出て行く者はなかった。
(ア. cold イ. nobody ウ. it エ. went outside オ. being カ. terribly).

(4) 向こうに立っている男の子は私の弟です。
(ア. there イ. my brother ウ. over エ. the boy オ. is カ. standing).

(5) 空模様からすると，雨になりそうだ。
(ア. of イ. look ウ. judging エ. the オ. from) the sky, it looks like rain.

§9 関　係　詞

▶関係代名詞の用法と種類

1　関係代名詞の働き

関係代名詞には，接続詞と代名詞を兼ねそなえた働きがある。

I have an American friend, and she can speak Japanese.

⬇

I have an American friend **who** can speak Japanese.

(私には日本語を話せるアメリカ人の友人がいる)

who 以下の文は an American friend を修飾する形容詞節である。このとき修飾される名詞を**先行詞**という。

2 つの文を関係代名詞を用いて 1 つにするには，次のような手順で行う。

①2 つの文で共通に使われている語をさがす。

②第 2 文中で見つけた①の共通語を関係代名詞に変える。

(第 1 文中の共通語は先行詞となる)

③第 2 文中で，関係代名詞を文頭にもってくる。

④③のすべてを先行詞の直後に置く。

2　関係代名詞の格変化

関係代名詞は先行詞の種類やその格によって使い分けられる。

格 / 先行詞	主　格	所 有 格	目 的 格
人	**who**	**whose**	**whom**
動物・物	**which**	**whose, of which**	**which**
人・動物・物	**that**	――	**that**

key Sentence

重**206**. I have an aunt **who** lives in Kyoto.
(私には京都に住んでいるおばがいる)

重**207**. He is a man **whose** name is Sam.
(彼はサムという名前の人だ)

重**208**. She is a girl **whom** I know well.
(彼女は私がよく知っている少女だ)

206. who は主格の関係代名詞である。

＝I have an aunt.　＋　She lives in Kyoto.
　人　主格

先行詞 an aunt が「人」で，she が主格なので関係代名詞も主格の who を用いる。

関係代名詞を使って，長い主語をつくる場合があるので注意しよう。

The woman who is sitting on the chair is my aunt.

＝The woman is my aunt.　＋　She is sitting on the chair.
　人　主格

(いすに座っている女性は私のおばだ)

207. whose は所有格の関係代名詞である。

＝He is a man.　＋　His name is Sam.
　人　所有格

先行詞 a man が「人」で，his が所有格なので関係代名詞も所有格の whose を用いる。

関係代名詞を使って，長い主語をつくる場合があるので注意しよう。

The man whose name is Sam is my friend.

＝The man is my friend.　＋　His name is Sam.
　人　所有格

(サムという名前の人は私の友人だ)

208. whom は目的格の関係代名詞である。

＝She is a girl.　＋　I know her well.
　人　目的格

先行詞 a girl が「人」で，her が目的格なので関係代名詞も目的格の whom を用いる。目的格の関係代名詞は省略可能。また，that を使うこともできる。

関係代名詞を使って，長い主語をつくる場合があるので注意しよう。

The girl (whom) I know well likes music very much.

＝The girl likes music very much.　＋　I know her well.
　人　目的格

(私がよく知っている少女は音楽が大好きだ)

Open Sesame

関係代名詞の格は関係詞節の中の働きで決まる！

I know the girl〔(who) can run fastest in the class〕.

(私はクラスで一番速く走ることのできる少女を知っている)

(　) 内は〔　〕節の中で主格として働き，先行詞は人だから who となる。

関係代名詞は先行詞ととなり合わせにおく！

The baby **who** is crying in the bed is my son.
　先行詞　関係代名詞

(ベッドで泣いている赤ちゃんは私の息子だ)

key Sentence

重**209**. This is the bus **which** goes to the station.
(これは駅に行くバスだ)

210. Look at the house **whose** roof is red.
(屋根が赤い家を見なさい)

211. This is the letter **which** I wrote.
(これは私が書いた手紙である)

212. He is the boy **who** I think will win the prize.
(彼はその賞を獲得するだろうと私か思っている少年だ)

209. which は主格の関係代名詞である。

＝This is the bus. ＋ It goes to the station.
物 主格

先行詞 the bus が「物」で it が主格なので，関係代名詞も主格の which を用いる。

関係代名詞を使って，長い主語をつくる場合があるので注意しよう。

The bus which goes to the station has gone now.

＝The bus has gone now. ＋ It goes to the station.
物 主格

(駅に行くバスが今出てしまった)

210. whose は所有格の関係代名詞である。

＝Look at the house. ＋ Its roof is red.
物 所有格

先行詞 the house が「物」で its が所有格なので，関係代名詞も所有格の whose を用いる。また，of which を用いて下記のような表現もできる。

Look at the house **of which** the roof is red.

Look at the house the roof **of which** is red.

＝Look at the house. ＋ The roof **of the house** is red.

ただし，「物」の所有格は実際にはあまり使われることはなく，Look at the house with the red roof. のように表現するのが普通である。

211. which は目的格の関係代名詞である。

＝This is the letter. ＋ I wrote it.
物 目的格

先行詞 the letter が「物」で it が目的格なので，関係代名詞も目的格の which を使う。目的格の関係代名詞は省略可能。

関係代名詞を使って，長い主語をつくる場合があるので注意しよう。

The letter (which) I wrote was for Joe.

＝The letter was for Joe.　＋　I wrote it.

物　目的格

(私が書いた手紙はジョー宛てだった)

212. who は主格の関係代名詞である。

＝He is the boy.　＋　I think that he will win the prize.

人　who　主格

先行詞となる名詞を受ける代名詞が that 節の主語である場合，関係代名詞も主格を用いて先行詞の直後に置き，that は省略する。つまり，I think が挿入節となる。

He is a man whom I know you can trust.

＝He is a man.　＋　I know (that) you can trust him.

人　whom　目的格

(彼はあなたが信用することができると私が分かっている男だ)

同じように先行詞となる名詞を受ける代名詞が，that 節の目的語である場合，関係代名詞も目的格を用いて先行詞の直後に置き，that は省略する。この例文では，I know が挿入節となる。

Open Sesame

関係代名詞が文の主語を修飾している場合の訳し方を理解しよう！

①関係代名詞以降の動詞を探し，2 組目の動詞の前で区切る。

②区切った所までを主語として訳してから，2 組目の動詞以降を訳す。

The girl who told me the way to the station/was very kind.

動詞 1　動詞 2

(私に駅への行き方を教えてくれた少女はとても親切だった)

Advance

○ I know a girl **whose** book you borrowed yesterday.

(私は昨日あなたが本を借りた少女を知っている)

whose は所有格の関係代名詞である。

＝I know a girl.　＋　You borrowed her book yesterday.

人　所有格

目的語 (book) を所有格が修飾しているときは，代名詞を所有格の関係代名詞 (whose) に変えて，目的語 (book) と一緒に先行詞の直後に置く。

Tom is **a boy**.　＋　I know **his father** very well.

＝Tom is a boy **whose father** I know very well.

Practice

53 次の各文の（　）内から適切な語句を選べ。

(1) That is the man (who, whose, whom) I met in the park.

(2) I went to the park (who, which, of which) had a big pond in the center.

(3) I have an American friend (who, whose, whom) name is Nancy.

(4) She is a student (who, whose, whom) can play tennis well.

(5) The house (who, which, of which) you can see over there is our school.

★(6) This is a car the color (which, of which, whose) is red.

(7) The doctor (who, whose, whom) he visited was famous.

★(8) He is the man (who, whose, whom) I believe can help you.

関係代名詞の格はその後の語で判断できる。

先行詞＋(関係代名詞)＋**V** ……関係代名詞は**主格**

先行詞＋(関係代名詞)＋**S**＋**V** ……関係代名詞は**目的格**

先行詞＋(関係代名詞)＋**名詞** ……関係代名詞は**所有格**

先行詞＋(関係代名詞)＋(**S**＋$\mathbf{V_1}$)＋$\mathbf{V_2}$……関係代名詞は**主格**

($\mathbf{V_2}$ の主語)

▶前置詞と関係代名詞

key Sentence

重**213**. This is the house **in which** I live.
(これが私の住んでいる家だ)

関係代名詞が前置詞の目的語になることがある。この場合，関係代名詞のみを節の前に出す場合と前置詞とともに節の前に出す場合がある。関係代名詞は目的格となる。

213. This is **the house**. ＋ I live in **it**.

＝This is the house **which** (that) I live **in**.

＝This is the house I live in.（目的格省略）

※ This is the house in that I live. のように関係代名詞 that の前に前置詞をつけることはできない。

Open Sesame

関係代名詞 that の前には前置詞をつけることはできない！

This is the very book **that** I have been looking **for**.

（これこそ私が探していた本だ）

Practice

54　次の各文の（　）内に適当な関係代名詞を補い，英文を完成させよ。

(1)　Jane is the girl to (　　) I want to talk.

(2)　This is the letter for (　　) I've been waiting.

(3)　The man (　　) Father has been speaking to is a friend of mine.

55　次の 2 文を前置詞＋関係代名詞を用いて 1 つの文にせよ。

(1)　This is the library.　We can read any book in it.

(2)　Mr. Sato has a son.　He is always proud of his son.

(3)　The man is in New Zealand.　I told you of him the other day.

前置詞の後ろにくる代名詞は目的格

of the man　→　of him　→　of whom

55　(3)　tell A of B「A に B のことを話す」

▶ that の特別用法

key Sentence

重**214**. She is **the only** woman **that** I love.

（彼女はぼくが愛するただ 1 人の女性だ）

重**215**. Is there **anything that** I can do for you ?

（私があなたにできることは何かありますか）

216. Do you see **the girl and the cat that** are sitting on the sofa ?

（ソファーに座っている少女と猫が見えますか）

that はすべての名詞を先行詞とすることができるが，次のような点に注意する。

①制限用法のみに用いられる。

② that の前に前置詞を置くことはできないので，前置詞は後に置く。

214. 先行詞が最上級や the very，the only，the first(last) などの強い限定的な意味をもつ語や every，all，no，any，few，little などに修飾されている場合，

thatが好んで用いられる。

=She is **the only** woman. + I love **her**.

This is the most beautiful picture that I have ever seen.

(これは私が今までに見た中で最も美しい絵です)

(☞ **§10「比較」key Sentence 275**)

This is the very book that I have wanted to read.

(これはまさに私が読みたいと思っていた本だ)

215. 先行詞がall, anything, everything, nothing, none, nobody, little, much, some, anyなどの不定代名詞の場合，thatが好んで用いられる。

=Is there **anything**? + I can do **it** for you.

All that glitters is not gold.(光る物すべてが金とは限らない)

I will give you everything that I have.

(私の持っている物をすべて君にあげよう)

216. 先行詞が人と動物・物の場合，thatを用いるのがふつうである。

She has written about the people and things that interest her.

(彼女は興味を引かれる人々や物ごとについて書いた)

Advance

○ Who **that** knows him will believe his story?

(彼を知っている人で誰が彼の話を信じるだろうか)

先行詞がwho, whichなどの疑問詞の場合，thatが好んで用いられる。

Who that I know believes such a thing?

(私の知っている人の誰がそんなことを信じようか)

Practice

56 次の各文の( )内から適切な語を選べ。

(1) That's all (who, which, that) I know about her.

(2) The apples (whom, which, whose) you are eating grew here.

(3) Look at the boy and the dog (which, that, whom) are running in the rain.

(4) At last he found the very man (whom, who, that) he wanted.

(5) Who (which, who, that) has common sense can commit such a folly?

thatが好んで使われる場合に注意しよう。

語彙 (4) at last「ついに」

(5) common sense「常識」, commit「犯す」, folly「愚行」

▶関係代名詞 as, than, but の用法

key Sentence

217. Choose **such** friends **as** will benefit you.
(あなたのためになるような友達を選びなさい)

218. He wants **more** money **than** is necessary.
(彼は必要以上のお金を欲しがっている)

219. There is **no** rule **but** has some exceptions.
(例外のない規則はない)

217. 関係代名詞 **as**

先行詞に such がついたとき，who，which の代わりに関係代名詞 as を用いる。as … as ～「～するだけの…」，such … as ～「～するような…」，the same … as ～「～するのと同じ…」のように，関係代名詞 as は，as，such，the same に対応して用いる。

＝Choose **such** friends.　＋　**They** will benefit you.

He has as many books as are needed.

＝He has **as** many books.　＋　**They** are needed.

(彼は必要とされるだけの本を持っている)

This is the same watch as I lost.

＝This is **the same** watch.　＋　I lost **it**.

(これは私がなくしたのと同じような時計だ)

※ the same … as ～と the same … that ～は，

This is the same watch that I lost.

(これは私がなくしたのと同じ時計だ)

というように，as の方はただ種類が同じであることを表しているのに対し，that の方は同一の物を表しているという違いがある。

218. 関係代名詞 **than**

先行詞に形容詞の比較級がついているとき，who，which の代わりに関係代名詞 than を用いる。

＝He wants **more** money.　＋　**It** is necessary.

219. 関係代名詞 **but**

先行詞が否定の意味をもつ場合（nobody，nothing）や，先行詞に形容詞 no がついているとき，… that ～ not「～しないような…」の意味で，関係代名詞 but が用いられる。この例文では「～しない…はない」という**二重否定**の形で**肯**

定の内容となるので，any ではなく some を用いる。

＝There is **no rule**. ＋ **It doesn't have** any exceptions.

There is no mother but loves her own children.

＝There is no mother that doesn't love her own children.

（自分の子を愛さない母親はいない）

Practice

57 次の各文の（ ）内から適切な語を選べ。

(1) There is no man (who, as, but, that) loves himself.

(2) Let children read such books (who, as, but, that) will make them better and wiser.

(3) I want the same dictionary (that, as) your sister has.

(4) We have more apples (who, as, but, than) we can eat.

先行詞を修飾する語に注目。

no＋先行詞 → 関係詞は but

such＋先行詞 → 関係詞は as

比較級＋先行詞 → 関係詞は than

▶関係代名詞の 2 用法

key Sentence

220. She had a brother, **who** became a doctor.

（彼女には兄が 1 人いた。そしてその兄は医者になった）

221. He said that he was ill, **which** was a lie.

（彼は病気だと言ったが，それはうそだった）

222. He is a foreigner, **as** is evident from his accent.

（彼の言葉のなまりを聞けば明らかなように，彼は外国人だ）

関係代名詞の一般的な役割は，形容詞のように前の先行詞を修飾することである。これを関係代名詞の**制限用法**という。この他に**継続〔非制限〕用法**と呼ばれる用法がある。これは，通常関係代名詞の前にコンマ(,)をつけて，いったん文をそこで区切り，続けて（そして～，なぜなら～，しかし～）と適当な接続詞を補って訳す用法である。ただし，**「, what」，「, that」の用法はない**。

220. 「, who」を and he を使って書き換えることができる。

＝She had a brother, and he became a doctor.
先行詞

また，制限用法と継続用法では，意味が大きく変わることもある。

She had a brother who became a doctor. …制限用法

(彼女には医者になった兄が 1 人いた)

制限用法の文では，他の職業に就いている兄弟がいる可能性がある。

221. 非制限用法の which は，句や節を先行詞とする場合もある。

＝He said that he was ill but it was a lie.
先行詞

He tried to solve the problem, which he found very difficult.
先行詞

＝He tried to solve the problem but he found it very difficult.
先行詞

222. 非制限用法の as は節を先行詞とする。

＝He is a foreigner and it is evident from his accent.
先行詞

次の文のように，関係代名詞 as の節が文頭にくることもある。

As is often the case with him, he failed to keep his promise.
先行詞

(彼**にはよくあることだが**，彼は約束を果たさなかった)

Practice

58 次の各文の (　) 内に適当な語を補い，{　} 内からは適切な語を選び，英文を完成させよ。

(1) He has three daughters, and they are all married to foreigners.
＝He has three daughters, (　　) are all married to foreigners.

(2) He lent me a book, but I found it very dull.
＝He lent me a book, (　　) I found very dull.

(3) They married early, { who, that, as } was the custom in those days.

(4) I said nothing, { that, who, which } made him more furious.

句や節を先行詞とする関係代名詞は？

「, which」 → and〔but〕it

語彙 (1) be married to ～「～と結婚している」
(2) dull「退屈な」
(3) custom「習慣」
(4) furious「ひどく立腹して」

▶ whatの用法

key Sentence

重**223**. I could not understand **what** he said.
(私は彼の言うことが理解できなかった)

重**224**. He is **what we call** a genius.
(彼はいわゆる天才だ)

225. My parents have made me **what I am**.
(両親が私を今の私にしてくれた)

223. **what＝the thing which** と置き換えることができる。先行詞を含む関係代名詞で,「～するところのもの（こと)」の意味を表す。

＝I could not understand the thing which he said.

what は「～もの，～こと」と名詞を含むので，名詞節をつくり名詞と同じ位置にくる。ここでは目的語で，下の例文では主語となっている。

What she said is not true.（彼女の言ったことは本当ではない）

＝The thing which she said is not true.

224. what を含む慣用句で，what we call＝what is called「いわゆる」を表す。

225. what＋S＋be 動詞の現在形で「現在の S」を表す。また，what＋S＋be 動詞の過去形〔used to be〕は「昔の S」を表す。

She is not what she was〔used to be〕.（彼女は昔の彼女ではない）

● what を含むその他の慣用表現

what is more「そのうえ」，what is better「さらによいことに」，what is worse「さらに悪いことに」，A is to B what C is to D「A と B の関係は C と D の関係に等しい」など。

Advance ～関係形容詞 what～

○ He gave me **what** money he had with him.
(彼は持ちあわせの金を全部私にくれた)

＝He gave me all the money that he had with him.

what の直後に名詞がきて，関係代名詞と形容詞の働きを兼ねている。この用法の what は「～もの, ～こと」だけでなく,「すべての～」という意味を含んでいる。

what＋名詞＝all (the)＋名詞＋that …「…するすべての～」と訳す。

Practice

59　次の各文の（　）内から適切な語を選べ。

(1)　Show me (which, what, that) you have in your hand.

(2)　(Which, What, That) you said is true.

(3)　It is true (which, what, that) you said so.

★(4)　She owes (what, as, that) she is to her teacher.

60　次の日本文に合うように，（　）内の語句を並べかえて英文を完成させよ。

彼女はなけなしのお金を彼に与えた。

She (had, little money, him, she, gave, what).

59　語彙　(4)　owe A to B「A なのは B のおかげだ」

60　語彙　what little「なけなしの」

▶関係副詞

key Sentence

重**226**. I cannot forget the day **when** I first met her.
（私は初めて彼女に会った日のことを忘れられない）

重**227**. This is the house **where** he lives.
（ここが彼が住む家です）

重**228**. Do you know the reason **why** she didn't come yesterday ?
（昨日彼女が来なかった理由を知っていますか）

重**229**. This is **how** we solved this problem.
（こうして私たちはこの問題を解いた）

関係代名詞が〈接続詞＋代名詞〉の働きであるのに対し，**関係副詞は〈接続詞＋副詞〉の働き**をする。しかし訳す上では，いずれもその節が，前の先行詞の形容詞節となることは変わらない。

関係代名詞　This is the village.　＋　**And** I like **it** best.（it は代名詞）
→ This is the village **which** I like best.
（ここが私が最も好きな村です）

関係副詞　This is the village.　＋　**And** I live **here**.（here は副詞）
→ This is the village **where** I live.
（ここが私が住む村です）

226. 関係副詞 **when**

先行詞が**時**を表す語の場合に用いられる。時を表す先行詞を副詞 then（その時）で受けたり，時を表す前置詞＋名詞で受けたりするとき，それらを when に換えて先行詞の直後に置く。

＝I cannot forget **the day**.　＋　I first met her **then**〔on the day〕.

＝I cannot forget the day which I first met her on.

＝I cannot forget the day on which I first met her.

227. 関係副詞 **where**

先行詞が**場所**を表す語の場合に用いられる。場所を表す先行詞を副詞 here, there で受けたり，場所を表す前置詞＋名詞で受けたりするとき，それらを where に換えて先行詞の直後に置く。

＝This is **the house**.　＋　He lives **here**〔there または in the house〕.

＝This is the house which he lives in.

＝This is the house in which he lives.

228. 関係副詞 **why**

先行詞が**理由(the reason)**の場合に用いられる。ふつう口語では the reason は省略される。先行詞(the reason)を前置詞＋名詞で受けるとき，それを why に換えて先行詞の直後に置く。

＝Do you know the reason？＋ She didn't come yesterday **for the reason**.

＝Do you know why she didn't come yesterday？

229. 関係副詞 **how**

先行詞が**方法(the way)**の場合に用いられる。ただし，現代英語では the way how という表現はなく，先行詞 the way か関係副詞 how のどちらかを省略して用いる。

＝This is **the way**.　＋　We solved this problem **in the way**.

＝This is the way we solved this problem.（how の省略）

＝This is the way that〔in which〕we solved this problem.

また，この例文 This is how S＋V，That is how S＋V，This is the way S＋V は「こうして～だ，そんなふうに～だ」という決まった訳し方，構文で押さえておくとよい。

Practice

61　次の各文の（　）内に適当な関係副詞を補い，{　}内からは適切な語を選び，英文を完成させよ。

(1)　Do you know the time（　　）they will arrive here？

(2)　This is the museum（　　）I first met him.

(3)　I don't know the reason (　　) he was praised.

(4)　I'll show you (　　) you can open this can.

(5)　Paris is a city { which,　in that } I have long wanted to visit.

(6)　Paris is a city { which,　where } I have long wanted to live.

(7)　Autumn is the season { which,　when } I like best of all.

62　次の各文の（　）内に適当な語を補い，英文を完成させよ。

(1)　Kobe is a city where many foreigners live.

=Kobe is a city (　　) (　　) many foreigners live.

(2)　I remember the day when the war was over.

=I remember the day (　　) (　　) the war was over.

61　(5)　visit は他動詞なので，目的語（名詞または代名詞）が必要。

語彙　(4)　can「～できる」,「缶」

▶関係副詞の 2 用法

key Sentence

230. I went to London, **where** I stayed for a week.

（私はロンドンに行った，そしてそこに 1 週間滞在した）

関係副詞にも制限用法と継続〔非制限〕用法がある。ただし，継続用法があるのは，where と when だけである。接続詞と副詞に換えて訳す。

230. =I went to London, and there I stayed for a week.

「, where」を and there「そしてそこに」のように換えて訳す。

Jim came to see me at four, **when** I was out.

（ジムは 4 時に私に会いに来た，しかし私は外出していた）

=Jim came to see me at four, but then I was out.

「, when」を but then「しかしそのとき」のように換えて訳す。

Practice

63　次の下線の語を 2 語で書き換えよ。

(1)　We went to the hotel, where we found Mary standing at the door.

=We went to the hotel, (　　) (　　) we found Mary standing at the door.

(2) I went to Bill's house at ten, when he was always free.
=I went to Bill's house at ten, (　　) (　　) he was always free.

「,＋関係副詞」＝接続詞(and, but, for, because, as など)＋副詞

▶複合関係詞

key Sentence

231. You can take **whatever** you like.
(好きなものはなんでもあげるよ)

232. You may give it to **whoever** wants it.
(それを欲しい人なら誰にでもあげてよい)

233. **Whatever may** happen, I will go.
(何が起ころうと，私は行くつもりだ)

関係代名詞，関係副詞，関係形容詞の語尾に -ever を続けた語を**複合関係代名詞，複合関係副詞**，複合関係形容詞と呼ぶ。

1 **複合関係代名詞 whatever, whoever, whomever, whichever**

Whoever (=Anyone who) comes here will be welcomed.
名詞節
(ここに来る人は誰もが歓迎されるだろう)

Whoever (=No matter who) comes here, he will be welcomed.
副詞節
(誰がここに来ようとも，歓迎されるだろう)

複合関係代名詞は，その中に先行詞を含んでいる。上文は名詞節を導いており，「〜する誰でも」の意味があり，whoever comes here は文中で主語の役割をしている。下文は，「誰が〜しようとも」と譲歩の意味があり，後ろの文を修飾する副詞の働きをしている。

①名詞節

231. whatever=anything that「〜するものは何でも」と訳し，whatever 〜が目的語の働きをしている。
=You can take anything that you like.

232. whoever＝anyone who「～する人は誰でも」と訳す。

＝You may give it to anyone who wants it.

anyone は関係代名詞節の中の主語の働きなので，主格 whoever が用いられる。

次の例では，anyone は関係代名詞節の中の目的語の働きなので，目的格 whomever が用いられる。

You may give it to **whomever** you like.

(君が好きな誰にでもあげてよい)

＝You may give it to anyone whom you like.

次の例文の whichever は目的格であり，whichever＝either (any one) that「～するものはどれでも，どちらでも」と訳す。

You can use **whichever** you like.

(好きなものはどれでも使ってよい)

＝You can use any one that you like.

②副詞節

「たとえ～であろうとも」と訳し，譲歩の副詞節を導く。基本的に譲歩の助動詞 may が使われるが，使われない場合もある。また，複合関係詞の代わりに**〈no matter＋関係詞〉**を使うことがある。

233. whatever＝no matter what「何が～であろうとも，何を～であろうとも」と訳す。この文では whatever が主格として使われている。

＝No matter what may happen, I will go.

whoever＝no matter who「たとえ誰が～しようとも」と訳す。

Whoever may say so, it is wrong.

(誰がそう言おうとも，それは間違っている)

＝No matter who may say so, it is wrong.

目的格は whomever＝no matter whom となる。

whichever＝no matter which「どれ(どちら)が(を)～しようとも」と訳す。

Whichever wins, it doesn't matter to me.

(どちらが勝とうとも，私には大した問題ではない)

＝No matter which wins, it doesn't matter to me.

key Sentence

234. **Wherever** you **may** go, you will be happy.

(君はどこへ行こうとも，幸せになるだろう)

重**235.** **However** hard you **may** try, you cannot beat him.

(いくら一生懸命やっても，君は彼を負かすことはできない)

2 複合関係副詞 wherever，whenever，however

関係副詞に -ever がついたものが複合関係副詞で，基本的には先行詞を含む。これも 2 つの用法があるが，複合関係代名詞と違って，どちらも副詞節を導く。ただし，however は 1 つの用法しかない。

①譲歩の副詞節

「たとえ～であろうとも」と訳し，複合関係代名詞と同じように助動詞 may が用いられたり，〈no matter＋関係詞〉が使われたりすることもある。

234. wherever＝no matter where「どこに～しようとも」と訳す。

＝No matter where you may go, you will be happy.

whenever＝no matter when「いつ～しようとも」と訳す。

Whenever you **may** come, I am glad to see you.

（いつおいでになっても喜んでお目にかかります）

＝No matter when you may come, I am glad to see you.

235. however＝no matter how「どんなに～しようとも」と訳す。

＝No matter how hard you may try, you cannot beat him.

このように however の場合は，直後に形容詞か副詞が置かれる。

②時や場所としての副詞節

whenever と wherever だけで，however にはない。

whenever＝前置詞＋any time when「～するときはいつでも」と訳す。

Whenever（＝At any time when）he calls on me, he brings something.

（彼は訪ねてくるときはいつでも，何か持ってくる）

wherever＝前置詞＋any place where「～するところはどこでも」と訳す。

Dick followed his mother **wherever**（＝to any place where）she went.

（ディックは母親が行くところはどこでもついていった）

複合関係詞のまとめ

	名詞節	副詞節
whoever	～する人は誰でも	誰が～しようとも
whomever	～する人は誰でも	誰を～しようとも
whichever	～するものはどれでも	どれが(を)～しようとも
whatever	～するものは何でも	何が(を)～しようとも

	副詞節	譲歩の副詞節
whenever	～するときはいつでも	いつ～しようとも
wherever	～するところはどこでも	どこに～しようとも
however	——	どんなに～しようとも

Advance　～複合関係形容詞～

○ Take **whatever** book you think best.
（一番良いと思う本はどんな本でも持っていきなさい）
＝Take any book that you think best.
〈形容詞〉　〈関係詞〉

複合関係代名詞に名詞が結びつき，形容詞の働きをするものを複合関係形容詞と呼ぶ。whatever＋名詞「～するどんな～でも」，whichever＋名詞「～するどの～でも」「～するどちらの～でも」

You can order **whichever** food you like.
（どの食べ物でも好きなのを注文してもよい）
＝You can order any food that you like.

Practice

64　次の各文の｛　｝から適切な語を選び，（　）内には適当な語を補い，英文を完成させよ。

(1)　｛Whatever,　However,　Whoever｝may happen, I will go.

(2)　｛Whatever,　However,　Whoever｝carefully he may look for the mistakes, he won't be able to find them.

(3)　｛Whatever,　Whoever,　Wherever｝you may live, you'll be loved by others.

(4)　Wherever you may go, I will follow you.
＝(　　)(　　) where you may go, I will follow you.

(5)　No matter when you may visit her, you won't be able to see her.
＝(　　) you may visit her, you won't be able to see her.

whatever が文の主語ならば　whatever (may)＋動詞,
whatever が他動詞の目的語ならば　whatever you (may) do,
however は形容詞や副詞を伴う　however hard you (may) work,
wherever は自動詞の修飾語　wherever you (may) go,

問題演習

A

1 次の各文の（　）内から適切な語句を選び，記号で答えよ。

(1) Mr. Brown is a teacher (ア. who　イ. whose　ウ. whom) everybody likes.

(2) Monday is the day (ア. which　イ. when　ウ. what) I am the busiest.

(3) The actress (ア. who　イ. whose　ウ. whom　エ. which) picture is on the magazine is a girl from our prefecture.

(4) We will do (ア. which　イ. why　ウ. what) we can do for him.

(5) The company has bought an old building (ア. where　イ. which　ウ. in which　エ. at which) they can use as a warehouse.

(6) This is the house (ア. in which　イ. of which　ウ. which) we grew up.

(7) At last she found the very man (ア. whom　イ. who　ウ. that) she wanted.

(8) This is the place (ア. where　イ. which　ウ. when) I have long wanted to visit.

(9) He will visit the town (ア. which　イ. that　ウ. where) he was born.

2 次の各文の（　）内に適当な語を補い，英文を完成させよ。

(1) That is why he doesn't want to join us.
＝That is the (　　) he doesn't want to join us.

(2) I don't know how he escaped the danger.
＝I don't know the (　　) he escaped the danger.

(3) I have forgotten (　　) she will arrive at the airport.
＝I have forgotten the time when she will arrive at the airport.

(4) This is (　　) I met Mr. Hase last week.
＝This is the place where I met Mr. Hase last week.

B

1 次の各文の（ ）内から適切な語句を選び，記号で答えよ。

(1) We went to New York, (ア. because イ. if ウ. where エ. when) we stayed for a week.

(2) Look at the boy and his dog (ア. who イ. which ウ. that エ. what) are running down the hill.

(3) I remained silent, (ア. who イ. which ウ. that エ. what) made her angry.

(4) He said it, and, (ア. as イ. it ウ. that エ. what オ. which) is more surprising, he did it.

(5) (ア. That イ. Which ウ. What) she said proved true.

★(6) Who (ア. as イ. whom ウ. that) is honest can tell such a lie ?

(7) The man (ア. he came イ. that he came ウ. who came エ. who coming) here yesterday told me a lot about you.

(8) Lend me such easy books (ア. as イ. whom ウ. that) I can read.

(9) (ア. Whatever イ. Whoever ウ. Wherever エ. Whichever) comes to work first should make a pot of coffee.

(10) July is the month (ア. which イ. when) I like very much.

(11) That is (ア. what イ. which ウ. how) I came to know him.

(12) There is no mother (ア. who イ. but ウ. that) loves her child.

2 次の各文の（ ）内の語句を並べかえて英文を完成させよ。ただし，文頭にくる語も小文字にしてある。

★(1) どんなに疲れていても，歩かなければならない。
(must, may, you, you, tired, walk, be, however).

(2) あなたのお母さんが先週作ったドレスを見せてください。
Please (the dress, made, me, mother, show, your) last week.

(3) 彼はかばんをあけて，その中に入っているものを見せてくれた。
He opened his bag to (me, in, was, what, it, show).

(4) そういうわけで彼はここにとどまることにしたのです。
That is (stay, why, decided, to, he, has) here.

(5) これが彼女が本を執筆した部屋です。
(room, she, books, this, her, the, wrote, where, is).

3 次の各文の（ ）内から適切な語句を選び，記号で答えよ。

(1) (ア. So イ. That ウ. As) is often the case with him, he was late for school.

(2) You may call on me (ア. however イ. whatever ウ. whenever エ. wherever) you like.

★(3) Reading is to the mind (ア. because イ. what ウ. since) food is to the body.

★(4) Listen only to those (ア. whose イ. whom ウ. which エ. what) you believe to be honest.

★(5) Do (ア. what you believe イ. whom you believe ウ. that you believe エ. which you believe) is right.

(6) In the shop I saw a man (ア. who イ. whose ウ. whom) I thought was my uncle.

(7) There is nothing in the world (ア. that イ. which ウ. but) teaches us some good lesson.

(8) I have the same watch (ア. which イ. that ウ. as) you have.

(9) We stopped at a gas station, (ア. which イ. that ウ. where) we bought a roadmap.

(10) She lost (ア. who イ. which ウ. what) little money she had.

4 次の各文の（ ）内に適当な語を補い，英文を完成させよ。

(1) 彼はいわゆる本の虫だ。
He is ( ) we call a bookworm.

(2) 彼は父が生まれ育った家を見たいと思いました。
He wanted to see the house ( ) his father was born and ( ) up.

(3) たとえ彼が何を言おうとも，私は彼を信用しない。
( ) ( ) what he says, I don't trust him.

(4) あなたがしてくださったことは決して忘れません。
I shall never forget ( ) you have done ( ) me.

(5) ナイフはものを切る道具だ。
A knife is a tool ( ) ( ) we cut a thing.

(6) あなたはこの町で私の唯一の友人です。
You are the ( ) friend ( ) I have in this town.

(7) 誰でも欲しい人に私の本をあげます。
I'll give my book ( ) ( ) wants it.

5 次の各文の（ ）内に適当な語を補い，英文を完成させよ。

(1) There is no one who doesn't love his own country.
=There is no one (　　) loves his own country.

(2) I met John, and he told me the news.
=I met John, (　　) told me the news.

(3) We must be careful of our deeds.
=We must be careful of (　　) we do.

(4) He didn't attend the meeting for that reason.
=(　　) is (　　) he wasn't present at the meeting.

(5) He tries hard, but he cannot master English pronunciation.
=(　　) hard he may try, he cannot master English pronunciation.

C

1 次の各文の（ ）内の語を並べかえて英文を完成させよ。ただし，文頭にくる語も小文字にしてある。

(1) 必要以上にお金を使ってはいけない。
Don't (is, money, more, needed, spend, than).

(2) このキーを押すだけでいいのです。
(all, do, have, is, to, press, you) this key.

(3) 彼が今日あるのは母のおかげです。
His mother (what, made, he, him, is).

(4) これこそ私が探していた本だ。
(the very book, I've, for, is, that, looking, this, been).

(5) 看護師とは病気の人たちの世話をする専門職のことです。
A nurse is a professional whose job (people, care, is, for, to, who) are ill.

§10 比　較

▶比較級・最上級の規則変化

key Sentence

236. It is very **hot**.
（とても暑い）

重**237**. Tom is **taller** than you.
（トムはあなたよりも背が高い）

重**238**. This bridge is **the longest** in Japan.
（この橋は日本で一番長い）

重**239**. Susan is **the most beautiful** girl of the four.
（スーザンは4人の中で一番美しい）

形容詞・副詞の語形変化を**比較変化**といい，**原級**（例文**236**），**比較級**（例文**237**），**最上級**（例文**238**，例文**239**）がある。

原級	比較級	最上級	
tall	tall**er**	tall**est**	原級にそのまま -er，-est をつける
large	large**r**	large**st**	e で終わる語には -r，-st をつける
hot big	hot**ter** big**ger**	hot**test** big**gest**	短母音＋子音字は子音字を重ねて -er，-est をつける
easy happy	eas**ier** hap**pier**	eas**iest** happ**iest**	子音字＋y は y を i にかえて -er，-est をつける
useful	**more** useful	**most** useful	2音節の語の多くと3音節以上の語には原級の前に more，most をつける

236. hot は原級で，very で強調している。

237. 比較級とは，2つのものを比較して程度が高い方を表す形である。

Tom is taller than you (are tall). のように接続詞 than で2つの文を結び，共通部分（　）内をふつうは省略する。比較するものは主語とは限らない。

It is hotter **in Okinawa** than (it is hot) **in Tokyo**.
（東京よりも沖縄の方が暑い）

We are lonelier **when we go out** than (we are lonely) **when we stay in our room**.

(部屋にいるときよりも外出しているときの方が孤独だ)

He **is** richer than he **was** (rich). (彼は昔よりも今の方が金持ちだ)

238. 最上級とは，3つ以上のものの中で最も程度が高いことを表す形である。なお，形容詞の最上級には the をつける。

● S is the＋最上級＋in＋単数名詞（範囲・場所）

Tokyo is the biggest city in Japan.

(東京は日本で一番大きな都市だ)

● S is the＋最上級＋of＋複数名詞・数字

She is the happiest of the three girls.

(彼女は3人の少女の中で一番幸せだ)

239. 2音節の語の大部分と3音節以上の語は，-est ではなく，most を置いて最上級をつくる。比較級の場合は more を置く。

Practice

65 次の各語の比較級と最上級を書け。

(1) pretty (2) fine

(3) red (4) famous

66 次の各文の（ ）内の語を適切な形にせよ。

(1) He is the (old) of us all.

(2) This novel is (interesting) than that one. (「よりおもしろい」の意味に)

▶比較級・最上級の不規則変化

key Sentence

重**240**. I feel **better** today than yesterday.

(今日は昨日より気分がよい)

重**241**. This was the **last** news from him.

(これが彼からの最後の消息だ)

一部の形容詞，副詞には不規則な変化をするものがある。

原　級	比 較 級	最 上 級
good（よい） well（健康な）(よく）	better	best
bad（悪い）badly（悪く） ill（病気の）(悪く）	worse	worst
many（たくさんの〈数〉） much（たくさんの〈量〉）	more	most
little（少ない〈量〉）	less	least
old（古い，年上の） old（〈血縁関係で〉年上の）	older elder	oldest eldest
late（〈時間が〉遅い，遅く） late（〈順序が〉後の，後に）	later latter	latest last
far（〈距離が〉遠い，遠くへ） far（〈程度が〉いっそう）	farther further	farthest furthest

※口語では further を〈程度〉以外の用法で用いることも増えている。

240. well は形容詞としては「健康な，丈夫な」，副詞としては「うまく，上手に」の意味がある。

He speaks English better than I.（彼は私より上手に英語を話す）

241. last は late の最上級形。late，far，old は 2 通りの比較変化をとる。

late「(順序が)遅い」—latter「後者の」（反対語は former）—last「最後の」(反対語は first)

late「(時間が)遅い」—later「より遅く」（反対語は earlier）—latest「一番遅く」（反対語は earliest）

The **latter** part of the story was interesting.
(物語の後半はおもしろかった）

latest には，the latest fashion「最新の流行」のように「最近の，最新の」という意味もある。

far「(距離が)遠い」—farther—「もっと遠い」—farthest
far「(程度が)遠い」—further—「さらに進んだ，それ以上の」—furthest
Tokyo is farther from Kyoto than from Nagoya.
(東京は名古屋からよりも京都からの方が遠い）
Do you have any further information than this ?
(これ以上の情報を持っていますか）

old「(年齢が)年取った」―older―oldest

old「(兄弟・姉妹関係で)年取った）―elder―eldest

He is the oldest of the three.（彼は3人の中で一番年上だ）

I have an elder brother.（私は兄がいる）

elder, eldest は his eldest son「彼の長男」などのように兄弟・姉妹関係を表すときに用い，He is elder than you. のような使い方はしない。

Practice

67　次の各語の原級を答えよ。

(1)　less　　(2)　further　　(3)　latter

(4)　worst　　(5)　most　　(6)　best

68　次の各文の（　）内から適切な語を選べ。

(1)　I hope there will be no (farther, further) delay.

(2)　This is his (last, latest) novel, and we hope it will not be his (last, latest).

later は時間を表し，latter は順序を表す。

farther は距離を表し，further は程度を表す。

語彙　**68**　(1)　delay「遅れ」　(2)　novel「小説」

▶ 原級を用いた比較表現

key Sentence

重242. My house is **as** large **as** yours.

（私の家はあなたの家と同じくらいの大きさだ）

重243. I ca**n't** run **as〔so〕** fast **as** Tom.

（私はトムほど速く走れない）

242.「…と同じくらい～」の表現を同等比較といい，**〈as＋原級＋as…〉**の形で表す。

You are as tall as I.（君は私と同じくらい背が高い）

243.「…ほど～ない」の表現は同等比較の否定形で，**〈not as〔so〕＋原級＋as…〉**の形で表す。否定の場合，初めの as は so でもよい。

You are not as〔so〕 tall as I.（君は私ほど背が高くない）

＝I am taller than you.

key Sentence

244. This river is **twice as** long **as** that one.
（この川の長さはあの川の２倍ある）

重**245**. He ran **as** fast **as possible**.
（彼はできるだけ速く走った）

246. He is **not so much** a scholar **as** a journalist.
（彼は学者というよりむしろジャーナリストだ）

244.「～のＸ倍」の表現は**〈X times as＋原級＋as〉**となり，同等比較の表現の前に half「半分」，twice「２倍」，three times「３倍」などをつけて倍数を表す。他にも比較級や名詞を使った表現がある。

＝This river is **twice longer than** that one.

＝This river is twice the length of that one.

245.「できるだけ～」という表現は**〈as＋原級＋as possible〉**の形で表す。**〈as＋原級＋as 主語 can〉**も同じ意味である。この場合，can の時制は述語動詞に一致させる。

＝He ran **as** fast **as he could**.

246. **「A というよりはむしろ B」**は**〈not so much A as B〉**という形で表し，**〈B rather than A〉**に書き換えることができる。

＝He is a journalist rather than a scholar.

他にも慣用表現として，〈as＋原級＋as ever lived〉という形もあり，「古今まれな，この上なく～」という意味である。

He is **as** great a pianist **as ever lived**.
（彼は古今まれなる偉大なピアニストだ）

Practice

69 次の各文の（　）内に適当な語を補い，英文を完成させよ。

(1) 彼女は彼と同じ年です。
She is (　　) (　　) (　　) he.

(2) あなたは私ほど背が高くない。
You are (　　) (　　) (　　) (　　) I.

(3) I worked as hard as possible.
＝I worked as hard as (　　) (　　).

(4) Joe could not run as fast as Ken.
＝Ken could run (　　) (　　) Joe.

(5) この橋はあの橋の 5 倍の長さだ。

This bridge is five (　　) (　　) long (　　) that.

(6) He is a poet rather than a philosopher.

=He is not (　　) (　　) a philosopher (　　) a poet.

not so much A as B=B rather than A

語彙 (6) poet「詩人」, philosopher「哲学者」

▶比較級を用いた比較表現

key Sentence

重**247**. Japan is **smaller than** America (is).

(日本はアメリカより小さい)

重**248**. It is **much colder** in Kanazawa **than** (it is) in Shizuoka.

(静岡より金沢の方がずっと寒い)

247. **〈比較級＋than 〜〉**「〜よりも…だ」と訳す。than は 2 文を結ぶ接続詞で，結ばれた 2 文の共通部分が省略され，比較される対象が残る。

It is warmer **here** than (it is warm) **in Tokyo**.

(ここは東京より暖かい)

248. 比較級の程度を強めるために much「ずっと」, far「はるかに」, still「いっそう」, even「ずっと」, a little, a bit「少し」などの語句を比較級の前に置くことができる。ただし，**very「とても」は用いない**。

My dog is far stronger than yours. (私の犬は君の犬よりはるかに強い)

▶ the のつく比較級

key Sentence

重**249**. She is **the taller of the two**.

(彼女は 2 人のうちで背の高い方です)

重**250**. **The higher** we go up, **the colder** it gets.

(高く登れば登るほど寒くなる)

251. I like him **all the better for** his faults.

(私は彼に欠点があるからこそいっそう彼が好きだ)

例文 **249～251** では，比較級でも the をつける。

249. **〈the＋比較級＋of the two〉**は「2人（ふたつ）のうちでより～の方」と訳す。

比較級の後に than ではなく，of the two「（2人（ふたつ）のうちで」がくると，比較級に the がつく。

250. **〈The＋比較級…，the＋比較級～〉**は**「…すればするほど～」**と訳す。また，as（～するにつれて）を使って書き換えることができる。

＝As we go up higher, it gets colder.

251. **〈all the＋比較級＋for〔because〕～〉**は「～なのでそれだけいっそう」と訳す。 all は強調のためにつけることがあるが，省略することができる。

類例に，none the＋比較級＋for…「…だからといってそれだけ～という訳ではない」もある。

He seems to be none the happier for his great wealth.

（彼は大金持ちの割に少しも幸福ではないようだ）

▶慣用表現とその他の用法

key Sentence

重**252**. It is getting **warmer and warmer** day by day.

（日ごとにだんだん暖かくなっている）

重**253**. This book is **less interesting than** that one.

（この本はあの本ほどおもしろくない）

254. He is **more** kind **than** wise.

（彼は賢いというより親切な人だ）

255. A whale is **no more** a fish **than** a horse is (a fish).

（馬が魚でないようにクジラは魚ではない）

252. **〈比較級＋and＋比較級〉**は「ますます」「だんだん」と訳す。

more または less を伴う比較級の場合では，more and more＋原級，または less and less＋原級となる。

The story got more and more exciting.

（その話はだんだんおもしろくなってきた）

253. **〈less＋原級＋than ～〉**は「～ほど…でない」と訳し，劣等比較を表す。

この表現は not as〔so〕＋原級＋as…と書き換えることができる。

＝This book is not as〔so〕 interesting as that one.

254. **〈more＋B（原級）＋than＋A（原級）〉**は「A よりむしろ B」と訳し，同一人（物）の異なった性質の比較を表す。この場合は，ふつう -er をつけて比較級をつくる語であっても〈more＋原級〉の形を用いる。また，B rather than A と書き換えることができる。

＝He is kind rather than wise.

255. 〈A is no more B than C is D〉は「C が D でないように A は B ではない」と訳す。その他の類例は次の通りである。

〈A is no less X than B〉は「A は B と同じように X だ」と訳す。

She is no less beautiful than you.

(彼女はあなたと同じように美しい)

〈A is not less X than B〉は「A は B にまさるとも劣らず X だ」と訳す。

This problem is not less difficult than that.

(この問題はあの問題にまさるとも劣らず難しい)

〈no more than ～〉は「たった～，～しか」と訳し，only と同じ意味をもつ。

He has no more than three friends.

(彼にはたった 3 人しか友人がいない)

〈not more than ～〉「せいぜい～」＝at most

〈no less than ～〉「～(ほど) も」＝as many〔much〕as

〈not less than ～〉「少なくとも～」＝at least

▶ラテン語から来た比較表現

key Sentence

256. Bob is two years **senior to** me.

(ボブは私より 2 歳年上です)

257. I **prefer** coffee **to** tea.

(私はお茶よりもコーヒーの方が好きだ)

256. senior「年上の」，junior「年下の」，superior「優れた」，inferior「劣った」など，-or で終わるラテン語に由来する比較級の語は，than ではなく to を用いる。〈be senior to ～〉は「～より年上だ」と訳し，be older than ～と同じ意味をもつ。また，程度・差異の by を使って，2 歳という年齢差を文末にもっていくこともできる。

＝Bob is two years older than I.

＝Bob is older than I by two years.

to は前置詞なので，その後にくる語は目的格となる。また，than は接続詞であり，文の主語と比較される語が続く場合は主格となる。

He is junior to me.＝He is younger than I.（彼は私より若い）

目的格　主格

257. **〈prefer A to B〉**は「BよりAを好む」と訳す。このtoは前置詞なので，後に続く語は名詞（動名詞）になる。また，like A better than Bに書き換えることができる。

＝I like coffee better than tea.

Practice

70　次の各文の（　）内から適切な語句を選べ。

(1)　We use (much, very) less oil now than before.

(2)　She was (sadder, more sad, more sadly) than angry.

(3)　I like the child (much, far, all the, as much) better for his honesty.

(4)　That girl is (tall, taller, the taller) of the two.

(5)　This cloth is superior (for, than, to, of) that in quality.

(6)　He is younger than I (by, on, at) two years.

比較級を強調する語（much, even, still, far）＋～er「ずっと～」

more B than A＝B rather than A「AよりもむしろB」

語彙　(3)　honesty「正直」

　　　(5)　cloth「布」，in quality「質の面で」

▶最上級を用いた比較表現

key Sentence

重**258.** Mt.Fuji is **the highest** mountain in Japan.
（富士山は日本で最も高い山だ）

259. Osaka is **the second largest** city in Japan.
（大阪は日本で第2の大都市です）

260. This book is **by far** the most interesting.
（この本はずばぬけておもしろい）

重**261.** He is **the last** man **to** tell a lie.
（彼は決してうそをつくような人ではない）

258. **〈the＋最上級＋of＋複数名詞〔またはin＋単数名詞〕〉**は**「～の中で一番…」**と訳す。

Tom is the tallest of all the boys.…形容詞の最上級
（トムはすべての少年の中で一番背が高い）

副詞の最上級は the をつけなくてもよい。

He runs fastest of us.…副詞の最上級

（彼は我々の中で最も速く走る）

最上級が主語についた場合, even「〜でさえも」の意味が含まれることがある。

The most careful person sometimes makes mistakes.

（どんな注意深い人でさえも，ときには誤ちを犯す）

259. 〈the＋second［third］＋最上級〉は「２番目に［３番目に］〜」と訳し，最上級の前に序数詞をつけて表現する。

260. 〈by far＋the＋最上級〉は「ずばぬけて」と最上級を強める表現である。その他の最上級を強める表現として，〈much＋the＋最上級〉，〈the＋very＋最上級〉がある。

261. **〈the last 〜＋to 不定詞…〉**は**「決して…しそうもない〜」**と訳す。

He is the last man to do such a thing.

（彼は決してそんなことをする男ではない）

▶ the のつかない最上級と most の特別な用法

key Sentence

262. This lake is **deepest** at this point.

（この湖はこの地点が最も深い）

263. I read **a most** interesting novel yesterday.

（私は昨日とてもおもしろい本を読んだ）

重**264**. **Most** girls are interested in dresses.

（たいていの女の子は着るものに興味をもっている）

262. 同一人(物)のある部分と他の部分とを比較して「最も〜」という場合は，最上級に the をつけない。

She is happiest when she is reading.

（彼女は読書しているときが最も幸福だ）

263. (a) most＝(a) very「たいへん，非常に」と訳す。このような単に意味を強めるための最上級には the をつけない。

Your story is most interesting.（あなたの話はとてもおもしろい）

264. 〈most＋複数名詞〉は「たいていの〜」と訳す。この場合も the をつけない。

●その他の最上級を用いた慣用表現

make the best〔most〕of 〜「〜を最大限に利用する」, not 〜 in the least「少しも〜ない」，at most「せいぜい，多くても」，at best「せいぜい，よくても」，at (the) latest「遅くとも」，at least「少なくとも」

Practice

71　次の各文の（　）内から適切な語を選べ。

(1)　(A most, Almost, Most, The most) students study English hard.

(2)　At what point is the lake (deeper, deepest, the deepest)?

(3)　The story is (on, by, at) far the most interesting of all.

(4)　Who studied (hard, harder, hardest) of all ?

(5)　She is the most beautiful (on, in, of) all the girls.

(6)　She is thirty at (much, most, far).

(7)　He is the (last, most, least) person to tell a lie.

最上級の慣用表現は暗記！
at most「多くても」，the last ～ to 不定詞…「最も…しそうもない～」
語彙　(2)　at what point「どこの地点で」

▶原級⟷比較級⟷最上級の書き換え

key Sentence

重**265**. **No other** mountain in Japan is **as(so)** high **as** Mt. Fuji.
（日本の他のどんな山も富士山ほど高くない）

重**266**. Mt. Fuji is **higher than any other** mountain in Japan.
（富士山は日本の他のどんな山よりも高い）

重**267**. **No other** mountain in Japan is **higher than** Mt. Fuji.
（日本の他のどんな山も富士山より高くない）

重**268**. Mt. Fuji is **the highest** mountain in Japan.
（富士山は日本で一番高い山だ）

次の表現を覚えよう。例文**265～268**は，いずれも富士山が日本で一番高いことを表現しており，相互に書き換えが可能である。

「A が最も…である」として，次の公式が書ける。

265. **No other＋単数名詞＋in ～ is as(so)＋原級＋as A.**
ただし，other は省略できる。

266. **A is 比較級＋than any other＋単数名詞＋in ～.**
〈any other＋単数名詞〉を，単数名詞が物のときは anything else，単数名詞が人のときは anyone else に置き換えることができる。

He is taller than anyone else in his family.

＝He is the tallest in his family.（彼が家族で一番背が高い）

267. No other＋単数名詞＋in ～ is 比較級＋than A.

例文 **265** の原級の文は，このように比較級でも表現できる。また，other は省略できる。

268. A is the＋最上級＋単数名詞＋in ～.

key Sentence

重**269.** **Nothing** is **as**〔**so**〕 precious **as** health.

（健康ほど貴重なものはない）

重**270.** **Nothing** is **more** precious **than** health.

（健康ほど貴重なものはない）

271. Health is **more** precious **than anything else**.

（健康は何よりも貴重だ）

重**272.** Health is the **most precious** thing.

（健康は最も貴重なものだ）

例文 **269～272** は，いずれも健康が最も貴重なものであることを表現しており，相互に書き換えが可能である。

〈No＋単数名詞〉は，単数名詞が物のときは Nothing，人のときは Nobody または No one に置き換えることができる。

No metal is as precious as gold.（金ほど貴重な金属はない）

＝Nothing is as precious as gold.（金ほど貴重なものはない）

269. Nothing＋is as〔so〕＋原級＋as A.「A ほど～なものはない」

270. Nothing＋is＋比較級＋than A.「A ほど～なものはない」

271. A is 比較級＋than anything else.「A は他のどんなものより～だ」

＝Health is as precious as anything else.

as＋原級＋as any「何にも（誰にも）劣らず～」

272. A is the＋最上級＋単数名詞.「A が最も～だ」

key Sentence

273. I **have never seen such** a beautiful picture **as** this.

（私はこんなにも美しい絵を見たことがない）

274. I **have never seen** a **more** beautiful picture **than** this.

（私はこれより美しい絵を見たことがない）

275. This is **the most** beautiful picture **that** I have ever seen.

（これは私が今までに見た中で最も美しい絵です）

例文**273〜275**は，今まで見た中でこの絵が一番美しいことを表しており，相互に書き換えが可能である。現在完了を使うところに特徴がある。

273. 最上級の内容を**〈have never＋過去分詞＋such＋原級＋名詞＋as 〜〉**で表している。
　such 〜 as …は「…のような〜」と訳す。この例での as this は省略されることがある。

274. 最上級の内容を**〈have never＋過去分詞＋比較級＋than〉**を使って表している。this の後に picture が省略されている。例文**273**・**274**では never（「〜したことがない」）と否定していることに注意しよう。

275. that は目的格の関係代名詞である（省略可能）。先行詞 picture に形容詞の最上級を伴うので，that を用いる。また，ever は現在完了の「経験」（「〜したことがある」）を表している。

Practice

72　次の各文の（　）内に適当な語を補い，英文を完成させよ。

(1) Tokyo is the biggest city in Japan.
　＝Tokyo is (　　) (　　) (　　) other city in Japan.

(2) This is the most interesting book that I have ever read.
　＝I have (　　) read (　　) (　　) interesting book as this.

(3) Iron is the most useful metal.
　＝(　　) metal is (　　) useful than iron.

(4) The Shinano is the longest river in Japan.
　＝The Shinano is (　　) (　　) any other (　　) in Japan.
　＝No other river in Japan is (　　) (　　) (　　) the Shinano.

(5) He can swim best of all the boys.
　＝He can swim (　　) (　　) any other (　　).
　＝No other boy can swim (　　) (　　) as he.

語彙　(3) iron「鉄」

問題演習

B

1 次の各文の（ ）内から適切な語句を選べ。

(1) He spoke as slowly as he (can, did, could).

(2) This wine is superior in quality (of, by, to, than) that.

(3) John is the (most tall, taller, tallest, more tall) in the class.

(4) I prefer tea (than, to, better) coffee.

(5) The sun sets (latter, later, lately) in summer than in winter.

(6) She has three times (more, as, as many) books as I have.

(7) Nothing is (more important, as important, less important) as health.

(8) You should get up (faster, quicker, earlier) than usual next Monday.

(9) Ann is only ten years old, but she is (very, much, more) taller than her mother.

(10) China is the third (larger, largest, large) country in the world.

2 次の各文の（ ）内から適切な語句を選び，記号で答えよ。

(1) Jun is (ア. taller イ. the taller ウ. the tallest) of the two boys.

(2) I like him the (ア. best イ. better ウ. good) for his fault.

(3) The temperature here is lower than (ア. it イ. one ウ. this エ. that) of London.

(4) The river is (ア. the deepest イ. deepest) under the bridge.

(5) The (ア. late イ. later ウ. latter) half of his life was full of misery.

3 次の各文の（ ）内に適当な語を補い，英文を完成させよ。

(1) He can swim faster than I.
＝I ( ) swim as ( ) as he.

(2) Time is the most precious of all.
＝( ) is more precious than time.

(3) John is the tallest boy in his class.
＝John is taller than any ( ) ( ) in his class.

(4) They carried the piano as carefully as possible.
＝They carried the piano as carefully ( ) ( ) ( ).

(5) Mt. Fuji is the most beautiful mountain in Japan.
＝No other mountain in Japan is ( ) ( ) as Mt. Fuji.

(6) He is several years older than I.
=He is several years (　　) (　　) me.
(7) I am two inches taller than she.
=I am taller than she (　　) two inches.
(8) As she grew older, she became more beautiful.
=(　　) older she grew, (　　) (　　) beautiful she became.

4 次の各文の（ ）内に適当な語を補い，英文を完成させよ。

(1) この棒はあれの 2 倍の長さがある。
This stick is (　　) as long as that.
(2) 彼は決してそんなことをする人ではない。
He is the (　　) man to do such a thing.
(3) 高く登れば登るほど，空気はますます冷たくなる。
(　　) (　　) we go up, (　　) (　　) the air becomes.
★(4) 彼女には欠点があるが，やはり好きだ。
I like her none (　　) (　　) for her faults.
(5) この自転車はあれよりずっと性能がいい。
This bicycle is much (　　) to that one.
★(6) 彼女は見かけほど若くはない。
She is not (　　) young as she (　　).

5 次の各文の（ ）内の語を並べかえて英文を完成させよ。ただし，文頭にくる語も小文字にしてある。

(1) 彼には欠点があるから，かえっていっそう彼のことが好きだ。
I like him (his faults, better, for, the, all).
(2) 試験は予想していたほど難しくなかった。
The examination (as, so, not, difficult, was) I expected.
(3) この列車は世界のどの列車よりも速く走る。
This train (than, train, any, runs, faster, other) in the world.
(4) 時間ほど大切なものはありません。
Nothing (important, more, time, than, is).
(5) オーストラリアは日本の約 20 倍の大きさだ。
Australia (is, twenty, as, large, about, times) as Japan.
(6) 彼女は君より 2 歳年上だ。
She (to, is, years, two, senior) you.

(7) 九州の気候は北海道より温暖だ。
The climate of Kyushu (of, is, than, milder, that) Hokkaido.

(8) 私たちはできるだけ早く起きる方がいい。
We had better (possible, up, as, early, get, as).

(9) 彼はうそをつくような男ではない。
(man, is, the last, he, to tell, a lie).

★(10) 彼は人々が言うほど金持ちではない。
(so, as, say, rich, they, is, he, not).

(11) 知れば知るほど，ますます理解できなくなる。
(I, I, less, understand, the, know, more, the).

(12) 利根川は日本で3番目に長い川だ。
(in Japan, the third, The Tone, river, longest, is).

6 次の各文の（　）内に適当な語を補い，英文を完成させよ。

(1) Riho is an actress rather than a singer.
=Riho is not so (　　) a singer as an actress.

(2) Health is the most precious thing.
=There is (　　) more precious than health.

★(3) She is quite as honest as her husband.
=She is (　　) (　　) honest than her husband.

★(4) I am two years younger than you.
=You are my (　　) (　　) two years.

★(5) There were as many as three thousand people in the auditorium.
=There were (　　) (　　) than three thousand people in the auditorium.

★(6) Our house is twice the size of this one.
=This house is (　　) as large as ours.

(7) I had only one hundred yen in my pocket.
=I had no (　　) than one hundred yen in my pocket.

C

1 次の各文の（　）内から適切な語句を選べ。

★(1) 彼は昔より暮らしむきがよくありません。
He is (well, badly, better, worse) off now than he used to be.

(2) 公園には100本もの木がありました。
There were (no more than, no less than, not more than) a hundred trees in the park.

(3) この品物の方があれよりもはるかに上等である。

This article is (far better, much good than, much superior to) that one.

2 次の各文の（　）内の語を並べかえて英文を完成させよ。ただし，文頭にくる語も小文字にしてある。

(1) 誰でも多かれ少なかれ音楽に興味があるものです。

Everyone is (or, interested, more, less, music, in).

(2) 一休みすれば気分も良くなりますよ。

You will (the, a, feel, rest, better, all, for).

★(3) 彼女は私がこの前に会ったときよりもずっと元気になっている。

(is, saw, I, she, her, last, when, than, better, much).

(4) これほど難しいことはない。

(difficult, can, more, this, be, nothing, than).

★(5) 女性がますます専門職につくにつれて，女性の夢が男性の夢に似てくるようだ。

As women have more professional careers, (to, become, those, seem, dreams, like, their, more) of men.

比較

§11　接　続　詞

▶接続詞の種類

key Sentence

276. She speaks English **and** German.
（彼女は英語とドイツ語を話す）

277. He said **that** he would come.
（彼は来ると言った）

278. **When** he called on me, I was reading a book.
（彼が訪ねて来たとき，私は本を読んでいた）

文の中で，語と語，句と句，節と節を結びつける言葉を**接続詞**という。接続詞はその結びつけ方によって，**等位接続詞**と**従属接続詞**の２種類に分けられる。

①等位接続詞

文法上，対等な語・句・節を結びつける。主な等位接続詞としてはand「と，そして」，but「しかし」，or「か，または，あるいは」，for「というのは」，so「それで」，yet「だが」，nor「～も…ない」，either「～か～のどちらか」，neither「どちらも～ない」がある。

276. 等位接続詞andがEnglishとGermanを対等の関係で結びつけている。
　等位接続詞で２つ以上の節を結ぶとき，それらは対等の関係にあることから，**等位節**という。訳すときは，前の方から訳していくとよい。

She is clever, **but** *her husband is dull.*
（等位節）　等位接続詞　（等位節）
（彼女は利口だが，彼女の夫は鈍い）

②従属接続詞

従属接続詞は文の目的語や補語になる節（名詞節）を導いたり，中心になる節（主節）に対して修飾語としての働きをする節（副詞節）を導く。従属接続詞に導かれる節を**従属節**という。

277. 従属接続詞that以下の節はsaidの目的語になっており，名詞としての働きをしているので名詞節である。

He said **that** *he would come*.
主　節　　従属節（目的語）

278. 従属接続詞whenを含むWhen he called on meは，主節の動詞を修飾する副詞の働きをしているので副詞節となる。

When *he called on me*, I was reading a book.

従属節　　　　　　主節

Practice

73　次の各文中から接続詞を選び，等位接続詞ならA，従属接続詞ならBと解答せよ。

(1)　He doesn't live in Japan but in America.（　　）

(2)　I played soccer when I was young.（　　）

(3)　I went out yesterday though I had a cold.（　　）

(4)　It will rain, for the barometer is falling.（　　）

(5)　If it is fine tomorrow, we will go hiking.（　　）

2つの節の役割が対等か対等でないかに注目しよう。

語彙　(4)　barometer「気圧計」

▶等位接続詞の用法

key Sentence

重**279**. Work hard, **and** you will succeed.

（一生懸命働きなさい。そうすれば成功します）

重**280**. Hurry up, **or** you will be late.

（急ぎなさい。さもないと遅れますよ）

279. **〈命令文＋，and…〉**で**「〜しなさい。そうすれば…」**と訳す。また，この文は接続詞ifを使って書き換えることができる。

＝**If** you work hard, you will succeed.

280. **〈命令文＋，or…〉**で**「〜しなさい。さもないと…」**と訳す。

この文は次のような**if〜not**や**unless**を用いて書き換えることができる。

＝**If** you **don't** hurry up, you will be late.

＝**Unless** you hurry up, you will be late.（notがないことに注意）

key Sentence

重**281**. He is **not** a scholar, **but** a teacher.

（彼は学者ではなく教師だ）

282. I like him, **for** he is very kind.
（私は彼が好きだ，というのは彼はとても親切だからだ）

283. I am not rich, **nor〔neither〕** do I wish to be.
（私は金持ちではないし，また金持ちになりたいとも思わない）

281. **not A but B は「A ではなく B」**と訳す。A，B は動詞でもよい。
Tom did **not** go out, **but** stayed at home.
（トムは出かけないで，家にいた）

282. **for** が等位接続詞として用いられる場合，**「というのは～だから」**の意味になる。意味上は because と同じだが，for は直前の文・語句で述べたことの理由を説明するものであり，節と節の間にしか置くことができない。また，前置詞と区別するため，前に〔 , 〕か〔 ; 〕を置くことが多い。

283. **nor，neither は「どちらも～ない」**という**否定の意味を含んだ語**である。
　また，この nor や neither を使うと語順に倒置が起きて，**〈nor〔neither〕＋（助・be）動詞＋主語〉**の形になる。

▶等位接続詞のその他の用法

key Sentence

284. **It is true that** he is old, **but** he is still strong.
（確かに彼は年寄りだが，まだ元気だ）

285. It was raining hard, **yet** he went out.
（雨がひどく降っていたが，彼は出かけた）

286. He was brought up in America, **so** he speaks English very well.
（彼はアメリカで育った。だから上手に英語を話す）

287. He loves the dog, **while** his wife hates it.
（彼は犬が好きだが，妻は犬を嫌う）

284. **It is true ～, but** …で**「確かに～だが，しかし…だ」**という意味。
Indeed ～, but…＝**「なるほど～だが，しかし…だ」**も同様である。
Indeed he is young, **but** he is prudent.
（なるほど彼は若いけれども，慎重である）

285. **yet** は等位接続詞で**「それでも，それなのに」**という意味。「まだ」の意味で文末に使われる yet は副詞なので区別しておこう（☞ **§3「時制」key Sentence 63**）。

286. **so** は等位接続詞で **「それで，だから」** の意味となる。

287. **while** は等位接続詞で **「ところが，〜その一方」** の意味となる。 while には「〜の間」と時を表す従属接続詞の用法もある。

Open Sesame

for は等位接続詞で，節と節の間にしか置けない！

I don't want to see him, **for** he is insistent.
(私は彼に会いたくない，というのは彼はしつこいからだ)

because を使うと
- **Because** he is insistent, I don't want to see him.
- I don't want to see him, **because** he is insistent.

Practice

74　次の各文の（　）内に適当な接続詞を補い，英文を完成させよ。

(1)　Hide, (　　) he will catch you.

(2)　I have to decide where to go (　　) when to go.

(3)　Just taste it, (　　) you will see how delicious it is.

(4)　He is respected by everybody, (　　) he is kind and honest.

前後の節の意味をよく考えよう。

語彙　(1)　hide「隠れる」

(3)　taste「味わう」

(4)　respect「尊敬する」，honest「正直な」

▶等位相関接続詞

key Sentence

288. **Not only** you **but also** I am to blame.
(君ばかりでなく私にも責任がある)

289. **Both** you **and** I are to blame.
(君も私も責任がある)

290. **Either** he **or** I am to blame.
(彼か私のどちらかに責任がある)

291. **Neither** you **nor** I am to blame.
(君にも私にも責任はない)

等位相関接続詞とは，一対の語句が呼応して，1つの等位接続詞の働きをするものである。

288. **not only A but (also) B** は **「A ばかりではなく B もまた」** と訳す。

この場合 B が話の中心なので，動詞は B に合わせる。この文では I に合わせて am となる。

この構文は，**B as well as A** に書き換えることもできる。語順に注意。

=I **as well as** you am to blame.

この場合も，動詞は話の中心である **B**(前にある方)に合わせる。

289. **both A and B** で **「A も B も」** と訳す。both 〜 and …が**主部になる場合は，複数扱い**となる。そのため，この文では be 動詞が are となっている。

290. **either A or B** で **「A か B か」** という意味になる。主部になる場合は，動詞は **B**(つまり動詞に近い方)に合わせる。この文では，I に合わせて am となっている。

291. **neither A nor B** で **「A も B も〜ない」** という意味になる。この場合も，主部になるときは動詞は **B**(つまり動詞に近い方)に合わせる。この文では，I に合わせて am となっている。

Open sesame

動詞は中心となる語(B)に合わせることに注意！

not only **A** but also **B** Ⓥ　　　**B** as well as **A** Ⓥ

(n)either **A** (n)or **B** Ⓥ

Practice

75 次の各文の（　）内に適当な語を補い，英文を完成させよ。

(1) 君か僕のどちらかに非がある。

(　　) you (　　) I (　　) to blame.

(2) 彼は食べることも飲むこともしないだろう。

He will (　　) eat (　　) drink.

(3) 彼女は美しいだけでなく聡明だ。

She is (　　) (　　) beautiful (　　) also intelligent.

=She is intelligent (　　) (　　) (　　) beautiful.

(4) 彼も私も学生だ。

(　　) he (　　) I (　　) students.

動詞をどちらの主語に合わせるのか注意しよう。
語彙　(1)　be to blame「責めを負うべきである」
　　　(3)　intelligent「知能が高い，頭のよい」

▶名詞節を導く従属接続詞

key Sentence

292. It was certain **that** he loved her.
(彼が彼女を愛していることは確かだった)

293. They say **that** he is a great scientist.
(彼は偉大な科学者だということである)

294. The fact is **that** I already knew the secret.
(実は私はその秘密をすでに知っていたのだ)

名詞節（主語・補語・目的語の働きをする節）**を導く従属接続詞**には，**that**，**if**，**whether** などがある。接続詞 **that** は名詞節**「～ということ」**で，それ以下の節の内容をまとめあげ，主語・補語・目的語となる。

また **if**，**whether** は**「～かどうか」**の意味をもち，名詞節を導く。

292. it は**形式主語**で that 以下の節が**真主語**となる。この場合，that が**主語節(主語としての名詞節)**を導いていることになる。したがって，**That** he loved her was certain. とすることもできるが，主語が長くなりすぎるため，形式主語 it を先行させて，It is〔was〕～ that …の形で表すのがふつうである。

293. that は動詞 say の**目的節(目的語としての名詞節)**を導いている。この場合，that は省略されることが多い。

I made **it** clear **that** he could not do it in a day.
(私は彼が 1 日でそれができないことを明らかにした)

上の文において **that** 以下の名詞節は **it(形式目的語)**に対する**真の目的語**となっている。このように第 5 文型の目的語が節のときは，形式目的語 it を動詞の後に置き，that 節を目的格補語の後に置く。

294. この場合，that は**補語節(補語としての名詞節)**を導いている。

key Sentence

295. The thought **that** he will help us gives me courage.
(彼が助けてくれると考えると勇気がわく)

296. I asked him **whether (if)** he would go out.
（私は彼に外出するかどうかを尋ねた）

295. この場合，that は**同格節（同格の名詞節）**を導いて，「～という」という意味で常に前の名詞（この文では thought「考えること」）を説明する働きがある（☞ §14「特殊構文」**key Sentence 359**）。

296. **whether**，**if** は，どちらも**「～かどうか」**の意味をもち，名詞節を導く従属接続詞である。この場合は ask の目的語になっており，whether，if のいずれを使ってもよい。この他に，主語節・補語節を導く用法もあるが，この場合は whether のみを使用し，原則として if を使うことはできない。

Whether he will come is doubtful.……主語節→ if は使えない。
＝**It** is doubtful **whether (if)** he will come. →文頭でなければ if は使える。
（彼が来るかどうかは疑わしい）
The question is **whether** we should go at once.……補語節→ if は使えない。
（問題は我々がすぐ行くべきかどうかということだ）

Advance　～前置詞の目的格を導く that～

○ This room is very good except **that** it is rather dark.
（この部屋はかなり暗いことを除けば，とてもいい）
　この場合，that は**前置詞の目的格**を導いている。このように that 節が導く名詞節は，前置詞 except「～を除いて」，but「～以外は」，in「～という点で」などの目的語になることがある。

Practice

76　次の各文の（　）内の語を並べかえて英文を完成させよ。ただし，文頭にくる語も小文字にしてある。
(1)　私は地球が丸いことを知っている。
(earth, I, round, know, that, the, is).
(2)　彼がそれを好きか好きでないか私にはわからない。
(he, whether, or, don't, not, I, know, likes, it).
(3)　彼女はすばらしい芸術家であるそうだ。
(said, is, is, that, a great artist, she, it).

(3)　it は形式主語である。

▶副詞節を導く従属接続詞(1)

key Sentence

297. **While** I was reading, I fell asleep.
(私は読書をしている間に眠ってしまった)

重**298**. **It was not until** yesterday **that** I knew the fact.
(昨日になってはじめて私はその事実を知った)

従属接続詞によって，その副詞節は，①**時**，②**理由・原因**，③**程度・結果**，④**目的**，⑤**条件**，⑥**譲歩**，⑦**比較・様態**などに分けられる。

●**時を表すもの**……**when**「〜するとき」，**as**「〜しながら」，**while**「〜している間」，**since**「〜以来」，**until**／**till**「〜するまで」，**before**「〜前」，**after**「〜後」

297. **while** は**「〜している間」**という意味で，while 節の主語が主節の主語と同じであるときは，while 節の「主語＋be」は省略することがある。

＝**While** (I was) reading, I fell asleep.

As I was speaking, he came up.
(私が話しているところへ，彼がやってきた)

as は**「〜のとき，〜しながら，〜するにつれて」**という意味である。この他に as は原因・理由，様態を表す場合もある。

298. **It is not until 〜 that** …は**「〜してはじめて…する」**という意味の構文である。肯定的に訳すのがコツ。

It is not until we lose our health **that** we know the value of it.
(健康を失ってはじめてその価値を知る)

until，**till** は単独の場合**「〜するまで」**という動作の継続を表す。

We must wait **until** he comes.
(彼が来るまで待たなければならない)

key Sentence

299. **It will not be long before** she **comes** here.
(間もなく彼女はここに来るでしょう)

300. **No sooner** had she seen the policeman **than** she ran away.
(彼女は警官を見るやいなや逃げ出した)

299. **It will not be long before〜**は**「まもなく〜するだろう」**という意味であり，before 〜の節は未来のことも現在時制を用いる（☞ **§3「時制」key Sentence 46**）。

300. **no sooner 〜 than**は**「〜するやいなや」**という意味である。**hardly〔scarcely〕〜 when〔before〕, as soon as**を使って書き換えることができる（☞ **§14「特殊構文」key Sentence 350**）。

＝**Hardly〔Scarcely〕** had she seen the policeman **when〔before〕** she ran away.

＝**As soon as** she saw the policeman, she ran away.

Every time I see you, I think of my son.

（あなたを見ればいつも息子を思い出します）

every timeは**「〜するといつも」**という意味で，**whenever 〜**や**not〔never〕〜 without …ing「〜するといつも…する」**を使って書き換えることができる（☞ **§7「動名詞」key Sentence 175**）。

＝**Whenever** I see you, I think of my son.

＝I **never** see you **without** thinking of my son.

Open Sesame

「するやいなや」構文を覚えよう。

「彼は到着するやいなや病気になった」は次のように表せる！

① **As soon as** he arrived, he fell sick.

② **On** arriv**ing**, he fell sick.

③ He had **no sooner** arrived **than** he fell sick.

＝**No sooner** had he arrived **than** he fell sick.

④ He had **hardly〔scarcely〕** arrived **when〔before〕** he fell sick.

＝**Hardly〔Scarcely〕** had he arrived **when〔before〕** he fell sick.

③④では前半の動詞は過去完了形，後半の動詞は過去形になっていることに注意！

文頭に否定語があるときは，倒置が起こることにも着目！

Practice

77 次の各文の（　）内に適当な語を補い，英文を完成させよ。

(1) As soon as my father came home, he went to bed.

＝(　　)(　　) had my father come home (　　) he went to bed.

(2) On seeing me, he began to cry.

＝(　　) had he seen me (　　) he began to cry.

(3) They never meet without quarreling.
=They quarrel (　　) (　　) they meet.

(4) He will turn up soon.
=It won't be long (　　) he (　　) up.

語彙 (3) quarrel「口論する」
(4) turn up「姿を現す」

Practice

78 次の各文に続く表現を下の**ア〜オ**から選び，記号で答えよ。

(1) Strike
(2) I have known him
(3) He can go out
(4) He had never seen a panda
(5) No sooner had he heard the news

ア. since he was a child.
イ. than he began to cry.
ウ. after he finishes his homework.
エ. while the iron is hot.
オ. until he went to the zoo yesterday.

(1)「鉄は熱いうちに打て（好機を逃がすな）」という意味のことわざ。
語彙 (1) strike「打つ」

▶副詞節を導く従属接続詞(2)

key Sentence

301. I can't come with you **because** I am busy.
（私は忙しいので君と一緒に行けません）

302. **Now that** you are eighteen, you should know better.
（もう君は18歳なのだから，もっと分別をもつべきだ）

●理由・原因を表すもの……**because**, **as**, **since**「〜なので」, **now that**「今や〜なので」

301. **because** は**「〜だから」**と直接的な理由を表す表現である。as, since よりも意味が強い。

302. **now that** で**「今や〜なので」**という意味になる。

key Sentence

重**303**. It was **so** dark **that** we could find nothing.
(とても暗かったので，何も見つけることができなかった)

304. He studied hard, **so that** he passed the examination.
(彼は一生懸命勉強した，その結果試験に合格した)

●程度・結果を表すもの……**so 〜 that**, **such 〜 that**「とても〜なので」, **so that**「そのため」

303. **so 〜 that** …は**「とても〜なので…だ」**と訳す。 so の次には形容詞や副詞がくるが，such の場合は次に名詞がくる。

He had **such** a high fever **that** he nearly died.
(彼は大変な高熱であやうく死ぬところだった)

304. **so that** は**「そこで，そのため」**という意味で結果を表す。この用法では通常 so that の前にコンマを置く。

key Sentence

305. He studied hard **so that** he **could** pass the examination.
(彼は試験に合格できるように一生懸命勉強した)

306. He ran away **lest** he **should** be seen.
(彼は見つからないように逃げ去った)

●目的を表すもの……**in order that**, **so that 〜 can〔may, will〕**…「〜が…するために」, **for fear that 〜 should** …, **lest 〜 should** …「〜が…しないように」, **in case 〜 (should)** …「〜が…するといけないから」

305. **so that A can〔may, will〕〜**は**「A が〜するように」**という意味で目的を表す。in order that A can〔may, will〕も同様の表現である（☞ **§5「助動詞」key Sentence 118**）。

306. **lest A should 〜**は「A が〜しないように」という意味を表す（☞ **§5「助動詞」key Sentence 107**）。 **for fear (that) A should 〜**, **in case A (should) 〜**, **so that A can not 〜**も同様の表現である。

=He ran away **for fear (that)** he **should** be seen.

=He ran away **in case** he **should** be seen.

=He ran away **so that** he **could(might, would) not** be seen.

Open Sesame

so that には①目的 ②結果の2通りがある！

① He ran fast **so that** he **could** catch the train.……目的
(彼は汽車に間に合うように速く走った)
→助動詞 can(could), may(might), will(would) が使われる！

② The car broke down, **so that** they had to walk.……結果
(車が故障したので彼らは歩かなければならなかった)
→ so that の前にコンマがつく！

Practice

79 次の各文の（　）内に適当な語を補い，英文を完成させよ。

(1) 妹はとてもかわいらしいので，みんなに好かれている。
My sister is (　　) pretty (　　) everyone likes her.

(2) 彼は生徒がわかるようにゆっくり話した。
He spoke slowly (　　) (　　) the students could understand him.

★(3) 列車に間に合うように彼は急いだ。
He hurried in (　　) (　　) he could catch the train.

(4) 彼女は病気だったので学校を休んだ。
She was absent from school (　　) she was ill.

(2)(3)は目的を表す構文である。2種類あったことを思い出そう。

▶副詞節を導く従属接続詞(3)

key Sentence

重**307**. **If** it is fine tomorrow, we will go swimming.
(もし明日晴れたならば，泳ぎに行く)

308. **Unless** it is fine tomorrow, we will not go swimming.
（もし明日晴れなければ，泳ぎに行かない）

●条件を表すもの……**if**「もし〜ならば」，**unless**「もし〜でなければ」，**suppose**, **supposing**「仮に〜とすれば」，**providing**，**provided**「〜という条件で」

307. **if** は**「もし〜ならば」**という意味で**条件**を表す副詞節を導く。この場合，「明日」のことであってもif節の時制は未来形を使わず**現在時制**になることに注意する（☞ **§3「時制」key Sentence 46**）。

308. **unless** は **if 〜 not** と同じ意味で，**「もし〜でなければ」**となる。
=**If** it is **not** fine tomorrow, we will not go swimming.
ifの場合と同様，unlessの節の時制も現在時制となる。

key Sentence

309. **Though** he is poor, he is happy.
（彼は貧しいが，幸福だ）

310. **Whether** you like it **or not**, you must do it.
（好きであろうとなかろうと，君はそれをしなくてはならない）

●譲歩を表すもの……**though**，**although**「〜だけれども」，**even if**〔**though**〕，**if**「たとえ〜だとしても」，**whether 〜 or not**「〜であろうとなかろうと」

309. **though**〔**although**〕は**「〜だけれども」**という意味で譲歩を表す。
though は in spite of 〜「〜にもかかわらず」に書き換えることができる。in spite of の後には名詞句がくることに注意。
=In spite of his poverty, he is happy.
また，as を使った倒置文へ書き換えることもできる（☞ **§14「特殊構文」key Sentence 353**）。
=Poor as he is, he is happy.

310. **Whether 〜 or not** は**「〜であろうとなかろうと」**という意味で譲歩を表す。

key Sentence

311. Do in Rome **as** the Romans do.
（郷に入っては郷に従え）

312. **As far as** I know, he is not a man of ability.
（私の知る限りでは，彼は有能な人ではない）

311. **as** は**「～ように，～の通りに」**の意味で**様態**を表す。

312. **as〔so〕 far as** で**「～する限り」**となり制限の意味を表す。次の表現も重要である。

As〔So〕 far as I am concerned, I know nothing about it.
（私に関する限り，そのことについて何も知らない）

As〔So〕 long as I live, I will never forget your kindness.
（私が生きている限り，あなたのご親切を決して忘れません）

Any book will do **as〔so〕 long as** it is interesting.
（おもしろければどんな本でもよい）

※ as〔so〕 far as は範囲を制限しているのに対し，as〔so〕 long as は時間・条件を限定している。

Practice

80　次の各文の（　）内にあてはまる最も適切な語を下の語群から選べ。ただし，文頭にくる語も小文字にしてある。

(1)　(　　) you don't work hard, you will fail.
(2)　(　　) you work hard, you will fail.
(3)　(　　) he is old, he is very vigorous.
(4)　Do (　　) I say.（私の言うとおりにしなさい）
(5)　He must buy it (　　) he likes it or not.

〈語群〉
unless　　whether　　though　　if　　as

2つの節の意味をよく考えて答えよう。
語彙　(3)　vigorous「精力的な」

問題演習

A

1 次の各文の（　）内から適切な語を選べ。

(1) Work hard, (and, or) you will fail in the examination.

(2) (Both, Neither) his father (and, nor) his mother is well.

(3) She asked me (whether, that) I was busy.

(4) You must come back (while, before) it gets dark.

(5) (Since, Though) she is old, she has a good memory.

2 次の各文に続く適当な従属節を下の**ア〜オ**から選び，記号で答えよ。ただし，同じものを2回用いてはいけない。

(1) I know

(2) I don't know

(3) I can't go there

(4) He has been ill

(5) I will go

ア． if the weather is fine.

イ． since he came home.

ウ． if he will come here.

エ． that he is honest.

オ． because I am ill.

B

1 次の各文中の副詞節の用法に最も近いものを下の**ア**～**カ**から１つずつ選び，記号で答えよ。

(1) As my sister is sick, she can't come.
(2) Speak more slowly so that I can understand you.
(3) If you have a sound sleep, you will be refreshed.
(4) He is generous, although he is poor.

ア. I will go unless it rains.
イ. He exclaimed when he saw me.
ウ. Now that you are well again, you can travel.
エ. He worked hard in order that he might succeed.
オ. Put it back where you found it.
カ. While I appreciate the honor, I cannot accept the appointment.

2 次の各文の（　）内に適当な語を補い，英文を完成させよ。

(1) Both you (　　) I (　　) in the wrong in those days.
(2) Either you (　　) your brother (　　) responsible for it at that time.
(3) You must stay here (　　) he comes back.
(4) I have known him (　　) he was a child.
(5) He didn't go, (　　) did he need to go.
(6) Do in Rome (　　) the Romans do.

3 次の各文の（　）内から適切な語句を選び，記号で答えよ。

(1) He studied fine arts (**ア.** during **イ.** if **ウ.** while **エ.** among) he was in France.
(2) (**ア.** So that **イ.** Now that **ウ.** After that **エ.** In order that) you are a highschool girl, you ought to know better.
(3) We do not appreciate our health (**ア.** though **イ.** until **ウ.** when **エ.** because) we get sick.
(4) The girl got (**ア.** so **イ.** that **ウ.** such **エ.** so that) a shock that she dropped the dish.
(5) You can stay here (**ア.** so far as **イ.** so that **ウ.** so long as **エ.** whether) you are quiet.
(6) She must have that operation (**ア.** as if **イ.** even if **ウ.** until) it is dangerous.

4 次の各組の英文が同じ意味になるように，（　）内に適当な語を補い，英文を完成させよ。

(1) ( ) it was raining, they went on playing soccer.
In ( ) of the rain, they went on playing soccer.

★(2) It ( ) matter what he says. She'll never forgive him.
She'll never forgive him, no ( ) what he says.

(3) John was not ( ) intelligent but also very handsome.
John was very handsome ( ) ( ) ( ) intelligent.

(4) Leave it here, ( ) I'll mend it later.
I'll mend it later ( ) you leave it here.

(5) Danny was tall enough to touch the ceiling.
Danny was so tall ( ) ( ) could touch the ceiling.

(6) Keep this medicine out of children's reach.
Keep this medicine in a safe place ( ) children should reach it.

5 次の各文に続く適当な従属節を下の**ア～キ**から選び，記号で答えよ。ただし，同じものを２回用いてはいけない。

(1) I don't know
(2) It will not be long
(3) My father is not
(4) Living next door,
(5) He is not so foolish
(6) There is no problem
(7) It was not until the next day

ア. as far as I am concerned.
イ. I seldom talk with him.
ウ. what he used to be.
エ. if he will be at home tomorrow.
オ. before he comes back.
カ. as to believe such a thing.
キ. that I heard the news.

§12 仮 定 法

▶仮定法現在

key Sentence

313. If it **is** fine tomorrow, I will go hiking.
（もし明日晴れならば，ハイキングに行こう）

314. He insisted that I (should) **pay** the money.
（彼は私がお金を払うことを主張した）

現在または未来の不確実なことの単なる想像を表す場合に，動詞の原形を用いるときがある。この用法を**仮定法現在**という。

313. 現代英語では単に動詞の**現在形**を用いる**直説法**で表すのが一般的である。
※直説法……事実に即した時制を用いる用法（これまで学習した時制の通り）
If he **comes,** we will be glad.
（もし彼が来れば，私たちはうれしいのだが）

314. **主張・要求・提案・命令などを表す動詞**（suggest, insist, demand, propose, order）**の that 節では，動詞の原形を用いる**。ただし，これは主にアメリカ英語であり，イギリス英語では**〈should＋動詞の原形〉**を用いることが多い。

Advance 〜祈願を表す仮定法現在〜

○ God **save** our king !
（国王万歳！）
祈願を表す慣用的表現の中で，動詞の原形が用いられる。
God **bless** your family !（あなたの家族に神のご加護がありますように）
ただし，現代英語では May＋S＋動詞の原形！の祈願文を用いるのがふつう。
May you **be** happy forever !（末永く幸福でありますように）

▶仮定法過去の基本形

key Sentence

重315. If I **were** a bird, I **could fly** to you.
（もし私が鳥ならば，君のところへ飛んでいけるのに）

316. If I **knew** her address, I **would write** to her.
（もし彼女の住所がわかっていれば，手紙を出すのに）

仮定法過去とは，**現在の事実と反対の仮定を表す**特別な語形で，If ～節の動詞が**一般動詞ならば過去形，be 動詞ならば were を用いる。主節（S'＋～の節）は助動詞の過去形＋動詞の原形**になる。

If＋S＋（一般動詞の過去形 / be 動詞ならば were）～，S'＋（would，should / could，might）＋動詞の原形….
（もし今 S が～ならば，S' は…だろうに）

※助動詞 would，should，could，might は，文意に合うものをどれか 1 つ選ぶ。
※ If ～節と，主節（S'＋～ の節）の順序が入れ替わることもある。
※仮定法過去の文は，現在の事実と反対の仮定を表すので，現在の事実を表す同じ意味の文に書き換えることができる。

If I **were** rich, I **would buy** the new car.　……〈仮定法〉
（もし私が金持ちであれば，その新車を買うだろうに）
＝As I am not rich, I don't buy the new car.　……〈事実〉
（私は金持ちでないから，その新車は買わない）

315. If ～節の述語動詞が were（仮定法過去），主節が could＋動詞の原形なので，仮定法過去の文である。
例文を〈現在の事実〉として表すと次のようになる。
＝As I am not a bird, I can't fly to you.　……〈事実〉
（私は鳥ではないので，君のところに飛んで行けない）

316. 例文を〈現在の事実〉として表すと次のようになる。
＝As I don't know her address, I don't write to her.　……〈事実〉
（私は彼女の住所を知らないから，彼女に手紙を出さない）

Practice

81 次の各文をあとの指示に従って仮定法の文に書き換えよ。
(1) As I am old, I cannot help you. ［If から始めて］
(2) I don't know the story, so I can't tell it to you. ［If から始めて］

81 (1) 「私は年をとっていなければ，あなたを助けることができるのに」という文にする。
(2) 「私がその話を知っていれば，あなたに教えてあげられるのに」という文にする。

▶仮定法過去完了の基本形

key Sentence

317. If I **had been** there, I **would have talked** with him.
（もし私がそこにいたならば，彼と話をしただろうに）

重**318**. If I **had worked** hard, I **could have succeeded.**
（もし私が熱心に働いていたら，成功できただろうに）

仮定法過去完了とは**過去の事実と反対の仮定**を表す特別な語形で，**If ～節の動詞は過去完了**を用い，**主節は助動詞の過去形＋have＋過去分詞**を用いる。

最もよく使われるのは，下の構文の If ～節の部分である。

> **If＋S＋過去完了～，S'＋(would，should / could，might)＋have＋過去分詞….**
> **(had＋過去分詞)**
> **（もし〔あの時〕S が～だったら，S' は…であったろうに）**

※助動詞 would，should，could，might は，文意に合うものをどれか 1 つ選ぶ。

※仮定法過去完了の文は，過去の事実と反対の仮定を表すので，過去の事実を表すほぼ同じ意味の文に書き換えることができる。

If I **had arrived** before noon, I **could have met** him. ……〈仮定法〉
（もし正午前に着いていたら，彼に会うことができただろうに）
＝As I didn't arrive before noon, I could not meet him. ……〈事実〉
（私は正午前に着かなかったので，彼に会えなかった）

317. If ～節の述語動詞が過去完了形，主節が would＋have＋過去分詞なので仮定法過去完了の文である。

例文を〈過去の事実〉として表すと次のようになる。
＝As I was not there, I didn't talk with him. ……〈事実〉
（私はそこにいなかったので，彼と話をしなかった）

318. 例文を〈過去の事実〉として表すと次のようになる。
＝As I didn't work hard, I could not succeed. ……〈事実〉
（私は熱心に働かなかったので，成功できなかった）

Open Sesame

仮定法では，現在の出来事は仮定法過去形で，過去の出来事は仮定法過去完了形で！

Practice

82　次の各文を仮定法の文に書き換えよ。

(1)　He did not work hard, so he did not succeed.

(2)　Since he didn't hurry, he could not catch the train.

★(3)　As I didn't study English hard in my youth, I can't speak it now.

(3)　前半は過去の事実，後半は現在の事実になっていることに注意。
仮定法過去完了（if ～節）＋仮定法過去（主節）の文である。

▶ I wish の用法

key Sentence

重**319**. I **wish** I **had** a brother.
（兄がいればいいのになあ）

重**320**. I **wish** you **had been** with us.
（あなたが私達と一緒にいてくれたらよかったのになあ）

① I wish＋S＋仮定法過去

「S が～であればいいのになあ」と現在の願望を表す。

I wish I **were** healthy.（私が健康であればいいのになあ）　……〈仮定法過去〉

319. 例文を〈現在の事実〉として表すと次のようになる。

＝I am sorry I don't have a brother.（兄がいなくて残念だ）

I am sorry ～. の代わりに，It is a pity ～. と書くこともある。

＝It is a pity I don't have a brother.

② I wish＋S＋仮定法過去完了

「S が～であったらよかったのになあ」と過去の実現できなかった願望を表す。

320. 例文を〈過去の事実〉として表すと次のようになる。

＝I am sorry you weren't with us.

（あなたが一緒にいてくれなかったので残念だ）

I wish ～の代わりに，If only ～！と書き換えると，強い願望を表す。

＝If only you had been with us !

Practice

83 次の各文を仮定法の文に書き換えよ。

(1) I am sorry I can't join you.

(2) I am sorry I couldn't join you.

(3) It is a pity that they weren't here.

(2) 助動詞の過去形は，仮定法の文では〈助動詞の過去形＋have＋過去分詞〉となる。

▶ as if の用法

key Sentence

重**321.** The child talks **as if** he **were** a grown-up.
(その子どもはまるで大人のような口ぶりで話す)

重**322.** She looks **as if** she **had seen** a ghost.
(彼女はまるで幽霊を見たかのような顔をしている)

① **as if〔though〕＋S＋仮定法過去**

「まるで～のように」と訳す。

321. as if〔though〕～の節に仮定法過去が用いられると，主節の動詞の時制と**同時**の内容を表す。例文では talks と「まるで大人である」が同時である。次の例では，as if ～節の動詞が仮定法過去で，主節の動詞 talked(過去)と同時である。

The child talked as if he were a grown-up.
(その子どもはまるで大人のような口ぶりで話した)

② **as if〔though〕＋S＋仮定法過去完了**

「まるで～であったかのように」と訳す。

322. as if〔though〕～の節に仮定法過去完了が用いられると，**主節の動詞の時制より以前（あるいは完了）**の内容を表す。例文では「幽霊を見た」が主節の動詞 looks より以前である。

次の例にも注意しよう。

She looked **as if** she **had seen** a ghost.
(彼女はまるで幽霊を見たかのような顔をしていた)

▶仮定法のその他の慣用表現

key Sentence

重**323**. **If it were not for** your help, I **could not finish** the task.
（もし君の助けがなければ，僕はその仕事を終えることができないだろう）

重**324**. **If it had not been for** your advice, he **would have failed**.
（もしあなたの忠告がなかったら，彼は失敗していただろう）

325. **It is time** you **went** to school.
（そろそろ君は学校へ行ってもいい時間だ）

① **If it were not for ～**

「もし～がなければ」と現在の事実と反対の想像を述べる。

323. If it were not for ～の節は，But for ～，Without ～を用いて書き換えることができる。

＝But for〔Without〕your help, I could not finish the task.

② **If it had not been for ～**

「もしあの時～がなかったとしたら」と過去の事実と反対の想像を述べる。

324. If it had not been for ～の節も，But for ～，Without ～を用いて書き換えることができる。

＝But for〔Without〕your advice, he would have failed.

③ **It is (high／about) time＋S＋仮定法過去**

「もう～してもよいころだ」の意味を表す。

325. この構文は，It is time の後に that が省略されている。It is time の部分は，It is high time または It is about time と書かれることもある。不定詞を用いた表現に書き換えることもできる。

＝It is time for you to go to school.

Practice

84　次の各文の（　）内に適当な語を補い，英文を完成させよ。

(1)　もし水がなければ，すべての生物は死滅するだろう。

(　　)(　　)(　　)(　　)(　　) water, all living things would die.

＝(　　)(　　) water, all living things would die.

(2)　もしあの時彼女の助けがなかったら，私達は失敗していただろう。

(　　)(　　)(　　)(　　)(　　)(　　) her help, we would have failed.

＝(　　) her help, we would have failed.

(3) そろそろ寝てもいいころだ。

It is time for you to go to bed.

=It is time (　　) (　　) to bed.

(4) 彼はまるで私が3歳児であるかのように扱った。

He treated me like a three-year-old boy.

=He treated me (　　) (　　) I (　　) a three-year-old boy.

(4) この like は動詞「～を好き」ではなく，前置詞「～のように」

▶仮定法未来

key Sentence

326. If I **should be** late, please **don't wait** for me.

(万一僕が遅れたら，僕を待たないでください)

327. If a war **were to break** out, what **would** you **do** ?

(もし戦争が起こったら，君はどうしますか)

仮定法未来といっても未来形が用いられる文ではない。**未来や現在についてありそうもない**ことを表すときにこの仮定法未来を用いる。

仮定法未来は，次のような構文で表される。

If＋S＋(should / were to)＋原形～，S'＋(would, should / could, might)＋原形….

(もし万一 S が～したら，S' は…だろう)

326. 「まず起こらないと思うが，万一起こったら…」という気持ちを表す。主節の述部は，例文のように命令形を用いたり，would の代わりに will を使ったりすることもある。

If he **should come**, I **would〔will〕 tell** you.

(万一彼が来るようなことがあれば，あなたに知らせます)

327. were to は should よりも可能性の少ない「ありそうもない未来」「単なる議論上の仮定」を表す。

▶ ifの省略とifの代用

key Sentence

重**328**. **Were it** not for your help, I **would** not **succeed.**
（もしあなたの助けがなければ，僕は成功しないだろう）

重**329**. **But for〔Without〕** your advice, he **would fail.**
（もしあなたの忠告がなければ，彼は失敗するだろう）

330. **A wise man** would not have said so.
（賢い人だったら，そんなことは言わなかっただろう）

①倒置によるifの省略

ifで始まる条件節は，be動詞，had，助動詞を文頭に置いてifを省略することがある。

328. If it were not for your help, I would not succeed. という仮定法過去の文のifを省略して，be動詞wereを文頭に置いた形である。

Had it *not been for your support*, he **would have failed.**
└─**If it had not been for your support, ～**　……仮定法過去完了
（もしあなたの支持がなかったら，彼は失敗していただろう）

Should anyone *call on me*, **tell** him that I am ill.　……仮定法未来
└─**If anyone should call on me, ～**
（もし万一誰かが訪ねてきたら，僕は病気だと言ってください）

② ifの代用

329. すでに述べたように，But for ～ やWithout ～ は，仮定法過去にも仮定法過去完了にも用いることができる。よって，どちらの仮定法であるかは，主節の述部から判断することができる。

例文では，主節の述部がwould＋原形なので仮定法過去の文と判断し，If it were not for your advice, he would fail. と書き換えることができる。

Without *your advice*, he **would have failed.**
└─**If it had not been for your advice, ～**
（もしあなたの忠告がなかったら，彼は失敗していただろう）

※ withoutの反対の意味のwithを使って仮定法の表現をつくることもある。

With a little more care, you would not have made such a mistake.
＝If you had had a little more care, you would not have made such a mistake.
（もう少し注意していたら君はこんな誤りはしなかっただろうに）

330. 主語や副詞句にも条件が含まれていることがある。

例文の A wise man には，If he had been a wise man「もし彼が賢い人だったら」という意味が含まれている。

One minute earlier, and you could have caught the train.

＝If you had come one minute earlier, you could have caught the train.

（もう 1 分早ければ，あなたは列車に間に合っただろうに）

Advance 〜if の代わりの語句〜

○ **Suppose** he were dishonest, the plan **would fail.**

（もし彼が正直でないなら，その計画はだめになるだろう）

仮定法の文をつくる接続詞は if が最も多く用いられるが，if 以外にも次のような接続詞や接続詞と同じ働きをする語句が用いられることもある。

suppose〔supposing〕「もし〜ならば」，**even though**「たとえ〜でも」，
otherwise「さもなければ」

She must have forgotten to lock the door; **otherwise** the thief could not have entered the house so easily.

（彼女はドアに鍵をかけるのを忘れたにちがいない。そうでなければ泥棒はそんなにも簡単に家に入れなかっただろう）

※ in case「もし〜ならば，〜の場合」や unless「もし〜でなかったら」を仮定法で用いるのは稀である。

○ **To hear** him speak French, you **would take** him for a Frenchman.

（もし彼がフランス語を話すのを聞けば，君は彼をフランス人だと思うだろう）

不定詞に**「もし〜したら」**という条件の意味が含まれることがある。

例文の To hear him speak French には，If you heard him speak French「もし彼がフランス語を話すのを聞いたら」という条件が含まれている。

Open Sesame

were，had，should を文頭に出せば if を省略できる！

If＋S＋were 〜→ Were＋S 〜	If＋S＋had 〜→ Had＋S 〜
If＋S＋were to 〜→ Were＋S＋to 〜	If＋S＋should 〜→ Should＋S 〜

Open Sesame

But for〔Without〕〜＝If it were not for〔If it had not been for〕〜

主節の述部から仮定法過去か仮定法過去完了かがわかる。

Practice

85 次の各文を if で書き出す文に書き換えよ。

(1) Without air and water, no living thing could live on earth.

(2) An honest man would not do such a thing.

(3) With a little more capital, they would not have been ruined.

文意　(1)「空気と水がなければ，どんな生き物も地上では生きられないだろう」

(2)「正直な男ならそんなことはしないだろう」

(3)「もう少し資本があったら，破産しなかっただろう」

それぞれ，条件と時制を正しくつかむこと。

語彙　(3) capital「資本」

ruin「破産させる，破滅させる」

問題演習

A

1　次の各文の（　）内から適切な語句を選び，記号で答えよ。

(1)　If he (ア. has had　イ. had　ウ. had had) enough time, he could have finished the work before dark.

(2)　If I were in Hawaii now, I (ア. would　イ. will　ウ. shall) go swimming.

(3)　I wish I (ア. studied　イ. had studied　ウ. would have studied) more about the economic problems between Japan and the United States when I was in the States.

(4)　If I had followed your advice, I (ア. am　イ. would have been　ウ. would be) happier now.

(5)　If the sun were (ア. by　イ. much　ウ. to　エ. with) rise in the west, I would never change my mind.

★(6)　Had it not been (ア. by　イ. much　ウ. to　エ. for) your help, I should have failed.

(7)　I could have done better if I (ア. have had　イ. had　ウ. had had　エ. will have had) more time.

2　次の各文の（　）内に適当な語を補い，英文を完成させよ。

(1)　I am (　　) I can't go with you to the concert.
=I wish I (　　) go with you to the concert.

(2)　As it was not fine yesterday, I didn't go for a drive.
=If it (　　) (　　) fine yesterday, I would have gone for a drive.

(3)　(　　) for your help, I could not have finished the work.
=If (　　) (　　) not been for your help, I could not have finished the work.

★(4)　A true salesman would not have given such an explanation.
=If he (　　) been a true salesman, he would not have (　　) so.

(5)　If you had been more patient, you could have solved the problem.
=(　　) more patience, you could have solved the problem.

3 次の各文をあとの指示に従って書き換えよ。

(1) If she had come five minutes earlier, she could have met her friend.
［Had を書き出しに］

(2) Without the map, they would have had an accident in the mountains.
［下線部を If を用いて］

4 次の各文の（ ）内の動詞を適切な形にせよ。

(1) If I (be) rich, I could build a house.

(2) If you (do) your best, you would have succeeded.

(3) If he (die), what would become of his family ?

(4) I wish I (have) more money now.

★(5) If you (not save) me then, I would not be alive now.

(6) It is high time you (prepare) dinner.

(7) If he (get) up earlier, he could get to work on time.

(8) What would you have done if I (not lend) you the money ?

(9) I (not go) out yesterday if you had asked me not to.

B

1 次の各文を仮定法の文に書き換えよ。

(1) People don't understand him because he doesn't speak clearly.

(2) What a pity that I can't speak several languages !

(3) As you didn't explain your problem to me, I couldn't help you.

(4) The shop didn't pack the goods properly, so they got damaged.

(5) You didn't remember to bring a corkscrew, so we can't open the wine.

2 次の日本文を英訳せよ。

(1) もし彼女が十分にお金を持っていたら，その服(ドレス)を買っただろうに。

(2) 百万円あったら，あなたはどうしますか。

(3) あなたのように上手に英語が話せたらいいんだがなあ。

§13 話　法

▶時制の一致

key Sentence

331.
I **think** (that) he **is** right.
（彼は正しいと私は思う）
I **thought** (that) he **was** right.
（彼は正しいと私は思った）

332.
He **says** (that) he **met** her.
（彼は彼女に会ったと言っている）
He **said** (that) he **had met** her.
（彼は彼女に会ったと言った）

333.
I **think** (that) he **has come.**
（彼は来たと私は思う）
I **thought** (that) he **had come.**
（彼は来たと私は思った）

話法を理解する上で，時制の理解を深めることが重要である。

主節の時制と従属節の時制との約束を**時制の一致**というが，原則として次のような法則がある。

①主節の動詞が現在・現在完了・未来の場合は，従属節の動詞の時制に制約はない。

（主　節）		（従属節）
現在 現在完了 未来	＋	現在・現在完了 過去・過去完了 未来

②主節の動詞が**過去**になると，従属節の動詞は次の表のように**過去**または**過去完了**になる。

主　節	従　　属　　節		
現　在 ↓ 過　去	現　在 ↓ 過　去	現在完了，過去，過去完了 ↓ 過去完了	will，shall，can，may ↓ would，should，could，might

（助動詞は過去形に）

※これとは逆に，主節が過去から現在に変わるとき，従属節内の過去完了が，過去・現在完了・過去完了のどれになるかは，文脈や時を表す副詞などから判断する。

331. 主節の動詞の時制が現在（think）から過去（thought）になると，従属節の動詞の時制は，現在（is）から過去（was）になる。

　　主節　　　　従属節
I **think** (that) he **is** right.
　現在　　　　　　現在
　↓　　　　　　　↓
I **thought** (that) he **was** right.
　過去　　　　　　過去

332. 主節の動詞の時制が，現在（says）から過去（said）になると，従属節の動詞の時制は過去（met）から過去完了（had met）になる。

333. 主節の動詞の時制が，現在（think）から過去（thought）になると，従属節の動詞の時制は現在完了（has come）から過去完了（had come）になる。

Open Sesame

主節の動詞が過去なら，従属節の時制を１つもどして訳す！

I **knew** that he **was** ill.

（彼が病気**である**ことを私は**知っていた**）

従属節の動詞の時制は主節に合わせて過去形だが，日本語では時制を１つもどして現在形に訳す。

Practice

86　次の各文の（　）内の動詞を適切な形にせよ。

(1)　私は彼女が病気だと思った。
I thought she (be) sick.

(2)　私は彼女が病気だったと思った。
I thought she (be) sick.

(1)　主節の動詞は過去形である。

(2)　「病気だった」のは「思った」より前である。

▶時制の一致の例外

key Sentence

重**334**. We **were taught** that the earth **moves** round the sun.
（私たちは地球は太陽のまわりをまわっていると習った）

335. She **said** she **goes** to bed at ten every night.
（彼女は毎晩10時に寝ると言った）

336. It **was** warmer yesterday than it **is** today.
（昨日は今日よりも暖かかった）

337. We **learned** World War II **ended** in 1945.
（我々は第二次世界大戦が1945年に終わったことを学んだ）

338. I thought I **would** fly to her if I **were** a bird.
（私が鳥なら彼女のところへ飛んで行くのにと思った）

従属節の内容が次の場合，その時制は，主節の時制が過去であっても時制の一致の適用を受けない。

334. **一般的真理（不変の真理・定理・公式・常識・ことわざ）の場合，従属節は現在時制**のままである。

He **did not** know that two and two **is** four.
（彼は2＋2＝4であることを知らなかった）

335. **現在の習慣的行為（現在も変わらない事実）の場合，従属節は現在時制**のままである。

He **told** me that he **makes** it a rule to keep early hours.
（彼は私にいつも早寝早起きをすることにしていると言った）

336. **比較を表す副詞節の場合，**時制の一致を考えずに，**実際の内容に合わせて時制を決める。**

She **spoke** French better than you **do**.
（彼女は今君が話すより，もっと上手にフランス語を話した）

337. **歴史上の事実の場合，従属節は過去時制**になる。

He **said** that Shakespeare **died** in 1616.
（彼はシェイクスピアは1616年に死んだと言った）

338. **仮定法の文の場合，**従属節の動詞は，**時制の一致の適用を受けない。**

He **said** (that) if he **were** younger he **would** try it.
（彼はもっと若ければ，それをやってみるのだがと言った）

Practice

87 次の各文の（　）内の動詞を適切な形にせよ。

(1) 私は知識は力なりということを学んだ。
I learned that knowledge (be) power.

(2) 彼女は毎日学校へ歩いて行くと言った。
She said she (walk) to school every day.

(3) 今年の冬よりも昨年の冬の方が雪が多かった。
We (have) more snow last winter than we (have) this winter.

(4) 先生はコロンブスが1492年にアメリカを発見したと言った。
The teacher (say) Columbus (discover) America in 1492.

(5) 私は金持ちならよいのになあと思った。
I wished I (be) rich.

(1) ことわざ
(2) 習慣
(3) 比較
(4) 歴史上の事実
(5) 仮定法

▶平叙文の話法の転換

key Sentence

339. He **says**, "I **am** a doctor."
He **says** that **he is** a doctor.
（彼は自分は医者だと言っている）

重**340.** He **said** to me, "I **will** leave **here tomorrow**."
He **told** me that **he would** leave **there the next day**.
（彼は明日ここを出発すると私に言った）

例文**339**のHe says, "I am a doctor." のように，人の言葉を直接引用して伝えるものを**直接話法**，He says that he is a doctor. のように，人の言葉を自分の言葉に直して伝えるものを**間接話法**という。

文意を変えないで直接話法を間接話法に，間接話法を直接話法にかえることを**話法の転換**という。この転換は**被伝達文**（“　”内の文）の種類によって転換の仕方が異なる。平叙文の話法の転換は次のような手順で行う。

He [said to]① me [, “]② [I]③ [am]④ interested in the book.”

↓

He [**told**] me [**that**] [**he**] [**was**] interested in the book.

(彼はその本に興味があると私に言った)

①伝達動詞を変える

被伝達文の内容を伝える動詞を伝達動詞といい，次のように伝達動詞を変える。

直接話法		間接話法
say	→	say that
said	→	said that
say to ［O］	→	tell ［O］ that
said to ［O］	→	told ［O］ that

② that を補う

直接話法の“　”内の文を接続詞 that でつなぐ。ただし，that を省略することができる。

③人称を変化させる

人称を話者の立場から考えた形に変える。

④時制の一致

間接話法の文は，主節＋従属節の形をとるので，主節の動詞が過去形ならば従属節の動詞の時制を時制の一致に従って変える。また，③で変えた主語の人称にふさわしい動詞にする。

339. 従属節の主語の人称は he に変わり，従属節の動詞は he にふさわしいもので，かつ時制の一致により時制は現在形となり，is となる。

340. said to ～を told ～に変え，従属節の主語の人称は he になり，時制の一致により従属節の動詞も過去形となる。

被伝達文中の指示代名詞や時・場所を表す副詞は，原則として変える。

Open Sesame

話法の転換に際しては，時や場所を表す副詞に要注意！

直接話法	→ 間接話法	直接話法	→ 間接話法
this (these)	→ that (those)	last night	→ the night before the previous night
here	→ there	last year	→ the previous year
now	→ then	last Sunday	→ the previous Sunday
today	→ that day	next ～	→ the next ～
yesterday	→ the day before the previous day	ago	→ before
tomorrow	→ the day after the next day the following day		

Practice

88　次の各文を間接話法の文に書き換えよ。

(1)　She says to me, “You are always kind.”

(2)　Father said, “Necessity is the mother of invention.”

(3)　He said, “I went to the movies yesterday.”

(4)　She said to us, “I would stay if I were in your place.”

(1)　人称の変化

(2)　“Necessity is the mother of invention.” は「必要は発明の母」ということわざ。

(3)　被伝達文中の went は過去完了になる。

(4)　人称の変化に注意。また，被伝達文は仮定法である。

▶疑問文の話法の転換

key Sentence

重**341**. He *said to* her, "Are you fond of apples ?"
He **asked** her **if she was** fond of apples.
（彼は彼女にリンゴが好きかと尋ねた）

342. I *said to* him, "Where did you eat lunch **yesterday** ?"
I **asked** him **where he had eaten** lunch **the day before.**
（私は彼に昨日どこで昼食を食べたか尋ねた）

341. 疑問詞のない疑問文を間接話法に転換する場合は，次のような要領で行う。

He [said to] her [, "] [Are you fond of apples ?"]
　　　①　　　　②　　　③④
He [asked] her [if] [she was fond of apples.]

①**伝達動詞** say〔said〕や say to〔said to〕を **ask〔asked〕に変える**。
②被伝達文を **if〔whether〕で導く**。
③被伝達文の**語順**を間接疑問文の語順**〈主語＋動詞〉**にして疑問符(?)を終止符(.)に変える。
④被伝達文の**動詞を時制の一致に従って変え，代名詞・副詞をふさわしい形に変える**。

342. 疑問詞のある疑問文を間接話法に転換するには，上記の②の場合のような if や whether ではなく，その直接話法に用いられている疑問詞で導く。その他は同じ要領で行う。

I said to him, "Where did you eat　　lunch yesterday ?"
I asked　him　where　　he　had eaten lunch the day before.

疑問詞が主語の場合は，〈主語＋動詞〉の語順はそのままでよい。

He *said to* me, "Who opened the window ?"
＝He **asked** me **who had opened the window**.
（彼は私に誰が窓を開けたのかと聞いた）

Open Sesame

疑問詞のない疑問文は if〔whether〕で文をつなぐ！

He *said*, "Can she play the piano ?"
＝He **asked if she could play** the piano.
（彼は彼女はピアノを弾けますかと言った）

Practice

89　次の各文を間接話法の文に書き換えよ。

(1)　Mary said to me, “Are you all right ?”

(2)　He said to me, “Do you like baseball ?”

(3)　I said to her, “Did you sleep well last night ?”

(4)　He said to me, “When will your mother come ?”

(5)　I said to him, “What will you have for dinner ?”

(1)〜(3)　疑問詞のない疑問文

(4)(5)　疑問詞のある疑問文

▶命令文の話法の転換

key Sentence

重**343**. The teacher **said to** us, “Be quiet.”
The teacher **told** us **to be** quiet.
(先生は私たちに静かにしなさいと言った)

344. The doctor **said to** him, “Don’t eat too much.”
The doctor **advised** him **not to eat** too much.
(医者は彼に食べすぎないようにと忠告した)

345. The boy **said to** her, “Please give me a glass of water.”
The boy **asked** her **to give** him a glass of water.
(少年は彼女に水を一杯くださいと頼んだ)

命令文の話法の転換は，to 不定詞を使って，次のように行う。

He [said to] me [, “ Study] English harder.”

①　②

He [**told**] me [**to study**] English harder.

(彼は私に英語をもっと熱心に勉強しなさいと言った)

①被伝達文が**命令・依頼・助言**のどの内容によるかで，**伝達動詞 say to は次のように使い分ける。**

	直接話法	間接話法	
	say to ⟶	**tell，order**	（命令）
		advise	（忠告・助言）
		ask	（依頼）

②伝達動詞の後のコンマと引用符を除き，**被伝達文を to 不定詞で導く**。否定の命令文は，**not to〜**で導く。

③代名詞・副詞は平叙文の場合と同様にふさわしい形に変える。

343. 被伝達文の内容が〈命令〉であるため，伝達動詞 said to を told に変える。

344. 被伝達文の内容が〈忠告〉である。否定の命令文 Don't 〜「〜してはいけない」は，not を to 不定詞の前に置く。

345. 被伝達文中に please のある命令文は〈依頼〉であるため，伝達動詞 said to を asked に変える。

また，被伝達文が "Will you 〜 ?" "Would you mind 〜ing ?"「〜してくれますか」という〈依頼〉を表す文であれば，同じように ask…to 不定詞で導く。

She said to me, "**Will you** pass me the salt ?"
＝She **asked** me **to** pass her the salt.
（彼女は私に塩をとってくれますかと頼んだ）

Let's〜という勧誘文が被伝達文のときは，伝達動詞は **suggest** や **propose** を用い，被伝達文は**〈(should)＋動詞の原形〉**にする（☞ **§5「助動詞」key Sentence 106**，☞ **§12「仮定法」key Sentence 314**）。

He *said* to us, "Let's play baseball after school."
＝He **suggested to us that we** (**should**) **play** baseball after school.
（彼は私たちに放課後野球をやろうと言った）

Practice

90 次の各文を間接話法に書き換えよ。

(1) "Go home quickly," said the teacher to his pupils.
(2) She said to me, "Please open the window."
(3) He said to me, "Let's go home."
(4) Mother said to me, "Don't watch TV while eating."

(1) 命令
(2) 依頼
(3) 勧誘
(4) 否定の命令文

Advance ～その他の話法の変換～

●感嘆文の話法の変換●

○ She **said**, “What a nice day it is !”

① She **said that** it was a **very** nice day.

② She **said what** a nice day it **was**.

(彼女はなんて素敵な日でしょうと言った)

感嘆文を間接話法に変える厳格なルールはないが，通常は以上の２通りの方法を用いる。

①被伝達文を that で導き，how・what ではなく very を用いて平叙文で表す。

He said , “ How hot it is !”

He said **that** it **was** **very hot**.

(彼はなんて暑いんだろうと言った)

②被伝達文の感嘆符(!)をピリオド(.)に変え，感嘆文をそのまま使う。

He said, “How hot it is !”

He said how hot it **was** .

※伝達動詞は say 以外にも，cry(out)や exclaim を使うこともできる。また，with a sigh「嘆いて」，joyfully「喜んで」などを補うこともある。

●重文・複文の話法の転換●

○ She says, “English is difficult and I don’t like it.”
She says (**that**) English is difficult **and that she doesn’t** like it.

(彼女は英語は難しくてきらいだと言っている)

被伝達文が and や but で結ばれた重文の場合は，and，but の次に **that** を加えなければならない。

複文の話法転換は平叙文の単文とほぼ同じに考えればよいが，被伝達文内の２つの動詞が時制の一致をする。

Mari said, “When I **got here**, the door **was locked**.”

Mari said when she **had got there**, the door **had been locked**.

(マリはそこへ着いたとき，ドアには錠がかかっていたと言った)

●２種以上の混合文の話法の転換●

○ He said to me, “It is very cold this morning. Are you going out ?”
He **told** me **that** it was very cold that morning, and **asked** me **if** I was going out.

(彼は私に今朝は非常に寒いが，外出しますかと言った)

被伝達文が種類の違った２文の場合には，平叙文・疑問文・命令文の話法の転換に合わせて，それぞれの伝達動詞を別々に用いなければならない。

He said to me, "I am in trouble. Please help me."
①平叙文　②命令文

＝He **told** me **that** he was in trouble, and **asked** me **to** help him.
①平叙文の転換　②命令文の転換

（彼は私に，困っている，助けてくださいと言った）

Open Sesame

話法の転換は被伝達文の種類によって異なる！

	伝達動詞(said to)	**連　結　語**	**注意点**（平叙文の注意点はどの文にも共通）
平叙文	told （言った）	that （省略可）	①動詞の時制 ②人称代名詞・指示代名詞 ③時・場所を表す副詞
疑問文	asked （尋ねた）	① if〔whether〕 ②疑問詞	間接疑問にする（語順は〈V＋S ～ ?〉を〈S＋V ～.〉にする）
命令文	① told（命じた） ② asked（頼んだ） ③ advised（忠告した）	to 不定詞	否定の命令には not to を用いる
感嘆文	① said（言った） ② cried(out)（叫んだ）	① that(節) ② how, what(感嘆文)	① very を用いる ②感嘆文の語順（ただし，感嘆符はピリオドにする）

問題演習

A

1 次の各文の（ ）内から適切な語句を選び，記号で答えよ。

(1) We were told that time (ア. fly イ. flies ウ. flown) like an arrow.

(2) He said that he (ア. lost イ. has lost ウ. had lost) his umbrella.

(3) He said that he (ア. is イ. has ウ. have エ. had) arrived three days before.

2 次の各文の（ ）内に適当な語を補い，英文を完成させよ。

(1) Tom asked her if he might keep the key.
＝Tom said to her, “(　　) (　　) keep the key ?”

(2) He asked me what I had bought.
＝He said to me, “What (　　) you (　　)?”

(3) They said to me, “How did you do that ?”
＝They asked me how I (　　) done that.

(4) He said to me, “Wait here till I return.”
＝He (　　) me to wait there till (　　) returned.

(5) She said, “I am too tired to walk.”
＝She said that (　　) (　　) too tired to walk.

(6) Jill said to me, “Please wait for me.”
＝Jill (　　) me to wait for her.

(7) I said to him, “Is your father well these days ?”
＝I asked him (　　) his father (　　) well in (　　) days.

(8) He said, “It has been raining since yesterday.”
＝He said that it (　　) been raining since the day (　　).

(9) I said to her, “Have you lived in this city ?”
＝I (　　) her (　　) she had lived in that city.

(10) He suggested to me that we should go swimming.
＝He said to me, “(　　) go swimming.”

3　次の各文を間接話法の文に書き換えよ。

(1)　He said to me, "I will come again tomorrow."

(2)　She said to him, "Are you hungry ?"

(3)　Father said to us, "Don't make a noise."

(4)　The doctor said to him, "What did you eat last night ?"

(5)　She said, "Tom, will you lend me some money ?"

4　次の各文を直接話法の文に書き換えよ。

(1)　The doctor told me that I would soon get well again.

★(2)　He told me that I looked pale and asked me what the matter was.

(3)　He asked me if I had ever been to Hawaii.

(4)　She exclaimed how lucky she was.

B

1　次の各文の（　）内に適当な語を補い，英文を完成させよ。

★(1)　He told them he had met her two days before, but that he had not seen her since.

＝He said to them, "I met her two days (　　), (　　) I (　　) not seen her since."

★(2)　He said, "How careless I have been !"

＝He said that (　　) (　　) been (　　) careless.

★(3)　Yesterday he said, "I will leave here tomorrow."

＝Yesterday he (　　) that (　　) (　　) leave (　　) (　　).

2　次の各文の（　）内の語を並べかえて英文を完成させよ。ただし，文頭にくる語も小文字にしてある。

(1)　その男はどれくらい意識不明になっているのかと私は彼女に尋ねた。

(ア. her　イ. the　ウ. I　エ. unconscious　オ. long　カ. asked　キ. man　ク. had　ケ. how　コ. been).

(2)　医者は私に飲みすぎないように忠告した。

The doctor (ア. drink　イ. me　ウ. to　エ. too　オ. advised　カ. not) much.

(3)　私は彼にお茶を一杯いかがですかと尋ねた。

I asked (ア. like　イ. cup　ウ. he　エ. him　オ. would　カ. of　キ. a　ク. if) tea.

§14　特殊構文

▶強調構文による強調

key Sentence

重346. **It was** I **that** met her at this station.
（この駅で彼女に会ったのは僕だった）

強調構文とは，It is〔was〕～ that ….の構文を使って，強調したい主語・目的語・副詞を，It is〔was〕～ that の間に挿入する構文である。なお，It is と that を省略して，残った語で文が成立すれば，強調構文であるといえる。もし，文が成立しなければ，形式主語構文である。

346. **主語を強調**

that の次にくる動詞の人称・数は強調される語に一致する。

It is **I** that **am** wrong.（悪いのは私だ）

It is **he** that **is** wrong.（悪いのは彼だ）

また，強められる語が「人」である場合には that の代わりに who を用いることがある。

主語以外にも，目的語や副詞（句，節）を強調することもある。

●目的語を強調

It was **this racket** that he gave me.
（彼が私にくれたのはこのラケットだった）

●副詞（句，節）を強調

It was **at this station** that I met her for the first time.
（私が彼女に初めて会ったのはこの駅だった）

Open Sesame

強調構文　It is（was）～ that ….
⬆
〔強調する語句を入れる〕

}**「…のは～だ（だった）」**と訳す。

Practice

91　次の各文の下線部を，It is〔was〕～that…の強調構文を用いて強調せよ。

(1)　He wants to buy this camera.

(2)　I am responsible for the matter.

★(3)　I did not know the fact until yesterday.

(3)　It is〔was〕not until ～ that …「～ではじめて…する(した)」という強調構文で表す。

Practice

92　次の英文を和訳せよ。

★(1)　Who was it that read my diary while I was away ?

(2)　It was because he told a lie that his mother got angry.

(1)　It was who that …という強調構文が疑問文になっている。

(2)　because he told a lie という節が強調されている。

▶修辞疑問文による強調

key Sentence

347. **Who can** do such a thing ?

（誰がそんなことをできようか――誰もできない）

348. **Who doesn't** know the fact ?

（誰がその事実を知らないだろうか――誰でも知っている）

形式は疑問文であるが，答えを要求するものではなく，反語的に自分の感情を強く相手に伝えようとする文を**修辞疑問文**という。修辞疑問文では，次のようなことがいえる。

347. **肯定の修辞疑問文＝否定平叙文**

Who can believe him ?＝**Nobody can** believe him.

（誰が彼を信じられようか――誰も信じはしない）

348. 否定の修辞疑問文＝肯定平叙文

Who can't read this book ?＝**Everyone can** read this book.

（誰がこの本を読めないだろうか――誰でも読める）

▶語句による強調

key Sentence

349. **Do** come to see me next Sunday.

（今度の日曜日にぜひ遊びにいらっしゃい）

①動詞の強調

349. 助動詞 do〔does, did〕＋動詞の原形で表す。命令文の場合は「ぜひ～しなさい」「必ず～しなさい」などの意味になり，通常の文の場合は，「本当に～する」「確かに～する」などの意味になる。

She **does** want to come with us.

（彼女は本当に我々と一緒に来たがっている）

He **did** say so.（彼は確かにそう言った）

② **on earth**, **in the world**, **ever** をそえて疑問詞を強調

What **on earth** have you done to him ?

（おまえはいったいあの人に何をしたのか）

What **in the world** happened ?（いったい何が起こったのだ）

Whenever did you arrive ?（いったい君はいつ着いたの）

③ **the very** や再帰代名詞をそえて名詞を強調

This is **the very** book I have been looking for.

（これこそ私が探していた本だ）

Saving money **itself** is not always bad.

（お金をためるということ自体は，必ずしも悪いことではない）

④語句の反復による強調

They went **on and on** through the forest.

（彼らは森の中をどんどん進んで行った）

The noise grew **louder and louder**.（騒音はどんどん大きくなった）

He **ran and ran** to catch the train.（彼は列車に乗るために走りに走った）

⑤ **much,（by）far** をそえて比較級・最上級を強調（☞ §10「比較」**key Sentence 248**, **260**）

I feel **much** better today than yesterday.

（今日は昨日よりずっと気分がよい）

He is (**by**) **far** the best student in our class.
(彼は私たちのクラスで，ずばぬけて一番の生徒だ)

▶倒置の表す意味

key Sentence

重**350**. **Never have I** seen such a beautiful sunset.
(ただの一度もあんなきれいな夕焼けを見たことがない)

ある語や句を強調するために，主語と動詞または主語と助動詞を**倒置**することがある。

①否定の副詞(句)の強調

350. 否定を表す副詞 (never, little, hardly, no sooner, not only 等) を強調するため文頭に置くと，後に倒置が起こる。**〈否定の副詞(句)＋助動詞(助動詞がなければ do・does・did)＋S＋V〉**の語順になる (☞ **§11「接続詞」key Sentence 300**)。

I little dreamed that I would see you here.
＝**Little** did I dream that I would see you here.
(こんなところで君に会おうとは夢にも思わなかった)

No sooner had she arrived **than** she fell ill.
＝Hardly〔Scarcely〕 had she arrived when〔before〕 she fell ill.
(彼女は到着するとすぐに病気になった)

②否定でない副詞(句)の強調

運動の方向や存在の場所を示す副詞が，強調のための文頭に置かれる場合，語順は**〈副詞(句)＋V＋S〉**となり，単に主語と述語動詞を倒置する。

Down came the rain in torrents. (ざーっと滝のように雨が降ってきた)

ただし，主語が代名詞のときは**〈副詞＋S＋V〉**の語順となる。

Here he comes! (そら，彼が来たぞ)

key Sentence

重**351**. I am thirsty.──**So** am I.
(私はのどがかわいた──私もそうだ)

重**352**. I don't like carrots.──**Neither〔Nor〕** do I.
(私はにんじんがきらいだ──私もきらいだ)

③反復を避ける倒置

前に出てきた文の一部の反復を避けるために，**so**，**nor**，**neither** などが用いられ，「～もまたそうだ」の意味を表すことがある。その場合も**〈so(neither／nor)＋V＋S〉**の倒置が行われる。また，肯定文に対しては so，否定文に対しては nor または neither を用いる。

351. So am I.＝I am thirsty, too.

352. Neither〔Nor〕do I.＝I don't like them, either.

また，**〈so＋V＋S〉**と紛らわしいものに**〈so＋S＋V〉**があるが，その意味は，聞き手の強い肯定を示して「そのとおりです」となる。

It is raining outside.――**So it is.**

(外は雨が降っている――そうですね)

key Sentence

353. Young as he is, he is an able man.

(若いが，彼は有能だ)

④譲歩を表す副詞節の場合

353. **as** が **though**「～だけれども」の意味で使われるときは，補語を文頭に出して**〈補語＋as＋主語＋be 動詞〉**の語順となる。

＝Though he is young, he is an able man.

なお，文頭に名詞がくるときは，無冠詞となる。

Child as he was, Ken was brave.

＝Though Ken was a child, he was brave.

(子どもではあったが，ケンは勇敢だった)

Open Sesame

副詞(句)の強調による倒置！

①**〈ふつうの副詞(句)＋V＋S〉**

②**〈否定の副詞(句)＋助動詞＋S＋V〉**

↑〔**完了を表す have，had＋主語＋過去分詞**
助動詞（ない場合は do，does，did）＋主語＋動詞の原形〕

Advance ～補語や目的語の強調～

●**補語の強調**●

○ **Happy** are those who are contented.

(満足している人は幸せである)

文中の補語を強調するために，文頭に置くと〈C＋V＋S〉(主語が代名詞のときは〈C＋S＋V〉)となる。このような倒置文は，主語に関係代名詞がついて長くなっている場合が多い。

●目的語の強調●

○ **Whether it is true or not** I don't know.

(それが本当であるかどうか私は知らない)

目的語を強調のために文頭においた場合，〈O＋S＋V〉の語順となる。また，目的語に否定語がついた場合は，〈否定語＋O＋助動詞＋S＋V〉となる。

Not a single word did he say.（一言も彼は言わなかった）

Practice

93 次の各文をあとの指示に従って，下線部を強めた文に書き換えよ。

(1) Tell me the truth.［do を用いて］

(2) What are you looking for ?［on earth を加えて］

(3) Everybody wants to have a house of his own.［Who で始まる疑問文にして］

(4) The boy had hardly seen his mother when he hid under the chair.［hardly を文頭に置いて］

(5) “I am very tired.” — “I am very tired, too.”［下線部を 3 語で］

(1) 助動詞 do による動詞の強調である。

(3) 修辞疑問文による強調である。

▶省略

key Sentence

354. Is he coming ?——**I'm afraid not.**

(彼は来るだろうか——来ないと思う)

355. **When young,** I used to swim in the river.

(若いころ，私はその川でよく泳いだものだった)

省略には，既出の語句の反復を避けるための省略と，慣用的な省略とがある。例文では，それぞれ（　）内の語句が省略されている。

354. be afraid, hope, suppose などに続く that 節の代用に not, so を用いる。so は肯定節を，not は否定節を受ける。

Is he coming ?――I'm afraid (**that he is**) not (**coming**).

Is he coming ?――I hope so.（＝that he is coming）

（彼は来るだろうか――そうだといいが）

Will it rain tomorrow ?――I hope not.（＝that it will not rain tomorrow）

（明日雨が降るかな――そうでないといいが）

※I hope「～だといいが」は本人の希望を表す時に，I'm afraid「残念ながら～」は本人の期待に反するときに用いる。

355. 「時」「条件」を表す副詞節の主語が主節の主語と同じであるとき，副詞節の〈主語＋be 動詞〉は省略されることがある。

When (**I was**) young, I used to swim in the river.

また，主語は違っても慣用的に it is が省略されるときがある。

If (**it is**) necessary, you may use this dictionary.

（必要なら，この辞書を使ってもよろしい）

他にも次のような例がある。

①掲示・見出し（新聞），ことわざ，日記（主語の I）の省略

No smoking (**is allowed**).（禁煙）

(**I**) Got up at six as usual.（いつものとおり 6 時起床）

いずれの場合も簡潔に表現するために（　）内の語句が省略されている。

②接続詞 that や目的格の関係代名詞の省略

I know (**that**) you are a painter.

（あなたが画家だということを私は知っている）

上の例文のように目的格の名詞節を導く接続詞 that は省略できる。また，目的格の関係代名詞（that, which, whom）も省略することができる。

Show me the book (**that**) you bought yesterday.

（君が昨日買った本を私に見せてください）

▶挿入

key Sentence

356. Later, **however**, he decided to go.

（しかしながら，後になって彼は行くことに決めた）

本来は続いているべき文の中に，説明・注釈・批評などを表す語・句・節が入り込んでくることがある。これを**挿入**という。挿入語句の前後は，読む場合は休止が置かれ，書く場合にはコンマ（,）やダッシュ（―）で区切られることが多い。

356. 副詞と主語の間に接続詞が挿入されている。however は文頭にも文中にも置かれるが，いずれも後ろにコンマ（,）をつけて，「しかしながら」と訳す。

S+V と C の間に副詞句が挿入されることもある。

His plan was, **after all**, a failure.（彼の計画は，結局失敗だった）

（句の挿入）

▶同格

key Sentence

357. **We** *Japanese* live on rice.

（私たち日本人は米を常食としている）

358. **The news** *of his safe return* made us very happy.

（彼が無事に帰ってきたという知らせに私たちはとてもうれしかった）

重**359**. I have no doubt **that** *he will succeed*.

（彼が成功するということに疑いをもっていない）

名詞（相当語句）が他の名詞（句，節）と並んで，記述・説明を補う関係にあるものを**同格**という。

①名詞と名詞が同格の場合

357. We と Japanese が同格関係となっている。

②名詞と of+名詞が同格の場合

358. The news と of his safe return が同格関係となっている。この場合の of は「〜という」の意味になる。また，The news を主語とする無生物主語の構文にもなっている（☞▶無生物主語構文 **key Sentence 362**）。

③名詞と名詞節が同格の場合

359. doubt と that 以下が同格関係となっている。

He received **the news** *that gold had been discovered*.

同格

（彼は金が発見されたという知らせを受けた）

④名詞と不定詞が同格の場合（不定詞の形容詞的用法）

I have **a wish** *to go on a trip around the world*.

同格

（私は世界旅行に出かけたいという希望をもっている）

⑤名詞と of＋動名詞が同格の場合

He studied law with **the idea** *of becoming a lawyer*.

同格

（彼は弁護士になるという考えで，法律を勉強した）

▶共通

key Sentence

360. You can, and must, **do your best.**

（君は最善を尽くすことができるし，尽くさなければならない）

361. Passions weaken, but habits strengthen, **with age.**

（情熱は年齢とともに弱まるが，習慣は年齢とともに強まる）

1 つの語句が他に 2 つ以上の語句に対して，共通の関係をもつことがある。これを数式にたとえれば，(A＋B)× C，C ×(A＋B) の 2 つの形で表すことができる。いずれの場合も，共通関係を見つけて両方につなげて訳すことが大切である。

360. 助動詞 can と must がともに do your best につながっている。

361. Passions weaken と habits strengthen がともに with age につながっている。

Practice

94　次の英文を和訳せよ。

(1)　I was taken ill while travelling.

(2)　She was, quite rightly, very angry with her husband.

(3)　My father made a promise to take me to the zoo.

(4)　We must think about and carry out what we can and should do.

ここに着眼！

(2)　She was very angry ～と続く文中に，quite rightly が挿入されている。

(3)　promise と to take ～は同格の関係。

(4)　do が can と should に，what we can and should do が think about と carry out にそれぞれ共通の関係をもつ。

語彙　(1)　be taken ill「病気になる」

(2)　rightly「当然(のこととして)」

(3)　make a promise「約束をする」

▶無生物主語構文

key Sentence

重**362**. **What made** her change her mind ?
（何が彼女に決心を変えさせたのか――なぜ彼女は決心を変えたのか）

363. **This road** will **take** you to the museum.
（この道を行けば美術館に出る）

364. **Five minutes' walk** will **bring** us to the station.
（5分歩けば駅に着くでしょう）

主語が(物)ないしは(事)で，目的語がふつう(人)となる構文を**無生物主語構文**という。頻出の無生物主語構文は①～⑤の通りである。

①なぜ A は～したか

What makes＋A＋原形 ～ ?＝Why do＋A＋原形 ～ ?

make は使役動詞で，「A に～させる」の意味になる。

362. 主語が What で，目的語が her となる。

＝Why did she change her mind ?

What makes you think so ?＝Why do you think so ?
（どうしてそう思うの）

②～すると…に着く

道を主語にした場合は，**〈道＋will take＋A to ～.〉**の形で表す。

＝If A go(es) along 道, A will get to ～.（この道を行くと～に着く）

363. 主語が This road で，目的語が you となる。

＝If you go along this road, you will get to the museum.

徒歩などを主語にした場合は，**〈○○ minutes' walk will bring A to ～.〉**の形で表す。

＝If A walk(s) for ○○ minutes, A will get to ～.（○○分歩くと～に着く）

364. 主語が Five minutes' walk（この場合の walk は名詞），目的語が us である。Five minutes' の［'］のつけ方に注意（☞ **§19「名詞」key Sentence 524**）。

＝If we walk for five minutes, we will get to the station.

key Sentence

重**365**. **The heavy rain prevented** him **from going** to school.
（大雨のせいで，彼は学校に行けなかった）

重**366**. **This picture** always **reminds** me **of** her.
（この写真を見るといつも彼女のことを思い出す）

367. **Airplanes enable us to go** around the world in a few days.
（飛行機のおかげで，私たちは 2，3 日で世界一周ができます）

③ B のために A が～できない

〈B（原因）＋prevent〔keep〕＋A＋from ～ing〉の形で表す。

365. 主語が The heavy rain で，目的語が him となる。
この文は，A cannot ～ because of B. に書き換えることができる。
＝He couldn't go to school because of the heavy rain.

④ C をみると A は（いつも）B のことを思い出す

〈C＋remind＋A of B〉の形で表す。always は省略されることもある。

366. 主語が This picture で，目的語が me となる。
次のいずれの書き換えも必須である。
＝Whenever I see this picture, I remember her.
＝Every time I see this picture, I remember her.
＝I never see this picture without remembering her.

※ remind「思い出させる」と remember「思い出す」の意味を混合しないようにしよう。

⑤ B のおかげで A は～できる

〈B＋enable＋A＋to 不定詞〉の形で表す。

367. 主語が Airplanes で，目的語が us となる。
この文は，Thanks to B, A＋can ～. に書き換えることができる。
＝Thanks to airplanes, we can go around the world in a few days.

Open Sesame

無生物主語構文は，直訳ではなく自然な日本語になるように訳す！
①主語（無生物）を副詞的に訳す。「～のために，～のおかげで，～ならば」
②目的語（人）を主語のように訳して文を続ける。

Practice

95 次の英文を和訳せよ。

(1) A computer enables us to save time.

(2) The storm kept him from going out.

(3) Ten minutes' walk brought me to the park.

(1) A computer が無生物主語なので，「～のおかげで」のように副詞的に訳し，目的語である us を「私たちは」のように主語的に訳す。

(2) The storm が無生物主語なので，「～のために」のように副詞的に訳し，目的語である him を「彼は」のように主語的に訳す。

(3) Ten minutes' walk が無生物主語なので，「～で」「～すれば」のように副詞的に訳し，me を「私は」のように主語的に訳す。Ten minutes' の〔'〕のつけ方に注意。

Practice

96 (　) 内に適語を記入せよ。

(1) What made him say such a thing ?

＝(　　) did (　　) say such a thing ?

(2) I couldn't go out because of illness.

＝Illness prevented me (　　) (　　) out.

(3) This song always reminds me of my childhood.

＝(　　) I listen to this song, I think of my childhood.

(1) なぜ A は～したか

(2) B のために A が～できない

(3) C を聞く (見る) と A はいつも B のことを思い出す (考える)。

語彙　(3) think of「～のことを考える」

▶否定構文

key Sentence

368. I did**n't** read **all** of these books.
（私はこれらの本の全部を読んだという訳ではなかった）

369. I did**n't** read **any** of these books.
（私はこれらの本はどれも読まなかった）

370. I'm **not always** at home on Sundays.
（日曜日には私はいつも家にいるとは限らない）

否定には，never，not ～ at all，not ～ in the least など「決して～でない」「全く～でない」と訳す**完全否定（全体否定）**と，all，every，always などの**100％を意味する語を not に続けて**「すべて～とは限らない」「必ずしも～という訳ではない」と訳す**部分否定**がある。通常は not ～ all，not ～ every，not ～ always のように，not の方が先に置かれることに注意する（☞ **§18「代名詞」key Sentence 481**）。

368. **not ～ all「すべて～という訳ではない」**部分否定である。

369. **not ～ any＝no「全く～でない」**完全否定である。

370. **not always＝not necessarily「いつも～とは限らない」「必ずしも～という訳ではない」**部分否定である。

key Sentence

371. **Not both** of my parents agree to my plan.
（両親が２人とも私の計画に賛成している訳ではない）

372. **Neither** of my parents agree(s) to my plan.
（両親のどちらも私の計画に賛成していない）

371. **not both「両方とも～という訳ではない」**部分否定である。

372. **neither＝not ～ either「両方とも～でない」**完全否定である。

※ neither が主語のときは，動詞は単数が原則であるが，口語では複数のこともある。

なお，完全否定と部分否定に加え，hardly，scarcely「ほとんどない」，seldom，rarely「めったにない」という**準否定**もあるので注意しておこう。

①否定語を含まない否定表現

形を見ただけでは否定の意味をもつことがわからない表現がある。

● fail to 不定詞「～しない，～できない，～しそこなう」

He **failed to** do his duty.（彼は義務を果たさなかった）

● anything but ～「少しも～でない」

This bridge is **anything but** safe.

（この橋は少しも安全ではない）

● far from ～「～どころではない，～からほど遠い」

He is **far from** happy.（彼は決して幸せではない）

● free from ～「～を免れた，～ない」

This operation is quite **free from** danger.（この手術には全く危険はない）

※ free from の後には好ましくない物事，人が続く。

②否定語の慣用表現

● cannot … too ～「いくら～しても…しすぎることはない」（☞ **§5「助動詞」key Sentence 114**）

You **cannot** be **too** careful in choosing your friends.

（友人を選択するときには，いくら注意してもしすぎることはない）

● have no choice but to 原形「～するしかない」

His parents **had no choice but to** believe him.

（彼の両親は，彼を信じるほかはなかった）

● have nothing to do with ～「～とは関係がない」

I **have nothing to do with** her.

（私は彼女とは何の関係もない）

● no more＝not ～ any more「もう～でない」

I want it **no more**.＝I do**n't** want it **any more**.

（もうそれは欲しくない）

● no longer＝not ～ any longer「もう～でない」

You are **no longer** a mere child.

＝You are **not** a mere child **any longer.**（君はもう子どもではない）

● not ～，much less …「～でない。ましてや…でない」

She **can't** read English, **much less** write it.

（彼女は英語が読めない。ましてや書くことはなおさらできない）

反対の意味である much more についても覚えておこう。これは肯定文に続ける表現である。

I can write French, **much more** read it.

（私はフランス語が書ける。ましてや読むことはなおさらできる）

key Sentence

373. I have **no** idea what will happen next.
（次に何が起こるか全く分からない）

374. He is **by no means** a pleasant fellow.
（彼は決して愉快なやつではない）

③ no の用法

no は単数名詞にも複数名詞にもつき，「誰も～ない」「何も～ない」の意味を表す。not よりも強い否定を示している。

He is **no** fool.（彼は決して馬鹿ではない）

He is **not** a fool.（彼は馬鹿ではない）

373. 名詞の前について idea（考え）が「全くない」ことを強調している。

374. by no means で「決して～ない」という慣用表現。また，抽象名詞や動名詞について禁止などの意味を表す。

No smoking.（禁煙）

Practice

97 次の英文を和訳せよ。

(1) Honesty doesn’t always pay.

(2) He seldom gets angry.

(3) He is the last man to tell a lie.

(4) The explanation is by no means satisfactory.

(5) He is anything but a teacher.

(6) “Is he a good driver ?” “Far from it !”

(1) not always「いつも～とは限らない」「必ずしも～という訳ではない」は部分否定である。

(2) seldom「めったにない」は準否定である。

(3) the last は never と同じ意味で完全否定であり，「最も～しそうにない」と訳す。

語彙　(4) explanation「説明」，satisfactory「満足できる，納得のいく」

▶名詞構文

key Sentence

375. He **rises early**.
He is an **early riser**.
（彼は早起きだ）

376. **To my great surprise**, she died suddenly.
（たいへん驚いたことに，彼女は突然死んでしまった）

英語では名詞を中心にして表現することも多い。このように動詞または形容詞を名詞化して組み込んだ構文を，名詞構文と呼ぶ。

375. 上の文の〈動詞＋副詞〉を〈形容詞＋**名詞**（行為者）〉で表している。

She **teaches** English.

She is an English **teacher**.（彼女は英語の先生だ）

376. **〈to one's＋感情を表す名詞〉**で**「～が…したことには」**と訳す。to one's surprise で「～の驚いたことに」。この surprise は名詞「驚き」を表す。

※その他，動詞１語を**〈基本動詞＋（動作の）名詞〉**で表す表現も多い。基本動詞とは have, take, make, get などである。

The doctor **took a look** at the wound.

＝The doctor **looked** at the wound.

（医者はその傷を見た）

Practice

98　次の各文の（　）内に適当な語を記入せよ。

(1)　彼は働き者だ。

He works hard.

＝He is a hard (　　).

(2)　彼がとても喜んだことに，息子が無事に帰ってきた。

(　　) his great joy, his son came back safely.

問題演習

A

1　次の各文の（　）内にあてはまる最も適切な語句を下の**ア～オ**から選び，記号で答えよ。

(1)　彼はフランス語やドイツ語は言うに及ばず，英語だって全く知らない。
He knows no English, (　　) French or German.

(2)　そのことについては全然心配していない。
I am not (　　) anxious about it.

(3)　いったい全体どうしたというのですか。
What (　　) is the matter ?

(4)　彼は決して付き合いやすい男ではない。
He is (　　) a pleasant fellow to associate with.

(5)　この手術には全く危険がない。
This operation is quite (　　) danger.

ア. by no means　**イ.** free from　**ウ.** in the least
エ. in the world　**オ.** to say nothing of

2　It is (was) ～ that …. の構文を用いて，下線部を強めた文に書き換えよ。

(1)　I was born in Hokkaido.
(2)　I met him in the park.
(3)　She did not sleep until they came home.

B

1　次の各文の（　）内にあてはまる最も適切な語を下の**ア～ク**から選び，記号で答えよ。

(1)　Young (　　) he is, he is brave.
(2)　That is the (　　) person that I have wanted to see.
(3)　(　　) did I dream that I would see him again.
(4)　John loves children and (　　) does his wife.
(5)　(　　) I been you, I would not have told such a thing.
★(6)　Who is (　　) that is to blame ?

ア. had　**イ.** so　**ウ.** as　**エ.** it　**オ.** itself
カ. little　**キ.** very　**ク.** on

2　次の各文の（　）内に適当な語を補い，英文を完成させよ。

(1)　I want neither of them.
　=I don't want (　　) of them.

(2)　John is anything but a gentleman.
　=John is (　　) from a gentleman.

(3)　What on (　　) did he mean to say ?

(4)　If you take this medicine, you will feel all right.
　=This medicine will make (　　) (　　) all right.

(5)　Why did you do such a thing ?
　=(　　) made you do such a thing ?

(6)　It snowed heavily, so Jim could not go to the store.
　=The heavy snow (　　) Jim from going to the store.

3　次の各文をあとの指示に従って書き換えよ。

(1)　I can't see this picture without remembering my father.
　[This picture で始まる文に]

★(2)　If you have a word processor, you'll be free from all this trouble.
　[A word processor で始まる文に]

(3)　He could not visit the famous museum because of the accident.
　[The accident で始まる文に]

(4)　I never expected him to arrive on time.［Never で始まる文に］

4　次の各文の（　）内の語句を並べかえて英文を完成させよ。ただし，文頭にくる語も小文字にしてある。

(1)　10分歩くと私はそこへ着いた。
　(ア. there　イ. minutes'　ウ. me　エ. ten　オ. brought　カ. walk).

(2)　この道を行くと公園に出ます。
　(ア. the park　イ. this　ウ. will　エ. to　オ. road　カ. take　キ. you).

(3)　健康には注意しすぎるということはない。
　We (ア. can't　イ. of　ウ. our　エ. careful　オ. too　カ. be　キ. health).

§15　前　置　詞

▶前置詞の種類と働き

前置詞には 1 語のものや 2 語以上が集まって前置詞の働きをするものなどがある。

①単純前置詞

in, of, at のような 1 語の前置詞である。使われる条件によって微妙に変わるが，代表的な意味は次のようになる。

about「～について」
above「～の上に」
across「～を横切って」
after「～の後に」
against「～に対して」
along「～に沿って」
among「～の間に」
around「～のまわりに」
before「～の前に」
behind「～の後に」
below「～の下に」
beside「～のわきに」
besides「～に加えて」
between「～の間に」
but「～を除いて」
by「～のそばに」
down「～を下って」
for「～のために」
from「～から」
in「～の中に」
inside「～の内側に」
into「～の中へ」
of「～の」
off「～から離れて」
on「～の上に」
outside「～の外側に」
over「～の上に」
since「～以来」
through「～を通って」
till「～まで」
to「～へ」
toward「～に向かって」
under「～の下に」
until「～まで」
up「～を上って」
with「～といっしょに」
within「～以内に」
without「～なしに」

②二重前置詞

単純前置詞がもとの意味を残したまま連続するものをいう。

He slept **till after** noon.（彼は昼過ぎまで眠った）

A loud voice came **from behind** the curtain.
（大きな声がカーテンの後ろから聞こえた）

③群前置詞

because of, by way of のように 2 つ以上の語が集まって 1 つの前置詞として働くものをいう。代表的なものと使用例については，p. 235 を参照。

▶前置詞の目的語

前置詞はその後に名詞，代名詞（または名詞の働きをする句や節）を伴うが，それを前置詞の目的語という。前置詞の目的語は，人称代名詞の場合は**目的格**（me, you, him, her, it, us, them），また動詞の場合は**動名詞**を使うことに注意する。

The children were looking **for** *him*.（子供たちは彼をさがしていた）

She is fond **of** *playing* the piano.（彼女はピアノを弾くことが好きだ）

Practice

99 次の各文の（　）内に適当な前置詞を補い，英文を完成させよ。

(1) 私は8時までここにいるつもりだ。
I will stay here (　　) eight.

(2) 壁に1枚の絵がかかっている。
There is a picture (　　) the wall.

(3) 彼は川を横切って泳いだ。
He swam (　　) the river.

(4) 彼女は金庫の中にお金をしまった。
She put the money (　　) the safe.

(5) 彼は今日，学校を休んでいる。
He is absent (　　) school today.

(1) 動作の継続を表すのは till または until。
(2) 接触を表すのは on。

▶時を表す前置詞

key Sentence

重377. The train left Tokyo **at** seven a.m.
（列車は午前7時に東京を出発した）

重378. Tom gets up at six **in** the morning.
（トムは朝6時に起きる）

重379. I was born **on** the 10th of July.
（私は7月10日に生まれた）

377. **at は時刻などのような「時」の一点を表す**。また，他にも次のような語句で用いられる。

at noon「正午に」，**at** dawn「夜明けに」，**at** sunset「日没に」，**at** night「夜に」，**at** midnight「真夜中に」，**at** the same time「同時に」，**at** once「すぐに」，**at** present「今は」，**at** a time「一時に，一度に」

378. **in は午前・午後などの短い期間から，月・季節・年などの長い期間を表す。**

in summer「夏に」，**in** July「7 月に」，**in** 1492「1492 年に」，**in** the morning「朝に」，**in** the evening「夕方に」，**in** the twentieth century「20 世紀に」

※ this morning「今朝」や last Sunday「この前の日曜日」のように this，last，next などがつくときは in や on をつけない。

379. **on は特定の日を表す**のに用いられる。また，in ～，at ～などは修飾語がつくと on になる。

My grandfather died **on** the morning of February 5th.

（私の祖父は 2 月 5 日の午前に亡くなった）

They came across her **on** a cold night.

（彼らは寒い夜に彼女と偶然会った）

key Sentence

重**380**. The event will be forgotten **in** a month.

（その事件は 1 か月すれば忘れられるだろう）

381. He moved to this place **after** three weeks.

（彼は 3 週間後にここに引っ越ししてきた）

380. **in** は**「今からある期間が経過した時点で」**という意味のときに用いられる。

このように今を基準にして「～後に」という場合，after は使わないので注意する。また，**「ある期間内に」**という場合には **within** を用いる。

You can get there **within** thirty minutes on foot.

（そこへは歩いて 30 分以内で着ける）

381. **after** は**「過去または未来からある期間経過した後で」**という場合に用いられる。

I will be free **after** three o'clock.――未来を基準にした場合

（私は 3 時以後は暇になる）

key Sentence

重**382**. They have to pay the debt **by** the end of this month.

（彼らは今月末までに借金を支払わなければならない）

重**383**. I will remain **till** September.

（私は 9 月までいる）

382. **by** は**「～までに」**という意味で**期限**を表す。

383. **till**，**until** は**「～まで」**という意味で**動作の継続**を表す。

key Sentence

384. He has lived here **for** ten years.
（彼は 10 年ここに住んでいる）

385. He has been studying **since** this morning.
（彼は朝からずっと勉強している）

386. **From** now on I will rely on you.
（これからぼくは君を信頼しよう）

384. **for** は**「～間」**という意味で，for の後には時間・期間を表す数や語句がくる。また，**「～の間」**には **during** を用い，during の後には「事柄」がくる。**「始めから終わりまでずっと」**には **through** を用い，throughout は through を強めた語である。

She was asleep **during** the lesson.
（彼女は授業中眠っていた）
She waited for her husband **through** the night.
（彼女は一晩中夫を待った）

385. **since** は，**「過去のある時点からずっと引き続いて」**という意味で，**「～から」**や**「～以来」**のような意味となり，現在完了や過去完了の文で用いられる。

386. **from** は since と同様に**「～から」**という意味であるが，**「事柄の始まる出発点」**を示し，現在，過去，未来時制に用いられる。**from now on** は「これ以降」という熟語である。

また，**from** は from Tokyo to Osaka「東京から大阪まで」などのように，**動作の起点**を表す用法もある。

Open Sesame

期間を表す **after**，**in** は基準とする時が違う！

Open Sesame

for「～の間」 ──→ 時間・日を表す語がくる。
during「～中」 ──→ 事柄を表す語がくる。
through「始めから終わりまで」 ──→ 時間の長さを含む語がくる。

Practice

100 次の各文の（ ）内に適当な前置詞を補い，英文を完成させよ。

★(1) My niece visited us (　　) the morning of the 25th of July.
(2) Many people go skiing (　　) winter.
(3) I was born (　　) the second of November in 1970.
(4) The meeting will be over (　　) ten minutes.（10 分で）
(5) I went to bed (　　) ten o'clock last night.
(6) He said he would finish the work (　　) a week.（1 週間以内に）
(7) We're going to stay here (　　) Friday.（金曜日まで）
★(8) Did anyone call me up (　　) my absence ?
(9) You must wash your hands (　　) meal.
★(10) I haven't heard (　　) him (　　) then.（それ以来彼から便りがない）

短い期間（時刻など）なら at，長い期間（月，季節，年など）なら in，特定の日なら on が基本！

(1) the 25th of July という日付が入っている。
(2) winter は季節である。

語彙 (1) niece「めい」　(4) be over「終わる」
(8) call＋人＋up「(人に)電話をかける」，absence「不在」
(9) meal「食事」

▶場所を表す前置詞

key Sentence

重**387**. He lives **at** Kanda **in** Tokyo.
（彼は東京の神田に住んでいる）

388. The frog jumped **into** the pond.
（カエルが池に飛び込んだ）

387. **at**，**in** のいずれも **「〜で，に」** というように場所を表すが，**at は比較的狭い場所に対して**，**in は比較的広い場所に対して**用いる。

We arrived **at** the station.（私たちは駅に着いた）

We arrived **in** Paris a week ago.（私たちは一週間前にパリに着いた）

※ at と in は使う人の感じ方で異なることがある。

388. **in** が「**〜の中に，で**」という意味で**固定された位置を表し**，**into** は「**〜の中へ**」という意味で，**あるものの内部へ入る移動を含む位置を表す**。

into の反対の意味をもつのは **out of** で，**「〜(の中)から外へ」**と訳す。

Tom went **out of** the room.（トムは部屋から出て行った）

key Sentence

389. The picture is hanging **on** the wall.
（その絵画は壁にかかっている）

390. The sun was **behind** the clouds.
（太陽は雲の陰になっていた）

389.

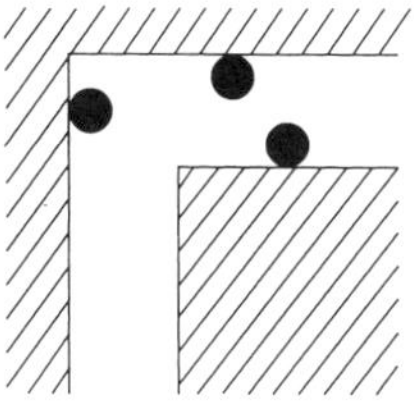

on はある物が接触して置かれている状態をさして**「〜に，〜の上に」**という意味を表す。この例文のように，on は上から接触している場合だけではなく，**壁や天井の表面に接触している場合にも用いる**。

A fly is **on** the ceiling.
（ハエが天井にとまっている）

また，on と反対の表現としては **off「〜から離れて，〜をはずれて」**があり，分離の意味を表す。

Bill fell **off** the ladder.（ビルははしごから落ちた）

この他に相対的な前置詞として次のようなものがある。

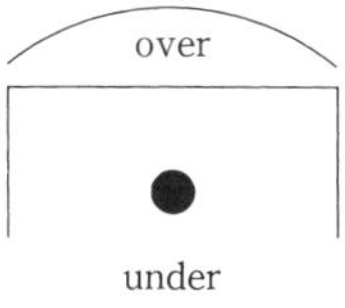

● **over** は全面を覆うようにして「〜の上に」の意味を表し，**under** は「真下に」の意味を表す。over，under は，面に接触していても離れていても用いることができる。

Dark clouds hang **over** the town.
（黒雲がその町を覆っている）

A dog was lying **under** a tree.
（犬が木の下で横になっていた）

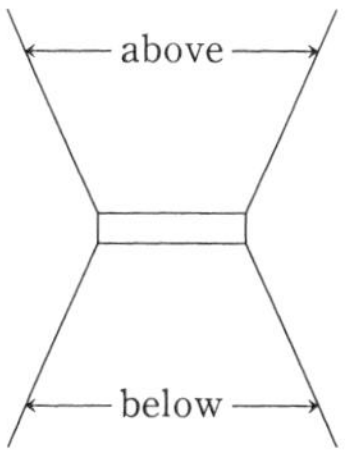

● **above** は「上の方に」，**below** は「下の方に」の意味を表し，above，below ともにあるものから離れていることを示す。

The birds were flying **above** the trees.
（鳥は木の上の方を飛んでいた）

The sun sank **below** the horizon.
（太陽は地平線下に沈んだ）

390. **behind** は**「～の後ろに」**という意味であり，**動かない物の位置**をいうときに用いる。これに対して **after は動くものの順序や位置**をいうときに用いる。

The policeman ran **after** the thief.（警察官は泥棒を追って走った）

また,**「～の前に」**には **before** を用い，場所だけでなく時間的にも用いられる。

He did it **before** my eyes.（彼は私の見ている前でそれをやった）

Please come **before** nine o'clock.（9時前に来てください）

この他に前後の位置を示すには，次のような群前置詞がある。

There are some trees **in front of** the house.

（家の前に何本かの木がある）

There is a garage **at the back of** the house.

（家の裏に車庫がある）

key Sentence

391. She was sitting **by** the window.

（彼女は窓辺に座っていた）

重**392**. The Mediterranean Sea is **between** Europe and Africa.

（地中海はヨーロッパとアフリカの間にある）

393. We sat **around** the fire.

（私たちは火のまわりに座った）

391. **by** は**「～のそばに」**という意味である。ほぼ同じ用法の前置詞として **at**, **beside** がある。

Come and sit **beside** me.（私のそばに来て座りなさい）

Someone is **at** the door.（戸口に誰かがいる）

※ beside（～のそばに）と **besides**（～の他に，～に加えて）を区別して理解しよう。

There were four more people besides me.（私の他にもう4人もいた）

392. **between** は**「2つのものの間」**を表す。これに対して **among** は**「3つ以上のものの間」**にあることを示す。

The teacher is popular **among** the pupils.

（その先生は生徒たちの間で人気がある）

393. **around は静的に「～を取り巻いて」という意味を表す**。一方，**round は動的に「～のまわりを，～をまわって」**，**about は「～のあたりを，～の周辺を」**という意味があるが，around, round は米語ではあまり区別せず使われている。

The moon goes〔moves〕**round〔around〕** the earth.

（月は地球のまわりを回る）

I dropped it somewhere **about** here.
（私はそれをどこかこのあたりに落とした）

key Sentence

394. I met her on my way **to** school.
（学校へ行く途中で彼女に会った）

395. John ran **across** the street.
（ジョンは通りを走って横切った）

394. **to** は**「到着点」**を表す。**toward(s)** は**「～の方へ」**と**運動の方向**を示す。**for** は leave, start, depart などの出発を意味する動詞の後に用いて**「方向，行き先」**を表す。

We sailed **toward** Africa.（私たちはアフリカへ向けて航海した）
The plane left **for** Sapporo.（飛行機は札幌に向けて飛びたった）

395. **across** は**「～を横切って，～を越えて，～の向こう側に」**という意味である。
　また，**through** は**「～を通って，～を貫いて」**，**along** は**「～に沿って」**という意味を表す。

The train went **through** the tunnel.（列車はトンネルを通過した）
I walked **along** the street.（私は通りを歩いて行った）

Practice

101 次の各文の（ ）内にあてはまる最も適切な前置詞を下の語群から選べ。

(1) We will stay (　　) a hotel (　　) London.
(2) Our boat went (　　) a bridge.
(3) There is a fly (　　) the ceiling.
(4) The river flows (　　) the city.
(5) He went (　　) the room.

〈語群〉
at　through　on　in　into　under

onは「～の上」だけではなく「接触」しているすべての場合を表す。
(1) 比較的広い場所を表すのは in，狭い場所を表すのは at。
語彙 (4) flow「流れる」

▶その他の意味をもつ前置詞

key Sentence

重**396**. She is suffering **from** a bad cold.
（彼女はひどい風邪で苦しんでいる）

重**397**. My grandfather died **of** cancer.
（私の祖父はガンで死んだ）

396. この場合の **from** は原因を表している。**suffer from** で**「〜で苦しむ，〜で悩む」**と覚えておこう。

397. **die of** は**「(病気，飢え，老齢が原因で)死ぬ」**という意味である。これに対し，**die from** は**「(疲労，不注意，負傷が原因で)死ぬ」**場合に使う。of は直接的原因，from は間接的原因を表している。

He died **from** a wound.（彼はけががもとで死んだ）

key Sentence

398. Many Japanese go abroad **for** study.
（多くの日本人が勉強のために外国へ行く）

重**399**. I go to school **by** bicycle.
（私は自転車で学校に通っている）

400. Gasoline is sold **by** the liter.
（ガソリンはリットル単位で売られている）

401. Let's talk **over** a cup of coffee.
（コーヒーを飲みながら話しましょう）

398. **for** は**「〜のために」**と**目的**を表す前置詞である。**on** にも同様の用法がある。

399. **by は交通，通信などの手段**を表す。また，**with は道具を示して「〜を用いて」**の意味を表す。

Japanese people usually have a meal **with** chopsticks.
（日本人はふつうは箸で食事をする）

400. また，by には単位，分量・程度，判断の基準などを表す用法もある。

I am older than she **by** five years.　……**分量・程度**
（私は彼女より 5 歳年上だ）

401. **over** は「〜しながら」の意味で，何か食べたり飲んだりしながら会話するときによく使われる。

key Sentence

重**402**. This chair is made **of** wood.
(この椅子は木でできている)

403. We know nothing **about** him.
(私たちは彼について何も知らない)

402. **「〜を材料にして」**という意味を表す前置詞として，**of**，**from** がある。**of** は**出来上がった製品が材料の原形をとどめている場合**，**from は材料の原形がなくなっている場合**，**into は原料を主語にして製品ができる場合**に用いる。

This box is made **of** paper. ……原材料が見える
(この箱は紙でできている)
Cheese is made **from** milk. ……原材料が見えない
(チーズは牛乳からつくられる)
Milk is made **into** cheese. ……原料が主語の場合
(牛乳はチーズに加工される)

403. **「〜について」**という関連を表す前置詞には，**of**，**about**，**on** がある。**about** **は of より詳細について述べるときに**，**on は演説，講演，論文，著作などの題目について述べるときに**用いられる。

It is true **of** France. (そのことはフランスについてもあてはまる)

Open Sesame

手段・方法の by を覚えよう！この場合は無冠詞となる。

輸送・伝達手段を表して，
by car「車で」，**by** train「列車で」，**by** land「陸路で」，
by mail「郵送で」，**by** hand「手で」など

Practice

102 次の各文の（　）内から適切な前置詞を選べ。

(1) I went to the station (on, by, with) taxi.
(2) We talked (with, by, over) beer.
(3) The game was called off (in, on, for) account of the rain.
(4) He was killed (to, by, in) the accident.
★(5) My father was angry (on, for, with) me.
(6) Cheese is made (into, of, from) milk.

前置詞

(7) Grapes are made (into, of, from) wine.

★(8) He is proud (of, in, for) his son.

(1) タクシーで　(2) ビールを飲みながら

(3) 〜のために　(4) 事故で　(5) 〜に怒って

(6) milk が原料　(7) grapes が原料　(8) 〜を誇りに思う

▶注意したい前置詞の用法

key Sentence

404. I am **for／against** the plan.
(私はその計画に賛成〔反対〕です)

405. We must get up early every day **except** Sunday.
(私たちは日曜日以外は毎日早く起きなければならない)

406. He went to America **on** business.
(彼は商用でアメリカへ行った)

407. I found this dictionary **of** great use.
(私はこの辞書はとても役に立つと分かった)

404. 賛成・一致を表すには **for**，反対・不一致を表すには **against** を用いる。

Are you **for** or **against** the war ?
(あなたは戦争に賛成ですか，反対ですか)
また，「人」に賛成(反対) する場合は，with(against) を用いる。
I am **with／against** you. (あなたに賛成〔反対〕だ)

405. **except**，**but** は「〜以外に」「〜を除いて」の意味を表す。

He ate nothing **but** some bread.
(彼はパン以外何も食べなかった)

but は他の前置詞と違い，目的語に原形不定詞，to 不定詞などがくることもある。いずれも慣用的用法である。

We had no choice **but** *to escape*.
(我々は逃げるよりほかに方法がなかった)
She did nothing **but** *laugh*.
(彼女は笑ってばかりいた)

406. **on** は「〜のために」と用事や従事を表す。

I am **on** duty today. (今日は勤務があります)
反対語は **off** duty (非番で) となる。

407. **of＋抽象名詞**は形容詞の働きをする。

of use＝useful, of great use＝very useful, of no use＝useless などがある。

また，with＋抽象名詞は副詞の働きをする。

with ease＝easily, with care＝carefully, with courage＝courageously などがある。

▶群前置詞

key Sentence

408. Thoughts are expressed **by means of** words.
（思想は言葉によって表現される）

409. **In spite of** hard work, he failed.
（一生懸命働いたにもかかわらず，彼は失敗した）

重**410**. They were late **because of** a traffic accident.
（交通事故のために彼らは遅刻した）

408. **by means of** は**「〜によって」**と訳し，手段を表す。

＝Thoughts are expressed by using words.

409. **in spite of**, **with all**, **for all** は**「〜にもかかわらず」**という意味。though を用いて副詞節に書き換えることができる。

＝Though he worked hard, he failed.

410. **because of〜**は**「〜のために」**と訳し，**原因**を表す。他に原因・理由を表すものとしては，**on account of**, **due to**, **owing to**, **by virtue of** などがある。

＝They were late **on account of** a traffic accident.

また，原因・理由を表すものとして **thanks to〜**もあるが，これは**「〜のおかげで」**と訳す（☞ **§14「特殊構文」key Sentence 367**）。

Thanks to his help, I succeeded.
（彼の助けのおかげで，私は成功した）

その他，次のような群前置詞がある。

according to the weather forecast…「天気予報**によれば**…」
as for the man…「あの人**に関して**…」
at the expense of his health…「健康**を犠牲にして**…」
by way of Seattle…「シアトル**経由で**…」
except for a few mistakes…「少々の間違い**を除けば**…」
for fear of disturbing you…「君の邪魔**にならないように**…」
for the purpose of studying English…「英語を勉強**する目的で**…」

for the sake of peace…「平和**のために…**」
in case of happening…「何か起こった**場合に備えて…**」
in place of the old…「老人**に代わって…**」
in terms of chemical law…「化学の法則**の点から…**」
instead of you…「君**の代わりに…**」

Practice

103　次の各文の（　）内にあてはまる最も適切な語句を下の**ア～オ**から選び，記号で答えよ。

(1)　The game was put off (　　) the rain.
(2)　He went to America (　　) studying English.
(3)　She went to New York (　　) Washington.
(4)　We use margarine (　　) butter.
(5)（　　）your help, I was able to pass the examination.

ア.　because of　　**イ.**　thanks to　　**ウ.**　by way of
エ.　for the purpose of　　**オ.**　in place of

群前置詞は熟語として覚えてしまうのがコツ！
(1)　～のために　(2)　～する目的で　(3)　～経由で
(4)　～の代わりに　(5)　～のおかげで
語彙　(1)　put off「延期する」

▶前置詞を含む重要表現

key Sentence

411. He can't know black **from** white.
（彼には善悪の区別がついていない）

412. She didn't blame me **for** what I had done.
（彼女は私のしたことで私をとがめはしなかった）

411. **know A from B** は**「A と B を区別する」**と訳す。tell, distinguish も同じ構文が使える。

You can't tell her **from** her sister.
（あなたは彼女と姉との区別がつかないだろう）
また，**know ～ by** …で**「…によって～を判断する」**と訳す。
A tree is known **by** its fruit.
（果実を見れば木の善し悪しが分かる→子を見れば親が分かる）

412. **blame A for B** は **「B のことで A を非難する」** と訳し，B は原因・理由を表す。その他，praise「ほめる」，punish「罰する」，forgive「許す」，thank「感謝する」，scold「叱る」なども for を用いる。

また，**accuse A of B「B のことで A を非難する，告発(告訴) する」**という表現もあり，この場合は for でなく of を用いる。

They **accused** him **of** murder.
(彼らは殺人罪で彼を告発した)

その他，次のような前置詞を含む重要表現がある。

- **rob〔deprive, rid〕A of B「A から B を奪う，取り除く」**

  The accident robbed her **of** health.
  (その事故で彼女は健康を奪われた)

- **help A with B「A の B を手伝う」**

  She helped me **with** my home work.
  (彼女は私の宿題を手伝ってくれた)

- **look on〔think of, regard〕A as B「A を B とみなす」**

  We look on him **as** a great leader.
  (私たちは彼を偉大な指導者だと思っている)

- **provide〔present, supply, invest〕A with B「A に B を与える」**

  Cows provide us **with** milk.
  ＝Cows provide milk **for** us.
  (牛は私たちに牛乳を与えてくれる)

- **ask〔demand, require〕A of B「B に A を頼む，要求する」**

  May I ask a favor **of** you ?
  (お願いがあるのですが)

- **inform A of B「A に B を知らせる」**

  She informed us **of** the news.
  (彼女は私たちにニュースを知らせてくれた)

  remind「思い出させる」，warn「警告する」，convince「確信させる」も of を伴う。

▶前置詞を含む熟語

前置詞は動詞，形容詞，名詞，副詞と結びついて，さまざまな熟語をつくる。また，自動詞に前置詞がついて他動詞の働きをするものも多い。空欄補充問題や英作文にも役立つので，できるだけ多くの熟語を正確に覚えておきたい。

1. 動詞＋前置詞

account **for**「～を説明する」
believe **in**「～の存在を信じる」
belong **to**「～に属する」
change **into**「～に変わる」
cope **with**「～に対処する」
count **on**「～を当てにする」
cry **for**「～を求めて叫ぶ」
depend **on**「～に頼る」
「～次第である」
insist **on**「～を主張する」
lack **of**「～が欠けている」
laugh **at**「～を笑う」
long **for**「～を待ち望む」
look **for**「～をさがす」
put up **with**「～を我慢する」
rely **on**「～に頼る」
speak **to**「～に話しかける」
stand **for**「～を表す」
take part **in**「～に参加する」
vote **for**「～に投票する」

2. 形容詞＋前置詞

be absent **from**「～を欠席する」
be accustomed〔used〕 **to**「～に慣れている」
be afraid **of**「～を恐れる」
be aware **of**「～に気がつく」
be bound **for**「～行きである」
be dependent **on**「～に依存している」
be different **from**「～と違っている」
be famous **for**「～で有名な」
be fond **of**「～が好きだ」
be ignorant **of**「～を知らない」
be independent **of**「～から独立している」
be indifferent **to**「～に無関心な」
be inferior **to**「～より劣っている」
be present **at**「～に出席している」
be proud **of**「～を誇りに思う」
be responsible **for**「～に責任がある」
be rich **in**「～が豊富にある」
be similar **to**「～に似ている」
be sorry **for**「～を気の毒に思う」
be superior **to**「～より優れている」

3. 前置詞＋名詞他

after all「結局」
as a rule「概して」
as a whole「全体として」
at any rate「とにかく」
at home「在宅して，くつろいで，精通して」
for good「永遠に」
in advance「前もって」
in a hurry「急いで」
in a sense「ある意味では」
in fact「実際」
in general「一般に」

at last「ついに，とうとう」
at present「現在は」
at times「時々」
at work「仕事中で」
before long「まもなく」
by chance「偶然に」
by mistake「間違って」
by nature「生まれつき」
by the way「ところで」
for example〔instance〕「例えば」
in no time「すぐに」
in other words「言いかえれば」
in particular「特に」
in the end「結局は，ついには」
in turn「順々に」
in vain「むだに，むなしく」
on purpose「わざと，故意に」
on the contrary「それどころか」「それに反して」
on the other hand「一方では」
on the way「途中で」

Advance

●紛らわしい熟語●

answer **to**「～に合致する」
answer **for**「～の責任をとる」

apply **for**「～に申し込む」
apply **to**「～に当てはまる」

as a matter of course「当然のこととして」
as a matter of fact「実を言うと，実際は」

at first「初めは」
for the first time「初めて」

attend **to**「～に注意を払う」
attend **on**「～につきそう」

be anxious **for**「～を切望している」
be anxious **about**「～を心配している」

be concerned **about**「～を心配している」
be concerned **with**「～に関係している」

be familiar **with**「～をよく知っている，精通している」
be familiar **to**「～によく知られている」

consist **of**「～から成る」
consist **in**「～にある」

correspond **with**「～と文通する」
correspond **to**「～に相当する」「～に一致する」

far **from**「～どころではない」
free **from**「～がない」

for one's part「～としては」
on one's part「～の側では」

hear **of**「～のうわさを聞く」
hear **from**「～から便りをもらう」

in short「要するに」
for short「略して」

in time「間に合って」
on time「時間通りに」

look **after**「～の世話をする」
take **after**「～に似ている」

look down **on**「～を見下す」「～を軽蔑する」
look up **to**「～を尊敬する」

of one's own「自分自身の」
on one's own「一人で」

be tired **of**「～に飽きる」
be tired **from〔with〕**「～に疲れる」

be true **of**「～に当てはまる」
be true **to**「～に忠実だ」

by all means「ぜひとも」
by no means「決して～ない」

call **off**「～を中止する」
put **off**「～を延期する」

catch up **with**「～に追いつく」
keep up **with**「～に遅れずについていく」

part **from**「～と別れる」
part **with**「～を手放す」

pass **for**「～で通る」
pass **on**「～に伝える」

pick **up**「～を拾う」
pick **out**「～を選ぶ」

result **from**「～が原因である」
result **in**「～の結果になる」

succeed **in**「～に成功する」
succeed **to**「～を継ぐ」

wait **for**「～を待つ」
wait **on**「～に仕える」

問題演習

A

1 次の各文の（ ）内から適切な語を選べ。

(1) The blossoms will be out (of, in, to, with) a few days.

(2) Fish is sold (by, in, for, to) the pound.

(3) Meet me (on, in, at, for) noon (at, on, in, for) Monday.

(4) They have lived here (since, for, during) five years.

(5) You may stay here (in, till, by, at) six o'clock.

(6) You must leave here (in, till, by) seven o'clock.

★(7) The new schoolhouse is now (under, for, to) construction.

(8) We talked cheerfully (by, in, over, with) a cup of coffee.

2 次の各文の（ ）内にあてはまる最も適切な語を下の**ア～コ**から選び，記号で答えよ。

(1) She worked for her father (　　) the holidays.

(2) The child was afraid to go (　　) the street by herself.

(3) My home is five kilometers (　　) the school.

(4) In baseball the catcher is (　　) the batter.

(5) Please take my shirt (　　) the cleaners.

(6) In Western countries it is bad luck to walk (　　) a ladder.

ア. to　**イ.** in　**ウ.** during　**エ.** after　**オ.** behind
カ. from　**キ.** on　**ク.** under　**ケ.** across　**コ.** at

B

1 次の各文の（ ）内にあてはまる最も適切な語を下の**ア～カ**から選び，記号で答えよ。

(1) He bought the land (　　) building a hotel on it.
(2) She shouted (　　) her voice to those leaving the town.
(3) I use a word processor (　　) a typewriter to write letters.
(4) She would have disgraced herself (　　) her carelessness.
(5) Society exists (　　) the individual.
(6) (　　) the weather forecast, it's supposed to rain this weekend.

ア. for the sake of　**イ.** instead of　**ウ.** according to
エ. for the purpose of　**オ.** owing to　**カ.** at the top of

2 次の各文の（ ）内にあてはまる最も適切な語を下の**ア～コ**から選び，記号で答えよ。

(1) It was stupid (　　) her to make such a mistake.
(2) The sun sets (　　) the west.
(3) I had to study hard in order to catch up (　　) my classmates.
(4) You will not succeed (　　) working hard.
(5) But (　　) language, we could not communicate with one another.
(6) The Thames runs (　　) London.
(7) Don't put off (　　) tomorrow what you can do today.
(8) The boy was named William (　　) his grandfather.
(9) The building looked black (　　) the evening sky.

ア. on　**イ.** with　**ウ.** against　**エ.** through　**オ.** in
カ. till　**キ.** after　**ク.** of　**ケ.** for　**コ.** without

3 次の各文の（ ）内にあてはまる最も適切な前置詞を下の**ア〜ク**から選び，記号で答えよ。ただし，同じ前置詞を２度用いてもよい。

(1) This river is dangerous to swim (　　).
(2) What club do you belong (　　)?
(3) I'll be back (　　) an hour.
(4) Milk is made (　　) butter and cheese.
(5) Let's talk (　　) a cup of coffee, shall we?

ア. after　**イ.** by　**ウ.** in　**エ.** into
オ. of　**カ.** on　**キ.** over　**ク.** to

★**4** 次の各文の（ ）内にあてはまる最も適切な語を下の**ア〜コ**から選び，記号で答えよ。

(1) To begin (　　), let me introduce myself to you.
(2) He took (　　) his bed and there lay almost without speaking.
(3) The voting was ten (　　) the proposal and eleven for it.
(4) The boy takes (　　) his mother rather than his father.
(5) I am sure he will fall (　　) with my opinion.
(6) We walked carefully because the road was (　　) repair.
(7) I informed the post office (　　) the change of my address.
(8) We are daily storing (　　) a variety of knowledge.
(9) Please take (　　) your shoes in this building.
(10) We must have something in reserve to fall back (　　).

ア. after　**イ.** against　**ウ.** in　**エ.** of　**オ.** off
カ. on　**キ.** to　**ク.** under　**ケ.** up　**コ.** with

§16　形　容　詞

▶形容詞の用法

形容詞には，限定用法・叙述用法・名詞的用法の 3 つの用法がある。

1　**形容詞の限定用法**

key Sentence

413. He is a **diligent** boy.
(彼は勤勉な少年です)

重**414**. There is nothing **new** in her idea.
(彼女の考えに新しいものは何もない)

a kind man「親切な男」のように「親切な～」と名詞を直接修飾する使い方である。このように名詞の意味の範囲を限定するので**限定用法**という。

413. ふつうは形容詞を名詞の前に置く。

a **large** house「大きな家」，a **beautiful** flower「きれいな花」，**interesting** books「おもしろい本」など。

414. something など，-thing で終わる語の場合，形容詞を後ろに置く。

We saw something **white** in the dark.

(暗やみの中に何か白いものが見えた)

2　**形容詞の叙述用法**

key Sentence

415. This doll is very **pretty**.
(この人形はとてもかわいらしい)

重**416**. She looks **happy** today.
(彼女は今日はうれしそうに見える)

重**417**. She keeps the room **clean**.
(彼女は部屋をきれいにしておく)

形容詞が補語 (☞ **§1「文型」**) として使われ，主語や目的語の性質や状態を説明する。

415. pretty が主語 (This doll) の補語 (主格補語) となり，主語の状態を補足的に説明している。

416. happy が主語(She)の状態を説明する主格補語である。補語になるのは名詞と形容詞だけなので,「うれしそうに」という日本語につられて happily(副詞)にしないように注意。

That story sounds **interesting**.
(その話はおもしろそうに聞こえる)

417. clean が目的語(the room)の補語(目的格補語)となり,目的語について説明している。

③　形容詞の名詞的用法

key Sentence

重418. **The rich** are not always happy.
(金持ちが必ずしも幸せとは限らない)

形容詞は,冠詞を伴って〈the＋形容詞〉の形で名詞の働きをする場合がある。たとえば,the young＝young people「若者」,the old＝old people「老人」など。

現在分詞や過去分詞も形容詞的な用法があるので,同じように the がつくことがある。たとえば,the wounded＝wounded people「負傷者」,the dying＝dying people「瀕死の者」など。

〈the＋形容詞〉が抽象名詞を表すことがある。たとえば,the beautiful＝beauty「美」,the good＝goodness「善」,the true＝truth「真実」など。

418. the rich＝rich people「金持ち」を表している。

Open Sesame

「the＋形容詞」は「〜な(の)人々」という意味を表す！

The rich should not despise **the poor**.
(金持ちは貧しい人を軽蔑すべきではない)

この用法は,対句になると冠詞がなくなる。

young and old（老いも若きも）

Advance

○ I found a wallet **full** of money on the floor.
(お金がいっぱい入った財布が床に落ちていた)

形容詞に修飾語句がついている場合,名詞の後ろに置くこともある。

a river **famous** all over the world（世界中で有名な川）

Practice

104　次の各文で（　）の語をどの語の直前に入れるべきか答えよ。

(1)　Please give me something to drink.（cold）

★(2)　I think it for him to understand it.（hard）

(2)　前の it は形式目的語，真の目的語は to understand it である。

Practice

★**105**　次の英文を和訳せよ。

(1)　The young should look up to the old.

(2)　An artist pursues the beautiful; a scientist pursues the true.

(1)　the young＝young people, the old＝old people

(2)　the beautiful＝beauty, the true＝truth

語彙　(2)　pursue「追求する」

▶限定用法と叙述用法

key Sentence

419. She is a **mere** child.
（彼女はほんの子どもだ）

重**420.** She **is ashamed of** her failure.
（彼女は自分の失敗を恥じている）

重**421.** Our **present** mayor is Mr. Smith.
（私たちの現在の市長はスミス氏だ）

重**422.** The mayor was **present** at the party.
（市長はそのパーティーに出席していた）

たいていの形容詞は限定用法と叙述用法の両方の用法が可能だが，そうでない形容詞もある。

419. **mere**「ほんの，単なる」は**限定用法だけに用いる形容詞**である。その他に only

「ただひとつの」, elder「年上の」, very「まさにその」, latter「後半の」, outer「外の」, inner「内の」, wooden「木製の」, golden「金の」, inside「内側の」, main「主要な」なども限定用法のみで用いる。

420. **ashamed**「～を恥じて」は**叙述用法だけに用いる形容詞**であり，名詞の前に置かれて名詞を修飾することはできない。その他に afraid「恐れて」, aware「気づいて」, asleep「眠って」, awake「目覚めて」, alive「生きて」, alone「孤独で」, liable「しがちな」なども叙述用法でしか使わない（叙述用法にのみ用いる形容詞は，a- で始まるものが多い）。

421. **422**. **present** は，**限定用法では「現在の」，叙述用法では「出席して」**という意味になる。このように，叙述用法と限定用法で意味が違う形容詞としては他に次のものがある。

It is **certain** that she will come.　……〈叙述用法〉
（彼女が来ることは**確実だ**）
I met a **certain** foreigner.　……〈限定用法〉
（私は**ある**外国人に会った）

He was **late** for school today.　……〈叙述用法〉
（彼はきょう学校に**遅れた**）
the **late** President　……〈限定用法〉
（**亡くなった**大統領）

He is very **ill** with a fever.　……〈叙述用法〉
（彼は熱病でたいへん**具合が悪い**）
Ill news runs apace.　……〈限定用法〉
（**悪い**ニュースは早く伝わる……悪事千里を走る）

Practice

106　次の各文の下線部の形容詞が限定用法，叙述用法のいずれかを答え，全文を和訳せよ。

(1) His aim was certain.
★(2) This is the very person I have been looking for.
(3) Was he aware of the danger ?
(4) Is the whole class present ?
(5) She is afraid of dogs.
★(6) Ill weeds grow apace.

(1) 叙述用法なら「確実だ」，限定用法なら「ある」
(4) 叙述用法なら「出席している」，限定用法なら「現在の」
語彙　(1) aim「ねらい」 (2) look for ～「～を探す」 (3) danger「危険」 (6) weed「雑草」, apace「すみやかに」

many, a few, few の用法

key Sentence

423. **Many** houses were washed away by the flood.
（多くの家が洪水で流された）

424. She has **a few** eggs.
（彼女は 2，3 個の卵を持っている）

425. **Few** people could understand his story.
（彼の話を理解できた人はほとんどいなかった）

many は**数えられる名詞の前**に置き**「多数の～」**という意味を表す。

few と **a few** はどちらも**数えられる名詞の前**に置き，「数」が少ないことを表す点は同じだが，**a few** は**「少しはある」**と「ある」を強調するのに対して，**few** は**「ほとんどない，少ししかない」**と「ない」を強調している。また few や a few の後には複数の普通名詞がくる。

なお，**a lot of，lots of，plenty of** は many の意味だけではなく，much の意味でも用いられる。

423. house が数えられる名詞なので many を使う。

424. **a few** は**「少しはある」**と肯定的な意味になる。
few の慣用表現としては次のようなものがある。

- **quite a few**「かなり多くの」＝pretty many
  This book has **quite a few** readers.
  （この本はかなり多くの読者をもっている）
- **not a few「少なからぬ」**＝many
  Not a few people attended the party.
  （少なからぬ人がそのパーティーに出席した）
- **only a few「ほんの少しの」**
  We have **only a few** chances of success.
  （私たちにはほんの少ししか成功の見込みがない）

425. **few** は**「ほとんどない」**と否定的な意味になる。

▶ much，a little，little の用法

key Sentence

重**426**. There is **much** water in the pond.
（池には水がたくさんある）

重**427**. May I have **a little** water, please ?
（水を少しいただけますか）

重**428**. There is **little** milk left in the bottle.
（瓶にはほとんど牛乳が残っていない）

many が「数」を表すのに対して，**much** は**「量」**や**「程度」**が多いことを表し，**数えられない名詞の前**に置く。

few や a few が数が少ないことを表すのに対して，**little** は**数えられない名詞の前**に置き，**「量」**や**「程度」**が少ないことを表す。a little は**「少しはある」**，little は**「少ししかない，ほとんどない」**という意味がある。

426. water は数えられない名詞なので much を使う。
また，much と同じ「多量の」という意味を表す語句には，次のようなものがある。
a great deal of money「多額の金」，**a good deal of** butter「多量のバター」，**a large quantity of** water「多量の水」など。

427. **a little** は**「少しはある」**と肯定的な意味になる。また，慣用表現として **not a little「少なからぬ」**，**only a little「ほんの少しの」**，**quite a little「かなり多くの」**がある。

428. **little** は**「ほとんどない」**と否定的な意味になる。

Advance

● **many を含む慣用表現** ●

○ **Many a** ball is in the box.
（たくさんのボールが箱の中にある）
many a＋単数名詞で**「多くの～」**となり，動詞も単数扱い（この場合 is）となる。ただし，これは文語表現である。

○ There are **a great many** temples in Nara.
（奈良には非常に多くのお寺がある）
many を強め「非常に多くの～」とするときには **a good many** や **a great many** という表現となる。なお，many と同じ「多数の」という意味を表す語句には，

a number of students「多数の学生」，**a great number of** rooms「たくさんの部屋」，**a large number of** people「大ぜいの人々」などがあり，これらは many と同じ扱いであるから，常に複数名詞を伴う。

※ a number of～「多くの～」とよく似た表現で **the number of ～**「～の数」といういい方もある。これは単数扱いとなる。

The number of books has increased.（本が増えた）

○ Those three days seemed to me **as many** years.

（その 3 日間は私には 3 年にも思われた）

as many は**「同数の」**という意味である。この場合の many には「多数の」という意味はない。

○ The children climbed **like so many** monkeys.

（その子どもたちはまるでサルのように登った）

like so〔as〕many は**「同数の～のように」**という意味である。この場合の many にも「多数の」という意味はない。

● much を含む慣用語句 ●

○ He looked at me **as much as to say**, "I told you so."

（彼は「君にそう言ったではないか」と言わんばかりに私を見た）

as much as to say で「～と言わんばかりに」と訳す。

○ Salt is sold at **so much** a bag.

（塩は一袋いくらで売られる）

so much で「それだけ，同じ量の」と訳す。

○ He could **not so much as** write his own name.

（彼は自分の名前すら書けなかった）

not so much as ～で「～すらしない」と訳す。

○ I thought **as much**.

（私はそんなことだと思った）

as much で「ちょうどそれだけ，そのぐらい」と訳す。

○ **So much for** today.

（今日はおしまい）

so much for で「～のことはそれだけ，同じ量の」と訳す。

Practice

107　次の各文の（　）内にあてはまる最も適切な語句を下の語群から選べ。

⑴　トムはたくさんの本をもっている。

Tom has (　　) books.

⑵　彼は 2，3 日したら帰ってきます。

He will be back in (　　) days.

(3) 彼はほとんど間違いをしなかった。
He made (　　) mistakes.
(4) お金を少しください。
Please give me (　　) money.
(5) 彼女の回復の見込みはほとんどない。
There is (　　) hope of her recovery.

〈語群〉
many　much　little　a little　few　a few　enough

名詞に -s がついている場合は，数えられる名詞なので much や little は使えない。

Practice

108 次の各文の (　) 内にあてはまる最も適切な語を下の**ア～カ**から選び，記号で答えよ。

(1) There is not (　　) rice on the plate.（あまりない，という意味に）
(2) We must make haste, for we have (　　) time left.
(3) Mary's father doesn't have (　　) dictionaries.
(4) He knows quite (　　) about English literature.
(5) As she was careful, she made (　　) mistakes.

ア. many　**イ.** much　**ウ.** few　**エ.** a few　**オ.** little　**カ.** a little

肯定的なら a few，a little，否定的なら few，little となる。
語彙　(2) make haste「急ぐ」，for「というのは」
　　　(4) literature「文学」

Practice

109 次の日本文を英訳せよ。

(1) 今年の冬は雪がほとんど降らなかった。
★(2) 今日はかなり多くの学生が欠席している。

(1)　雪は物質名詞で数えられない。

(2)　quite a few＝pretty many「かなり多くの」

▶ some と any の用法

key Sentence

429. I have **some** money.
（私はいくらかお金を持っています）

430. Do you have **any** money ?――No, I don't have **any** money.
（いくらかお金を持っていますか――いいえ持っていません）

重**431**. Will you have **some** more tea ?
（もっとお茶をいかがですか）

432. Will you lend me **some** book ?
（何か本を貸してくれませんか）

433. You can eat **any** cake on the table.
（テーブルの上のどのケーキでも食べていいよ）

434. He is **some** better today.
（彼は今日少し具合がよい）

原則として**some は肯定の平叙文**に，**any は否定の文，疑問文，if の節の中**に用いられる。ただし，疑問文であっても肯定の答えを期待するとき，物を勧めるとき，依頼するときなどには some を用いる。

429. 肯定文では **some** を用いる。

430. 疑問文・否定文では **any** を用いる。

431. **物を勧める文**では，肯定の答えを期待しているので **some** を使う。

432. **依頼する文**では，**some** を使う。これも肯定の答えを期待している。また，**some＋単数名詞**は「いくつかの」ではなく，**「何かの」「ある」**という意味になる。

433. **any** が肯定文で用いられる場合，**「どの～でも」**の意味になる。この意味では，any の次の名詞は単数形になる。慣用句として，**at any cost「どうあっても」**，**in any case「いずれにせよ」**などがある。

434. some や any は副詞として**「約＝about」「いくらか」**の意味になる。
I waited **some** twenty minutes.（私は 20 分ほど待った）

Practice

110　次の各文の（　）内から適切な語を選べ。

(1)　Will you have (some, any) coffee ?

(2)　I don't have (some, any) ink.

(3)　If you want (some, any) money, I'll lend you (some, any).

(4)　(Some, Any) book will do as long as it is interesting.

(5)　We must find him at (some, any) cost.

肯定文なら some，疑問文なら any が基本である。

(1)　物を勧める文である。

(3)　if 節では肯定文でも any を用いる。

(4)　ここでの do は「役に立つ，間に合う」

▶ enough，several の用法

key Sentence

435. They had **enough** time for the purpose.
（彼らにはその目的のための時間が十分あった）

436. I stayed there for **several** weeks.
（私はそこに数週間滞在した）

enough は数・量ともに「十分な，十分に」であることを表し，名詞の前に置いても後に置いてもよい。形容詞の他に名詞・副詞としても用いられる。

several は数だけについて用いられ，2つより多いがあまり多くない数についていう。形容詞と代名詞の用法がある。

435. 形容詞として「十分な」という意味で名詞を修飾する。

＝They had time **enough** for the purpose.

また，名詞として「十分」という意味をもって使われることもある。

I've had quite **enough**.（もう十分いただきました）

単数形普通名詞とともに用いられるときは，必ず名詞の後に置かれ，名詞も無冠詞となる。

You are fool **enough** to do such a thing.
（そんなことをするなんて愚かだよ）

副詞として形容詞を修飾する場合，enough は常に形容詞の後ろに置く。

He was kind **enough** to show me the way.
（彼は親切にも私に道を教えてくれた）

436. several を「いくつかの」という意味で形容詞として使う。また，「(〜の）いくつか」という意味で代名詞として使う用法もある。

Several of them were injured.
（彼らのうちの数人は負傷した）

Practice

111 次の各文の（　）内の語を並べかえて英文を完成させよ。ただし，文頭にくる語も小文字にしてある。

(1) (him, believe, was, enough, I, to, fool).
(2) (open, were, windows, several, the, of).

(1) enough の位置に注意しよう。

▶ another の用法

key Sentence

重**437.** Will you have **another** cup of coffee ?
（もう一杯コーヒーをいかがですか）

another は不特定のもう 1 つのもの（人）を指す。次にくる名詞は常に単数形で，another の前に an，the などの冠詞をつけることはできない。ただし，数詞＋複数名詞を 1 つのまとまりと考えて，「さらに加えるに」の意でその前に置くことはできる。

Another five years have passed.
（さらに 5 年が過ぎた）

437. ここでの another は「おかわりの another」と呼ばれ，会話表現である。

▶数詞

1　基数詞のつづりと用法

事物の個数を表す数詞を**基数詞**という。

①1から12までの数

1	one	2	two	3	three	4	four
5	five	6	six	7	seven	8	eight
9	nine	10	ten	11	eleven	12	twelve

②13から19までの数

13	thirteen	14	fourteen	15	fifteen	16	sixteen
17	seventeen	18	eighteen	19	nineteen		

③20から90までの数

20	twenty	30	thirty	40	forty	50	fifty
60	sixty	70	seventy	80	eighty	90	ninety

上記以外の数は，上記の数に1～9の基数詞をハイフンで結ぶ。

21　twenty-one　35　thirty-five　68　sixty-eight

④100以上の数　hundred（100），thousand（1000）の単位を用いる。

100　one hundred　1000　one thousand

221　two hundred (and) twenty-one

990　nine hundred (and) ninety

7238　seven thousand two hundred (and) thirty-eight

9002　nine thousand and two

⑤英語には「万」という単位に相当する語がないので，「万」はthousandを用いて表す。たとえば，「1万」は「千の10倍」と考えて，ten thousandといい，「10万」は「千の100倍」と考えて，one hundred thousandという。

12380　twelve thousand three hundred (and) eighty

「100万」にはmillionという単位を用いる。「100万」はone million，「1000万」はten million，「1億」はone hundred millionという。

hundred，thousand，millionが単位として使われるとき，常に単数形であることに注意。

⑥twenty，thirty ～ ninetyの10の位の**基数詞の複数形**は，**「年齢が～代」「世紀が～代」**の意味を表す。

The big fire broke out in the **twenties**.
（その大火事は20年代に起こった）

She got married in her **teens**.（彼女は10代で結婚した）

[2] 序数詞のつづりと用法

順序を表す語を**序数詞**という。

最初の	first＝1st	2 番目の	second＝2nd
3 番目の	third＝3rd	4 番目の	fourth＝4th
5 番目の	fifth＝5th	6 番目の	sixth＝6th
7 番目の	seventh＝7th	8 番目の	eighth＝8th
9 番目の	ninth＝9th	10 番目の	tenth＝10th
11 番目の	eleventh＝11th	12 番目の	twelfth＝12th
13 番目の	thirteenth＝13th	20 番目の	twentieth＝20th
21 番目の	twenty-first＝21st	22 番目の	twenty-second＝22nd
23 番目の	twenty-third＝23rd	24 番目の	twenty-fourth＝24th
30 番目の	thirtieth＝30th	31 番目の	thirty-first＝31st
99 番目の	ninety-ninth＝99th	100 番目の	hundredth＝100th
101 番目の	hundred and first＝101st		
132 番目の	hundred and thirty-second＝132nd		

※ five，twelve は語尾の ve を f に変えて th をつける。

twenty，sixty などは語尾の y を ie に変えて th をつける。nine の序数は e をとって ninth になる。

序数詞は形容詞の他に名詞として用いられる。また，序数詞はある決まった 1 つのものを表すので，定冠詞をつけるのがふつうである。

Tom was **the first** to arrive.（トムが第 1 番目に到着した）

Tuesday is **the third** day of the week.（火曜日は週の 3 番目の日である）

また，序数詞の慣用語句には次のようなものがある。

I disobeyed my parents **for the first time**.

（私は初めて両親の言いつけに背いた）

He is **second to none** in English.（彼は英語では誰にも負けない）

●**分数の表し方**―分数は分子を基数詞で，分母を序数詞で表す。分子が複数のとき，分母に -s がつく。

$\frac{1}{2}$＝a half (one-half)，$\frac{1}{4}$＝a quarter (one-fourth)，$\frac{3}{4}$＝three-quarters,

$\frac{1}{3}$＝a third (one-third)，$\frac{2}{3}$＝two-thirds

3　倍数詞の用法

①「～の半分，～の4分の1」half，quarter を用いる。

He lived there **half** a year.（彼はそこに半年住んでいた）

(The) **half** of ten is five.（10の半分は5である）

It is (a) **quarter** past five.（5時15分過ぎだ）

②「～の2倍，2倍の～」double，twice を用いる。

There was a **double** knock at the door.

（続いて2回ドアをたたく音がした）

He earns **twice** my salary.（彼は私の給料の2倍稼ぐ）

③「AはBの～倍ある」というような**倍数**を表す構文は，**as ～ as の前に倍数（～times など）を記す**（☞ **§10「比較」**）。

This house is **twice as** large **as** that.

（この家はあの家の2倍の大きさである）

He is about **four times as** old **as** I am.（彼は私の約4倍の年齢である）

④度数（回数）の表し方

once（1度），twice（2度），three times（3度），many times（何度も）などを用いる。

I have visited the aquarium **many times**.

（その水族館には何度も行ったことがある）

4　いろいろな数の読み方

①小数

小数は point または decimal と読む。

1.235＝one point〔decimal〕two three five

33.007＝thirty-three point〔decimal〕zero zero seven

0.46＝nought〔naught／ou〕point four six

※0は nought，naught，zero，0[ou]などと読む。0が2つ並ぶときは double 0 とも読む。

②分数

分子を基数詞，分母を序数詞で読む。分詞が2以上の場合は分母を複数形にする。ただし，$\frac{1}{2}$は a〔one〕half，$\frac{1}{4}$は a〔one〕quarter と表す。

$1\frac{1}{2}$＝one and a half，$6\frac{5}{8}$＝six and five-eighths

分子・分母の数が大きいときには，分子・分母をともに基数詞で読み〈分子＋over＋分母〉の形にする。

$\frac{119}{138}$＝one hundred nineteen over one hundred thirty-eight

③**年号**—2 桁ずつ区切って読む。

1973＝nineteen seventy-three，1800＝eighteen hundred

④**電話番号**—数字を 1 つずつ読む。

309-0111＝three 0［ou/zero］ nine 0 one one one

⑤**時刻**—午前は a. m.，午後は p. m. で表す。

4：21 a. m.＝four twenty-one a.m.［eiem］

⑥**日付**

December 10＝December tenth または the tenth of December

⑦**その他**

Lesson IX—lesson nine. ＄5.40—five dollars forty cents

key Sentence

438. He will leave here at **8 p.m.** on **February 27**.
（彼は 2 月 27 日午後 8 時にここを発ちます）

重**439**. **Thousands of** people were killed in the war.
（何千人もの人が戦死した）

438. 英語では「時刻」（前置詞は at），「月日」（前置詞は on）の順に書く。

439. 基数詞を使った慣用表現である。thousands of「何千もの」，millions of「何百万もの」などもあるが，単位は厳密ではなく漠然と数が多いことを示す。通常の基数詞とは違って，**単位に -s がつくことに注意**する。

Practice

112　次の数字をすべて英語で書け。

（1） 28　（2） 365　（3） 833　★（4） 15438

★（5） 3.14　（6） $\frac{1}{3}$　（7） $\frac{3}{4}$　★（8） 1999（年号）

問題演習

A

1 次の各文を（ ）内に与えられた形容詞を用いて書き換えよ。

(1) He plays golf very well. (good)

(2) He rises early. (early を形容詞として用いて)

★(3) I have a book of great interest. (interesting)

2 次の下線部の数字の読み方を例にならって解答せよ。

(例) 526＝five hundred and twenty-six

(1) 273,843

(2) $\frac{1}{3}$

(3) World War II ended in 1945.

(4) This bag costs me ＄12.50.

B

1 次の各文の（ ）内から適切な語句を選べ。

(1) Doctors have (few, many, little) time to engage in sports.

(2) I don't have (many, much, more) money; I have only (many, much, a few, a little) coins.

(3) Last year we had (little, few, much) sunny days in June.

(4) Who left that window (openly, open)?

(5) She has (a great deal of, a great many) friends, but (few, a few) close ones.

(6) He wanted (several, some) tea, so I gave him (any, some).

2 次の各文の（ ）内にあてはまる最も適切な語句をそれぞれ下の語群から選び，記号で答えよ。

(1) It may sound (　　) but it is true.

ア. clear　イ. correct　ウ. huge　エ. strange

(2) He is a little (　　) of money because he forgot to bring his wallet.

ア. fat　イ. less　ウ. safe　エ. short

(3) Lemons are (　　) in vitamin C.

ア. many　イ. good　ウ. rich　エ. well

(4) The population of this city is now very (　　).

ア. much　イ. large　ウ. lot　エ. many

★(5) He is (　　) child.

ア. a three-year-old　イ. a three-years-old　ウ. three-years-old

3 次の各文に誤りがあれば訂正せよ。

(1) This rose smells sweetly.

(2) This cake tastes good.

(3) I haven't seen her lately.

(4) I am very pleasant to hear the news.

(5) I found the book easily to read.

4 次の各文の（ ）内にあてはまる最も適切な語句をそれぞれ下の語群から選び，記号で答えよ。

(1) I have (　　) time to play.

ア. a few　イ. many　ウ. few　エ. little

(2) We import (　　) oil from other countries.

ア. much　イ. a few　ウ. a great many

(3) (　　) people attended the party.

ア. A great many　イ. A good deal of　ウ. Only a little

(4) Please call on me whenever (　　).

ア. you are convenient　イ. you will be convenient

ウ. it is convenient to you

(5) It was (　　) of him to make such a mistake.

ア. impossible　イ. careless　ウ. necessary

(6) He was (　　) to understand what I said.

ア. difficult　イ. unable　ウ. hardly

5 次の各文の（　）内から適切な語を選び，記号で答えよ。

(1) It is (ア. like　イ. likely　ウ. alike) to rain.

(2) Japan is an (ア. industry　イ. industrious　ウ. industrial) nation.

(3) Be more (ア. respectable　イ. respectful　ウ. respective) to the old.

(4) He was feeling rather (ア. tired　イ. tiring　ウ. tiresome) after the long talk.

(5) I am (ア. enough　イ. rich　ウ. short　エ. lack) of money. I'd like to borrow some.

6 次の各文の（　）内の語句を並べかえて英文を完成させよ。

(1) 私は3頭の虎が檻の中で眠っているのを見た。

I found (ア. asleep　イ. three　ウ. in　エ. tigers　オ. cage　カ. the).

(2) 彼はレモンのような酸っぱい食べ物を欲しがっている。

He (ア. to　イ. something　ウ. like　エ. sour　オ. eat　カ. wants　キ. a lemon).

§17　副　　詞

▶副詞の用法

副詞には主に次の用法がある。

①動詞を修飾する。

He **speaks** English **well**.（彼は上手に英語を話す）

②形容詞を修飾する。

She is **very** **kind**.（彼女はとても親切だ）

③他の副詞を修飾する。

Betty sings **very** **merrily**.（ベティーはとても楽しそうに歌う）
……(副詞を修飾)

④文全体を修飾する。

Fortunately **it stopped raining**.（幸いにも雨はやんだ）
……(文全体を修飾)

⑤名詞・代名詞を修飾する。

Even a **child** can do it.（子どもでさえそれができる）
……(名詞を修飾)

Practice

113　次の各文の下線部の副詞が修飾している語を答えよ。

(1)　He studied <u>hard</u> yesterday.

(2)　Mike is <u>very</u> tired today.

(3)　Tom runs <u>very</u> fast.

(4)　<u>Even</u> he can understand it.

(5)　Bill is <u>much</u> taller than his father.

副詞が修飾するのは通常，動詞・形容詞・他の副詞だが，even は直後の名詞（代名詞）を修飾することもある。

語彙　(4)　even「～でさえ」

▶副詞の語形

key Sentence

440.
- We were surprised by his **sudden** death.
  (私たちは彼の突然の死に驚いた)
- We were surprised that he had died **suddenly**.
  (私たちは彼が突然死んだことに驚いた)

441.
- He is an **early** riser.
  (彼は早起きだ)
- He rises **early**.
  (彼は早く起きる)

442.
- He studies **hard**.
  (彼は熱心に勉強する)
- He **hardly** studies.
  (彼はほとんど勉強しない)

440. **sudden** は形容詞で**「突然の」**という意味である。また，**suddenly** は副詞で**「突然に」**という意味である。このように副詞には形容詞に -ly をつけてつくるものがたくさんある（次頁表参照）。

441. 上文の **early「早い」**は名詞の riser を修飾する形容詞であるのに対し，下文の **early「早く」**は動詞の rises を修飾する副詞である。このように，形容詞と副詞が同じ語形のものとして，他に次のようなものがある。

- He was **late** for school.（彼は学校に遅刻した）…… 〈形容詞〉
- He got up **late**.（彼は遅く起床した）…… 〈副詞〉

- He is a **fast** runner.（彼は走るのが速い）…… 〈形容詞〉
- He runs **fast**.（彼は速く走る）…… 〈副詞〉

他に **enough「十分な；十分に」**，**long「長い；長く」**，**much「多い；多く」**，**hard「熱心な；熱心に」**などもある。

442. **hard** は副詞で**「熱心に，一生懸命に」**，**hardly** は副詞で**「ほとんど～ない」**という意味である。このように同じ副詞で -ly をつけるものとつけないものとの 2 つの形があり，それぞれ意味を異にするものがある。

- I came home **late** last night.（私は昨夜**遅く**帰宅した）
- I haven't seen him **lately**.（私は**最近**彼に会っていない）

形容詞→副詞にするときの注意点

	形容詞	副　詞
形容詞＋-ly	quick「早い」 sudden「突然の」 wise「賢明な」 careful「注意深い」	quick**ly**「早く」 sudden**ly**「突然」 wise**ly**「賢明に」 careful**ly**「注意深く」
-y で終わる形容詞→ y を i にかえて -ly をつける	easy「容易な」 happy「幸福な」 pretty「かわいらしい」	eas**ily**「容易に」 happ**ily**「幸福に」 prett**ily**「かわいらしく」
-le で終わる形容詞→ e をとって -y をつける	gentle「やさしい」 noble「気高い」 simple「単純な」	gentl**y**「やさしく」 nobl**y**「気高く」 simpl**y**「単純に」
-ll で終わる形容詞→ -y だけつける	full「十分な」 dull「鈍い」	full**y**「十分に」 dull**y**「鈍く」
-ue で終わる形容詞→ e をとって -ly をつける	true「本当の」 due「正当の」	tru**ly**「本当に」 du**ly**「正当に」

※ただし，-ly で終わる語がすべて副詞とは限らず，（名詞＋-ly →形容詞）のことも多い。

man「男」→ man**ly**「男らしい」，friend「友だち」→ friend**ly**「親しい」，
love「愛」→ love**ly**「愛らしい」など

※ -ue で終わる形容詞でも例外的に e をとらない場合もある。

unique[独特の」→ unique**ly**「独特に」
vague「ぼんやりした」→ vague**ly**「ぼんやりと」

Practice

114　次の各文を下線部の副詞に注意して和訳せよ。

(1)　He worked hard when he was young.
(2)　The child could hardly keep still.
(3)　I got up late this morning.
(4)　Have you seen him lately ?
★(5)　She can speak French pretty well.
★(6)　She was prettily dressed at the party.

2種類の副詞があり，それぞれの意味が異なる。

▶注意すべき時・場所の副詞

key Sentence

重**443**. His father died ten years **ago**.
（彼の父は10年前に死んだ）

重**444**. When I arrived at the station, the train had left ten minutes **before**.
（私が駅に着いたとき，列車は10分前に発車していた）

445. **There is** a pen on the desk.
（机の上に鉛筆が1本ある）

443. **ago** は現在を基準にして**「今から〜前に…した」**を意味するので，**過去形**の文の中で必ず期間を示す語句とともに用いる。

444. **before** は期間を表す語を伴うと，過去のあるときを基準にして**「そのときより〜前に…した」**の意味で，**過去完了**とともに用いられる。
また，単独で用いられる場合は**「以前に」**の意味で，過去・現在完了・過去完了のいずれで用いてもよい。

I met〔have met, had met〕him **before**.
（私は以前彼に会った〔会ったことがある，会ったことがあった〕）

その他，時を表す副詞として，already「すでに〜，もう〜」，yet「すでに（もう）〜か」もある（☞ **§3「時制」▶完了時制**）。

445. **There is**〜. の文は**「〜がある」**という文で，there には「そこに」という意味はない。また，**Here is**〜. は**「ここに〜がある」**というように，「ここに」という意味をもつ。

Here are ten boys.（ここに10人の少年がいる）

Open Sesame

ago と before の使い分けを明確にしよう！

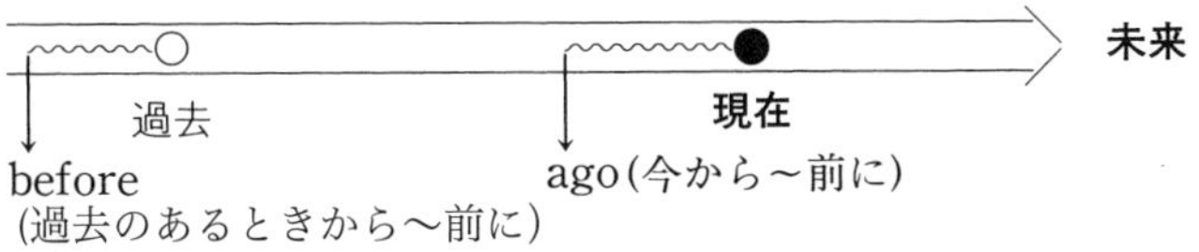

Practice

115　次の各文の（　）内から適切な語を選べ。

(1)　I have (already, yet) finished my homework.

(2)　This time tomorrow he will (already, yet) be in Canada.

(3)　“Have you received any letters (yet, already) ?” “Not yet.”

(4)　He bought the stereo two months (ago, before).

(5)　She told me that her mother had died two years (ago, before).

already は肯定文で「もう」, yet は否定文で「まだ」, 疑問文で「もう」。ago は過去形の動詞，before は過去完了形とともに使う。

▶注意すべき程度を表す副詞

key Sentence

446. She was **very** angry.
（彼女はとても怒っていた）

重**447.**
He is **much** taller than I.
（彼は私よりずっと背が高い）
He is **much** the tallest of the three.
（彼は3人の中ではずばぬけて背が高い）

446. **very** は**「非常に」**の意味で，**形容詞や副詞の原級を修飾する**。しかし，「**the**＋**very**＋形容詞(副詞)の最上級＋名詞」の形をとることもある。

447. **much** は**「ずっと，ずばぬけて」**の意味で，形容詞や副詞の**比較級・最上級**を修飾する。

key Sentence

448.
We can believe him **a little.**
（私たちは彼を少しは信じることができる）
We can believe him **little.**
（私たちは彼をほとんど信じることができない）

448. 副詞としての **little** は，**a がある場合「少しは〜である」**と肯定的に，**a がない場合は「ほとんど（あまり)〜ない」**という否定的な意味をもっている。

key Sentence

449. This book is easy **enough** for me **to** understand.
（この本は私にもわかるほど易しい）

450. I am **too** tired **to** study English.
（私はあまりに疲れていて，英語の勉強ができません）

451. **Hardly** had I walked ten minutes **when** it began to rain.
（10分も歩くか歩かないうちに雨が降り出した）

449. **enough to 〜**は**「〜するには十分」「十分…なので〜できる」**という意味である。to 不定詞の意味上の主語「私」が，この文の主語「この本」と異なるので，to 不定詞の前に **for 〜**という形で意味上の主語を明記する。なお enough to 〜の構文は，**so 〜 that … (can)** を使って書き換えることができる。
＝This book is **so** easy **that** I **can** understand it.

450. **too 〜 to…「…するにはあまりに〜すぎる」「あまり〜すぎて…できない」**
この構文は，**so 〜 that … can't** の構文で書き換えることができる。
＝I am **so** tired **that** I **can't** study English.

451. **hardly〔scarcely〕〜 when〔before〕**…で**「〜するやいなや…する」**と訳す（☞ **§11「接続詞」key Sentence 300**，**§14「特殊構文」key Sentence 350**）。この場合，hardly〔scarcely〕のある節の動詞は過去完了形，when〔before〕のある節の動詞は過去形となる。
また，hardly，scarcely は「ほとんど〜ない」の意で否定を表す。
He can **scarcely** write his own name.
（彼は自分の名前すらろくに書けない）

Practice

116　次の各文の（　）内から適切な語を選べ。

(1) Tom works (very, much) harder than his brother.
(2) He is (very, much) tired after his long journey.
(3) He plays golf (much, very) better than I.
(4) This watch is (very, much) the most expensive.
(5) I could (hard, hardly) understand him.

比較級・最上級を修飾するときは very ではなく，much，far などを使う。
語彙　(4)　expensive「高価な」

▶副詞の位置

key Sentence

452. You speak English **very** well.
（君は非常に上手に英語を話す）

453. He read the letter **slowly**.
（彼はゆっくり手紙を読んだ）

454. I **always** get up at six.
（私はいつも 6 時に起きる）

455. Let's eat our lunch **here**.
（ここで昼食を食べよう）

重**456.** He told me **not to** open the window.
（彼は私に窓を開けるなと言った）

重**457.** **Fortunately** I passed the entrance examination.
（私は幸いにも入学試験に合格した）

458. **Even** a child can understand it.
（子どもだってそんなことはわかる）

副詞が形容詞・副詞（句・節）を修飾する場合は，そのすぐ前に置かれるのがふつうである。

452. この文では副詞 very が副詞 well を修飾している。

The train arrived **exactly** on time.……**副詞句の前**
（列車は定刻に到着した）

ただし，**enough** は例外で，**修飾する形容詞・副詞の後**に置く。

This room is large **enough**.（この部屋は十分に大きい）

※形容詞としての enough は修飾する名詞の前でも後でもよい（☞ **§16「形容詞」key Sentence 435**）。

453. **方法や状態を表す副詞**が動詞を修飾する場合は**動詞の後**に，また目的語がある場合は**目的語の後**に置かれる。

例文では動詞 read の後に目的語 the letter があるので，その後に副詞 slowly が置かれる。ただし，目的語が長い場合は，副詞を他動詞のすぐ後に置くことがある。

Do you understand **clearly** what I told you ?
（君は私が言ったことをはっきり理解しましたか）

454. **頻度を表す副詞**，たとえば，**always**「いつも」，**usually**「たいてい」，**often**「しばしば」，**sometimes**「ときどき」，**seldom**「めったに～ない」，**never**「決して～ない」などは，**ふつう一般動詞の前**に置かれる。例文では always は頻度を表す副詞なので，動詞 get の前に置かれている。

He **seldom** takes a taxi.（彼はめったにタクシーに乗らない）

※助動詞や be 動詞がある場合はその後に置く。

You are **always** complaining.（君はいつも不平ばかり言っている）

455. **場所を表す副詞は動詞の後に，目的語がある場合はその後**に置かれる。

Don't go **there**.（そこへ行くな）

Put the baggage **there**.（荷物をそこへ置きなさい）

456. not，never などの否定の副詞が不定詞を修飾する場合は不定詞の前に置き，**not to ～**，**never to ～**の形になる。また，動名詞や分詞構文を否定する場合も同様に，動名詞や分詞構文の前に not，never を置く。

He is ashamed of **not** having helped his friend.

（彼は友人を助けなかったことを恥じている）

Not knowing what to do, I was at a loss.

（何をしてよいか分からなかったので，私は途方に暮れた）

457. **文全体を修飾する副詞**は，ふつうは動詞の前に置かれるが，**文頭**に置かれることも多い。

＝I **fortunately** passed the entrance examination.

また，この用法は It is＋形容詞＋that ～に書き換えることができる。

＝It was fortunate that I passed the entrance examination.

458. 本来，副詞は形容詞・動詞・副詞に属するものを修飾するものであるが，**名詞・代名詞を修飾するもの**もある。even，only，just，almost などは名詞・代名詞の前に，alone，too，also，else は後に置く。

Only I know it.（私だけがそれを知っている）

Man **alone** knows how to use fire.

（人間だけが火の使い方を知っている）

Open Sesame

副詞の並べ方を覚えておこう！

We went **to the zoo** (場所) **by bus** (方法) **yesterday** (時). の順になる。

（私たちは昨日バスで動物園に行った）

Practice

117　次の各文中の適切な位置に［　］内の副詞を補い，全文を書き換えよ。

(1)　The father punished his son.［severely］

★(2)　It was cold yesterday, but it is colder today.［even］

(3)　He is old to know better.［enough］

(4)　I have been to Nara.［never］

(5)　I am going to meet him at the station.［tomorrow］

(2)　even は強調する語の直前に置かれる。

(4)　頻度を表す副詞は，助動詞や be 動詞の後，一般動詞の前に置く。

語彙　(1)　punish「罰する」，severely「厳しく」

▶疑問副詞

key Sentence

459. **Where** did you buy your camera ?
（どこでカメラを買ったのですか）

重**460.** **How far** is it from here to the station ?
（ここから駅まで距離はどのくらいありますか）

when「いつ」，**where**「どこ」，**how**「どのようにして」，**why**「なぜ」のような疑問を表す副詞を**疑問副詞**という。疑問副詞は疑問文や従属節の先頭に立つ。

459. 疑問副詞は通常**文頭**に用いる。

When were you born ?（あなたはいつ生まれましたか）

Where were you born ?（あなたはどこで生まれましたか）

Why were you absent from school yesterday ?
（昨日なぜ学校を休んだのですか）

How do you go to school ?（君はどんな方法で学校へ通っていますか）

460. how は形容詞・副詞といっしょになって，**「どのくらい～」という程度を尋ねる言い方**に使われる。How far ～？は距離を尋ねる表現である。

How long does it take to get there ?　……〈所要時間〉
（そこへ着くにはどのくらい時間がかかりますか）

How many countries are there in the world ?　……〈数〉
（世界に国がいくつありますか）

How much does it cost ?　……〈値段〉
(それはいくらしますか)
How much milk do you drink in a day ?　……〈量〉
(君は1日に牛乳をどのくらい飲みますか)
How often do you eat a day ?　……〈頻度〉
(君は1日に何回食事をしますか)

Open Sesame

時間は How long ～?，距離は How far ～?　で尋ねる！

How long will it take to finish this work ?
(この仕事を終えるのにどのくらいかかるのだろうか)
How far is it from here ?
(ここからどのくらいの距離ですか)

Practice

118　次の英文を和訳せよ。

(1)　How did you do it ?
(2)　How long will your vacation last ?
(3)　How often do you go to the movies ?

(1)　単独の how が一般動詞の文で使われると，主に「方法」を表す。
(3)　How often ～？は頻度を表す。
語彙　(2)　last「続く」

▶反復の副詞

key Sentence

重**461**.
If you go, I will go, **too**.
(もし君が行くなら私も行く)
If you don't go, I will not go, **either**.
(もし君が行かないのなら私も行かない)

重**462**.
He knows it and **so** do I.
(彼はそれを知っている〔私もまた知っている〕)
He doesn't know it and **neither**〔**nor**〕 do I.
(彼はそれを知らない〔私もまた知らない〕)

461. **「～もまた」**の意味の副詞は，肯定文では **too**，否定文では **either** を用いる。

462. **「～もまた…ない」**という意味で，先に出てきた否定の内容の文（節）を受けるのに **neither**〔**nor**〕を用いる。肯定の内容を受けるときは **so** を使う。どちらも **V+S** の語順に倒置する（☞ **§14「特殊構文」key Sentence 351**，**352**）。

問題演習

A

1　次の各文の（　）内から適切な語を選べ。

(1)　The game was (very, much, great) exciting.

(2)　I haven't climbed Mt. Fuji (still, yet, already).

(3)　This book is (very, much, quite) more useful than yours.

(4)　I know your father went to New York a week (before, ago).

(5)　Is your grandmother (yet, still, only) alive now ?

(6)　My brother can't speak French, and I can't speak it, (also, either, too).

2　次の各文の（　）内の語を並べかえて英文を完成させよ。ただし，文頭にくる語も小文字にしてある。

(1)　私はふつう朝7時に起きます。

(ア. the morning　イ. seven　ウ. at　エ. in　オ. I　カ. up　キ. get　ク. usually).

(2)　彼女は朝から晩まで一生懸命に働いた。

(ア. hard　イ. she　ウ. till　エ. morning　オ. worked　カ. from　キ. night).

(3)　その患者は今日は昨日よりずっと調子がよい。

The patient is (ア. yesterday　イ. than　ウ. much　エ. today　オ. better).

(4)　病院は駅の真正面にある。

(ア. is　イ. the station　ウ. the hospital　エ. front　オ. right　カ. in　キ. of).

(5)　これは私には難しすぎる問題だ。

(ア. too　イ. me　ウ. this　エ. question　オ. difficult　カ. a　キ. is　ク. for).

3　次の各文の（　）内に when・where・why・how のうち適切なものを入れよ。

(1)　(　　) will you start ?　――I will start tomorrow.

(2)　(　　) didn't she come ?　――Because she was ill.

(3)　(　　) do you go to school ?　――By bicycle.

(4)　(　　) did you go yesterday ?　――To the zoo.

(5)　(　　) long is that bridge ?　――A thousand yards long.

4 次の各文の（　）内にあてはまる最も適切な語をそれぞれ下の**ア〜エ**から選び，記号で答えよ。

(1) I (　　) ever go on a trip alone. I like company.

ア. almost　**イ.** hardly　**ウ.** nearly　**エ.** always

(2) He was (　　) run over by a car.

ア. dangerously　**イ.** nearly　**ウ.** riskily　**エ.** doubtfully

(3) Because of the snow the cars couldn't move, and (　　) could the buses.

ア. also　**イ.** either　**ウ.** neither　**エ.** so

(4) I (　　) wanted to tell him how much I missed Mary.

ア. much　**イ.** very　**ウ.** well　**エ.** badly

(5) There is (　　) anyone that does not know the fact.

ア. almost　**イ.** merely　**ウ.** scarcely　**エ.** probably

B

1 次の各文の（　）内にあてはまる最も適切な語を下の語群から選べ。

(1) Jim and Jane get (　　) fine together.

(2) John worked fast to get his lesson (　　).

(3) The post office got (　　) in delivering Christmas mail.

(4) Tom gets his wet clothes (　　).

(5) Bad news gets (　　) quickly.

(6) A man should get (　　) when a woman comes into the room.

(7) Fred spent all day looking (　　) a job.

(8) Jim is looking (　　) his younger sister.

(9) It is a good habit to look (　　) new words in a dictionary.

(10) As John looked (　　), his life seemed good to him.

〈語群〉

after, along, around, back, behind, for, off, on, over, up

2　次の各文の（　）内から適切な語を選べ。

(1)　I got up (late, lately, slow) this morning.

(2)　Light travels (earlier, faster, sooner) than sound.

(3)　The child opened her eyes (broad, greatly, wide) in surprise.

(4)　It is (nearer, next, the next) to impossible to master German in such a short time.

(5)　(Either, Though, Little) did I dream of your mother having been ill.

3　次の各文に誤りがあれば訂正せよ。

(1)　Masao can't play the guitar. — So can I.

(2)　You can hardly understand me, can't you ?

(3)　Tom is very taller than Mike.

(4)　You speak English very good.

§18 代　名　詞

▶人称代名詞

次の表のように人称代名詞は人称によって異なり，また格によっても形が決まっている。

数・格 ＼ 人称・性		単数				複数			
		主　格	所有格	目的格	所有代名詞	主　格	所有格	目的格	所有代名詞
1人称	通性（男・女共通）	I 私は〔が〕	my 私の	me 私に〔を〕	mine 私のもの	we 私たちは〔が〕	our 私たちの	us 私たちに〔を〕	ours 私たちのもの
2人称	通性（男・女共通）	you あなたは〔が〕	your あなたの	you あなたに〔を〕	yours あなたのもの	you あなたたちは〔が〕	your あなたたちの	you あなたたちに〔を〕	yours あなたたちのもの
3人称	男性	he 彼は〔が〕	his 彼の	him 彼に〔を〕	his 彼のもの				
	女性	she 彼女は〔が〕	her 彼女の	her 彼女に〔を〕	hers 彼女のもの	they 彼らは〔が〕	their 彼らの	them 彼らに〔を〕	theirs 彼らのもの
	中性	it それは〔が〕	its それの	it それに〔を〕	—				

1人称とは**「話し手」**のこと。2人称とは**「話し相手」**のこと。3人称とは**「話し手と話し相手以外の人・物」**のこと。

人称代名詞は前に出てきた名詞の代わりに用いられる。したがって，〈the＋名詞〉の意味をもつ。たとえば，

She has a flower.　→　**It** is red.
（彼女は花を1本持っている）　（それは赤い）

代名詞 it＝the flower ということを代用しているのである。

①**主格**は文の主語・補語として用いられる。

I went to Nagoya yesterday.（私は昨日名古屋へ行った）

He said, **"It**'s **they."**（彼は「あの人たちだ」といった）

②**所有格**は名詞の前に置き，所有を表す修飾語となる。

My cousin is a scientist.（私のいとこは科学者です）

This is **your** camera.（これはあなたのカメラです）

③**目的格**は他動詞の目的語や前置詞の目的語として用いられる。

The dog bit **him**.（その犬は彼を咬んだ）

└→他動詞 **bite**（過去形 **bit**）の目的語

Tom spoke to **her**.（トムは彼女に話しかけた）
└→前置詞 to の目的語

※ “It's me.” のように本来主格の I であるべきものに目的格 me を使うこともある。

④**所有代名詞**は，人称代名詞の所有格から分かれてできたもので，**「〜のもの」**という意味を表す。my，your などの所有格が，名詞の前に置かれて形容詞的に用いられるのに対して，所有代名詞は名詞を伴わずに独立して用いられる。なぜなら，所有代名詞は〈人称代名詞の所有格＋名詞〉の意味をもっているからである。

●所有代名詞は名詞の所有格の独立用法に似ている（☞ **§19「名詞」key Sentence 528**）。

人称代名詞を並べるときは…，**2人称→3人称→1人称**の順に並べる。

You, he and I are to go there.
（君と彼と私がそこに行くことになっている）

key Sentence

463. This book is **mine**.
（この本は私のものです）

464. An old friend of **mine** came to see me yesterday.
（私の旧友の1人が昨日私を訪ねてきた）

463. mine＝my book である。このように，所有代名詞は，前に出てきた言葉を繰り返さないために用いる。
＝This is my book.

464.「私の旧友」という場合，my old friend でもよさそうであるが，この表現では「旧友が1人しかいない」というような感じを与えてしまうので，an old friend of mine あるいは one of my old friends にするとよい。

また，「私のこの本」というように，a，an，the，this，that と代名詞の所有格を同時に用いるときは，this book of mine というように**〈a〔the，this，that など〕＋名詞＋of＋所有代名詞〉**の形になる。

Practice

119 次の各文の下線部を1語の代名詞で表せ。

(1) Mr. Brown is an old friend of mine.
(2) Tom and Mary are going to the movies.
(3) We have never seen Emily play the violin.
(4) You and I had a good time last Sunday.
(5) Where did you meet my brother ?

(6) This dictionary of my uncle's is expensive but useful.

(7) Your eyes are blue and my eyes are black.

語彙　(6)　expensive「高価な」，useful「役に立つ」

Practice

120　次の各文の（　）内に適当な代名詞を補い，英文を完成させよ。

(1)　彼女はたいてい私といっしょに学校に行く。
She usually goes to school with (　　).

(2)　誰かがドアをノックしている。誰だろう。
Someone is knocking on the door. I wonder who (　　) is.

(3)　私は自分の鉛筆をここに置いたが，ベティが間違えて持って行った。彼女はそれを自分のだと思ったのだ。
I put my pencil here, and Betty took (　　) by mistake.
She thought it was (　　).

(1)　前置詞の後は目的格。

(2)　誰かわからないときは人間として扱わず，物（中性）として扱う。

語彙　(2)　wonder「〜かしらと思う」

▶再帰代名詞

key Sentence

重**465.** Make **yourself** at home.
（どうぞ気楽に――あなた自身をくつろがせなさい）

466. The window opened **of itself.**
（窓はひとりでに開いた）

467. He **himself** killed the elephant.
（彼はみずからその象を殺した）

	主格・目的格（〜自身）		所有格（〜自身の）	
	単　数	複　数	単　数	複　数
1人称	myself	ourselves	my own	our own
2人称	yourself	yourselves	your own	your own
3人称	himself herself itself	themselves	his own her own its own	their own

人称代名詞の所有格または目的格に -self や -selves をつけると，「〜自身」という意味になる。これを**再帰代名詞**という。再帰代名詞は主格と目的格が同形で，所有格はないが「人称代名詞の所有格＋own」で代用する。

〈人称代名詞の所有格＋own〉は，形容詞として**「〜自身の」**という意味と，所有代名詞として**「〜自身のもの」**の意味がある。

465. **再帰用法**――他動詞の目的語が主語自身である場合。

他に次のような表現がある。

He seated **himself** beside her.

（彼は彼女のそばに座った――彼は自分自身を彼女のそばに座らせた）

※ He seated him beside her. にすると「彼は彼を彼女のそばに座らせた」というように，He と him は別人になってしまう。

He managed to make **himself** understood in English.

（何とか英語で話が通じた――彼は自分自身を英語で理解してもらえた）

Please help **yourself** to the salad.

（どうぞご自由にサラダをお取り下さい）

466. **前置詞＋再帰代名詞**――慣用句として用いられる。**of itself** は**「ひとりでに」**の意味である。その他に次のようなものがある。

● **by oneself**「ひとりで，単独で」

The old man lived all **by himself** in a hut.

（その老人はほったて小屋に全く1人で住んでいた）

● **for oneself**「自分自身のために，自分で」

He built a house **for himself**.（彼は自分で家を建てた）

● **to oneself**「自分だけに」

She has the room **to herself**.（彼女はその部屋を独占している）

● **in oneself**「それ自体では」

Money is not bad **in itself**.（金はそれ自体では悪いものではない）

● **beside oneself**「我を忘れる，夢中になる」

He was **beside himself** with joy.（彼は夢中で喜んでいた）

467. **強意用法**――主語・補語・目的語などを強めるために同格語として用いられる用法である。この用法の再帰代名詞は強意のためにつけ加えたものだから，省いても文は成り立つ。例文では，他の人ではなくて「彼自身」が殺したことを強調している。

また，one's own が強意用法に用いられる場合がある。

This is **my own** desk.（これは私自身の机だ）

Practice

121　次の各文の（　　）内に適当な代名詞を補い，英文を完成させよ。

(1)　あなたは転んだときにけがをしましたか。

Did you hurt（　　）when you fell？

(2)　ぶどう酒をご自由にお飲みください。

Please（　　）（　　）（　　）the wine.

★(3)　フランス語で用が足せますか。

Can you（　　）（　　）（　　）in French？

(1)　hurt oneself「けがをする」

(2)　help oneself to ～「～を自由に取って食べる（飲む）」

(3)　make oneself understood「自分の言うことを人に理解してもらう」

Practice

122　次の各文の（　）内に適当な語を補い，英文を完成させよ。

(1)　私は１人で過ごすのが好きだ。

I like to spend time（　　）（　　）.

(2)　彼は独力でそれをした。

He did it（　　）（　　）.

(3)　彼は自分専用の車を持っている。

He has a car（　　）（　　）.

(4)　ドアはひとりでに開いた。

The door opened（　　）（　　）.

★(5)　彼は怒りで我を忘れていた。

He was（　　）（　　）with anger.

oneselfの熟語をしっかりおさえよう！

▶ itの用法

key Sentence

468. I bought a watch, but I have lost **it**.
（私は時計を買った，しかしそれを失くした）

469. **It** is difficult **to climb Mt. Everest.**
（エベレスト山に登るのは難しい）

470. What time is **it** now ?
（今何時ですか）

471. **It was** Mr. Brown **that** broke traffic regulations.
（交通規則に違反したのはブラウン氏であった）

468. itは原則として**前に出てきた語・句・節・文などを受ける代名詞**である。ここでは，itはwatchを受けている。また，次のような例ではitは前の文全体を受ける。

He saved the girl's life. All of us know **it**.……〈文全体を受ける場合〉
（彼はその少女の命を救った。我々は皆そのことを知っている）

469. この場合，**itは形式主語**であり，後ろの不定詞を含む句to climb Mt.Everestを受けている（この場合はitは訳さない）。このようにitは**後ろにくる節や不定詞・動名詞など**を受けて，形式主語となることがある。

It is natural that he should get angry.……〈後ろの節を受ける場合〉
（名詞節）
（彼が怒るのは当然である）

この他，itは**後ろにくる節や不定詞・動名詞など**を受けて，**形式目的語**となることがある（☞ **§6「不定詞」key Sentence 131**）。

I found **it** difficult to solve the problem.
（不定詞句）
（その問題を解くのは難しいと分かった）

470. **itは時間，天候，距離などを表す文の主語**として使われる。この場合のitは常に主格として用いられ，非人称のitと呼ばれることもある。このitは何も指していないので，訳さなくてよい。

Winter has gone and **it** is spring now.……〈季節を表す〉
(冬が去って，今は春です)
How far is **it** from here to the school ?……〈距離を表す〉
(ここから学校まで距離はどのくらいですか)
We arrived at the hotel before **it** got dark.……〈明暗を表す〉
(我々は暗くなる前にそのホテルに着いた)

471. **強調構文の It** である。文中のある語句を特に強調したいときは，It is〔was〕～that…という構文を用いて表す。強調したい語句を It is〔was〕と that の間にはさむ（☞ **§14「特殊構文」key Sentence 346**）。
この文では「ブラウン氏」を強調している。

It	is	(**A**)	that	(**B**) .
	↓	↓	↓	↓
	〔時制は内容に応じて変わる〕	〔強調すべき語（句・節）を入れる〕	〔**who**・**which** のときもある〕	〔もとの文から(**A**)を除いた文をそのまま入れる〕

Open Sesame

it の中身を見抜こう！
　文の中に it があり，その前後に不定詞・動名詞句・名詞節があるときは，形式主語・形式目的語の可能性が強い。

Practice

123　次の各文の it の用法を示し，全文を和訳せよ。
(1)　He is a man of character. We know it well.
★(2)　I make it a rule to keep early hours.
(3)　It is difficult for me to master French.
★(4)　It is you that are to blame.

　it の用法を思い出そう。A. 前にあるものを受ける　B. 形式主語　C. 形式目的語　D. 時間・天候・距離などを表す　E. 強調構文
語彙　(1)　a man of character「人格者」
　　　(2)　keep early hours「早寝早起きする」
　　　(4)　be to blame「責任がある」

▶指示代名詞

key Sentence

472. **This** is my dictionary; **that** is yours.
（これが私の辞書で，あれがあなたのです）

ある物や人を指して，それらを表す名詞の代わりに用いる代名詞を**指示代名詞**という。指示代名詞には，**this**「これ」，**that**「あれ」，**these**「これら」，**those**「あれら」の 4 つがある。また，指示代名詞が名詞とともに用いられて，形容詞の働きをすることがある。これを**指示形容詞**という。

This book is mine.（**この**本は私のものだ）
※ This は book(名詞)にかかる指示形容詞

●電話での会話に this, that を用いる。

Who is **this**, please ?〔英では that〕（どなた様ですか）
This is Nancy speaking.（こちらはナンシーです）

472. **指示代名詞**としての最も基本的な用法である。また，名詞とともに用いられている場合は**指示形容詞**となる。

These pencils are mine; **those** ones are Tom's.
（これらの鉛筆は私のもので，それらはトムのものだ）

key Sentence

473. The climate of Japan is milder than **that** of China.
（日本の気候は中国の気候より温和だ）

474. **Those who** are rich are not always happy.
（金持ちである人がいつも幸福であるとは限らない）

473. **同一名詞の繰り返しをさける that の用法**。that は the climate を指している。前の名詞が複数形である場合は **those** を使う。

My children are all boys, while **those of** my brother are all girls.
（私の子どもはみんな男の子だが，一方弟の子どもはみんな女の子だ）

474. **those who** は**「〜の人々」**と訳すとよい。単数の場合は one who＝「〜者」

One who runs after two hares will catch neither.
（二兎を追う者は一兎をも得ず）

Advance

○ The cow and the sheep are both useful to us; **this** gives us wool and **that** gives us milk.
(牛と羊はどちらも我々には有用である。後者〔羊〕は我々に羊毛を与えてくれるし，前者〔牛〕は牛乳を与えてくれる)
前に出てきた２つの物や事柄について述べる場合，同じ表現を繰り返すのは面倒で無駄が多いので，「**前者は～，後者は～**」という表現を使う。英語では **that**(前者)，**this**(後者)を用いて表す。

Open Sesame

英語での前者，後者は日本語とは違う！

―― A ―― B ―― (this) ―― (that)

(後者) (the latter) ― B と (this)

(前者) (the former) ― A と (that)

Practice

124 次の各文を下線部に注意して和訳せよ。

(1) The temperature here is higher than that of Tokyo.

★(2) There was no objection on the part of those present.

★(3) Health is above wealth, for this does not give us so much happiness as that.

(1) that は前に出てきた the temperature を受けている。
(2) those (who were) present の省略と考える。
語彙 (1) temperature「気温」
(2) objection「反対意見」，present「出席している」
(3) wealth「財産，富」

▶疑問代名詞

key Sentence

475. **Who** made this box ?
(誰がこの箱を作ったのですか)

476. **What** flowers do you like best ?
(あなたはどんな花が一番好きですか)

	主格	所有格	目的格
人に用いる	who 誰が	whose 誰の 誰のもの	whom 誰を
人・物に用いる	what 何が	——	what 何を
人・物に用いる	which どれが	whose どれの	which どれを

疑問代名詞は単数・複数同形である。また what と which は後に名詞がきて，What flowers ～ ?，Which country ～ ? のように形容詞的に用いることがある。これを**疑問形容詞**という。なお，疑問文をつくるものには疑問代名詞，疑問形容詞のほか**疑問副詞**がある。疑問副詞には，When ～ ?，Where ～ ?，Why ～ ?，How ～ ? の 4 つがある（☞ §17「副詞」**key Sentence 459**）。

475. 疑問代名詞は文の中で，主語・目的語・補語などの役割をつとめるが，疑問文の場合，位置は**常に文頭**に置く。

この例文のように**疑問代名詞が主語となっている場合の疑問文は，語順は平叙文と同じになる**。助動詞の do，does，did を使う必要はない。

476. この文のように**〈疑問代名詞＋名詞〉**の形になっているとき，その疑問代名詞を**疑問形容詞**という。この他に How many ～ ?，How much ～ ? も後ろに名詞が続いて疑問形容詞の働きをする。

How many の後には複数名詞，How much の後には物質名詞などの単数形がくる。

不定代名詞(1)

key Sentence

477. Do you have a car ? ——Yes, I have **one**.
(あなたは車を持っていますか。——はい，1 台持っています)

478. **No one** is to be seen on the street.
(通りには誰の姿も見られない)

479. **None** of us have any bicycles.
(私たちの誰も自転車を持っていない)

「あるもの」「ある人」「いくらか」「みんな」などのように，漠然と不定のものを指す言葉を**不定代名詞**という。不定代名詞には one, all, some, any, each, both, either, neither, few, little, many, much, other, another など多くの種類があり，多くのものは形容詞（これを不定形容詞という）としても用いられる。

477. **one** は前に出てきた名詞を繰り返す代わりに用いられる。また，one に修飾語がつくとその修飾語の前に冠詞の a〔an〕がつく。

Do you have a ball ?

Yes, I have **one**(＝a ball).　（はい，持っています）
Yes, I have a big **one**(＝ball).（はい，大きいのを持っています）

複数形は **ones** であるが，修飾語を伴う場合のみ用いられる。単独で「**いくつかの物**」を表す場合は **some** を用いる。

Do you have any pencils ?

Yes, I have **some**(＝pencils).（はい，何本か持っています）
Yes, I have some red **ones**(＝pencils).
（はい，赤い鉛筆を数本持っています）

Open Sesame

代名詞 one と it の区別を明確にしよう！
one＝a＋名詞→同じ種類のものならどれでもよい。
it＝the＋名詞→特定のもの（前に出てきた名詞と同一のもの）を示している。

478. **no one** は **「誰も～ない」** という意味で，**全体否定**であり，**単数扱い**で用いられる。したがって例文の場合，動詞は is になっている。また none は none of といえるが，no one は no one of ～とはいえない。

479. **none** は3者以上に対して **「誰も～ない」** という意味で，**全体否定**であり，一般に**複数扱い**で用いられる。したがって，動詞は has ではなく have となっている。

key Sentence

重**480**. **All** of the books are very useful.
（その本は全部とても役に立つ）

481. **Not all** children like apples.
（どの子どももりんごが好きだという訳ではない）

480. **all** は数えられる名詞について用いるときは3つ〔3人〕以上の場合に用い，「**すべて**」の意味を表す。もちろん**複数扱い**である。数えられない名詞について用いるときも「すべて」の意味になるが，単数扱いになる。

All is well that ends well.（終わりよければすべてよし）

481. all が not といっしょに用いられると**「すべてが～という訳ではない」**と**部分否定**を表す。

key Sentence

重**482**. **Both** of the sisters are beautiful.
（その姉妹は２人とも美しい）

重**483**. **Both** of the books are **not** mine.
（２冊とも私の本だという訳ではない）

482. **both** は２つのものを指して**「どちらも，２人とも」**という意味を表す。もちろん**複数扱い**となる。

483. both が not といっしょに用いられると**「両方とも～という訳ではない」**と**部分否定**を表す。

key Sentence

重**484**. **Either** of them has to go at once.
（彼らのどちらかがすぐ行かなければならない）

重**485**. **Neither** of the questions is difficult.
（その問題は両方とも難しくない）

484. **either** は「**２つ〔２人〕のうちどちらか一方**」という意味で**単数扱い**となる。また，それが転じて**「両方とも」**という意味に使われることもある。この場合でも**単数扱い**になる。

Either road leads to the school.（どちらの道でも学校に行ける）

485. **neither＝not＋either** で**「どちらも～ない」**と**全部を否定**する表現であり，**単数扱い**になる。

key Sentence

486. **Each** of us earns ten dollars.
（私たちは各自 10 ドルずつ稼ぐ）

487. **Every** girl wears a white hat.
（どの少女も白い帽子をかぶっている）

486. **each** は**「おのおの，それぞれ」**という意味で，実質的には all のように「みんな」という意味を表すが，常に**単数扱い**になる（動詞が earn でなく earns になっている点に注意）。

487. **every** は3つ以上の物，3人以上の人について **「どの…もみな，すべての」** の意味を表す **形容詞** で，常に **単数扱い** になる（動詞が wear ではなく wears になっている点に注意）。ただし，次のような場合は複数形の名詞とともに用いる。

Garbage is collected **every three days**.

（生ごみは3日ごとに〔2日おきに〕集められます）

every other〔second〕day＝every two days「2日ごとに，1日おきに」

また，not とともに用いられると **〈not ～ every〉「どれも～であるというわけではない」** という **部分否定** を表す。

Practice

125 次の各文の（　）内から適切な語を選べ。

(1) I lost my umbrella. I must buy (one, it).

(2) He picked up a stone, and threw (one, it) into the pond.

(3) (Every, All, Both) girl likes to play the piano.

★(4) Lend me a knife or a fork. (Either, Other, Every) will do.

(5) Have you ever seen an eagle alive ?
Yes, I have seen (it, this, one) once.

(6) (None, No, No one) of them know the fact.

(7) She has three brothers, but I don't know (every, both, any) of them.

★(8) The Olympics are held (another, next, every) four years.

one は同じ種類のもの，it は全く同一のものを示す場合に使う。

(3) girl が単数になっていることに注意。

(8) 4年ごとに

語彙　(4) lend「貸す」，do「間に合う，役に立つ」 (5) eagle「鷲」

▶不定代名詞(2)

1　another と other の違い

another は an other が1語になったもので，語形から見当がつくように，**「もう1つの」** という意味を表し **単数形だけしかない**。**other** は **「他の（もの）」** という意味で，冠詞がついたり，複数形になったりすることで，いろいろに意味が変わる。another，other には，どちらにも代名詞と形容詞の用法がある。

key Sentence

488. I like this **one**, but I don't like **the other**.
(私はこれは好きだが，むこうはきらいだ)

489. We enjoyed music : **one** played the piano, and **the others** sang.
(私たちは音楽を楽しんだ。1人がピアノを弾き，その他の人は歌った)

重**490**. Some like tennis, **others** like baseball.
(テニスを好きな人もいれば，野球が好きな人もいる)

491. **Some** students are here, **the others** have gone to Tokyo.
(何人かの生徒はここにいるが，残りは全員東京へ行ってしまった)

重**492**. I don't like this **one**. Show me **another**.
(私はこれは好きではない。別のを見せてください)

重**493**. To know is **one** thing and to teach is **another**.
(知っているということと教えるということは別のものだ)

488. **one ～ the other** は，2つの「物」または「人」についていう場合，**「一方は～で，他方は～」**という関係の中で使う。

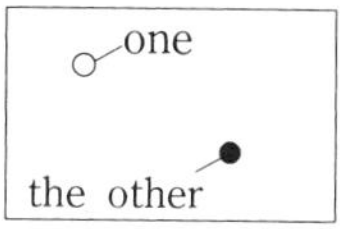

489. **one ～ the others** は，3つ以上の「物」や「人」についていう場合に使う。**「1つは～，残りは…」**の意味で，任意の1つを one で表し，残りの全部を the others で表す。

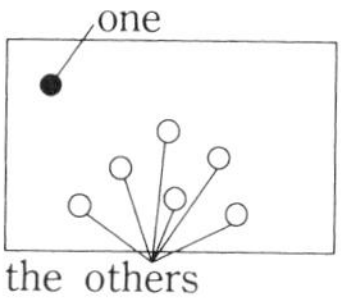

490. **some ～ others** は，多数の「物」や「人」についていう場合に使う。**「～もあれば，…もある」**の意味で，その中のいくつかを some で表し，残りの中のいくつかを others で表す。

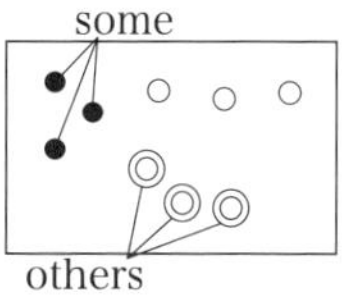

491. **some ～ the others** も多数の「物」や「人」についていう場合に使う。「～があり，他の全部は…」の意味で，その中のいくつかを some で表し，残りの全部を the others で表す。

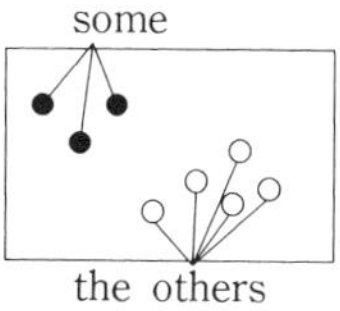

492. **one ～ another** は，3つ以上の「人」や「物」についていう場合に使う。**「1つは～，他の1つ（残りの中の任意の1つ）は…」**の意味で，その中の1つ（1人）を one で，残りの中のもう1つ（1人）を another で表す。さらに言うときは a third，a fourth …のように用いる。

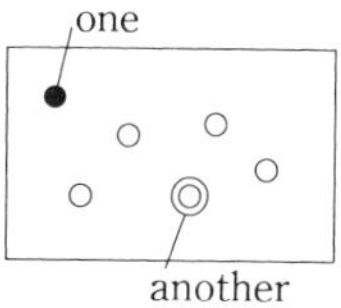

493. one，another を使った慣用的な表現。その他に次の表現も覚えておこう。

The audience went away **one after another**.

(聴衆は次々に去っていった)〔3つ以上のものが次々に〕

He raised **one** hand **after the other**.

(彼は交互に手をあげた)〔2つのものが互いにかわるがわる〕

His two sons helped **each other**.

(彼の2人の息子は互いに助け合った)〔原則として2つの間で〕

They laughed at **one another**.

(彼らは互いに笑い合った)〔原則として3つ以上の間で〕

I met him in the park **the other day**.(私は先日，公園で彼に会った)

2　-thing，-body，-one の用法

something，**anybody**，**someone** のような不定代名詞の特徴は，修飾する形容詞がその後に置かれることである。また，この種の不定代名詞のうち **some-** のつくものは通常肯定文に，**any-** のつくものは疑問文・否定文・条件文に用いられる。

key Sentence

494. I want **something** cold to drink.

(私は何か冷たい飲み物が欲しい)

494. 形容詞 cold は something の後になる点に注意。cold something は誤り。

something，anything，nothing を含む慣用句には次のようなものがある。

I **have something to do with** the affair.

(私はその事件といくらか関係がある)

He is **anything but** a scholar.

(彼は決して学者ではない)

I am **nothing but**(＝only) a student.

(私は単なる学生にしかすぎない)

key Sentence

495. I am a gentleman, and expect to be treated **as such**.

(私は紳士である，だから紳士として扱われるものと思っている)

重**496.** I have never seen **such** a sunset before.

(私はこのような日没はいまだかつて見たことがありません)

497. I am not **such** a fool **as to** believe that.

(私はそんなことを信じるほど馬鹿ではない)

498. Read **such** books **as** you can easily understand.
(君が容易に理解できるような本を読みなさい)

重**499**. She was **such** a nice girl **that** everybody liked her.
(彼女はとてもよい娘だったので，みんな彼女が好きだった)

495. **代名詞としての such の用法。**前の名詞を受けて**「そのような物(者)」**という意味で使われる。この文では gentleman を受けているので「紳士として」という意味となる。

496. **形容詞としての such の用法。「そのような」「このような」**の意味で，名詞を修飾することができる。また such は a，an とともに用いられる場合は，such が a，an の前に置かれる。

497. **such 〜 as to** …は**「…するほどの〜」**と訳す。

498. **such 〜 as** …は**「…するような〜」**と訳す。

499. **such 〜 that** …は**「とても〜なので…だ」**と訳す（☞ **§11「接続詞」key Sentence 303**）。

Practice

126 次の各文の（ ）内から適切な語句を選べ。

(1) She has four children; one is a boy, and (others, the others, another) are all girls.

(2) They have two sons. One is a teacher and (others, the other, another) is a doctor.

(3) Some of the boys like baseball, and (others, the other, another) like soccer.

(4) I don’t like this skirt. Please show me (others, the other, another).

(5) Will you have (other, another, the other) cup of coffee ?

他の残りすべてを指す場合には the が必要！

問題演習

A

1　次の各文の（　）内から適切な語を選べ。

(1)　She stood between you and (I, me).

(2)　I have as many pens as (he, him).

(3)　The dog wagged (its, it's) tail.

(4)　This car of (her, hers) was made in France.

(5)　"Was the actor murdered ?"
"No, he killed (his, himself)."

(6)　She was traveling (beside, in, by) herself.

(7)　Have you ever seen a wolf ?　Yes, I have seen (one, it, any).

(8)　If you have (some, any) sugar, give me (some, any).

(9)　I have (none, nothing, not, no) to do with the accident.

2　次の各文の（　）内にあてはまる最も適切な語句を下の語群から選べ。

(1)　I have lost my bag, so I must buy (　　).

(2)　To know is one thing ; to practice is (　　).

(3)　She has two cats ; one is white and (　　) is black.

(4)　The population of Tokyo is larger than (　　) of Osaka.

(5)　My family is larger than (　　).

〈語群〉

that, one, other, another, the other, you, it, yours

3　次の各文の（　）内から適切な語句を選べ。

(1)　I have a cat.　(Their, It's, Its) eyes are large.

(2)　Please help (you, him, yourself, your) to the cookies.

(3)　I could not make (me, I, myself) understood in English.

(4)　I have two brothers.　(One, Others, Some) is a doctor and (one, other, the other, another) is a teacher.

(5)　This apple is bad.　May I have (one, another, other)?

(6)　(Both, Each, Every) of them has his or her just claims.

B

1 次の各文に誤りがあれば訂正せよ。

(1) You can borrow an umbrella if you need this.
(2) She invited her some friends to her wedding.
(3) Every of those houses has a little garden.
(4) It was her who bought these flowers for Tom.
(5) I will call on you again the other day.
(6) Both of you must listen carefully to what another says.
(7) All you have to do are to fill out the card.
(8) Your both hands are clean.

2 次の各文の（ ）内に適当な語を補い，英文を完成させよ。

(1) 彼女は家に帰る途中で，おじさんを訪ねました。
She visited her uncle on (　　) way home.
(2) 彼の作法は紳士のものだった。
His manners were (　　) of a gentleman.
(3) その会合は3か月ごとに開かれる。
The meeting is held (　　) three months.
(4) ペンか鉛筆を貸してください。どちらでも結構です。
Lend me a pen or a pencil. (　　) will do.
(5) 彼はやぶに隠れた。
He hid (　　) in the bushes.

3 次の各文の（ ）内から適切な語句を選び，記号で答えよ。

(1) You can just call (ア. I　イ. my　ウ. me) Bob.
(2) He is a friend of (ア. mine　イ. my　ウ. me).
(3) It is impossible to tell when (ア. another　イ. the other　ウ. other) earthquake will occur.
(4) Those two boys helped (ア. each other　イ. one another　ウ. each another).
(5) On my last visit to Tokyo I enjoyed (ア. time　イ. me　ウ. there　エ. myself) very much.
(6) I looked for George and Mike, but I found (ア. none　イ. both　ウ. neither) of them.

4　次の各文の日本文を参考に（　）内の語を並べかえたとき，足りない語が一語ある。それを補って英文を完成させよ。ただし，文頭にくる語も小文字にしてある。

(1)　誰もあの山に登った者はいない。
(climbed, mountain, have, that).

(2)　彼の両親が両方とも存命であるわけではない。
(not, parents, alive, his, of, are).

(3)　私は彼女の兄弟のどちらも嫌いだ。
(brothers, I, her, like, of).

§19 名　詞

▶ 名詞の種類

名詞は大きく**「数えられる名詞**（可算名詞[C]）**」**と**「数えられない名詞**（不可算名詞[UC]または[U]）**」**の２種類に分けられ，さらに名詞の表す意味によって，次の表のように５つに分類することができる。

数えられる名詞	**普通名詞**	book「本」，table「テーブル」，tree「木」，doll「人形」，country「国」，animal「動物」など
	集合名詞	family「家族」，nation「国家」，class「クラス」，committee「委員会」，audience「聴衆」など
数えられない名詞	**固有名詞**	Paris「パリ」，Japan「日本」，Tom「トム」，Kyoto「京都」など
	物質名詞	air「空気」，butter「バター」，snow「雪」，iron「鉄」，money「お金」など
	抽象名詞	love「愛」，joy「喜び」，pride「誇り」，success「成功」，life「人生」など

※ money は量を表す物質名詞であるのに対し，yen「円」や dollar「ドル」は金額の単位であり，数えられる名詞である。ただし，yen は複数形も同形で s がつかないのに対して，dollar は -s がつく（two thousand yen／ten dollars）。

Practice

名詞

127 次の名詞のうち，種類の違うものを１つ選び，記号で答えよ。

(1) ア. dog　イ. paper　ウ. table　エ. desk
(2) ア. snow　イ. iron　ウ. money　エ. teacher
(3) ア. peace　イ. love　ウ. kindness　エ. audience
(4) ア. water　イ. tea　ウ. pride　エ. sugar

語彙　(3)　peace「平和」，audience「聴衆」

▶普通名詞

key Sentence

500. **A girl** spoke to me.
（少女が私に話しかけてきた）

501. We enjoy reading **books.**
（私たちは読書を楽しむ）

502. **The dog** is a faithful animal.
（犬は忠実な動物だ）

同じ種類の生物や物に共通して用いられる名前を**普通名詞**という。たとえば，Tokyo Station といえば特定の駅を表すが，station といえばどこの駅にもあてはまり，1つ，2つ…と数えることができる。

500. 普通名詞の単数形には原則として冠詞（a，an，the）か，それに代わる my, your などの語をつける。

501. 2つ以上のものを表す普通名詞は，**複数形**という特別な形をとる。冠詞は特定のものをさす場合は the をつけ，その他は冠詞をつけない。

a book（1冊の本）――→　books　（2冊以上の本）
the book（その本）――→ the books（2冊以上の特定の本）
my book（私の本）――→ my books（2冊以上の私の本）

502. 「冠詞＋単数普通名詞」,「無冠詞の複数普通名詞」で**同じ種類のもの全体**を表すことがあり,「〜というものは」となる。The dog は, A dog でも Dogs でもよい。

Advance

○ **The pen** is mightier than the sword.
（ペンは剣よりも強し）

「the＋普通名詞」→抽象名詞に転用されることがある。

The pen はペンそのものではなく「文」を，the sword は剣そのものより「武」を表し,「文は武よりも強し」という内容である。その他の例として from the cradle to the grave は「ゆりかごから墓場まで」より「生まれてから死ぬときまで」という内容を表す。

Open Sesame

数えられる名詞の単数形には必ず冠詞がつく！

a book, an egg, the desk のように数えられる名詞の単数形には，必ず a〔an〕か the がつく。my, his, this, no などがつくときは，冠詞はつけない。

(×)　This is a my book.

（a と my を指して）両方つくことはない。

Practice

128 次の各文の（　）内から適切な語を選び，記号で答えよ。

(1) Some balls (ア. is　イ. are) missing.

(2) Twenty miles (ア. is　イ. are) a long distance for a child.

★(3) A number of traffic accidents (ア. happen　イ. happens) every day.

★(4) The number of traffic accidents (ア. is　イ. are) increasing.

(3), (4)　a number of と the number of の違いに注意しよう（☞ §16「形容詞」**Advance** ●**many のその他の用法**●）。

語彙　(2)　distance「距離」

(4)　traffic accident「交通事故」

▶集合名詞

key Sentence

503. He has a large **family**.
（彼のところは大家族だ）

504. Fifty **families** live in that village.
（50 世帯があの村に住んでいる）

505. His **family** are all fond of sports.
（彼の家族の者は皆スポーツが好きだ）

集合名詞とは，物や生物が集まってつくった 1 つのまとまりに対してつけられた名前である。その用法には，①集合体を 1 単位として見る場合と，②集合体の構成要素の一つひとつを見る場合とがある。①の場合は普通名詞と同様の扱いになるが，②の場合は形は単数でも複数として扱われるので注意が必要である。

503. この場合，family の**規模を問題**にしており，集合体を 1 つのまとまりと考えるので**単数扱い**になる。

504. この場合，family を**一世帯というまとまり**として捉えており，a family で単数扱いとなる。世帯が複数ある場合は -s をつけて複数にする。

505. この場合，**family の中の一人ひとりを問題**にしており，集合名詞は形は単数でも**複数として扱われる**（ただし，米語では単数扱いとなることも多い）。

このような名詞は他に，audience，class，nation，team などがある。

※ **people** は**「人々」**の意味になるのは②の用法の場合で**複数扱い**だが，①の用法の場合は以下のような意味になる。

The Americans are a sociable people.――a people（**国民**）
（アメリカ人は社交的な国民である）
There are many different peoples in Asia.――peoples（**民族**）
（アジアには異なる民族がたくさんいる）

Practice

129 次の各文の（　）内から適切な語を選び，記号で答えよ。

(1) Some (ア. family　イ. families) live in this building.
(2) His family (ア. is　イ. are) all very well.
(3) The audience (ア. was　イ. were) all moved by his speech.
★(4) It is said that the Japanese (ア. is　イ. are) a hardworking people.

集合名詞では，個々のメンバーを考えるときは単数形でも複数扱いとなる。
語彙　(3) move「感動させる」

▶固有名詞

key Sentence

506. London is the capital of **Great Britain.**
（ロンドンはイギリスの首都である）

507. **The Sumida** flows through Tokyo.
（隅田川は東京を流れている）

508. **The English** are a polite people.
（英国人は礼儀正しい国民である）

固有名詞は地名・人名などのようにただ１つしかないものにつけられた名前のことである。特徴として，
①文中のどこにあっても大文字で書き始める。
②原則として a〔an〕はつけない。つまり，複数形にしない。

506. 国名，地名，人名などは a や the をつけない。ただし，国名でも the United States of America「アメリカ合衆国」や the People's Republic of China「中華人民共和国」のような場合は the をつけるので注意が必要である。

507. the Sumida は河川の名前なので，the をつける。このように固有名詞に the をつけるのは，次のような場合である。
①河川・海洋・海峡・運河・半島の名
the Shinano「信濃川」，the Pacific「太平洋」，the English Channel「イギリス海峡」，the Suez Canal「スエズ運河」，the Noto Peninsula「能登半島」など
②地域の名
the Caucasus「コーカサス」，the Ginza「銀座」など
③公共建築物
the British Museum「大英博物館」，the Red Cross Hospital「赤十字病院」など
④船・乗物
the Queen Elizabeth「クイーンエリザベス号」，the Hikari「ひかり号」など
⑤刊行物
the Mainichi「毎日新聞」，the Newsweek「ニューズウィーク」など
⑥山脈・群島の名
the Alps「アルプス山脈」，the West Indies「西インド諸島」など

508. the English で「英国人」全般を指す。この場合，複数扱いとなるので，述語動詞には are が使われている。the Americans「アメリカ人〔全般〕」，the Japanese「日本人〔全般〕」なども同様で，いずれも複数扱いとなる。

Advance

○ **A Mr. Tanaka** came to see you in your absence.
(田中さんという人があなたの留守中にいらっしゃいました)

Mr. Tanaka は，本来固有名詞であるが，a をつけることによって**「田中という名前の人」**という意味の普通名詞にすることができる。同様の用法として次のものがある。

①同じ固有名詞が2つ以上あるとき

There are three **Satos** in this class.（このクラスには，佐藤が3人いる）

②「〜家の人」の意味を表すとき

His wife was **a Tokugawa**.（彼の妻は徳川家の人であった）

③「〜のような人・場所」の意味を表すとき

He is **an Edison**.（彼はエジソンのような人〔大発明家〕である）

④「〜の製品・作品」の意味を表すとき

Our car is **a Ford**.（私たちの車はフォード〔社製〕である）

Practice

130 次の英文を和訳せよ。

(1) He wants to be a Soseki some day.

(2) I bought a Picasso.

固有名詞につくaの意味は？

▶物質名詞

key Sentence

509. **Bread** is made from **wheat.**

（パンは小麦から作られる）

510. I want a cup of **coffee** and two slices of **bread.**

（私はコーヒー1杯とパン2枚が欲しい）

511. **A fire** broke out.

（火事が起こった）

物質名詞は一般的にいうと物体の材料となるもので，一定の形をもっていないものを表す名前である。

①材料・原料を表すもの

wood「木材」，stone「石材」，wool「羊毛」，glass「ガラス」，paper「紙」，iron「鉄」，copper「銅」，coal「石炭」など

②食料を表すもの

rice「米」，meat「食肉」，butter「バター」，milk「牛乳」，sugar「砂糖」，salt「塩」，bread「パン」，wheat「小麦」など

③液体・気体・自然現象を表すもの

snow「雪」，rain「雨」，fog「霧」，water「水」，air「空気」，smoke「煙」，gas「ガス」，fire「火」，gasoline「ガソリン」など

④その他

money「お金」，chalk「チョーク」，soap「石けん」，time「時間」，sand「砂」，light「光」など

509. bread, wheat など物質名詞は数えることができないので複数形にすることもない。したがって，動詞は**いつも単数扱い**となる。

また，物質名詞の量を表すには，**much**「多くの」，**some**「いくらかの」，**a little**「少しの」，**little**「ほとんど〜ない」，**no**「まったく〜ない」などの形容詞を名詞の前に置く。このような形容詞がついても物質名詞は**常に単数扱い**である（☞ **§16「形容詞」key Sentence 426〜428**）。

510. coffee, bread は物質名詞なので，a coffee, two breads ということはできない。そこで cup「杯」，slice「枚」という単位を用いて，その部分を複数形にして表す。他に次のような表現がある。

単　数　形		複　数　形	
a cup of tea	「1 杯のお茶」	two cups of tea	「2 杯のお茶」
a bottle of wine	「ブドウ酒 1 本」	three bottles of wine	「ブドウ酒 3 本」
a slice of bread	「パン 1 切れ」	four slices of bread	「パン 4 切れ」
a sheet of paper	「紙 1 枚」	ten sheets of paper	「紙 10 枚」
a piece of chalk	「チョーク 1 本」	five pieces of chalk	「チョーク 5 本」

※会話表現では，two cups of tea を，Two teas, please. という場合がある。

511. fire「火」は本来物質名詞であるが，a をつけて「火事」を意味する普通名詞として用いられる。他に次のようなものがある。

〈物質名詞〉		〈普通名詞〉	
copper	「銅」	a copper	「銅貨」
glass	「ガラス」	a glass	「コップ」
iron	「鉄」	an iron	「アイロン」
light	「光」	a light	「あかり」
paper	「紙」	a paper	「新聞」
stone	「石材」	a stone	「石ころ」
wood	「木材」	a wood	「森」

Practice

131 次の各文の（　）内から適切な語句を選び，記号で答えよ。

(1) I need a lot of (ア. money　イ. moneys) to go abroad.

(2) There was (ア. few　イ. little) water left in the bottle.

(3) Put two (ア. spoonful　イ. pieces　ウ. spoonfuls) of sugar in my coffee.

★(4) She bought (ア. a furniture　イ. a piece of furniture).

(5) Will you give me some (ア. informations　イ. information)?

(6) That bridge is built of (ア. a stone　イ. stone　ウ. the stone　エ. the stones).

物質名詞は数えられないため，数えるためには単位を表す単語が前につく。

(4) furniture「家具」は数えられない名詞

(5) information「情報」も数えられない名詞

Practice

132 次の語句に続く単語を下の**ア〜オ**から選び，記号で答えよ。ただし，同じものを２度用いてはいけない。

(1) two glasses of　(2) a sheet of　(3) three cups of

(4) a pair of　(5) two slices of

ア. paper　イ. coffee　ウ. milk　エ. bread　オ. scissors

▶抽象名詞

key Sentence

512. **Honesty** is the best policy.
（正直は最善の方策）

513. He is a man **of importance**.
（彼は重要人物である）

抽象名詞は形や実体がないものにつけられた名前である。形がないものだから，物質名詞と同じように複数にすることも，a，an をつけることもできない。量を表すときは物質名詞と同様 much，a little, little などを前につける。

①形容詞から派生したもの

happy	「幸福な」	⟶	happiness	「幸福」
free	「自由な」	⟶	freedom	「自由」
long	「長い」	⟶	length	「長さ」
deep	「深い」	⟶	depth	「深さ」
silent	「沈黙した」	⟶	silence	「沈黙」
honest	「正直な」	⟶	honesty	「正直」
poor	「貧しい」	⟶	poverty	「貧乏」

②動詞から派生したもの

think	「思う」	⟶	thought	「思想」
live	「生きる」	⟶	life	「生命・生活」
choose	「選ぶ」	⟶	choice	「選択」
see	「見る」	⟶	sight	「視覚」
arrive	「到着する」	⟶	arrival	「到着」
believe	「信じる」	⟶	belief	「信仰」
succeed	「成功する」	⟶	success	「成功」
obey	「従う」	⟶	obedience	「服従」
differ	「異なる」	⟶	difference	「相違」

③普通名詞から派生したもの

child	「子ども」	⟶	childhood	「子ども時代」
friend	「友人」	⟶	friendship	「友情」
hero	「英雄」	⟶	heroism	「英雄的資質」
slave	「奴隷」	⟶	slavery	「奴隷制度」

512. honesty は抽象名詞なので，an はつかず複数になることもない。

513. **「of＋抽象名詞」**で**形容詞と同じ意味**になる。この場合，**of importance＝important となる**。**of ability＝able**「有能な」，**of wealth＝wealthy**「富裕な」，**of use＝useful**「役に立つ」，**of no use＝useless**「無益な」など。

また，「with（または in，by，on）＋抽象名詞」で副詞と同じ意味になることもある。

with ease＝easily「やすやすと」，in haste＝hastily「急いで」，with care＝carefully「注意深く」，on purpose＝purposely「わざと」など。

Advance

○ Kindness is **a virtue**.

（親切は 1 つの美徳である）

virtue は「美徳」という意味の抽象名詞であるが，具体的な事柄を表す場合には普通名詞として扱われ，単数形に a がつくことがある。複数になることもある。

Virtue has its own reward.……〈抽象名詞としての用法〉

(美徳にはおのずから報いがある)

Practice

133　次の単語の名詞形を書け。

(1)　happy　(2)　important　(3)　silent　(4)　private

(5)　believe　(6)　deny　(7)　exist　(8)　ignore

語彙　(6)　deny「否定する」　(7)　exist「存在する」

(8)　ignore「無視する」

▶名詞の性

key Sentence

514. My **father** is an **actor**, and my **mother** is an **actress**.

(うちの父は男優で，母は女優だ)

515. My child is very tall. **He** is taller than I.

(うちの子はとても背が高い。彼は私より背が高い)

516. My desk is very old, but I love **it**.

(私の机はとても古いが，気に入っている)

名詞には，**男性名詞**，**女性名詞**，**通性名詞**，**中性名詞**の 4 つの「性」がある。

①男性名詞…男性を表し，he で受ける。

father，brother，son，actor など

②女性名詞…女性を表し，she で受ける。

mother，sister，daughter，actress など

③通性名詞…男女どちらにも使え，その時々に合わせて性を使い分ける。

student，child など

④中性名詞…性の区別のないもので，it で受ける。

flower，desk など（人間でないもの）

514. father，mother はそれぞれ男性名詞，女性名詞であり，それぞれ he，she で受ける。

男性名詞と女性名詞は，その他次のようなものがある。

①別の単語を使う例

husband「夫」—wife「妻」, brother「兄弟」—sister「姉妹」, son「息子」—daughter「娘」, nephew「おい」—niece「めい」, king「王」—queen「女王」

②性を表す語を語頭につける例

boyfriend「男友達」—girlfriend「女友達」, manservant「下男」—maidservant「女中」

③女性を表す -ess を語尾につける例

actor「男優」—actress「女優」, host「主人」—hostess「女主人」, prince「王子」—princess「王女」, waiter「給仕」—waitress「女給仕」

④その他の例

hero「主人公」—heroine「女主人公」, bridegroom「花婿」—bride「花嫁」

515. 「うちの子」が男の子の場合の文であり，he で受ける。もし女の子であれば she で受ける。

516. 性のない「机」は it で受ける。

▶名詞の規則的な複数形

key Sentence

517. The **ladies** dress up when they attend a party.
(婦人たちはパーティーに行くときに着飾る)

518. The garden was covered with fallen **leaves**.
(庭は落ち葉で覆われていた)

数えられる名詞は，語尾に -s をつけることによって複数形にすることができるが，-s をつける際には次のような規則がある。

単数 → 複数	発音のしかた
a cup「茶わん」 → cup**s** a cat「ねこ」 → cat**s** a month「月」 → month**s**	単数の語尾が無声音 [f][k][t][p][θ] のあとは [s] と発音する。
a dog「犬」 → dog**s** a flower「花」 → flower**s** a building「建物」 → building**s**	単数の語尾が有声音（母音および [b][g][z][l][m][n][ŋ]）のときは原則として [z] と発音する。
a class「クラス」 → class**es** a bench「ベンチ」 → bench**es** a dish「皿」 → dish**es** a box「箱」 → box**es**	単数の語尾が [s][z][ʃ][ʒ][tʃ][dʒ] の音で終わるときの -es は [iz] と発音する。

その他にも次のようなきまりがある。

①語尾が y で終わる名詞の複数形

子音字＋y ──────────→ **y をとって -ies をつける。**

a baby「赤ん坊」 → bab**ies**

a family「家族」 → famil**ies**

母音字＋y ──────────→ **そのまま -s をつける。**

a boy「少年」 → boy**s**

a day「日」 → day**s**

②語尾が o で終わる名詞の複数形

子音字＋o ──────────→ **そのまま -es をつける。**

a tomato「トマト」 → tomato**es**

a potato「ジャガイモ」 → potato**es**

※例外

a piano「ピアノ」 → piano**s**

a photo「写真」 → photo**s**

a solo「独唱」 → solo**s**

母音字＋o ──────────→ **そのまま -s をつける。**

a radio「ラジオ」 → radio**s**

a zoo「動物園」 → zoo**s**

③語尾が f，fe で終わる名詞の複数形

-f，-fe ──────────→ **-f，-fe をとって -ves をつける。発音は**［vz］

a knife「ナイフ」 → kni**ves**

a leaf「葉」 → lea**ves**

a life「生命」 → li**ves**

※例外（-s となる場合の発音は［fs］である）

a roof「屋根」 → roof**s**

a handkerchief「ハンカチ」→ handkerchief**s**

a chief「首領」 → chief**s**

a safe「金庫」 → safe**s**

※上にあげた規則の例外としては他に次のようなものがある。

cloth「布」は -th だが，clothes「衣服」は［klouz］と発音する。

stomach は -ch だが，stomachs は［stʌ́məks］と発音する。

house は -s をつけて複数になるが，発音は［háuziz］となる。

※ y で終わる名詞の複数形の規則は，次の場合にも適用できる。

①動詞に 3 人称・単数・現在の s をつける場合。

②動詞に -ed をつける場合（規則変化の場合）。

③形容詞の比較級・最上級をつくる場合。

④形容詞に -ness，-ly をつける場合。

517. lady は「子音字＋y」なので，y をとり -ies をつけて複数にする。

518. leaf は -f で終わるので，f をとり -ves をつけて複数にする。

Open Sesame

-s，-ss，-sh，-ch，-x で終わる名詞には -es をつける！

複数形をつくるとき，a　bench → benches のように語尾が -ch などの名詞には -es をつける。

Practice

134　次の名詞の複数形を書け。

(1) hand　(2) lake　(3) life　(4) dish　(5) leaf

(6) studio　(7) roof　(8) piano　(9) fly　(10) thief

語尾が -s，-sh，-ch，-x，-y，-o，-f，-fe の単語は注意が必要！

▶名詞の不規則な複数形

key Sentence

519. The **children** brush their **teeth** every morning.
（子どもたちは毎朝歯を磨く）

520. There are a lot of **deer** in Nara.
（奈良にはたくさんの鹿がいる）

521. My **shoes** are worn out.
（私の靴はすり減った）

①母音が変化するもの

a man「男」 → m**e**n　　a woman「女」 → wom**e**n

a tooth「歯」 → t**ee**th　　a foot「足」 → f**ee**t

a mouse「はつかネズミ」→ m**ic**e　　a goose「がちょう」→ g**ee**se

a fireman「消防士」 → firem**e**n

※ woman[wúmən] と women[wímìn] に気をつけよう。

②語尾に -en，-ren をつけるもの

an ox「雄牛」 → ox**en**　　a child「子ども」 → child**ren**

③単数・複数が同形のもの

fish「魚」　　Japanese「日本人」
goldfish「金魚」　　Chinese「中国人」
sheep「羊」　　means「手段」
deer「鹿」　　hundred「百」

※ hundred は単位としてではなく，hundreds of「何百という」のときは複数形になる。

④外来語の複数形

a medium「中間物」 → medi**a**　　a datum「資料」 → dat**a**
a crisis「危機」 → cris**es**
a maximum「最大限」 → maxim**a**
an emphasis「強調」 → emphas**es**
a phenomenon「現象」 → phenomen**a**

⑤複合名詞の複数形

a father-in-law「義父」 → father**s**-in-law
a stepchild「まま子」 → stepchild**ren**
a passer-by「通行人」 → passer**s**-by
a woman doctor「女医」 → wom**e**n doctor**s**

⑥常に複数形の名詞

gloves「手袋」　　scissors「はさみ」
trousers「ズボン」　　chopsticks「はし」
socks「くつ下」　　glasses「メガネ」
mathematics「数学」　　physics「物理学」
politics「政治学」　　statistics「統計学」
pajamas「パジャマ」　　news「ニュース」

⑦単数と複数で意味の違う名詞

air「空気」 → airs「気どり」
good「善・利益」 → goods「商品」
physic「医術」 → physics「物理学」
sand「砂」 → sands「砂浜」
water「水」 → waters「湖・海」

⑧複数形で新しい意味が加わる名詞

letter「文字・手紙」 → letters「文字・手紙・**文学**」
pain「苦痛」 → pains「苦痛・**ほねおり**」
custom「習慣」 → customs「習慣・**関税**」
manner「方法」 → manners「方法・**行儀作法**」

519. child[tʃaild] の複数形は語尾に -ren がついて children[tʃíldrən] となる。tooth[tuːθ] の複数形は母音が変化して teeth[tiːθ] となる。

520. deer は単数・複数が同形の単語である。

521. shoes は通例複数形で用い，複数扱いとなる。ただし，くつ 1 足は a pair of shoes（**単数扱い**），くつ 2 足は two pairs of shoes（**複数扱い**）となる。

Practice

135 次の名詞の複数形を書け。

(1) woman　★(2) brother-in-law　(3) fish　(4) tooth
(5) deer　(6) Japanese　★(7) medium　★(8) phenomenon

語彙　(2) brother-in-law「義理の兄(弟)」　(5) deer「鹿」
(7) medium「中間物」　(8) phenomenon「現象」

▶名詞の所有格

key Sentence

522. The **girl's** name is Judy.
（その少女の名前はジュディです）

523. Have you ever seen one of **Shakespeare's** plays ?
（シェイクスピアの劇を見たことがありますか）

名詞の所有格には次のような原則がある。

①生物を表す名詞の所有格は名詞に 's をつけてつくる。

②無生物を表す名詞や複雑な名詞については，「of ～」の形で所有格を表す。

③所有格は原則として**「～の」**という所有を表し，名詞の前において形容詞のような働きをする。

上記の原則以外の場合を以下に示す。

a．擬人化された名詞に

Nature's law「自然の法則」，**Japan's** history「日本の歴史」など

b．時・距離・重量・価値などを表す名詞に

today's paper「今日の新聞」，an **hour's** work「1 時間の仕事」，ten **minutes'** walk「徒歩 10 分」など

c．慣用句の中の名詞に

for **God's** sake「後生だから」, at **one's wit's〔wits'〕** end「途方に暮れて」, to **one's heart's** content「思うぞんぶん」など

※所有格と a, an, this, that, some, any, no などを同時に並べることはできない。

（×）this my uncle's house　　　　（○）this house of my uncle's

522. **所有者を表す用法**である。name の持ち主が the girl であることを示している。

523. **著者・発明者を表す用法**である。play「劇」が Shakespeare の作品であることを示している。

key Sentence

524. Ten **minutes'** walk brought me to the park.
（10 分歩くと公園に着いた）

525. The girl was sent to a **children's** hospital.
（その少女は小児科病院に送られた）

524. 無生物主語構文の主語としての walk「歩き」を, ten minutes'「10 分の」が修飾している。また, このように -s で終わる複数名詞の所有格は末尾にのみ ' をつける（☞ **§14「特殊構文」key Sentence 364**）。

単数名詞の所有格……girl's「少女の」

複数名詞の所有格……girls'「少女たちの」

525. **目的・用途を表す用法**である。**ladies'** hats「婦人の（ための）帽子」, **a girls'** school「女学生の学校」なども同様である。

key Sentence

526. His **father's** death was a great shock to him.
（父親の死は彼には大きな衝撃だった）

527. They hurried to the **boy's** rescue.
（彼らは急いで少年の救助に向かった）

528. I am going to the **barber's**.
（私は理髪店に行くところだ）

526. **主語を表す用法**である。death「死」の主語が his father であることを示している。**Father's** arrival「父の到着（父が到着する）」, **Tom's** success「トムの成功（トムが成功する）」なども同様である。

527. **意味上の目的語を表す用法**である。rescue の対象（目的）が the boy であることを示している。his **son's** education「彼の息子の教育（彼の息子を教育すること）」も同様である。

528. the barber's の次の shop が省略されて，所有格が名詞のように「〜のもの」という意味で独立して用いられることがある。これを**所有格の独立用法**という。

Practice

136 次の各組の文中の下線部の違いを説明せよ。

(1) a．This dog is larger than my son.
　　b．This dog is larger than my son's.

(2) a．Show me Tom and John's desk.
　　b．Show me Tom's and John's desks.

(3) a．The late Kennedy's addresses are unforgettable.
　　b．Who could predict President Kennedy's murder ?

語彙　(3)　late「亡くなった」，unforgettable「忘れられない」，predict「予測する」，murder「殺人」

問題演習

A

1 次の名詞の複数形を書け。

(1) egg (2) life (3) man (4) bench (5) baby (6) class
(7) ox (8) country (9) chimney (10) potato (11) roof (12) tooth

2 次の各単語の意味を表す語句を下の**ア〜コ**から選び，記号で答えよ。

(1) dentist (2) clinic (3) nurse (4) tooth (5) patient
(6) disease (7) health (8) blood (9) medicine (10) AIDS

ア. a person who is trained to look after sick people or young children
イ. something given to a sick person in order to make him better
ウ. the red liquid which flows through the body
エ. a person who fills or removes bad teeth and fits man-made ones
オ. a sick person, a person treated by a doctor or a nurse
カ. a very serious disease caused by a virus
キ. illness, or unhealthy condition
ク. a place where people go for medical advice or care
ケ. the condition of a person's body or mind
コ. each of the sharp bone-like points in the mouth used for breaking up food

B

1 次の各組の文がほぼ同じ意味になるように，(　) に適語を記入せよ。

(1) He first visited New York at that time.
That was his (　　) (　　) (　　) New York.

(2) Meg swims very well.
Meg is a very (　　) (　　).

(3) They have a lot of snow in Hokkaido.
(　　) (　　) a lot in Hokkaido.

2　次の各組の英文がほぼ同じ意味になるように，(　) に適語を記入せよ。

(1)　We perfectly agree with him on that point.
We are in perfect (　　) with him on that point.

(2)　The robber ran away when he saw a policeman.
The robber ran away at the (　　) of a policeman.

(3)　I am certain that he is innocent.
I am certain of (　　) (　　).

3　次の各文に誤りがあれば訂正せよ。

(1)　I had my hair cut at the barber.

(2)　The English is a conservative people.

(3)　There are ten oxes and five sheeps.

(4)　The room's window was opened by a girl.

(5)　Mathematics are not my favorite subject.

(6)　His watch is better than my sister.

★4　次の各文は人体の一部を定義したものである。例にならって定義された語を複数形にして書け。

(例) An organ by which an animal is able to see or sense light.

答；eyes

(1)　The part of the leg that rests on or touches the ground, floor, etc., in standing or walking.

(2)　The joint at which the human thigh and lower leg come together.

(3)　Each of the hard white structures rooted in the gums, used for biting and chewing things.

(4)　The front part of the head above the eyes.

(5)　Layer of horny substance over the outer tip of a finger or toe.

§20 冠 詞

▶不定冠詞

key Sentence

529. I am writing **a** letter to **an** old friend of mine.
（私は旧友に手紙を書いているところだ）

530. **A** dog is **a** faithful animal.
（犬は忠実な動物である）

531. Birds of **a** feather flock together.
（同じ羽の鳥はいっしょに集まる――類は友を呼ぶ）

532. I go to the dentist's twice **a** week.
（私は週に２度歯医者に行く）

533. What he says is true in **a** sense.
（彼の言っていることはある意味では本当だ）

不定冠詞 a〔an〕には「**１つの**」という意味があり，数えられる名詞（普通名詞と集合名詞）の単数形の前には原則として必ずつけられる。不定冠詞につづく単語の**最初の音**が**子音**の場合には **a** が用いられ，**母音**の場合は **an** が用いられる。
※母音とは[**a**][**i**][**u**][**e**][**o**]などの音や，母音が組み合わさってできた音のことで，それ以外は子音である。

a house「１軒の家」　　**an orange**「１個のオレンジ」
a dictionary「１冊の辞書」　　**an American**「１人のアメリカ人」
an hour [áuə*r*]「１時間」
a university [juːnivə́ː*r*siti]「１つの大学」

a にするか **an** にするかは，次につづく語の発音によるもので，つづりには関係ない。

529. **「１つの，１人の」**という意味を表す。ふつうは日本語に訳さなくてもよい。
530. **「～というもの」**という意味で種類全体を表す。なお，人間全体を表す場合は，無冠詞単数形の man を用いる。
Man is mortal.（人間は死ぬものだ）
531. **「同じ，同一の」は the same** の意味を表す。
532. **「～につき，～ごとに」は per** の意味を表す。
533. **「ある～」は a certain** の意味を表す。

Open Sesame

〈a〔an〕＋単数名詞〉か複数名詞で，種類全体を表す！

① An apple ripens in fall.　①〜③はどれも「リンゴは秋に熟する」
② The apple ripens in fall.　※③が最もふつうである。
③ Apples ripen in fall.

▶定冠詞

key Sentence

534. Once there lived a king. **The** king was violent.
（かつて１人の王様が住んでいた。その王は暴力的であった）

535. Please pass me **the** salt.
（塩をとってください）

定冠詞 the は**「その〜」**という意味をもち，前に出てきた名詞や，話している者どうしで何を指すかわかっている物や事柄の前につけられる。定冠詞は単数形・複数形どちらにも用いられる。

the には[ðə]と[ði]の２通りの発音がある。the につづく単語の最初の発音が母音の場合は[ði]と発音され，子音の場合は[ðə]と発音されるのが原則である。これは不定冠詞の a と an の区別と同じようにつづり字によるものではなく発音によるものである。

the book [ðə buk]「その本」
the useful book [ðə júːsfəl buk]「その有益な本」
the apple [ði ǽpl]「そのリンゴ」
the honest boy [ði ánist bɔi]「その正直な少年」

534. **前に出た名詞を繰り返す場合**に使う。
最初の文では，聞き手にとって「王様」は初めて登場するので a king となり，２番目は前文の王を指しているので the king となっている。

535. **何を指すか状況から判断できる場合**に使う。
この場合,「塩」はどの「塩」であるかが，話している人どうしでは判断できる。

key Sentence

536. **The** earth goes around **the** sun.
（地球は太陽のまわりを回っている）

537. **The** book on **the** table is not mine.
（テーブルの上にある本は私のではない）

538. He was **the** first man to discover the land.
（彼はその陸地を発見した最初の人であった）

536. **ただ1つしかない物の場合**に使う。

1つしかないことが誰にでも明白であるものには，theをつける。たとえば，**the** world「世界」，**the** universe「世界，宇宙」，**the** Bible「聖書」，**the** equator「赤道」，**the** air「大気」，**the** sky「空」，**the** sea「海」，**the** east「東」，**the** west「西」，**the** south「南」，**the** north「北」など。

537. **名詞が語・句・節によって修飾される場合**は，聞き手に何を示しているかがわかるのでtheをつける。この場合，on the tableにより修飾されているのでbookにはtheがつく。

538. **名詞に序数詞や最上級の形容詞がつく場合**に使う。

He is **the** tallest boy in his class.……〈最上級の場合〉
（彼はクラスの中で一番背の高い少年だ）

key Sentence

539. He works by **the** week.
（彼は週給で働いている）

540. He caught me by **the** arm.
（彼は私の腕をつかんだ）

539. **〈by＋the＋単位〉で計量の単位を表す場合**に使う。by **the** pound「1ポンド単位で」など（☞ **§15「前置詞」key Sentence 400**）。

540. **身体の部分を表す場合**に使う。

「つかむ」「なぐる」などの行為を受けた人や動物の身体の部分を示す名詞にはtheをつける。

He patted her on **the** shoulder.（彼は彼女の肩をポンとたたいた）

Practice

137　次の各文の（　）内に a, an, the のうち適切なものを補い，英文を完成させよ。

(1)　Tom is (　　) American boy.

(2)　There is (　　) book on (　　) desk.

(3)　His sister likes to play (　　) piano.

(4)　Fred is (　　) tallest boy in his class.

(5)　We work eight hours (　　) day.

聞き手にとって，初めて登場するなら a，何を示すかわかる場合は the となる。

(3)　play，like などに続く楽器名には the を用いる。

▶冠詞の位置

key Sentence

541. He is **a** very kind American boy.
（彼はとても親切なアメリカ人の少年である）

542. I have never seen **such** a beautiful sight.
（私はこんな美しい光景を見たことがない）

543. I was **at a loss** what to do.
（私は何をすればいいのか分からなかった）

541. 冠詞は名詞の前に置かれるが，名詞に形容詞などの修飾語がつくときは**〈冠詞＋形容詞などの修飾語＋名詞〉**となるのが原則である。この場合は，形容詞などの修飾語の最初の音によって **a** か **an** かが決まる。

a boy	（1人の少年）
an American boy	（1人のアメリカ人の少年）
a kind American boy	（1人の親切なアメリカ人の少年）
a very kind American boy	（1人の大変親切なアメリカ人の少年）
an honest[ánist] American boy	（1人の正直なアメリカ人の少年）

542. **(such, quite, rather) ＋a＋形容詞＋名詞**の順番になる。同様に語順に注意したい表現としては，次のようなものがある。

① **all the＋名詞**

All the students were present.（すべての学生が出席していた）

② **both the＋名詞**

Both the parents are dead.（両親は 2 人とも死んでいる）

※この場合, Both parents …あるいは Both of the parents …とすることが多い。

③ **half＋冠詞＋名詞**

He waited for her **half an hour**.（彼は彼女を 30 分待った）

④ **(so, as, too)＋形容詞＋a＋名詞**

I have never seen **so kind a girl**.

（私はそんなに親切な少女に会ったことがない）

543. **at a loss** で**「途方にくれて」**という慣用表現である。冠詞を使う表現としては，**in a hurry「急いで」**，**at a distance「離れて」**，**as a rule「概して」**などもおさえておこう。

▶冠詞の省略

key Sentence

544. **Father** is out now, but **Mother** is in the kitchen.

（父は外出していますが，母は台所にいます）

545. We elected him **chairman** of the meeting.

（我々は彼をその会の議長に選んだ）

544. **father, mother など家庭内の人を表す言葉は固有名詞と同様に考えられるので，冠詞をつけないこともある**。無冠詞のときは文中でも大文字で始める。

545. **官職・身分などを示す名詞が補語として用いられる場合は冠詞はつけない**。

He **was appointed** **principal** of our school.
(He＝S, was＝V, principal＝C)

（彼は私たちの学校の校長に任命された）

その他，次のように用いられる場合も同じである。

①固有名詞の前におかれる場合

King John「ジョン王」，**Professor** Smith「スミス教授」

②固有名詞と同格に用いられる場合

Kawabata, **author** of Yukiguni（「雪国」の著者，川端氏）

また，次のような場合も冠詞をつけない。

●呼びかけになる場合

Waiter, bring me a glass of water.（給仕さん，水を一杯ください）

●食事名・学科名・遊戯名・スポーツ名など

I had **breakfast** at six this morning.（私は今朝 6 時に朝食を食べた）

She is good at **history**.（彼女は歴史が得意である）

●建物，施設などを表す名詞が，その建物でなく，そこで本来行われるべきものを表すとき

I go to **church** every Sunday.（私は毎日曜日教会に〔礼拝に〕行く）

つまり，「教会に行く」というのはその建物を見たりするためではなく，「そこへ礼拝に行く」ことを意味しているのである。go to **the** church は「教会の建物に行く」となる。go to **school**「学校に行く」も同様に the をつけない。

●名詞が a kind〔sort〕 of の次にくる場合

A bat is a kind〔sort〕 of animal.（こうもりは動物の一種である）

●慣用表現

at first「最初は」
at home「在宅中で」
by bus「バスで」
by mail「郵便で」
face to face「面と向かって」
step by step「一歩一歩」
go to sea「船乗りになる」
on foot「歩いて」
young and old「若者も年寄りも」
from head to foot「頭のてっぺんからつま先まで」

at hand「手近に，間近に」
at night「夜に」
by chance「偶然に」
by mistake「まちがって」
rich and poor「金持ちも貧乏人も」
day by day「日ごとに」
day after day「くる日もくる日も」
hand in hand「手に手をとって」

Open Sesame

スポーツ名は無冠詞，楽器名は定冠詞がつく！

He is playing baseball.（彼は野球をしている）

She is playing **the** piano.（彼女はピアノをひいている）

名詞がその本来の目的を表す時は無冠詞！

go to **bed** —— go to **the** bed
（寝る）　　　（ベッドのところへ行く）

go to **church** —— go to **the** church
（教会へ〔礼拝に〕行く）（教会へ〔見物などに〕行く）

Practice

138　次の各文の（　）内の語を並べかえて英文を完成させよ。ただし，文頭にくる語も小文字で示してある。

(1)　He is (to, boy, so, honest, do, too, a).

(2)　(church, Smiths, to, the, go) every Sunday.

(3)　She said (never, she, a, such, met, kind, boy, had).

(4)　He is not (honest, man, as, so, a) you think.

such と so の場合の冠詞の位置に注意しよう。

(4)　as は，as you think と並んで「あなたの考えているような」の意味である。

Practice

139　次の各文に誤りがあれば訂正せよ。

(1)　Don't make a noise, the boys.

★(2)　I held the man by a collar.

★(3)　The man is not God, and mortal.

(4)　Ants work from the morning till the night.

★(5)　He was elected the mayor of this city.

(1)　呼びかけになっている。

(2)　身体の部分を示すときの冠詞は？

(3)　人間全体を表している。

(4)　「朝から晩まで」は慣用句。

(5)　役職名が補語になっている。

語彙　(3)　mortal「死ぬべき運命の」　　(5)　mayor「市長」

問題演習

A

1　次の各文の（　）内に必要ならば a, an, the を入れ，何も入れる必要のない場合は×を記入せよ。

(1) He has (　　) apple in his pocket.
(2) The sun rises in (　　) east.
(3) (　　) English is not (　　) difficult language.
(4) We have just arrived in (　　) England.
(5) A cow is (　　) useful animal.
(6) He takes (　　) walk twice (　　) day.
(7) Is (　　) Mr. West (　　) pilot ?
★(8) This cup is (　　) same size as that one on (　　) table.
(9) Mt. Fuji is (　　) highest mountain in Japan.
(10) My aunt has (　　) good deal of money.
(11) Why are you at home on such (　　) fine weather ?
(12) She had (　　) lot of things to do.
(13) I prefer a life in (　　) town to a life in (　　) country.
(14) (　　) man is (　　) only animal that can talk.

2　次の語句に不定冠詞をつけよ。

(1) (　　) umbrella　(2) (　　) window　(3) (　　) year
(4) (　　) university　(5) (　　) honest man　(6) (　　) ugly face
(7) (　　) open car　(8) (　　) history book

3　次の各文の適切な箇所に適当な冠詞を補って，英文を完成させよ。

(1) We live close to school.
(2) Wool is sold by pound.
(3) What is capital of United States ?
(4) Will you please pass me salt ?
(5) I had lunch with old friend of mine.
(6) After breakfast I went to his house to borrow book.
(7) Necessity is mother of invention.
(8) This is too difficult book for me to read.

B

1 次の各文の（　）内に必要ならばa, theを入れ，何も入れる必要のない場合は×を記入せよ。

(1) There is (　　) fly in (　　) tea.

(2) Do you like (　　) raw fish ?

(3) I want (　　) glass of (　　) milk.

(4) We can't live without (　　) sun.

(5) If you go to (　　) station by (　　) bus, you will be just in time to meet my son.

2 次の各文の（　）内の語を並べかえて英語のことわざを完成させよ。ただし，文頭にくる語も小文字にしてある。

(1) ペンは剣よりも強し。
(is, the, the, pen, sword, than, mightier).

(2) 早起きは三文の得。
(the, the, catches, bird, worm, early).

(3) おぼれる者はわらをもつかむ。
(a, a, man, catch, drowning, straw, at, will).

(4) 手中にある1羽の鳥は林の中の2羽の鳥の値うちがある。
——明日の百より今日の五十
(bird, in, in, bush, the, the, a, is, two, worth, hand).

(5) ローマは1日にして成らず。
(not, day, was, in, built, Rome, a).

3 次の各文に誤りがあれば訂正せよ。

(1) Though he is Englishman, he cannot speak English with ease.

(2) This is too large ship to go up Sumida.

(3) Are you in great hurry ?

(4) He was elected the President of the United States.

(5) We parked our car in the front of the church.

(6) She patted me gently on shoulder.

(7) The airplanes were flying from the north to the south.

(8) That poor laborer lived from the hand to the mouth.

(9) The waiter, bring a glass of water, please.

(10) Father went to the Sannomiya Station by a car after the breakfast.

§21　発音とつづり字

Open Sesame

母音の発音

e	[e]	attend, mention
	[iː]	delete, immediate
	[i]	English, pretty
a	[æ]	act, fancy
	[ei]	ache, nation, creative
	[ɔː]	all, false
	[ə]	about, alone
	[ɑ/ɔ]	swallow, quality
	[e]	many, anybody
i	[i]	literature, skill
	[iː]	antique, machine
	[ai]	knife, crime
o	[ɑ/ɔ]	hot, copper, bomb
	[ou]	bone, only, comb
	[uː]	approve, lose
	[u]	bosom, wolf
	[ʌ]	monthly, stomach
u	[ʌ]	consult, justice, tunnel
	[(j)uː]	stupid, usual
	[uː]	conclusion, flute
	[u]	bull, fully
	[e]	bury
	[i]	busy, business
ea	[iː]	breathe, beach, creature
	[e]	feather, breath
	[ei]	break, great
ee	[iː]	agreement, wheel
ie	[iː]	belief, niece

ei, ey	[ei]	eight, obey
	[iː]	receipt, seize
	[ai]	height, eye
	[e]	leisure
ai, ay	[ei]	praise, payment
	[e]	said, says
oo	[uː]	food, tooth
	[u]	good, hook, wool
	[ʌ]	blood, flood
oa	[ou]	boat, road
	[ɔː]	broad, abroad
au, aw	[ɔː]	audience, lawyer
eu, ew	[(j)uː]	deuce, new
	[ou]	sew
ou, ow	[au]	account, powder
	[ʌ]	enough, country
	[ou]	shoulder, bowl, know
	[uː]	youth, soup
	[ɔː]	bought, thought
	[u]	would, could
ar	[ɑː*r*]	argument, smart
	[ɔː*r*]	reward, warm
er, ir, ur	[əː*r*]	concern, circumstance, disturb
or	[ɔː*r*]	born, organize
	[əː*r*]	worm, worse
ear	[əː*r*]	earth, learn, heard
	[iə*r*]	fearful, beard
	[ɑː*r*]	heart, hearth
	[ɛə*r*]	bear, pear
ere, air, are	[ɛə*r*]	there, affair, bare
eer	[iə*r*]	career
uar	[ɑː*r*]	guard

Practice

140　次の各組の単語で，下線部の発音が違うものをそれぞれ1つずつ選び，記号で答えよ。

(1)　ア．key　イ．clean　ウ．meant　エ．cream　オ．creature

(2)　ア．nurse　イ．guard　ウ．circle　エ．girl　オ．certain

(3)　ア．income　イ．island　ウ．intimate　エ．England　オ．interest

(4)　ア．bosom　イ．nook　ウ．look　エ．wooden　オ．couch

141　次の単語の下線部の発音と違う発音を含む単語を（　）内から1つずつ選び，記号で答えよ。

(1)　grew　（ア．tooth　イ．fruit　ウ．drew　エ．blood）

(2)　bird　（ア．heard　イ．worth　ウ．warm　エ．worse）

(3)　bear　（ア．wear　イ．fear　ウ．pair　エ．bare）

140　(3)　i の発音は[i]，[iː]，[ai]の3通りある。

141　(1)　grew の発音は[gruː]。

(2)　bird の発音は[bəːrd]。[əːr]は口をあまり開かないで，「アー」という。

(3)　bear の発音は[bɛər]。[ɛər]は舌を平たくして「エア」という。

Open Sesame

子音の発音

s	[s]	chase, succeed
	[z]	arise, hesitate, advise
	[ʒ]	treasure, occasionally
	[ʃ]	sure, mansion
c	[s]	license, acid, advice
	[k]	economy, automatic
	[ʃ]	ocean, special

g	[g]	angle, begin
	[dʒ]	agent, emergency
d	[d]	kind, ready
	[dʒ]	procedure, soldier
t	[t]	plant, toy
	[ʃ]	ambition, patience
	[tʃ]	century, question
x	[ks]	box, exercise
	[gz]	examine, exhibit
	[kʃ]	anxious, luxury
z	[z]	zeal, zone
	[ʒ]	azure, seizure
th	[θ]	method, theory, breath, bath
	[ð]	breathe, smooth, bathe
ch	[tʃ]	attach, child
	[k]	character, stomach
	[ʃ]	machine, mustache
gh	[g]	ghost
	[f]	cough, laughter

Practice

142　次の各組の単語で，下線部の発音が違うものをそれぞれ 1 つずつ選び，記号で答えよ。

(1)　ア. character　イ. chief　ウ. chicken　エ. child
(2)　ア. dirt　イ. burn　ウ. heard　エ. beard
(3)　ア. nature　イ. basic　ウ. satisfy　エ. steak
(4)　ア. passed　イ. showed　ウ. picked　エ. photographed
(5)　ア. twentieth　イ. smooth　ウ. breathe　エ. bathe

(1)　ch の発音は[k]，[tʃ]と[ʃ]。
(2)　下線部の発音は[əːr]と[iər]。
(3)　下線部の発音は[ei]と[æ]。
(4)　-ss, -k, -ch, -sh, -ph で終わる動詞の -ed の発音は[t]。
(5)　th の発音は[θ]と[ð]。

Open Sesame

語尾の-(e)s の発音

名詞の複数語尾，3 人称・単数・現在の語尾の -(e)s，名詞の所有格の語尾の -'s

無声音の後	[s]	books，roofs，rat's
有声音の後	[z]	sobs，loves，dog's
[s][ʃ][tʃ][dʒ]の後	[iz]	buses，bushes，reaches，arranges

〈例外〉 house[haus] → houses[hauziz]

語尾の-(e)d の発音

規則動詞の過去・過去分詞形の語尾，形容詞の語尾

[t][d]の後	[id]	wanted，mended
[t]以外の無声音の後	[t]	worked，coughed
[d]以外の有声音の後	[d]	advised，saved
形容詞の語尾の -ed	[id]	naked，wicked，learned

Practice

143 次の単語の下線部の発音と同じ発音を含む単語を（ ）内から 2 つずつ選び，記号で答えよ。

(1) loved　(ア. surprised　イ. pushed　ウ. interested　エ. cried)

(2) knocked　(ア. begged　イ. applied　ウ. pressed　エ. hoped)

(3) decided　(ア. wanted　イ. answered　ウ. ended　エ. wished)

(4) glasses　(ア. lilies　イ. buses　ウ. cakes　エ. dishes)

(5) pianos　(ア. babies　イ. leaves　ウ. desks　エ. roofs)

(聖隷クリストファー大学)

左の語の下線部の発音はそれぞれ以下のようである。

(1) [d]　(2) [t]　(3) [id]　(4) [iz]　(5) [z]

Open Sesame

黙字

wr- で始まる語の w	wrong,　wright
kn- で始まる語の k	knife,　knee
-mb で終わる語の b	climb,　comb
-mn で終わる語の n	autumn, damn
-stle で終わる語の t	castle,　whistle
-ght で終わる語の gh	height,　might
-alk, -alm で終わる語の l	walk,　calm

Open Sesame

予測できるアクセントの位置

①直前の音節にアクセントがあるもの

-cian, -tion, -sion　mu-sí-cian, stá-tion, de-cí-sion

-cial, -tial, -tual　só-cial, es-sén-tial, ác-tu-al

〈例外〉・denial → de-ní-al

-ient, -ience　con-vén-ient, cón-science

-iant, -iance　gí-ant, ap-plí-ance

-ious, -eous　am-bí-tious, spon-tá-ne-ous

-ic, -ics, -ical　do-més-tic, math-e-mát-ics, po-lít-i-cal

〈例外〉・Catholic → Cáth-o-lic

・Arabic → Ár-a-bic

・arithmetic → a-ríth-me-tic

・heretic → hér-e-tic

・lunatic → lú-na-tic

・politics → pól-i-tics

-ible　in-créd-i-ble, tér-ri-ble

-ity, -ety　a-bíl-i-ty, anx-í-e-ty

-ify　grát-i-fy, i-dén-ti-fy

-itude, -itute　át-ti-tude, cón-sti-tute

②終わりから３番目の音節にアクセントがあるもの

-ize　ór-gan-ize, réc-og-nize

〈例外〉・Americanize → A-mér-i-can-ize

・generalize → gén-er-al-ize

-ise　　ád-ver-tise，én-ter-prise

-ite　　áp-pe-tite，fá-vor-ite

-ate　　cél-e-brate，él-e-vate

③それ自体にアクセントがあるもの

-ee　　guar-an-tée，em-ploy-ée

〈例外〉・coffee　→　cóf-fee

・committee　→　com-mít-tee

・Yankee　→　Yán-kee

-eer　　en-gi-néer，vol-un-téer

-oo　　bam-bóo，sham-póo

〈例外〉・cuckoo　→　cúck-oo

-oon　　bal-lóon，ty-phóon

-ique　　tech-níque，u-níque

-igue　　fa-tígue，in-trígue

-ibute　　at-tríb-ute，con-tríb-ute，dis-tríb-ute

-esque　　gro-tésque，pic-tur-ésque

-ental　　fun-da-mén-tal，con-ti-nén-tal

-ology　　bi-ól-o-gy，tech-nól-o-gy

Practice

144　次の各組の単語のうち，1語だけアクセントのある音節の位置が違う単語がある。それぞれ選び，記号で答えよ。

(1)　ア．contribute　イ．individual　ウ．interpret　エ．prefer　オ．enthusiasm

(2)　ア．interpreter　イ．enterprise　ウ．reference　エ．progress　オ．management

(3)　ア．mathematics　イ．artificial　ウ．European　エ．development　オ．satisfactory

(4)　ア．barometer　イ．calendar　ウ．substitute　エ．obvious　オ．purchase

(5)　ア．photograph　イ．constitute　ウ．interesting　エ．intellect　オ．apparent

(PL 学園衛生看護専門学校)

それぞれの単語のアクセントの位置は，次のようになる。

(1)　ア．con-tríb-ute　イ．in-di-víd-u-al　ウ．in-tér-pret
　　エ．pre-fér　オ．en-thú-si-asm

(2)　ア．in-tér-pret-er　イ．én-ter-prise　ウ．réf-er-ence
　　エ．prόg-ress　オ．mán-age-ment

(3)　ア．math-e-mát-ics　イ．ar-ti-fí-cial　ウ．Eu-ro-pé-an
　　エ．de-vél-op-ment　オ．sat-is-fác-to-ry

(4)　ア．ba-róm-e-ter　イ．cál-en-dar　ウ．súb-sti-tute
　　エ．ób-vi-ous　オ．púr-chase

(5)　ア．phó-to-graph　イ．cón-sti-tute　ウ．ín-ter-est-ing
　　エ．ín-tel-lect　オ．ap-pár-ent

Open Sesame

品詞によるアクセントの相違

①名詞では前の音節に，動詞では後の音節にアクセントを置くもの

con-dud	[kάndəkt, kəndʌ́kt]	「行為，導く」
con-test	[kάntest, kəntést]	「争い，争う」
con-trast	[kάntræst, kəntrǽst]	「対比，対比する」
ex-port	[ékspɔː*r*t, ekspɔ́ː*r*t]	「輸出，輸出する」
im-port	[ímpɔː*r*t, impɔ́ː*r*t]	「輸入，輸入する」
ob-ject	[άbdʒikt, əbdʒékt]	「物体，反対する」
pres-ent, pre-sent	[préznt, prizént]	「贈り物，贈る」
pro-duce	[prάd(j)uːs, prəd(j)úːs]	「産物，生産する」
prog-ress	[próugres／prάgres, prəgrés]	「進歩，進歩する」
rec-ord	[rékə*r*d, rikɔ́ː*r*d]	「記録，記録する」
sub-ject	[sʌ́bdʒikt, səbdʒékt]	「主題，服従させる」

〈例外〉　名詞でも動詞でもアクセントの位置に違いがないもの

as-sent	[əsént]	「同意，同意する」
com-ment	[kάment]	「論評，論評する」
con-cern	[kənsə́ː*r*n]	「関係，関係する」
con-sent	[kənsént]	「承諾，承諾する」
sur-prise	[sə*r*práiz]	「驚き，驚かせる」

②形容詞では前の音節に，動詞では後の音節にアクセントを置くもの

ab-sent	[ǽbs(ə)nt, æbsént]	「欠席の，欠席する」
com-pound	[kάmpaund, kəmpáund]	「合成の，合成する」
des-ert	[dézə*r*t, dizə́ː*r*t]	「不毛の，見捨てる」

fre-quent　[fríːkwənt, fri(ː)kwént]　「頻繁な，よく訪れる」
per-fect　[pə́ːrfikt, pə(ː)rfékt]　「完全な，完成する」
re-fuse　[réfjuːs, rifjúːz]　「無価値の，拒絶する」
sus-pect　[sʌ́spekt, səspékt]　「怪しい，疑う」

③名詞では前の音節に，形容詞では後の音節にアクセントを置くもの

com-pact　[kɑ́mpækt, kəmpǽkt]　「契約，小型の」
con-tent　[kɑ́ntent, kəntént]　「内容，満足した」
in-stinct　[ínstiŋ(k)t, instíŋ(k)t]　「本能，生き生きとした」

Practice

145　次の各組の下線部の単語のうち，最も強く発音する音節が異なる組が3つある。その組の番号を答えよ。

(1) There were fifty people present.
Please present my compliments to the professor.

(2) He doesn't regard the rules of the game.
She has great regard for her teachers.

(3) I wonder who that man is.
It is a wonder that she didn't die in the crash.

(4) This admits of no excuse.
Excuse me, but could you tell me the time ?

(5) He is subject to cold.
Violations of the law will subject offenders to fines.

(6) She cast a direct look at me.
Can you direct me to the station ?

(7) Exports exceeded imports last year.
Japan exports to many countries.

(静岡県立大学)

(1) 形容詞[préznt]，動詞[prizént]
(2) 動詞，名詞でともに[rigɑ́ːrd]
(3) 動詞，名詞でともに[wʌ́ndər]
(4) 名詞[ikskjúːs]，動詞[ikskjúːz]
アクセントの位置は同じであるが，発音が異なることに注意する。
(5) 形容詞[sʌ́bdʒikt](名詞と同じ発音，アクセント)，動詞[səbdʒékt]
(6) 形容詞，動詞でともに[dirékt／dairékt]
(7) 名詞[ékspɔːrt]，動詞[ekspɔ́ːrt]

問題演習

A

1 次の単語の下線部の発音が[æ]のものを5つ選び，記号で答えよ。(記号は順に書くこと)

ア. heaven　イ. shave　ウ. individuality　エ. generation
オ. camp　カ. kind　キ. establishment　ク. muscle
ケ. race　コ. partner　サ. gather　シ. ball
ス. fault　セ. international

2 次の各組の単語で，下線部の発音が違うものをそれぞれ1つずつ選び，記号で答えよ。

(1) ア. mouth　イ. shout　ウ. thousand　エ. sound　オ. country
(2) ア. bath　イ. either　ウ. thick　エ. thought　オ. author
(3) ア. steady　イ. meal　ウ. steal　エ. scream　オ. mean
(4) ア. fellow　イ. shallow　ウ. swallow　エ. allow　オ. yellow
(5) ア. Chinese　イ. cheap　ウ. headache　エ. channel　オ. branch

3 次の単語の下線部の発音と同じ発音を含む単語を（　）内から1つずつ選び，記号で答えよ。

(1) enough　(ア. proud　イ. country　ウ. thought　エ. flow)
(2) height　(ア. weight　イ. eight　ウ. freight　エ. knight)
(3) allow　(ア. pillow　イ. dawn　ウ. trout　エ. law)
(4) work　(ア. pork　イ. inform　ウ. girl　エ. heart)
(5) nose　(ア. lose　イ. mouse　ウ. goose　エ. hole)

(6) hand (ア. cut イ. apron ウ. achieve
エ. map)
(7) foot (ア. flood イ. boot ウ. cook
エ. loose)
(8) psychology (ア. physics イ. philosophy ウ. sight
エ. scissors)
(9) thread (ア. though イ. pheasant ウ. phrase
エ. earth)
(10) policeman (ア. wind イ. receive ウ. pirate
エ. mild)

4 次の各組の単語のうち，発音の異なる組み合わせが２つある。その組の記号を答えよ。

ア. allowed――aloud イ. fair――fare
ウ. hate――height エ. one――won
オ. heart――hurt カ. weight――wait
キ. piece――peace

5 次の単語の下線部の発音が[ ]内に示した発音記号と一致する単語を（ ）内から１つずつ選び，記号で答えよ。

(1) cut[ʌ] (ア. account イ. country ウ. obviously
エ. proud)
(2) sit[i] (ア. appreciate イ. education ウ. European
エ. surface)
(3) put[u] (ア. bulletin イ. business ウ. culture
エ. future)
(4) fence[f] (ア. bright イ. caught ウ. though
エ. tough)
(5) shut[ʃ] (ア. achievement イ. architecture ウ. machinery
エ. technique)

6　次の各組の語群のうち，最も強いアクセントの位置が，左の語と同じ音節にある語を（　）内から1つずつ選び，記号で答えよ。

(1) introduce　（ア. consider　イ. remember　ウ. imitate　エ. disappear）

(2) importance　（ア. opposite　イ. ideal　ウ. difficult　エ. beautiful）

(3) enjoy　（ア. pardon　イ. offer　ウ. comfort　エ. suppose）

(4) animal　（ア. passenger　イ. banana　ウ. musician　エ. condition）

(5) paper　（ア. machine　イ. guitar　ウ. orange　エ. hotel）

7　次の単語のうち，第1音節に最も強いアクセントがあるものが5つある。それらの記号を順に答えよ。

ア. ca-reer　イ. op-po-site　ウ. of-fi-cial
エ. ad-vice　オ. in-dus-try　カ. i-de-a
キ. bi-ol-o-gy　ク. Eu-rope　ケ. per-cent-age
コ. in-ter-est-ed　サ. po-lice-man　シ. Pa-cif-ic
ス. com-pe-ti-tion　セ. en-er-gy　ソ. mu-si-cian

8　次の単語の最も強いアクセントのある音節を，記号で答えよ。

(1) po-lice
ア イ

(2) ba-nan-a
ア イ ウ

(3) ex-er-cise
ア イ ウ

(4) spe-cial-ist
ア イ ウ

(5) com-fort-a-ble
ア イ ウ エ

(6) mar-ket
ア イ

(7) man-ag-er
ア イ ウ

(8) back-ground
ア イ

(9) e-co-nom-i-cal
ア イ ウ エ オ

(10) ex-per-i-men-tal
ア イ ウ エ オ

9　次の各文の単語で，下線部の発音と同じ発音を含む単語をそれぞれ**ア**～**エ**から選び，記号で答えよ。

(1) Right after coming home, she took a bath.

ア. breathe　**イ**. feather　**ウ**. throat　**エ**. clothe

(2) Yesterday I had a high fever.

ア. better　**イ**. lens　**ウ**. strength　**エ**. senior

(3) We reserved six seats at an Italian restaurant.

ア. asked　**イ**. reached　**ウ**. wanted　**エ**. pulled

(4) Yuki, my cousin, has been in America since 1984.

ア. rough　**イ**. thought　**ウ**. foul　**エ**. count

10　次の各文の単語で，下線部の発音と同じ発音を含む単語をそれぞれ**ア**～**オ**から1つずつ選び，記号で答えよ。

(1) My brother bathes in the sea almost every day.

ア. breath　**イ**. thorough　**ウ**. worthy　**エ**. months
オ. sympathy

(2) Her husband is a learned man.

ア. wicked　**イ**. watched　**ウ**. complained　**エ**. picked
オ. concerned

(3) The teacher read the letter over and over again.

ア. wheat　**イ**. heal　**ウ**. lean　**エ**. breathe
オ. threat

(4) Our university is close to the station.

ア. museum　**イ**. muscle　**ウ**. hesitate　**エ**. disease
オ. knees

11　次の各組の単語について，下線部の発音が同じものには○，異なっているものには×で答えよ。

(1) massage / private　(2) determine / precise　(3) total / opposite　(4) fought / taught

(5) further / through　(6) weight / height　(7) conclusion / discussion

12 次の各組の単語について，下線部の発音が全部同じであれば○，2つだけ同じであれば△，全部異なる場合は × で答えよ。

(1) ancestor / ancient / anybody
(2) register / gymnasium / energy
(3) create / breakfast / treatment
(4) receive / believe / friendly

13 次の各組の単語のうち，発音が同じものが4つある。それらの番号を答えよ。

(1) dawn——down　(2) loose——lose
(3) pair——pear　(4) allowed——aloud
(5) bold——bald　(6) air——heir
(7) ball——bowl　(8) berry——bury
(9) hard——heard　(10) sweet——sweat

14 次の単語のうち，第2音節を最も強く発音するものが5つある。それらの番号を順に答えよ。

(1) del-i-cate　(2) con-scious　(3) ex-pe-ri-ence
(4) cu-ri-os-i-ty　(5) pho-tog-ra-pher　(6) con-stant-ly
(7) ir-reg-u-lar　(8) cal-en-dar　(9) av-er-age
(10) man-age-ment　(11) vi-o-lin　(12) dis-ap-pear
(13) u-ni-verse　(14) fa-mil-iar　(15) dem-o-crat
(16) en-gi-neer　(17) in-ter-pret-er　(18) pol-i-ti-cian
(19) u-ni-form　(20) char-ac-ter-is-tic

15 次の単語のうち，最も強く発音する音節が第1音節以外にあるものを5つ選び，番号で答えよ。ただし，番号の順は問わない。

(1) dollar　(2) literature　(3) nineteen　(4) comfort
(5) familiar　(6) Europe　(7) demonstrate　(8) guitar
(9) capitalism　(10) electric　(11) welfare　(12) relative
(13) review　(14) restaurant

B

1 次の単語のうち，第1アクセント(´)の位置が誤っているものを5つ選び，記号で答えよ。

ア. pássenger　イ. ádvice　ウ. consíder　エ. índustry
オ. ófficial　カ. ímage　キ. guitár　ク. agricúlture
ケ. comfórtable　コ. contról　サ. énergy　シ. prefér
ス. educáte　セ. dámage　ソ. scientífic

2 最も強いアクセントのある部分の発音が media の下線部と同じものを5つ選ぶとすると，どれが適切か。下の**ア～オ**から選び，記号で答えよ。

(1) cleanse　(2) previous　(3) report　(4) European
(5) delicate　(6) recent　(7) police　(8) mechanism
(9) vehicle　(10) develop　(11) essence　(12) meant

［ア. (1)(2)(4)(8)(10)　イ. (2)(4)(6)(7)(9)　ウ. (4)(5)(7)(11)(12)
　エ. (3)(5)(6)(9)(12)　オ. (6)(7)(8)(10)(12)］

3 次の単語のうち，最も強いアクセントの位置が間違っているものが3つある。それらの番号を答えよ。

(1) íntimate　(2) cómfort　(3) sóciology　(4) tolérable
(5) ádvertise　(6) convénient　(7) recógnize　(8) famíliar
(9) ínterview　(10) áncestor

4 次の各組の単語で，最も強いアクセントを有する音節の母音が同音であるものがそれぞれ2つずつある。その記号を答えよ。

(1) ア. fascinate　イ. aid　ウ. attain　エ. accuracy
　オ. abundance
(2) ア. equip　イ. helpful　ウ. spectacular　エ. neglect
　オ. rhythm
(3) ア. disagree　イ. description　ウ. conceal　エ. commit
　オ. intention

§22　会話表現

▶依頼

key Sentence

546. **Please** lend me this book.
(この本を貸してください)

547. **May I** borrow this book ?
(この本をお借りしてもいいですか)

548. **Will you** lend me this book ?
(この本を貸してくれますか)

549. **I'd like you to** lend me this book.
(この本を貸してもらいたいのですが)

550. **Would you mind** lend**ing** me this book ?
(この本を貸していただけないでしょうか)

表現のちょっとした違いで，相手に対する丁寧さがずいぶんと変わってくる。

546. 単刀直入に頼む場合，Please で始めるか，文尾につける。

547. May I ～？は許可を求める表現である。Can I ～？の方がくだけた表現である。

548. 少し丁寧に頼む場合，Will you ～？を用いる。
Would you ～?，Could you ～？を用いるとさらに丁寧になる。

549. I want you to ～. では単刀直入すぎて命令的になりうるが，I'd like you to ～. にすれば丁寧になる。I'd は I would の短縮形である。

550. 丁寧に頼むには Would you mind ～ing ？がよい。他に Would you mind if-節 ～？や，Would you be so kind as to ～？の表現もある。so ～ as to …は「…してくれるほど～」の意味である。

※どの例文も文尾に，please をつけることができる。

Open Sesame

Would you mind ～ing (または if- 節 …)? の mind は「気にする，いやだと思う」の意味。(「～したら気にしますか」)

返答に Yes と言えば「はい，気にします (いやです)」の意味になる。

依頼を聞き入れるならば，**No, not at all.**／**Of course not.**／**Certainly** (**not**).／Sure.／O.K.

▶提案・勧誘

key Sentence

551. **Let's** take a rest.
(ひと休みしよう)

552. **Shall we** take a rest ?
(ひと休みしませんか)

553. **How about** taking a rest ?
(ひと休みしてはどう)

554. **Why don't we** take a rest ?
(ひと休みしようじゃないか)

重**555**. **Why don't you** take a rest ?
(ひと休みしてはどうですか)

556. **What do you say to taking** a rest ?
(ひと休みするのはどうですか)

551. Let's ～. は親しげな表現である。「～しよう」と訳す。

552. Shall we ～ ? は Let's ～. より丁寧な表現である。Yes, let's. または No, let's not. と応える。

553. How〔What〕about ～ ? は「～はどうですか」と訳す。

554. Why don't we ～ ? は理由を尋ねる表現ではなく，「～しませんか ?」という勧誘の表現である。Why not ～ ? とするとくだけた感じになる。

555. 例文 **554** と同様に「～してはどうですか ?」と人に勧めたり，提案する表現である。

556. What do you say to ～ing ? は「～するのはどう ?」と訳す。to の後は動名詞(～ing)になることに注意。

その他，勧誘の表現や応え方には次のようなものがある。

Would it be a good idea to ～ ?
(～はいい考えだよね，～しようじゃないか)

Sounds good.／Good idea. (いいね)

I'd love to, but ～.／I wish I could, but ～ (そうしたいんですが～)

Practice

146 次の各文に対する応答として適当なものを下の**ア〜エ**から選び，記号で答えよ。

(1) May I ask a favor of you ?

(2) Do you mind opening the window ?

(3) What do you say to taking a short walk ?

(4) Please pass me the salt, will you ?

ア. Here you are.

イ. Sure, go ahead and tell me what it is.

ウ. No, not at all.

エ. That's a good idea.

(1) 「お願いがあるのですが」＝Will you do me a favor ?

(2) 「窓を開けてくれませんか」

(3) 「ちょっと散歩するのはどう」What do you say to 〜ing ? は勧誘を表す慣用表現。

(4) 「塩をとってくださいませんか」＝Will you pass me the salt, please ?

ア. 「はい，どうぞ」これは相手の欲しいものなどを手渡すときの決まり文句。

イ. 「いいですとも。さあさあ，何ですか」

ウ. 「ええ，いいよ」

エ. 「それはいいね」

▶感謝

key Sentence

557. Thank you very much.——You're welcome.

（どうもありがとう——どういたしまして）

558. It was nice of you.——That's O.K.

（どうもご親切に——いいのよ，そんなこと）

相手に感謝の意を表す表現と，それに対する応答の仕方にもくだけた言い方から丁寧なものまである。

557. 感謝を表すにはまずは Thank you (very much).
　親しげな表現として Thanks (a lot). や Many thanks. などもある。どれも「〜に対して」の意で，for 〜をつけることができる。応答としては，My pleasure. もほぼ同意である。

558. It〔That〕 was good〔nice, kind〕 of you. も「ご親切に」の意の少しくだけた日常表現である。good〔nice, kind〕 の前に really, extremely, terribly, awfully など，強調の副詞を置くことが多い。くだけた言い方には，That's O.K. や No problem. Forget it. などの気軽な表現で応える。

Advance

○ **I'm much obliged.——It's my pleasure.**
(どうもありがとうございます——どういたしまして)
(I'm) much obliged. は Thank you very much. より少し丁寧な日常表現である。

○ **I'm really grateful to you.——Don't mention it.**
(本当に感謝しております——どういたしまして)
　(be) grateful to 〜. は「〜に対して感謝している」の意で，相手の行為に対して感謝の意を表す一般的な丁寧表現である。Don't mention it. は丁寧な受け応えで，改まった言い方になる。

○ **I appreciate your kindness.——Not at all.**
(ご親切に感謝いたします——何でもないことです)
　appreciate を「感謝する」の意で用いて，I appreciate 〜. という丁寧表現もある。Not at all. も改まった表現である。

▶謝罪

key Sentence

559. I'm very sorry.
(どうもすみません)

謝罪に関しても状況に応じて表現を使い分けるべきである。

559. 謝罪の基本表現は I'm sorry. である。これも very, terribly, awfully などをつけることが多い。Excuse me. は「失礼します(しました)」の意で，相手に触れたり，咳をしたり，会話に割って入ろうとするときに用いる。どちらも for 〜をつけて理由を示すことができる。

その他の表現として次のものがある。

Pardon me.／I beg your pardon.……小さな過失や無礼を詫びる（失礼いたしました）

It was my fault.……自分の非を認める言い方（私が悪かったのです）

Please forgive me.（許して下さい）

これらの謝罪の受け応えとして，次のものを用いる。

That's OK.（いいよ）　That's all right.（いいですよ）

Don't worry.／Never mind.（気にしないで）

It's nothing.（何でもありませんよ）

Open Sesame

I'm sorry for＋(物ごと).　→　「～を申し訳なく思う」

I'm sorry for misunderstanding.（誤解してすみません）

I'm sorry for＋(人).　→　「～を気の毒に思う」

I'm sorry for him.（彼はお気の毒に）

Practice

147　次の各文の（　）内から応答として適切なものを選び，記号で答えよ。

(1)　I'm sorry. It was my fault.
（**ア**. Oh, pardon.　**イ**. Oh, it was nothing.　**ウ**. Oh, it was great.）

(2)　(Yawns) Oh, I beg your pardon.
（**ア**. That's all right.　**イ**. Are you all right ?　**ウ**. My pleasure.）

(3)　Thank you very much for explaining.
（**ア**. You're quite all right.　**イ**. No, thank you.　**ウ**. Here we are.）

(4)　That was really nice of you.
（**ア**. You too.　**イ**. No problem.　**ウ**. I'm so sorry.）

(1)　「すみません。私が悪かったのです」
謝罪に対して「何でもないよ」と応えるには？

(2)　(あくび)「失礼しました」

(3)　「ご説明ありがとうございます」
イ. は「いいえ，結構です」**ウ**. は「さあ着いたぞ」

(4)　「どうもご親切に，ありがとう」
感謝に対して「何でもないよ」と応えるには？

▶聞き返し

key Sentence

560. **Pardon ?**

（すみませんが，もう一度言ってください）

560. **Pardon me ?／Beg your pardon ?／Beg pardon ?／I beg your pardon ?** とも言う。相手の言ったことが聞き取れなくて聞き返すときの定番である。

他に，I didn't catch what you said.「おっしゃったことが聞き取れませんでした」，What was that again, please ?「もう一度言ってくれませんか」，Could you repeat what you said ?「もう一度繰り返してもらえませんか」，Would you mind repeating the word again, please ?「今の言葉をもう一度繰り返していただけませんか」などがある。

Open Sesame

I'm sorry.〔Sorry !〕，Pardon me.〔Beg pardon.／Beg your pardon.／I beg your pardon.〕，Excuse me.（Excuse 単独では用いない）の 3 つの用法

①相手に触れたり，咳，あくび，げっぷが出たり，中座するときなどに，失礼を詫びたり，人の前をさえぎるとき，人込みの中を分け入るときに言う表現。

・I beg your pardon. では，beg に強勢を置く。

・Excuse me. より Pardon me. の方が丁寧な言い方。

・I'm sorry. は英国慣用表現。

②見知らぬ人に話しかけたり，対話に割り込んだり，相手に異議を申し立てたり，言いにくいことを切り出すときに用いる。**下降調**で言う。

・通常 but を続ける。

Excuse me, but could you tell me the way to the station ?

（すみませんが，駅への道を教えていただけませんか）

・この意味では I'm sorry. は用いない。

③相手の言葉を聞き返すときの表現。**上昇調**で言い，語尾に ? をつける。

・Pardon ? を含む表現が一般的。

・Excuse me ? は米口語表現。

・Sorry ? は英口語表現。

▶電話の会話

key Sentence

561. **Hello. May I speak to** Mr. Smith ?
(もしもし，スミスさんいらっしゃいますか)

562. **Who's calling, please ?**
(どちらさまですか)

563. **This is** Tom **speaking. Is** Mr. Brown **in** ?
(トムですが，ブラウンさんいらっしゃいますか)

564. **Speaking.**
(私です)

561. Hello. は「もしもし」に当たる表現。話したい相手を呼び出してもらうには，May I speak〔talk〕to ～？や，I'd like to speak to ～. を用いる。

562. 相手の名前を尋ねるときの決まり文句である。Who are you ? とは言わない。Who's speaking, please ? や May I have your name, please ? または May I ask your name ? なども用いる。

563. 自分の名前を名乗る場合，I am ～とは言わない。This is ～ speaking. で，speaking を略して This is ～. でもよい。また，話したい相手を呼び出してもらう表現として，Is ～ in ? という言い方もある。

564. 尋ねられた本人が出た場合の表現。This is he〔she〕. という言い方もある。

key Sentence

565. **He's on another line now.**
(他の電話に出ております)

566. **Hold the line, please.**
(少々お待ちください)

567. **The line is busy.**
(話し中です)

568. **You have the wrong number.**
(番号違いです――間違い電話です)

565. 別の電話に出ていることを伝える表現である。ここでの line は「電話回線」。

566. 電話を切らずにそのまま待ってもらう場合の表現。Hold on, please. とも言う。Just a moment, please. でもよい。

567.「話し中」を伝えるには The line is engaged. という表現もある。

568. 一般には，I'm afraid you have the wrong number.「おかけ間違いのようですが」のような丁寧な表現を使う。

Practice

148 次の会話文の（　）内にあてはまる最も適切なものを下の**ア〜オ**から選び，記号で答えよ。

A：Hello. May I speak to John ?

B：(　(1)　)

A：This is Yamada.

B：(　(2)　)

A：This is Yamada speaking.

B：Oh, Mr. Yamada. This is Nancy. I'll call him to the phone.
(　(3)　)

A：Sure.

ア. Speaking.
イ. Just a second, please.
ウ. Who's calling, please ?
エ. I beg your pardon ?
オ. The line is busy.

(1) 次に名前を名乗っているので，ここは名前を尋ねているとわかる。
(2) 次にもう一度名前を言っているので，ここは聞き返していると判断できる。
(3) 次に「いいとも。」と応えているので，何か依頼表現が入ると捉えよう。

▶道案内

key Sentence

569. **Excuse me, but** could you tell〔show〕me the way to the station ?
（すみませんが，駅への道を教えていただけませんか）

570. I'm sorry, I'm a **stranger here**.
（すみません，私もこの辺は初めてなんです）

569. 通りすがりの人を呼び止めるときの謝罪表現 Excuse me の後に but をつけて用件を述べる形。この場合の tell〔show〕は「教える」の意。

570. 道が分からない場合，stranger「よそ者」を使って「この辺には詳しくない」と表現する。

知っている場合には，次のように応える。

Turn (to the) **right**, and **go straight** along the road.

(**右に曲がって**，道を**まっすぐ行きなさい**)

Then, you will find it **on the** (your) **left**. **You can't miss it**.

(すると**左側に**ありますよ。**すぐに分かります**)

Practice

149　次の地図を参考にして，A さんと B さんの会話文の（　1　)～(　10　）に入る最も適当な 1 語を，下の**ア～ソ**の中から選べ。

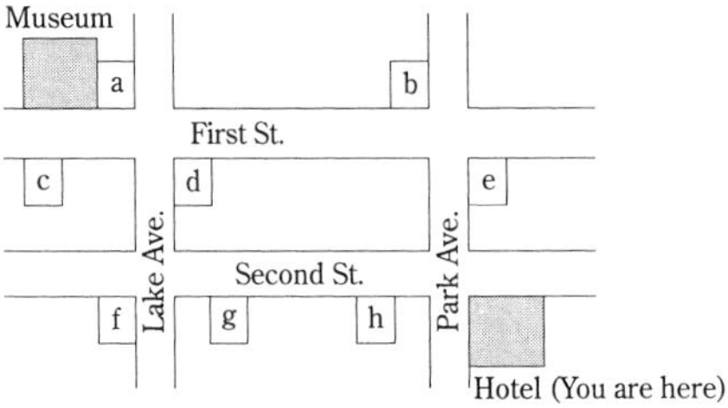

a: Library
b: Hospital
c: Post Office
d: Movie Theater
e: Supermarket
f: Gas Station
g: Restaurant
h: Bank

A：Excuse me, but could you tell me how to get to the museum from here ?

B：Yes, I think it's on First Street. When you go (　1　) of this hotel, you'll be on Park Avenue and Second Street. Well, cross Park Avenue and go (　2　) down Second Street (　3　) the bank and the restaurant. Keep going until you come (　4　) the gas station. Then turn (　5　) and walk (　6　) more block. There's a movie theater (　7　) the corner of Lake Avenue and First Street. Cross the street and turn (　8　). You'll find the museum (　9　) to the library. Anyway, it's (　10　) the post office.

A：I see. Thank you very much.

B：You're welcome.

ア. right　**イ**. left　**ウ**. on　**エ**. out　**オ**. to　**カ**. about
キ. one　**ク**. two　**ケ**. end　**コ**. middle　**サ**. next　**シ**. round
ス. past　**セ**. opposite　**ソ**. straight　(王子総合病院附属看護専門学校)

(1)　out of ～「～を出る」で，ホテルを出ることがわかる。

(2)　go straight「まっすぐ行く」と go down the street「通りを歩く」の複合形。

(3)　銀行とレストランの前を通り過ぎるので，past ～「～を通り過ぎて」である。

(4)　come to ～で「～にたどり着く」の意。

(5)　ガソリンスタンドを右に曲がることがわかる。したがって turn right。

(6)　通りで囲まれた部分を block という。ここでは，1 ブロック先なので，one more block とする。

(7)　on the corner of ～「～のかどに」の意。

(8)　Lake Avenue と First Street の交差点は左に曲がる。よって turn left。

(9)　美術館は図書館の隣にあるので，next to ～「～のとなり」となる。

(10)　美術館は郵便局の正面(向かい側)にある。したがって，opposite ～「～の向かい」となる。

問題演習

A

1　次の対話の（　）内にあてはまる最も適切なものを，それぞれ下の**ア〜エ**から選び，記号で答えよ。

(1)　A：Can I help you ?
　　B：No, thanks.（　　　）
　　A：O.K. If you need anything, just ask.
　　B：Thanks.
　　　ア. Can you wrap them ?　　**イ.** How much are these ?
　　　ウ. I'll take this.　　**エ.** I'm just looking.

(2)　A：Hello. Haven't we met before ?
　　B：I'm not sure.（　　　）
　　A：Let me think. Yes. It was at Frank Smith's party.
　　B：Oh, that's right.
　　　ア. Are we ?　**イ.** Did we ?　**ウ.** Have we ?　**エ.** Shall we ?

(3)　A：Excuse me.　Could you tell me where the Atkinson Bank Building is ?
　　B：Yes. Do you know the downtown area well ?
　　A：（　　　）I'm a complete stranger here.
　　B：I see. Well, we are on Lincoln Avenue now and the next corner is Grant Street. You'll go down to Grant and turn right.
　　　ア. I think so.　**イ.** No.　**ウ.** Yes.　**エ.** You're welcome.

(4)　A：I have something to talk with you. Do you mind my calling on you tomorrow afternoon ?
　　B：（　　　）
　　A：Then, what time will be convenient ?
　　B：Around one thirty should be good.
　　　ア. Certainly.　**イ.** I hope so.　**ウ.** Of course not.　**エ.** Sure, I do.

2　次の各文はどのような人の言葉か。下の**ア**～**オ**から選び，記号で答えよ。

(1)　May I help you ?

(2)　You have no temperature, and your pulse is normal.

(3)　Please hold the line for a moment.

(4)　I'm sorry, but I'm a stranger here.

(5)　I'm just looking.

ア. 医者　　**イ.** 電話交換手　　**ウ.** 店員　　**エ.** 客　　**オ.** 道をきかれた人

B

1　次の会話の（　a　）～（　e　）に入る最も適当な文章を次の**ア**～**オ**から選び，それぞれ番号で答えよ。

Man on the street : Excuse me, but could you tell me how to get to Green park ?

Yasuo : I'm new in town, and I'm afraid I can't give you very dependable instructions.

Man　: (　a　)

Yasuo : Well, go down this street several blocks, maybe six or seven, and then turn to the right.

Man　: (　b　)

Yasuo : No, it shouldn't take you too long. (　c　)

Man　: OK, thanks a lot.

Yasuo : (　d　)

……………….

Yasuo : Which direction is Green Park from the library, Jim ?

Jim　: It's to the west. Why ?

Yasuo : Oops ! (　e　)

ア. Why don't you ask at a gasoline station down the street ?

イ. I gave a stranger the wrong directions.

ウ. Is it very far then ?

エ. Could you at least point me in the general direction ?

オ. I hope you'll find it without too much trouble.

2　次の会話表現の表す日本文を選び，記号で答えよ。

(1)　You can't miss it.

(2)　Sounds good.

(3)　Go ahead.

(4)　Well, it can't be helped.

(5)　By all means.

(6)　Go to it.

(7)　Boy ! Today is not my day.

ア.　それはいいですね

イ.　頑張ってやりなさい

ウ.　まあ仕方ないさ

エ.　すぐに分かりますよ

オ.　続けなさい

カ.　ぜひどうぞ

キ.　ああ今日はついてない

3　次の会話文を読み，あとの各問いに答えよ。

Hanako：(　1　)

Clerk　：Yes, it sure is !（　2　）

Hanako：I'd like to have a city map.

Clerk　：(　3　)

Hanako：Thank you. (pause) Is the art museum far from here ?

Clerk　：Well, it's about a 15 minutes' bus ride.

Hanako：Oh, I see. [show, it, map, you, where, the, is, on, would, me] ?

Clerk　：Yes, of course. It's ... right here.

問1　文中の（　1　）～（　3　）に入る最も適当なものを選び，記号で答えよ。

(ア)　Here you are.　　(イ)　That's right.　　(ウ)　Can I help you ?

(エ)　Are you open today ?

(オ)　Is this the tourist information office ?

(カ)　When will you use it ?

問2　[　]内の語を意味の通るように並べかえよ。ただし，文頭にくる語も小文字で示してある。

4　次の会話文の（　）内にあてはまる最も適切な語を下の**ア～ソ**から選び，記号で答えよ。

A：You look rather tired this morning. Aren't you （　①　） well ?

B：Not very well. I'm tired. I slept （　②　） last night.

A：I'm sorry. What （　③　） you awake ? Ought you to see a doctor ?

B：Oh, it's nothing much. Only a bad tooth. I'm （　④　） to have it out this afternoon.

A：That's the best thing to do. If you have a bad tooth pulled out, it （　⑤　） hurt you again.

B：You're right about that. A friend of mine had all her teeth out a few years ago. Her new teeth never （　⑥　） her !

ア. having	**イ.** enough	**ウ.** kept	**エ.** well	**オ.** feeling
カ. won't	**キ.** make	**ク.** might	**ケ.** badly	**コ.** get
サ. going	**シ.** never	**ス.** worry	**セ.** asking	**ソ.** spoil

5　次の会話文の（　）内にあてはまる最も適切なものを下の**ア～ケ**から選び，会話文を完成させよ。

A：What are you up so early for ?

B：（　①　）

A：I know, but does it have to be this early ? It's Saturday.

B：（　②　）

A：Well, what about John and Jane, aren't they going to come with us ?

B：（　③　）

A：Don't you think we should ask them ?

B：（　④　）

A：I don't want to hurt their feelings.

B：（　⑤　）

A：Are you sure ?

B：（　⑥　）

A：What about your little brother ?

B：（　⑦　）

A：Well, all right. Let me get dressed, at least.

B：（　⑧　）

A：Are we going in the car ?

B：(　⑨　)

A：Okay.

ア. Hurry up ! Don't get all dressed up, just come on out――I'll meet you in the car.

イ. He said he's got things to do today. Come on, please.

ウ. Sure. Why not ?

エ. No. Please, I want you to myself. Please, I want to show you something.

オ. You promised we could go on a picnic today.

カ. Oh, you won't hurt their feelings. They don't want to come anyway. I asked them already, and they want to stay home in case their friends come by.

キ. Please. You promised you would.

ク. No.

ケ. Sure I'm sure.

6　次はアメリカの歯科医院での日常的な会話を想定したものである。日本文に合うように，(　) 内に適当な会話を補い，会話文を完成させよ。

患　　者：「すみません，10時ということで予約がしてあったんですが。」

受付秘書：「お名前は何とおっしゃいます？」

患　　者：「メリー・ピーターソンです。」

受付秘書：「ああ，はい，どうなさいました？」

患　　者：「右の下の奥歯が1本ぐらぐらしてるんです。」

受付秘書：「そうですか，2，3分お待ちください。前の患者さんがおられますので。」

………………

医　　師：「ちょっと見せてください。口をあけてください。もう少し大きく。そう，それでいいですよ……。ああ，ぐらぐらしてますね。ひどい虫歯になってますよ。抜いた方がいいですよ，これは。」

患　　者：「歯を抜いたことはないので，何とかもたせることはできませんか？」

医　　師：「いや，だめでしょうね。回りの歯茎もはれてます。ちょっとたたくと痛いでしょ？すぐ隣の歯へ広がる可能性があるので更に悪化しないうちに抜くのが一番いいですよ。」

患　　者：「そうですか。」

医　　師：「ですから，今日はこれを抜いておきましょう。左の下に詰めてあるのも取れかかってますし，右の上の奥歯にも 2 つ虫歯ができてますね。来週に詰めましょう。」
患　　者：「わかりました。」

〔5 分後〕

衛 生 士：「このガーゼ球を 20 分ほどかんでください。出血はほぼ止まりますから。」

………………

受付秘書：「すみましたか？保険証に先生のサインをもらいますから，ちょっとお待ちください……。はい，今日は 20 ドルです。これは処方箋です。ドラッグ・ストアーは向い側です。」
患　　者：「どうもありがとうございました。」
受付秘書：「いいえ，おだいじに。」

＊　＊　＊　＊

Patient　：Excuse me, I have an appointment for 10 o'clock.
Secretary：May I（　①　）your name, please ?
Patient　：Peterson. Mary Peterson.
Secretary：Oh, yes, what's（　②　）matter, Mrs. Peterson ?
Patient　：One of the lower back teeth on the right side is loose.
Secretary：All right, ma'am, wait there for a couple（　③　）minutes, will you ? The doctor is with another patient right now.

………………

Doctor　：Let me have a（　④　）at your loose tooth. Open your mouth. A little wider, please. There, that's wide（　⑤　）, ma'am …. It sure is loose and it's badly decayed. Better to take it（　⑥　）.
Patient　：Never got my tooth extracted, doctor. Any chance to save it ?
Doctor　：No, I'm afraid（　⑦　）. The gum around it is swollen. It（　⑧　）when I tap on it, right ? The infection might spread to the（　⑨　）tooth, so the best way to treat this problem is to extract the tooth before the infection gets（　⑩　）.
Patient　：I see.
Doctor　：So, I'll extract this one today, and you have a filling down here on the left side and it's getting loose, too. You have also two other small cavities in the（　⑪　）back teeth on the right side. I'll fill them all next week.
Patient　：I understand.

〔Five Minutes Later〕

Hygienist：Bite on this gauze sponge for about twenty minutes, ma'am. That would stop most (　⑫　) the bleeding.

………………

Secretary：All set, Mrs. Peterson ? We need the doctor's signature on your insurance form. Just a second... It's all right now. $20 for today. Here's a prescription (　⑬　) you. The drugstore is just (　⑭　) the street.

Patient　：Thank you.

Secretary：You're welcome. Take (　⑮　), ma'am.

7　次の会話文を読み，あとの各問いに答えよ。

In Dr. Philip Stwart's office at the hospital. There is a knock at the door. Robbie enters.

Philip　：Come in ! Hi, Son.

Robbie：Hi, Dad. Am I interrupting you ?

Philip　：No, no, no, no. ①What's up ?

Robbie：②Can we talk ?

Philip　：Sure.

Robbie：I need some help.

Philip　：Well, ③that's (　　) fathers are for.

Robbie：Well, before I go to college, I have the whole summer... And I'm planning to get a job for the summer.

Philip　：And (　④　) ?

Robbie：I applied for a job as a lifeguard at the community pool.

Philip　：⑤Sounds ⑥pretty good.

Robbie：Yes. I'll be earning pretty good money if I (　⑦　) it. But right now, I'm ⑧kind of short of cash.

Philip　：［He laughs.］I see.

Robbie：And my friend Alexandra is going to Greece... Mom says we can give her a going-away surprise party.

Philip　：Good idea.

Robbie：And I'd like to get her a nice gift...

Philip　：⑨What do you have in mind ?

Robbie：Well, a wristwatch, so she'll think of me when she looks at the time. Nothing flashy or expensive. Something simple――but a good ⑩one.

Philip　：Sounds fine, Robbie.

Robbie：Well, I saw a nice watch. But I'll need a loan. ⑪If you could lend me the money, I could pay you back out of my salary.

Philip　：Well, I guess your mother and I can manage it. When do you need the money ?

Robbie：Would tomorrow be O.K. ?

Philip　：⑫You've got it.

Robbie：Thanks, Dad.

Philip　：My ⑬pleasure, Son.

〔設問〕

問1　下線部①を言い換えるとするとどれが適切か。

ア．What is above you ?

イ．What's the matter with you ?

ウ．Why don't you stand up ?

エ．How do you do ?

問2　下線部②をこの文脈の中で言い換えるとするとどれが適切か。

ア．We are able to talk.

イ．We can't talk.

ウ．I have something to talk to you.

エ．Do you want to talk with me ?

問3　下線部③ that's (　　) fathers are for. を「父親ってのはそのためにいるものだよ」の意味になるような文にするには，(　) 内にどれを入れるのが適切か。

ア．what　　イ．that　　ウ．which　　エ．who

問4　(　④　) に疑問詞で始まる適当な疑問文を入れよ。

問5　下線部⑤ Sounds の前に省略されている主語はどれか。

ア．The community pool　　イ．The summer　　ウ．That　　エ．He

問6　下線部⑥ pretty のここでの意味として最も適切なものはどれか。

ア．beautifully　　イ．finally　　ウ．very　　エ．rarely

問7　(　⑦　) に入る最も適切なものはどれか。

ア．will get　　イ．will be getting　　ウ．get　　エ．is getting

問 8　下線部⑧ kind of と同じ意味で使われているものはどれか。

ア. You look kind of tired.

イ. What kind of music do you like ?

ウ. It is very kind of you to say so.

エ. You shouldn't read this kind of book.

問 9　下線部⑨を言い換えるとするとどれが適切か。

ア. What do you think as a gift for her ?

イ. What do you mind ?

ウ. Would you mind giving her a present ?

エ. What do you have for her ?

問 10　下線部⑩ one を他の名詞に置き換えるとするとどれが適切か。

ア. loan　**イ.** salary　**ウ.** job　**エ.** watch

問 11　下線部⑪を和訳せよ。

問 12　下線部⑫の内容を具体的にいうとどれが適切か。

ア. 明日お金を貸してくれるということ

イ. 明日プレゼントを買うということ

ウ. 明日一緒にプレゼントを見に行ってくれるということ

エ. 明日はいい天気だということ

問 13　下線部⑬ pleasure の動詞形と，形容詞形を答えよ。

問 14　次にあげるのは Philip と Robbie の会話の内容を述べたものである。意味の通るように，(　) 内にあてはまる最も適切な 1 語を下の**ア**～**コ**から選び，英文を完成させよ。

Robbie wants to buy a good present ((1)) his friend ((2)) is going to Greece soon. He doesn't plan to get ((3)) expensive. But he doesn't have ((4)) money ((5)) buy it now, and wants to ((6)) some money from his ((7)). He promises to ((8)) the money ((9)) he gets some money from his summer ((10)).

ア. father　**イ.** enough　**ウ.** job　**エ.** after　**オ.** for

カ. anything　**キ.** return　**ク.** who　**ケ.** to　**コ.** borrow

§23　長文問題

▶空所補充問題の解法

①まずは全体を通読し**主題を読み取り，それがどう展開されているか**を大まかに探る。

②空所に入れる語句の選択には，動詞の種類や慣用表現の関連など**文法・語法的な側面**からと，全体の話の展開の基礎となっている**論理的側面**の両面から考える。

Practice

150　次の英文の（　）内にあてはまる最も適切な語を下の**ア～ク**から選び，記号で答えよ。

Japanese students are said to be very (　①　) and earnest, but this in my experience is not always true in any way. Most students work without (　②　) method. There are many who start off eagerly to learn English but few really *persevere, for Japanese students form a changeable race, and are (　③　) of newness, but easily discouraged by difficulties. But it is the (　④　) of students to *tackle difficult things: a student does not go to school or university to do just what comes naturally and easily, but to overcome obstacles. The more difficult a grammatical rule is, for example, the (　⑤　) *rewarding is one's sense of achievement in mastering it.

（注）persevere＝我慢強くやりぬく，tackle＝取り組む，
rewarding＝報いられる

ア． bad	**イ．** duty	**ウ．** lazy	**エ．** proper
オ． less	**カ．** diligent	**キ．** more	**ク．** fond

①（　①　）の直後に and earnest とあるので，earnest と並列関係になるような語が入る。

②　話の展開から判断する。

③　are（　③　）of の形に着目する。

④（　④　）の直前に the があり，直後に of があることより，名詞が入るとわかる。

⑤（　⑤　）を含む文の文頭の The more に着目する。

▶英文和訳の問題の解法

①文構造を正確につかむ。

主部はどこまでか，that- 節，関係詞節がどこまでか，などを考えて SVOC などの文型に注意する。

②代名詞の内容に注意。

代名詞をすべて具体的に訳出する必要はないが，読む上ではそれぞれが指す内容を確認しなければならない。

③相関語句を正確に読み取る。

so ～ that，no more ～ than などの慣用表現はもとより，文中の並列関係なども正確に捉える。

④言い換えの語(句)に気をつける。

同じ事柄が，代名詞ではなく別の語(句)で言い換えられて表現されていることが多い。

⑤自然な日本語になるよう意味を汲んで訳出。

無生物主語構文などではそのまま直訳しては日本語としてかなり不自然になる。文構造を正確に読み取った上で，文意を汲み取って訳を工夫する。

Practice

151　次の文を読み，下線部①～⑤を和訳せよ。

①*Psychoanalysis is both a new understanding of how the human mind works and a new way of treating illnesses of the mind. One of the important ideas of psychoanalysis is that we do not know most of our thoughts and feelings and cannot control them. *Freud compared the human mind to a block of ice floating in the ocean. Just a small part of the ice shows above the surface of the water, while most of the ice is beneath the surface. Freud said that the mind was somewhat like the ice. We know only a small part of our thoughts and feelings. He called this part of the mind the conscious. ②The large part of our thoughts and feelings that we do not know and cannot control he called the unconscious.

As you read this page you can prove to yourself that the unconscious part of your mind is at work. What are you doing with your hands ? Are you biting your nails ? Are you playing with a pen or pencil ? Unless you consciously tell yourself to do these things, it is undoubtedly the unconscious part of your mind that is responsible for these actions.

Another idea of psychoanalysis is that all *neuroses come from the unconscious part of the mind. ③This idea led to the belief that, if unconscious thoughts are made conscious, usually the neuroses will disappear. If neuroses were to be treated by bringing thoughts out from the unconscious, then a way had to be found to reach into the unconscious. ④Freud found one approach to reaching the unconscious that became an important part of psychoanalysis——an approach he called *free association. ⑤Patients were asked to let their thoughts wander and say whatever came into their minds. He wanted to hear all memories, dreams, and wishes of his patients. As they spoke, he found they remembered painful memories from the unconscious——memories that they had long kept hidden.

（注） psychoanalysis＝精神分析学，精神分析（法）
Freud＝オーストリアの精神医学者で，精神分析学の創始者
neuroses＝神経症，ノイローゼ，free association＝自由連想

① both ～ and …「～でもあり…でもある」

② call (A) (B)「(A)を(B)と呼ぶ」。(A)の部分が長かったので前に出している。

③ that 節は if 以下のすべてである。

④ that は the unconscious を先行詞とする関係代名詞。

⑤ let ～＋(動詞原形)「～に（動詞）させる」の使役動詞。

▶内容一致問題の解法

①問題文の日本文，あるいは英文の内容に相当する表現を本文中に探す。
②**英文であれば同意語(句)で表現されていることが多い**ので，注意。
③ all, every, only, always などの表現に注意。これが判断の決め手になることが多い。

Practice

152 次の英文を読み，下記の(1)～(8)のうち本文の内容と一致しているものを4つ選べ。

Scientists and doctors say that more than half of all Americans are too fat. Why is this? One cause is the kind of food Americans eat. Many Americans like "fast foods." These foods are often full of fat and sugar.

Another cause is the way Americans eat. Their little snacks between regular meals add extra fat to the body. A too little exercise is third cause. Many Americans like to drive everywhere; they prefer not to walk. In their homes, they lie on the couch and watch TV. They do not even get up to change channels … they use remote control.

If you are too fat, you may soon have serious problems with your health. A group of doctors wrote a report about some of the effects of too much fat. One important effect is stress on the heart. If you are fat, your heart has to work harder. This may lead to a heart attack or to other heart problems. Extra fat can also change the amount of sugar in your blood. This can cause serious diseases, such as *diabetes. High blood pressure is another possible result of being fat. Even cancer can sometimes be a result. More studies are needed about all these problems, but one thing is clear. Extra fat may make your life shorter.

（注） diabetes＝糖尿病

(1) Scientists and doctors are not sure how many Americans are too fat.
(2) Many Americans are fond of fast foods.
(3) Many Americans get fat and get sugar mostly from fast foods.
(4) Little snacks, if taken between meals, would not add to the fat on the body.
(5) Doctors suggest that you drive instead of lying on the couch and watching TV.
(6) Too much fat on your body may cause stress to the heart.
(7) Being fat may lead to high blood pressure.
(8) Extra fat on your body can shorten your life.

(1) 1 ～ 2 行目，“Scientists and doctors ～” に着目。
(2) 2 ～ 3 行目，“Many Americans ～” に着目。
(3) 選択肢，“mostly from” に着目。
(4) 4 ～ 5 行目，“Their little snacks ～” に着目。
(5) 6 ～ 7 行目，“Many Americans ～” に着目。
(6) 11 行目，“One important effect ～” に着目。
(7) 15 ～ 16 行目，“High blood pressure ～” に着目。
(8) 18 行目，“Extra fat ～” に着目。

▶大意要約問題の解法

①**まず全体をよく読み論旨をつかむ。**繰り返し用いられている語(句)，あるいは少しずつ変化しながら使われている同意語(句)などのいわゆる**キーワード，キーセンテンスをヒントにする。**

②論点を要約している文を探す。冒頭または，最後に述べられていることが多い。

③ポイントを箇条書きにして挙げる。

④制限字数に応じて必要なポイントをしぼってまとめる。

Practice

153 次の文を読み，要旨を日本語で50字程度で書け。

Normally, people sleep between seven and eight hours a day, although some need less than this and some may need more. But millions of people have trouble of getting to sleep every night.

According to a sleep expert, many people do not know why they have difficulty sleeping. Most people know that tea and coffee often make it difficult to go to sleep because they contain caffeine. But some medicines also contain caffeine and interfere with sleep. Sleeping pills may help you fall asleep, but when you wake the next morning you don't feel refreshed. Our living habits also affect our sleep. Busy people who are under stress during the day may not be able to calm down and get to sleep at night. Eating just before going to bed may also keep you awake.

It is suggested that you should establish a regular sleeping schedule; Try to go to bed at the same time every night and get up at the same time every morning.

この文章は，「序論」「本論」「結論」の構成で書かれている。一般的に序論には，筆者の主張や中心となる意見が書かれている。本論には，序論を裏付けるためのより具体的な根拠が，客観的な事実，データや資料などを用いて示される。結論は，本論を踏まえて序論を繰り返す形で書かれることが多い。ここでは50字程度という少ない字数なので，序論と結論の共通部分をまとめればよい。

問題演習

B

1 次の英文を読み，あとの各問いに答えよ。

Our world is (　イ　) today than any other time in history but there are still deadly diseases. These diseases can spread quickly from one country to another. A plane (　ロ　) from Africa to Japan, for example, can carry with it the germ of a dangerous disease. ①A virus from a village in Africa can be in Tokyo hours later. A plague a thousand miles away is almost next door.

Disease is prevented from (　ハ　) all over the world by an organization that exists to protect the health of people in every country. It is the World Health Organization (WHO) (　ニ　) was formed in 1948 by the United Nations. From its headquarters in Geneva it sends radio messages to all parts of the world.

②It sends warnings everywhere when infectious diseases are spreading. Sometimes ships or planes call at ports (　ホ　) there is dangerous infection. WHO warns other seaports or airports. Then they can make the necessary preparations. Passengers can be vaccinated or *put into quarantine.

(注)　put into quarantine＝隔離する

〔設問〕

問１　下線部①②を和訳せよ。

問２　**イ～ホ**の空所の中に入る語を下から選び，必要ならば正しい形に直して入れよ。

what,　where,　which,　fly,　spread,　healthy

問３　次の１～８のうち，問題文と内容が一致するものを３つ選び，その番号を小さいほうから順に答えよ。

1. WHO was formed before the World War II.
2. The U.S.A. founded WHO in 1948.
3. The central office of WHO is not in New York but in Geneva.
4. The central office of the UN is in Geneva.
5. Deadly diseases like the plague spread very quickly.
6. Getting warnings from WHO headquarters, the UN can make the necessary preparations for infectious diseases.
7. The UN is the organization that exists to protect the health of people

of the world.

8．Sometimes ships or planes can carry with them the germs of deadly diseases.

2　次の文を読み，あとの各問いに答えよ。

An EPA (Environmental Protection Agency) report on the dangers of second-hand smoke was brought to light, and the news is even worse than expected. Among non-smokers, 3,000 deaths a year can be traced directly to ①second-hand smoke. Its effects on children are very disturbing. *Pneumonia, *bronchitis, *asthma ―― these are just a few of the many serious diseases forced on innocent kids by passive smoke. (ア)Yet perhaps the most shocking data has to do with heart disease. The American Heart Association links ②35,000 deaths a year to second-hand smoke. (イ)That's more people than are killed by murderers, more than by drunk drivers. Yet the "crime" of second-hand smoke goes unpunished. In recent years, smoking bans in enclosed places have become the standard of a proper behavior. Smokers are finding it very difficult to find a place to smoke.

(ウ)But if they really knew that they were killers, would they want to ? Will these new EPA figures convince them ③to put away their "guns ?"

(注)　pneumonia＝肺炎，bronchitis＝気管支炎，asthma＝ぜんそく

〔設問〕

問１　下線部(ア)，(イ)，(ウ)を日本語に訳せ。

問２　下線部①～③について，各問いに答えよ。

①　これと同じ意味を表す他の表現を本文中より抜き出し，英語で答えよ。

②　この数字を音読するとき，どのように読むか。例にならってアルファベットで表記せよ。

(例：10 → ten)

③　これは例えて言った表現である。具体的にはどうすることか。日本語で説明せよ。

問３　この英文全文の要旨を最も適切に表していると思われるものを，次の**ア**～**エ**から１つ選び記号で答えよ。

ア．タバコを吸っている人の周囲でその煙を吸い込むことの危険を説いたもの

イ．古いタバコを吸うことが有害で危険であることを説いたもの

ウ．タバコを吸うことの危険とそれに伴う環境破壊を警告したもの

エ．特に子どもの時にタバコを吸うことの危険を説いたもの

3 次の文を読み，あとの各問いに答えよ。

We tend to think of skin as an *envelope inside which everything else happens, but in fact ①the organ of the skin is of profound importance to the overall economy of the body.

It has specific and important functions, ②which relate to the *elimination of waste products, the balance of internal temperature, the control of the body *fluid levels and protection from external *irritants as well as other more subtle functions.

Because the skin is called upon to carry out many functions it is *vulnerable to changes in the individual's general health. There are very few conditions which do not in some manner reflect ③themselves in the skin, for example, changes in tone, color, moistness or dryness etc.

（注） envelope＝袋(状のもの)，封筒，elimination＝排除(泄)，
fluid＝液体の，irritant＝刺激(物)，
vulnerable to～＝～を受けやすい

〔設問〕

問1 下線部①を和訳せよ。

問2 下線部②の which は何を表すか，文中の英語1語で答えよ。

問3 皮膚の特別重要な働きを3つ日本語で簡単に書け。

問4 下線部③の themselves は何を指すか，文中の英語1語で答えよ。

問5 皮膚の変化は何らかの形でわかるが，文中にあるその例を3つ日本語で書け。

問6 次の単語の最も強く発音する部分の記号を答えよ。

(1) en-ve-lope (envelope)
ア イ ウ

(2) eve-ry-thing (everything)
ア イ ウ

(3) in-ter-nal (internal)
ア イ ウ

(4) in-di-vid-u-al (individual)
ア イ ウ エ オ

(5) bal-ance (balance)
ア イ

(6) tem-per-a-ture (temperature)
ア イ ウ エ

(7) con-trol (control)
ア イ

(8) prod-uct (product)
ア イ

4 次の文を読み，あとの各問いに答えよ。

Florence Nightingale was a major figure of *the Victorian era, best known for nursing wounded soldiers in the Crimean War. She was born (ア) May 12, 1820 in Florence, Italy, to wealthy English parents, who named her after her birthplace. ①As a child she was taught classics and mathematics by her father, as well as modern languages. ②As she became older, she accompanied her mother on visits to the sick and poor. In 1837, when she was sixteen, she claimed to have heard "the voice of God" calling her to *His service.

At this time, Florence had matured into an attractive young woman. At a dinner party she met Richard Monckton Milnes, a very eligible bachelor, and heir to a great estate in Yorkshire. Early on, he fell (イ) love (ウ) Florence, and wanted to marry her. [a]Their relationship lasted seven years, but he grew tired of waiting for her to consent to their marriage, and gave her an *ultimatum. [b]She refused, however, choosing instead to follow a nursing career.

In 1854, after reading an account of the ongoing Crimean War and the appalling conditions in [c]the hospital where the wounded were taken, she volunteered to go there. She was invited to lead a party of thirty-eight nurses.

In 1856, the "Lady with the Lamp," ③as she came to be called, returned to England a popular heroine. In gratitude to Florence for her achievements in the Crimea, the British public raised a large sum of money for her to endow the Nightingale School of Nursing in London.

④As Florence grew old, increasing ill-health made her an invalid. Nevertheless, she attended to her paper work, surrounded (エ) the cats she loved so much.

This work, however, was stopped short by the *onset of blindness. In 1901, her sight failed completely, and a few years later she was *comatose. She finally died (ア) August 13, 1910 (オ) the age of 90.

(注) the Victorian era＝ヴィクトリア女王治世時代
His＝God's, ultimatum＝最後の申し出，onset＝attack
comatose＝昏睡状態の

〔設問〕

問1 上の英文の内容とあっているものにはT，違っているものにはFを記入せよ。

a. Her parents were rich.

b. She visited hospitals with her mother.

c. She gave Richard Monckton Milnes the final propose.

d. She reduced the death rate greatly in the hospital.

e. After the Crimean War, she became very popular.

f. She continued to work though she could not see at all.

問2　上の英文の内容に合うように，（　）内に語または語句を1つ選んで入れよ。

a．Florence was not taught (　　　) by her parents.
(mathematics, classics, Sanskrit)

b．Florence met Richard Monckton Milnes at (　　　).
(a great estate, a dinner party, a hospital)

c．She decided to serve in the Crimean War after (　　　).
(her friend invited her, reading about it, asking her mother)

問3　ア～オの（　）内に適する前置詞を入れよ。

問4　下線部①の as と同じ意味で用いられている as を上記の②～④の中から選び番号で答えよ。

問5　下線部 a，b，c を和訳せよ。

問6　文中の語，語句，文などを参考にして次の日本文を英語で表現せよ。

a．老人ホームでボランティアとして働きたい。

老人ホーム＝an old-people's home

b．彼は毎日走ることにうんざりしてしまった。

c．ナイチンゲールは白衣の天使としてよく知られている。

白衣の天使＝an angel in white

5　次の文を読み，あとの各問いに答えよ。

Language is certainly an important factor in understanding others. As my Japanese language ①able improves, (a) does my understanding of people. This is also true in learning French, my major at college. It was not (b) I was fluent in French that I ②real got (c) know and appreciate French people. I do not say this is always the (d), but language does give insights into a foreign culture, ③which would not be possible ④otherwise, especially in the (d) of Japanese who attach much importance to expressions of politeness and ⑤agree. ⑥Were I not convinced it is possible to understand one another, I would have left Japan long ago. To be sure, effort and sensitivity are required. I do not profess to understand Japanese perfectly, but then (e) do I understand Americans and Europeans much better.

〔設問〕

問1　下線部①，②，⑤の語を適切な形にせよ。

問2　（ a ），（ d ），（ e ）にあてはまる最も適切な語を**ア～キ**から選び，記号で答えよ。

ア. neither　　イ. either　　ウ. though　　エ. so
オ. case　　カ. matter　　キ. however

問 3　(b), (c) に適当な語を記入せよ。

問 4　下線部③の先行詞を指摘せよ。

問 5　下線部④の意味が次の文と同じになるように（　）内に適当な語を記入せよ。

if one did not have understanding of (　　　)

問 6　下線部⑥を和訳せよ。

6　次の文を読み，あとの問いに答えよ。

If you ever attend classes with American students, you will notice many differences between them and Japanese students right away.

One big difference is that American students don't generally speak to each other in class. They pay attention to what the teacher is doing. Also, if an American student doesn't know an answer, another student will not usually whisper it to him or her.

Another difference is that American students like to challenge the teacher. They often ask questions. They disagree with the teacher if they think the teacher is wrong. If they don't understand something, they ask the teacher to explain again.

If you go to an American classroom, there is a very simple thing you can learn to help you fit in. Just learn to raise your hand.

〔設問〕

次の各文のうち，上文の内容と一致しているものを選び，記号で答えよ。

ア. If you attend American classes, it will take you not a little time to notice the differences between American students and Japanese students.

イ. In general, American students don't have private talks with friends in class.

ウ. American students don't generally listen to what the teacher is speaking in class.

エ. If an American student can't answer the question, another student will usually tell the answer to him or her in a low voice.

オ. If you want to leave the classroom, you must raise your hand.

カ. American students are fond of arguing with their teacher in class.

キ. American students think the teachers are always wrong.

7　次の文を読み，あとの各問いに答えよ。

a*Genetic engineering of plants (changing the DNA to create a new form) is a process scientists have been using to try to produce crops that are bigger, better, and often healthier than the average food. For example, many scientists are trying to develop foods that can ①resist insects or disease, so that *pesticides and other (1) are not needed. Two new genetically-engineered plants include a *virus-fighting pumpkin and a potato that fights its old ②enemy, the *potato beetle, which causes for a large amount of damage to potato crops each year.

One of the main goals of genetic engineering, though, is simply to produce foods that are better: Foods that taste better, have the better sense of touch and don't get ripe too early are on the way. *Delayed-ripening tomatoes have been developed; this means that the tomatoes won't be too ripe or (2) when they reach the store. bFruits and vegetables like broccoli and melons have been changed to last longer. New types of fruits and vegetables will also taste sweeter.

Foods will also become healthier. A potato has been developed to produce potato chips with less (3). A type of wheat has been changed to have a high ③content of *waxy *starch. Plants that produce palm or sunflower oil will offer healthier oils with lower *saturated fat content. And even that morning cup of coffee will have (4) flavor and (5) caffeine.

（注）　genetic engineering＝遺伝子工学，pesticide＝殺虫剤
virus＝ウイルス，potato beetle＝ジャガイモハムシ
delayed-ripening＝熟成の遅い，waxy＝なめらかな，
starch＝でんぷん，saturated fat＝飽和脂肪

〔設問〕

問1　下線部①〜③の単語の意味とほぼ同じものを下から選び記号で答えよ。

①　ア．spoil　イ．encourage　ウ．fight

②　ア．friend　イ．opponent　ウ．army

③　ア．amount　イ．quality　ウ．substance

問2　(1)〜(3) にあてはまる単語を下から選び記号で答えよ。

ア．heads　イ．chemicals　ウ．results　エ．fat　オ．soft

問3　(4) と (5) に，「もっと香りがよく，もっとカフェインが少ない」という意味になるように比較級の語をそれぞれ記入せよ。

問4　下線部 a，b を日本語に訳せ。

問5　本文の内容と一致するものに○，そうでないものに×を記入せよ。

(1) Producing better foods is one main purpose of genetic engineering.

(2) Genetically-engineered plants are expensive.

(3) There will be more healthier foods on the market because of genetic engineering.

(4) All fruits and vegetables will taste sweeter because of genetic engineering.

(5) Some genetically-engineered plants are kept fresh long.

8　次の文を読み，あとの各問いに答えよ。

Mother Teresa began working for the poor in Calcutta, India, in 1948. A lot of poor people were living on the streets and some of them were sick. One day Mother saw a very sick woman. ①She tried to take the woman to hospital but the hospitals in Calcutta were too crowded to offer a bed for a poor dying woman. She died on the street in spite of Mother's efforts. From that experience, Mother set up a home (1) the dying, a place (a) very sick people on the streets are taken in and looked (2) until they peacefully "die with dignity and love."

Mother's work became gradually known (3) the world in the 1960's. And in 1979 she was given the Nobel Peace Prize for (b) she and her followers were doing for poor people all over the world. She went to Oslo, Norway, in December to receive the Prize. She spoke in front (4) a lot of important people at the awards ceremony. She said, "... I am grateful to receive [the Nobel] in the name of the hungry, the naked, the homeless, ... of all those people (c) feel unwanted, unloved, uncared-for throughout society ..." Many of her audience were wearing fur coats because it was a very cold day. However, she was simply wearing her usual white sari with a cross on her left shoulder.

Awards such (5) the Nobel Prize are often accompanied by a large amount of money. Mother received the prize money of $190,000.

②She used it not for herself but for those who needed help. In fact she got more than $190,000. In 1979, the banquet usually held after the awards ceremony was cancelled. The money for the banquet was saved and given to Mother on her request. She used it to buy meals for 15,000 hungry people.

Mother Teresa died of heart failure on September 5, 1997. She was 87 years old. ③She / in / people / spent / whole / her / need / life / helping.

〔設問〕

問1　下線部①，②を日本語に訳せ。

問2　次の質問に日本語で答えよ。

(1)　マザー・テレサは1979年に何を受賞しましたか。

(2)　授賞式の席上，彼女はどんな服装をしていましたか。

(3)　受賞の祝賀会のためのお金を何に使いましたか。

(4)　彼女はいつ，何が原因で亡くなりましたか。

問3　（　1　）～（　5　）に前置詞を入れよ。

問4　（　a　）（　b　）（　c　）に適する関係詞を下から選んで入れよ。

who，which，what，where，when

問5　下線部③を次の日本語に合うように並びかえよ。

「彼女は彼女の全生涯を，困っている人々を助けることについやした」

C

1　次の文を読み，あとの各問いに答えよ。

Consumerism simply means buying——the goods we buy and how we buy them. The pattern of consumerism in this country has changed a lot in the last 20 years.

People used to go to several shops to buy their daily goods. They went to a butcher to buy meat, a fishmonger to buy fish and a greengrocer to buy vegetables.

In the food shops, ①the goods would be weighed on scales and put into a paper bag. Sometimes they were tipped straight into the shopping-bag. Meat, fish and bread would be wrapped in special paper.

These days, people usually do their shopping in a supermarket. There they can buy all the goods they want under one roof. Nearly everything is pre-packed. All the fruit is the same size and colour and it looks very attractive. But it looks this way because it has been treated with *insecticides and hormones. After picking, it has been sprayed with *fungicide to make it store well. ②People are now beginning to wonder if they want to risk eating all these chemicals just so that the fruit looks nice and lasts longer.

The packaging the supermarkets use is another problem that is beginning to worry people. It uses up our precious resources. The paper comes from trees and the polyethylene from oil, and we just throw it away. Frequently the checkout person will put something that is already packaged into yet another plastic bag. (　a　), say that you don't want the extra bag——and (　b　), explain why not.

The plastic waste produced in Britain each year works out to 57 kilograms for each person. Disposing of all this plastic is an expensive problem. But that's not all. Making the plastic uses up energy and causes pollution, adding to the greenhouse effect.

Unfortunately, some of this packaging doesn't reach the dustbins. It becomes litter instead. Some people simply tear the wrapping off sweets and throw it away. They drop cans of drink without a thought. In the town, this litter looks horrible. But at least someone will eventually clear it away.

③In the country, it remains in the fields and on the roadsides unless the people who live near by pick it up. In the mean time, (　c　). Bottles and cans cause cuts, and the animals may eat polyethylene bags and die, or put their heads in them and *suffocate. It is an *offence to drop litter. (　d　), you have the right to report them to the police.

（注）　insectcides＝殺虫剤，fungicide＝殺菌剤，suffocate＝窒息する，offence＝罪悪

〔設問〕

問 1　下線部①は従来の習慣を述べている。だが最近はどう変化したか，それを記述している個所の英文をそのまま抜き出せ。

問 2　下線部②および③を和訳せよ。

問 3　次の文は本文中の単語（1 語あるいは 2 語）を説明している。該当する語を抜き出せ。

(1)　candy, caramel, and other foods high in sugar content

(2)　objects strewn or scattered about; scattered rubbish

(3)　materials which may be shaped when soft and then hardened and used in place of glass, wood and metals

(4)　the effect produced by certain gases, as carbon dioxide, on a planet's atmosphere by raising the temperature of the surface of the planet

問4 文脈から考えて，(a)～(d) には次のどの文が入るべきか，記号で答えよ。ただし，文のはじめの大文字は考慮しなくてよい。

ア. if there isn't a long *queue behind you

イ. if you see someone doing it

ウ. if this happens with something you are buying

エ. it can kill or injure farm animals

(注) queue＝列

問5 次の日本文のうち，本文の文意と同じものに○，違うものに×をつけよ。

(1) 生鮮食品は専門店で買う方がよい。

(2) 近年は品質改良による良い品がそろっている。

(3) 包装にはいろいろ問題がある。

(4) 国内の需要を高めなくてはならない。

2 次の文を読み，あとの各問いに答えよ。

Have you eaten any fast food lately? Thanks to the globalization of hamburgers, fries, and pizza, you probably have. Have you ever been to McDonald's, Burger King, Kentucky Fried Chicken, Pizza Hut, etc.? Once you have tried it, you go back there again and again, because it was fast, cheap, and ①convenient and because you liked the ②taste.

(A)In the United States, where 200 people order a hamburger every second, fast food is very big business. (1) fact, it's US $100 million a year business, and still growing. More than half of the meals that Americans eat outside their homes are eaten in fast-food restaurants.

What are we talking about, though, when we say "junk food" and "fast food"? Generally, those of us who eat it mean food that is either ready to eat or prepared quickly, or snack food in a bag or a container that you ③tear open and eat (chips, ice cream, candy, etc.). To most people, junk food is delicious and quick.

*Nutritionists say, however, junk food is high in fat, sugar, salt, calories and cholesterol, and low in fiber, calcium, folic acid, vitamin A, iron, and zinc. Some people say that this shows much of what Americans eat and that many Americans seem to be seriously overweight.

(B)For years, there have been warnings about having too much fat and too little fiber in the American diet. This creates more heart attacks and cancers. Many people agree (2) the advice of the National Cancer Institute that people should follow a diet high in fruits and vegetables (that is. fiber), with little sodium, and with fat making up no more than 30 percent of our daily calorie intake——though few follow this advice.

The attention paid (3) health and nutritional information by the media resulted in changes in the junk food industry. Many of the fast-food companies really made an effort to add some healthier choices to their menus by adding things like salads, lean meat, skinless chicken, and frozen yogurt shakes.

(C)What is interesting about the result of this big business experiment with more nutritious fast food is that after only a year, many of these items were discontinued because they were not selling. What people want at Burger King is the 630-calorie hamburger called the Whopper that *outsells the rest of the menu (4) three-to-one.

What is going on here ? People are given information daily about the health problems that result directly from bad eating habits, and yet they continue to prefer all the things they are supposed not to have: red meat, saturated fat, refined sugar, and a lot of sodium. Jane Hurley, a nutritionist with the Center for Science in the Public Interest, says, "If you choose carefully, you can get a good meal at a fast-food restaurant ... but when most people go into a fast-food restaurant, they don't want to have just a salad."

It appears for now that people prefer the satisfying taste of fat and the convenience of eating fast food. Apparently, even though the McGrilled Chicken Classic (without sauce) has only 250 calories and three grams of fat, it will be less appealing (5) a Big Mac (510 calories, 26 grams of fat). As an informal *survey by *Men's Health* magazine found, the McGrilled Chicken was "dry, not filling or satisfying, and not very tasty ..." And, boy, those Big Mac surely taste good when you want fast food, now don't they?

(注)　nutritionist＝栄養学者，outsell＝より多く売れる，survey＝調査

〔設問〕

問 1　本文の内容と一致するものを 3 つ選び，番号で答えよ。

① In the United States, more than 10,000 people order a hamburger per minute.

② Junk food is less popular than fast food, because it is not so healthy.

③ According to nutritionists, junk food is high in calories, so that it is desirable food for young people.

④ Quite a few people follow the advice that they should not take too much fat and sodium.

⑤ Many fast food restaurants added healthier choices to their menus, but people did not prefer them.

⑥ People get information about health, but it is not easy to change their eating habits.

⑦ An informal survey found that boys like Big Macs more than girls.

問2 文中の（ 1 ）～（ 5 ）にあてはまる適切な語をそれぞれ選び，記号で答えよ(2回以上選択可)。

a．by　　b．in　　c．than　　d．to

問3 次の①～⑦のうち，文章のなかで「健康に良い」とされているものには○を，「健康に良くない」とされているものには×をつけよ。

① fiber　② lean meat　③ skinless chicken　④ Big Mac

⑤ refined sugar　⑥ saturated fat　⑦ frozen yogurt shake

問4 文中の①～③の語について下線部と同じ発音のものをそれぞれ選び，記号で答えよ。

① convenient

a．invent　b．adventure　c．vehicle　d．even

② taste

a．task　b．table　c．fantasy　d．tackle

③ tear

a．appear　b．bear　c．sea　d．meal

問5 文中の次の語について，最もアクセントが強い音節を記号で答えよ。

(1) ap-par-ent-ly
a b c d

(2) in-dus-try
a b c

(3) ad-vice
a b

問6 下線部(A)～(C)を和訳せよ。

3　次の文を読み，あとの各問いに答えよ。

When I was eighteen, I fell seriously ill with *polio and spent more than a year and a half in the hospital. There I passed many hours reading about the famous peacemakers like *Gandhi and *Schweitzer, who had devoted their lives to humanity, and I made up my mind that if I survived the disease (　a　). But, like many of us, I misunderstood the meaning of their lives. I thought that ordinary people could not do much about peace —that in order to make any significant contribution toward saving the world from (　b　), one had to be an impoverished social worker, a doctor in a romantic place, or a leader of peace movements.

After careful thought, and actually writing to every nation in the world asking about their welfare needs, I decided to become a teacher in Africa. I studied very hard in college, and became one of the top students in my department. So ①it came as a great blow when, during my senior year, the dean told me that I had been refused a teaching certificate because I was confined to a wheelchair.

I felt that my dream of helping humanity had been destroyed—that my opportunity to contribute to peace had been completely lost. I became so discouraged that I burned all my writings on the subject of peace—almost one thousand pages.

②Coming from a business family, I then started a ③career in that field —but my heart was never completely with my work. I always felt a dreadful combination of failure and guilt. I felt that I had deserted humanity.

For years I moved from one business to another, finally coming to Japan in 1963 to open a (　c　) of the family business. Soon after my arrival in Tokyo, I read in a local newspaper that many thousands of Japanese children paralyzed like myself could not participate (　d　) society, or even leave their homes, because they had no wheelchairs. I decided to start a small fund-raising campaign in my company, to buy a few wheelchairs for ④these children.

To my surprise, the project was an instant success, and in two years mushroomed into a nationally known program. By the time I left the company in 1966 we had raised almost ¥100,000,000, enabling us to buy hundreds of wheelchairs, and to make large cash donations to groups serving the handicapped.

One day a distinguished representative of the Japanese Government said to me, "Mr. Dart, ⑤you are a real ambassador of peace !" His words surprised me greatly. Suddenly I saw that my whole idea about what would bring peace to the world had been mistaken. I was terribly ashamed for all the years I had wasted in self-pity and bitterness――⑥for all the opportunities I had lost to live my dream. I saw that anyone, in any career――banker, housewife, laborer, salesman,――could make a significant contribution to peace in some way. And most important, I finally understood that war and suffering will never be stopped by only a few famous humanitarians and government leaders. Real world peace will come only when each man and woman in the world becomes a peacemaker, when peace is lived all day every day by all the people, beginning with the face in the mirror――"me".

（注） polio＝小児まひ，Gandhi＝ガンジー，Schweitzer＝シュバイツァー

〔設問〕

問１ （ a ）にあてはまる節を下から選び，記号で答えよ。

ア．I will try to become one of that select group

イ．I wish to become one of that select group

ウ．I would try to become one of that select group

エ．I would have become one of that select group

オ．I hope to be one of that select group

問２ （ b ）に入る適語を下から選び，記号で答えよ。

ア．war　イ．peace　ウ．people　エ．work

オ．earth

問３ 下線部①と同じ意味を表しているものを下から選び，記号で答えよ。

ア．It made me very sad

イ．I was afraid

ウ．I was frightened

エ．I was greatly shocked

オ．I was taken ill

問４ 下線部②と同じ意味を表しているものを下から選び，記号で答えよ。

ア．When I came from a business family,

イ．As I came from a business family,

ウ．If I came from a business family,

エ．After I came from a business family,

オ．Before I came from a business family,

問5　下線部③と同じ音節にアクセントのある語を下から選び，記号で答えよ。

ア．welfare　イ．suffer　ウ．local　エ．talent

オ．survive

問6　（　c　）に入る語を下から選び，記号で答えよ。

ア．buyers' market　イ．store house　ウ．branch

エ．repair shop　オ．union

問7　（　d　）内に入る語を下から選び，記号で答えよ。

ア．on　イ．at　ウ．from　エ．in　オ．of

問8　下線部④の these children とはどんな子どもたちか。下から選び，記号で答えよ。

ア．小児まひの子どもたち

イ．日本の子どもたち

ウ．世界の子どもたち

エ．東京の子どもたち

オ．車椅子をもらう子どもたち

問9　下線部⑤の正しい和訳を下から選び，記号で答えよ。

ア．あなたは本当に平和の神ですね。

イ．あなたは真の平和の大使ですね。

ウ．あなたはまさに平和の奉仕者ですね。

エ．あなたは全く平和の立役者ですね。

オ．あなたは偉大な平和の申し子ですね。

問10　下線部⑥の正しい和訳を下から選び，記号で答えよ。

ア．私がすでに生きる夢をすべて失ったとき。

イ．私がとっくに夢をなくして暮らしている間中。

ウ．私が理想に追いつけなくなって，すっかり自失しているとき。

エ．機会がありしだい夢を生かそうとしたが失敗した。

オ．私が失ってしまった，自分の夢を実現するためのあらゆる機会。

4 次の文を読み，あとの各問いに答えよ。

Doctor's offices or clinics are usually crowded. But in the U.S., the doctor often takes appointments. When you want ⓐto see the doctor, you should telephone the office first. Then the secretary or receptionist will give you an appointment. Perhaps you will be told, "All right, the doctor will see you at 10:25." Then you expect that you can go to the doctor's office at 10:25 and see the doctor without (A) for very long. Well, if you thought this, you would be very much mistaken.

①Since you don't want to make the doctor wait to see you, you arrive at about 10:15. What a surprise ! You find about thirty or forty people in the office waiting. You finally get in ⓑto see the doctor at about 2:15, almost four hours after your appointment. So you wonder (B) the purpose of the appointment was.

I will admit (C) ②sometimes the doctor is called to the hospital for an emergency. Most U.S. doctors have their own small clinic or office but they are also on the staff of a large general hospital. So they do consultations and minor treatments in their office, but surgery (medical treatments which involve cutting and sewing of the body) or other serious treatments in the hospital. Sometimes there is an emergency (a serious and dangerous situation which must be treated quickly), so the doctor has to leave many *patients (A) in his office.

However, I think there is another reason. The doctors schedule the appointments too close together. They think they can see twenty or thirty patients in one hour. ③Such a schedule would mean that the doctor would spend only two or three minutes per patient including the time spent between one patient and the next.

Each doctor's office has at least three or four treatment rooms. One patient is put in each room by the nurse. Then the doctor just goes from Room 1 to the next. The nurse sees that someone is always ready and waiting for the doctor in the next room.

Actually, this seems like a good idea, ⓒto save the doctor's valuable time and let him see more people in one day. But my friend told me that when he took his wife to the doctor because of a *sore throat, the doctor was in such a hurry (C) he used roller skates to go from one room to the next. He said ④he was already holding the needle for a shot ready in his hand before he found out (B) the patient's problem was. I think that this is too much *efficiency or too much hurry. Or do you think perhaps my friend was joking ?

（注） patient＝患者，sore throat＝喉の痛み，efficiency＝能率

〔設問〕

問1　下線部①～④の和訳として適切なものを1つ選び，記号で答えよ。

①　**ア．** 診察のために先生を待たせたくないというので10時15分頃に着く。
イ． 先生が待っているといけないので10時15分頃に行く。
ウ． あなたに会うために先生が待っているから，10時15分頃に着く。
エ． あなたが望んでいないときから先生は待っているのに，あなたは10時15分頃に着く。

②　**ア．** ときどき先生は危険な状態になると病院に呼ばれる。
イ． 先生に病院から緊急呼出がかかることがある。
ウ． 先生が呼ばれて病院へ行くと大変である。
エ． ときどき先生は万一の場合のために病院に呼ばれる。

③　**ア．** このようなスケジュールは患者あたり2・3分しかないということを意味する。
イ． このようなスケジュールでは先生は患者の診察が出来ないことになる。
ウ． このようなスケジュールは患者一人にわずか2・3分しか時間をさけないということになる。
エ． このようなスケジュール表の意味するところは，先生の持ち時間がわずか2・3分だということだ。

④　**ア．** 先生は手回しよく針を手に持って患者の病気をみつける。
イ． 先生が注射器を手にしていたのは事前に患者の問題が分かっていたからだった。
ウ． 患者の問題を彼が見つけるまでは，彼は手にちょっと麺を持っていた。
エ． 患者の病気が何かと分かる前にもう先生は注射器を手にしている。

問2　（　）内に入れるべき適切な語形を1つ選び，記号で答えよ。

(A)	**ア．** wait	**イ．** waited	**ウ．** waiting	**エ．** to wait
(B)	**ア．** what	**イ．** where	**ウ．** which	**エ．** when
(C)	**ア．** which	**イ．** that	**ウ．** as	**エ．** because

問3　波線部ⓐ～ⓒの不定詞の用法が，名詞用法ならば**ア**，形容詞用法ならば**イ**，副詞用法ならば**ウ**と答えよ。

問4　次の各語について，第1アクセントのある音節をその記号で答えよ。

(1)　ap-point-ment
　　ア　イ　ウ

(2)　sec-re-tar-y
　　ア イ ウ エ

(3)　e-mer-gen-cy
　　ア イ　ウ　エ

(4)　con-sul-ta-tion
　　ア　イ ウ　エ

問5　次の日本文の英訳として適切なものを1つ選び，記号で答えよ。

(1)　この本には日常生活のヒントが書いてある。

ア. This book will give you some ideas on daily basis.

イ. This book reads a good thought of everyday’s life.

ウ. You will find the good everyday life in this book.

エ. You will be told by this book some goods on your daily life.

(2)　彼はいつもモーツァルトを聴きながら構想を練るのだった。

ア. He always concentrates his plans in listening Mozarts.

イ. He always develops his ideas from hearing Mozarts.

ウ. He always works over his plans, listening to Mozarts.

エ. He always listens to Mozarts for his plans to do.

(3)　「ちょっと待てよ」と彼はつぶやいたのだった。

ア. “What a thing,” he grumbled in his mouth.

イ. “A little wait,” he said in his mouth.

ウ. “A moment,” he told himself in a soft voice.

エ. “Let me see,” he murmured.

解答・解説

§1 文　型

Practice

1 (1) S…His son, V…became
(2) S…The dictionary, V…is
(3) S…a church, V…was

2 (1) S…My aunt, V…likes, O…a cat
(2) S…many students, V…were
(3) S…Mr. Tanaka, V…is, C…a very intelligent man

3 (1) O…a good racket
(2) O…me, a present
(3) O…her room, C…clean

問題演習

A

1 (1) 第 3 文型　(2) 第 5 文型
(3) 第 4 文型　(4) 第 1 文型
(5) 第 2 文型

解説

(1) My uncle は主語, keeps は動詞, a cat は目的語である。→例文 **10**
(2) him＝captain, すなわち O＝C である。→例文 **16**
(3) us は間接目的語, English は直接目的語である。→例文 **13**
(4) There は副詞なので, 主語にはならない。主語は a fire である。→例文 **6**
in my neighborhood last night は修飾語である。
(5) 主語と動詞の後ろの要素が, 同じことを示していたり, その内容を説明していれば補語である。
Jane＝a (very) kind girl, すなわち S＝C である。→例文 **7**

2 (1) 彼女はチョコレートケーキを作る。…第 3 文型
(2) 彼女は私に人形を作ってくれた。…第 4 文型
(3) 彼は彼女を自分の妻にした。…第 5 文型
(4) 母からの手紙を読んで彼女は悲しんだ。…第 5 文型

解説

(1) She は主語, makes は動詞, a chocolate cake は目的語である。→例文 **10**
(2) me は間接目的語, a doll は直接目的語である。→例文 **14**
(3) her＝his wife, すなわち O＝C である。→例文 **16**
(4) her は目的語, sad は目的格補語である。→例文 **18**
「母からの手紙は彼女を悲しくさせた」と訳すよりも「彼女は悲しんだ」の方が自然である。

3 (1) ウ, ク　(2) イ, キ　(3) ア, カ
(4) エ, ケ　(5) オ, コ

解説

(1) hard は修飾語。(第 1 文型)
(2) our parents は目的語。(第 3 文型) →例文 **10**
(3) you＝busy (第 2 文型) →例文 **7**
(4) his son＝Thomas (第 5 文型) →例文 **16**
(5) you は間接目的語, these dolls は直接目的語。(第 4 文型) →例文 **14**
ア. (第 2 文型)
イ. the empty box は目的語 (第 3 文型)
ウ. (第 1 文型)
エ. the box＝empty (第 5 文型)
オ. (第 4 文型)
カ. He＝a good singer (第 2 文型)
キ. (第 3 文型)
ク. fast は修飾語 (第 1 文型)
ケ. (第 5 文型)
コ. you は間接目的語, English は直接目的語 (第 4 文型)

B

1 (1) ア　(2) イ　(3) オ　(4) ウ
(5) エ

解説

(1) in a magazine は修飾語。(第 1 文型)
(2) Flowers＝fresh (第 2 文型)
(3) flowers＝fresh (第 5 文型)
(4) 主語は Where ではなく you。(第 3 文型)
(5) meは間接目的語, a pair of baggy trousers は直接目的語。(第 4 文型)

2 (1) ア　(2) イ　(3) エ　(4) イ
(5) ウ

解説

(1) once は「かつて」の意味の修飾語,

called Minos も修飾語である。
→例文 **6**

⑵ silent は形容詞で，The children の状態を説明している。→例文 **8**

⑶ how to get to ～は「～への行き方」となり，これだけで直接目的語にあたる。
→例文 **13**

⑷ the last man は補語である。that 以下は the last man を修飾している。
→例文 **7**

⑸ that 以下は目的語である。→例文 **12**

3 ⑴ フレッドは忙しい生活を送った。彼はいつも国のために働いた。だからあなたは彼が他に何かする時間があったのだろうかと思うかもしれない。

⑵ 夜にあなたがとても疲れたと感じるときは，仕事をやめて早く寝た方がよい。睡眠はからだをすっきりさせる。

（解説）

⑴ live が目的語を導くときは「～な生活を送る」となる。
wonder if ～「～かしらと思う」

⑵ your body＝clear，すなわち O＝C で第 5 文型。had better ～「～した方がよい」

4 ⑴ Mother gets up at five (o'clock) every morning.

⑵ His sister is very good at (playing) tennis.
またはHis sister plays tennis very well.

⑶ I think him (to be) a kind boy.
またはI think (that) he is a kind boy.

（解説）

⑴ 第 1 文型。

⑵ be good at ～であれば第 2 文型。
→例文 **7**
play ～ であれば第 3 文型。→例文 **10**

⑶ to 不定詞を使うと第 5 文型。
→例文 **16**
that 節を使うと節が目的語となり第 3 文型。→例文 **12**

§2　文の種類

Practice

4 ⑴ Who broke my glasses ?

⑵ What does she like ?

5 ⑴ Do you know if〔または whether〕she likes music ?

⑵ Why do you think he said so ?

⑶ Please tell me when you will leave Japan.

6 ⑴ We don't study English at school.

⑵ Who broke this glass ?

⑶ You must not be lazy.

⑷ How high that mountain is !

7 ⑴ What is she ? または What is her occupation ?

⑵ What time〔またはWhen〕will the game begin ?

⑶ Who visited Sapporo last Sunday ?

⑷ How far is it from here to the station ?

⑸ How did Tom come to school ?

問題演習

A

1 ⑴ What　⑵ How　⑶ Who
⑷ Why　⑸ Which

（解説）

⑴ 職業を尋ねる文。

⑵ 日常のあいさつで使う慣用表現。

⑶ 疑問詞が主語である。

⑷ 答えが Because から始まる場合は，疑問詞 Why を用いる。

⑸ 選択疑問文には疑問詞 which を用いる。

2 ⑴ How much did this bicycle cost ?

⑵ How long is she going to stay in Japan ?

⑶ Which do you like better, tea or coffee ?

⑷ Where was the famous writer born ?

⑸ Whose car did you borrow yes-

terday ?
(6) Who taught him the piano ?

解説

(1) 値段を尋ねるときは，How much 〜?
(2) 期間を尋ねるときは，How long 〜 ?
(3) 「A か B かどちらが好きですか」という慣用表現。
(6) 主語を問う疑問文は主語の位置に疑問詞を置く。

3 (1) Did he put off his departure ?
(2) Ellen doesn't seem to feel cold.
(3) Winter in Alaska is long and cold, isn't it ?
(4) Remember　(5) How → What

解説

(4) 「〜によろしく」は Remember me to 〜. を用いる。
(5) What を疑問詞として用いることに注意する。「それについて何を考えるか」の意味である。

4 (1) What, an, ambitious
(2) is, very　(3) won't
(4) doesn't

解説

(1) boy が名詞なので，What で始まる感嘆文にする。ambitious が母音で始まるので，冠詞を an にすることにも注意。→例文 **36**
(2) ＝You have a very nice camera. →例文 **36**
(3) will の否定の短縮形は won't である。→例文 **27**
(4) 主語の人称，動詞の時制に注意する。→例文 **27**

B

1 (1) 単文　(2) 複文　(3) 重文
(4) 単文　(5) 複文

解説

(2) if は従属接続詞であるから複文である。
(3) and は等位接続詞である。
(5) that は expect の目的語の名詞節を導く従属接続詞である。→例文 **40**

2 (1) Study hard, or you will fail.
(2) How beautiful the sunset was !
(3) Does he study English very hard ?
(4) Those students are diligent, aren't they ?
(5) Though〔または Although〕it was raining, they started.
(6) He is clever enough to do it.
(7) He has never been abroad, has he ?

解説

(6) so 〜 that … can は，enough to 〜 の構文を使って単文にすることができる。
(7) 平叙文中に hardly, never があると否定文なので，後ろに続く文は肯定にする。

3 (1) What nice a camera → What a nice camera
(2) opens → open
(3) Be not → Don't be
(4) did he → didn't he

解説

(3) 否定命令文は be 動詞の場合も文頭に Don't を用いる。→例文 **34**

4 (1) カ－ア－ウ－オ－イ－エ－キ
(2) イ－エ－ウ－ア－オ
(3) イ－ア－オ－エ－カ－ウ

解説

(2) do you think などは，通例，疑問詞の直後に置く。
(3) 第 5 文型の型にまとめる。

§3 時　制

Practice

8 (1) rises, sets　(2) gets
(3) comes　(4) is
(5) make(s)

9 (1) studyed → studied
(2) occured → occurred

10 (1) discovered　(2) went
(3) arrived

11 (1) Will　(2) Will　(3) Shall
(4) Will

12 (1) going　(2) to

13 (1) 当時彼はいつもタバコを吸ってばかりいた。
(2) 明日の今頃，私達はコンサートを楽しんでいるだろう。

14 (1) He has been absent from school since last week.
(2) I have never seen him.
(3) I haven't finished my work

yet.

15 (1) have → did,　seen → see
(2) has gone → went

16 (1) 救急車が来たときは，その人はもう死んでいた。
(2) 彼が起きた途端に，電話のベルが鳴った。
(3) 私は明日までにこの仕事を終えているだろう。
(4) もし私がもう一度ニューヨークを訪れたなら，3回そこへ行ったことになる。
(5) 私は動物園へ行くまでパンダを見たことがなかった。

17 (1) have known
(2) have been playing

18 (1) 明日も晴れないと，5日間雨が降り続いていることになる。
(2) どのくらいの間彼を待っているのですか。

問題演習

A

1 (1) gets, got
(2) was writing〔または had written, had been writing〕
(3) have been studying
(4) will be

(解説)
(1) 「私の父はいつも7時に起きる」
…〈現在の習慣〉→例文 **43**
「しかし今朝は30分遅く起きた」
…〈過去の事柄〉→例文 **47**
(2) 過去のある時に動作が進行中であったことを表す。(過去進行形) →例文 **61**
または,「レポートを書いてしまっていた」と過去の完了を表す。→例文 **67**
(3) 現在までの動作の継続を表す。(現在完了進行形) →例文 **74**
(4) これから先の状態を表す。(未来形) →例文 **49**

2 (1) ア　(2) イ　(3) ア　(4) ア
(5) ア　(6) ウ　(7) ア

(解説)
(1) have been to ～「～へ行ったことがある」という経験を表す。→例文 **65**
(2)(4)(7) 「時」や「条件」を表す副詞節では，未来のことを述べる場合に現在時制を用いる。→例文 **46**
(3) 「読んでいた」と過去の動作の進行を表す。→例文 **61**
(5) 「昨晩からずっと～している」は現在完了進行形。→例文 **74**
(6) 過去の事実。→例文 **47**

3 (1) shall　(2) Will　(3) will
(4) Shall　(5) will

(解説)
(1) 相手の意向を尋ねている。→例文 **51**
(2) 〈依頼〉を表す。→例文 **53**
(3) 意志未来の文である。→例文 **50**
(4) 〈提案〉を表す。→例文 **52**
＝Let's play tennis after school, shall we ?
(5) 〈傾向〉を表す。→例文 **55**

4 (1) Roy is studying English.
(2) My mother goes to bed at ten.
(3) The weather has been fine since last Friday.
(4) My uncle won't go to the beach.
(5) She had just gone out when I called at her home.

(解説)
(3) since last Friday をつけることによって，過去のある時点からずっとその状態が継続していることを表す。
(5) 「ちょうど出かけたところだった」と過去完了形にする。→例文 **67**

B

1 (1) has gone → went
(2) it is → it will be
(3) will come → comes
(4) is closed → has been closed
(5) bought → had bought

(解説)
(2) if ～の節は「～かどうか」の意味の名詞節であり，条件を表す副詞節ではない。
(4) since last week とあるので,「先週からずっと」という現在完了の文にする。
(5) 「私は前の日に買った本を彼女に貸した」という意味であり，先に起こった出来事の方に過去完了時制を用いる。
→例文 **70**

2 (1) It, is, have, been, married got, married

(2)　has, been, cleaning
(3)　has, been, dead
since, my, father, died
Five, years, have, passed
(4)　Shall

解説

(1)　～ years have passed since …
＝It's ～ years since …「…してから～年たった」
(2)「今朝からずっと掃除をしている」という現在までの動作の〈継続〉を表すには，〈has＋been＋～ing〉の形にする。
→例文 **74**
(3)　2 文目は「私の父はここ 3 年死んだ状態にある→3年前に死んだ」となるので，現在完了形で has been dead と形容詞の dead を用いる。
(4)　→例文 **51**

3　(1)　When the concert is over, it will be raining.
(2)　Please wait till I finish my coffee.
(3)　How long have you lived in Osaka ?
(4)　John had already left when I phoned him yesterday.
(5)　She will visit her parents before she goes to the airport.

解説

(1)　未来進行形の文。→例文 **62**
(2)　till は時を表す副詞節を導く接続詞である。→例文 **46**
(4)　過去完了形の文。→例文 **67**
(5)　before は時を表す副詞節を導く接続詞である。→例文 **46**

4　(1)　My father will get well soon.
(2)　I have never read the book.
(3)　The train had already left when I arrived at the station.
または When I arrived at the station, the train had already left.
(4)　I have known her since she was a child.

解説

(1)　未来形の文。get well「よくなる」
(2)　現在完了の〈経験〉を表す文。
(3)　過去の〈完了〉を表す文。→例文 **67**
(4)　現在完了の〈継続〉を表す文。
→例文 **66**

§4　態

Practice

19　(1)　His children are loved by Tom.
(2)　The dishes were broken by him.
(3)　The long letter has been written by you.
(4)　He will be scolded by his teacher.
(5)　The song is being sung by children.
(6)　Cards must be dealt by one of the players.

20　(1)　That fence was painted by Tom.
(2)　Was that fence painted by Tom ?
(3)　That fence was not〔または wasn't〕painted by Tom.

21　(1)　By whom was this machine invented ?
または Who(m) was this machine invented by ?
(2)　What was read by him ?
(3)　When was this camera bought by you ?

22　(1)　The dog was named John by the boys.
(2)　He was made to go at once (by us).
(3)　He is often seen to play soccer (by me).

23　(1)　at　(2)　with　(3)　to
(4)　with　(5)　with

24　(1)　She is looked up to (by them).
(2)　It is said that he is a great dramatist.
または He is said to be a great dramatist.
(3)　The dog was run over by the car.

25　(1)　blown　(2)　visiting

問題演習

B

1 (1) to (2) is, called
(3) were, written, by (4) to
(5) to (6) are, sold (7) call

(解説)
(1) 使役動詞の文。原形不定詞は受動態ではto不定詞になる。→例文 **89**
(2) 疑問詞は目的格補語である。
→例文 **85**
(3) 過去形の文なのでbe動詞を過去形にする。→例文 **78**
(4) 知覚動詞の文。原形不定詞は受動態ではto不定詞になる。→例文 **88**
(5) →例文 **92**
be known to ～「～に知られている」
(6) by themの省略。→例文 **93**
(7) 目的格補語をもつ第5文型の文。受動態から能動態への書き換え。→例文 **87**

2 (1) interested (2) satisfied, with
(3) covered, with (4) By, whom
(5) to, do (6) known, to

(解説)
(1) be interested in ～「～に興味がある」
(2) be satisfied with ～「～に満足する」
(3) →例文 **91**
be covered with ～「～に覆われている」
(4) 疑問詞が主語の文。→例文 **84**
(5) 使役動詞の文。→例文 **89**
(6) →例文 **92**

3 (1) He was seen to go out (by us).
(2) The work must be finished (by you) at once.
(3) She was laughed at by all her classmates.
(4) When was this bridge built (by them)?
(5) By whom was America discovered?

(解説)
(1) →例文 **88** (2) →例文 **81**
(3) →例文 **95**
(4) 疑問詞は副詞である。→例文 **85**
(5) →例文 **84**

4 (4)

(解説)
(1) 原材料が目に見えるときは，be made of ～を用いる。
(2) 原材料が目に見えないときは，be made from ～を用いる。
(3) be composed of ～「～から成り立っている」
(4) consist of ～「～から成る」
受動態にはしない。
(5) 原材料が目に見えるときのof。
be built of ～「～で建てられている」

5 (1) They sell many things at that store.
(2) He has never been heard to speak ill of others.
(3) The meeting was put off till the next morning.
(4) His students were not satisfied with his answer.
(5) You must keep your hands clean.
(6) His teeth have to be kept clean (by him).
(7) It is said that Tom and Mary got married.
またはTom and Mary are said to have gotten〔got〕married.
(8) That door has not been used (by anyone) for twenty years.
(9) Don't let the bench be touched.

(解説)
(1) 受動態の文ではby themが省略されていると考える。→例文 **93**
(2) 現在完了形の受動態はhave〔has〕＋been＋過去分詞。hearは知覚動詞のため，speakはto不定詞にする。
→例文 **79・88**
(3) put off ～「～を延期する」は群動詞である。→例文 **95**
(4) be satisfied with ～「～に満足する」
(5) 助動詞の入った目的格補語のある第5文型の文。→例文 **81・87**
(6) 不完全他動詞（keep）を含む第5文型の文。→例文 **87**
(7) They say that＋S＋V＝It is said that＋S＋V＝S＋be動詞＋said to＋V。
→例文 **94**
(8) 現在完了形の否定文を受動態にする。
by anyoneは省略できる。
→例文 **82・85・93**

6 (1) Who was the vase broken by
(2) A big building is being built across

the street
(3) This sweater of mine is made of pure wool
(4) is painted white every other year
(5) I was spoken to by an American

解説
(1) →例文 **84**
(2) →例文 **80**
across ～「～の反対側で」
(3) 原材料が目に見えるときの of。
this sweater of mine「この私のセーター」, be made of ～「～からできている」
(4) every other year「1年おきに」
→例文 **87**
(5) speak to ～「～に話しかける」は群動詞と考える。→例文 **95**

7 (1) Cheese is made from milk.
(2) English is an international〔または universal〕 language, and it is spoken all over the world.
(3) The bus was so crowded that I couldn't take a seat.
(4) I had my new shoes stepped on in the overcrowded train.
(5) When was the church on the hill built ?

解説
(1) 原材料が目に見えないときの from。
(2) →例文 **93**
(3) →例文 **91**
so ～ that …「とても～なので…」
be crowded with ～「～で混んでいる」
(4) have＋O＋過去分詞で〈受身〉を表す。
(5) 疑問詞は副詞である。→例文 **85**

§5　助動詞

Practice

26 (1) Did they sell salt at that store ?
(2) She doesn't like him.
27 (1) ぜひ遊びにいらっしゃい。
(2) 私は本当に彼を愛している。
(3) 彼はめったに笑わなかった。
28 (1) would　(2) should
(3) should
29 (1) 彼がそんな間違いをするとは残念だ。
(2) 君はもっと丁寧に話すべきだった。
30 (1) tells → tell
(2) to take → take
31 (1) You can't go anywhere.
または You can go nowhere.
(2) You need not〔またはdon't have to〕 attend the meeting.
(3) What he told us can't be true.
32 (1) to clean → clean
(2) going → go
(3) ought to not → ought not to
33 (1) 私は休日に何時間も釣りをしたものだった。
(2) あなたはもっと大きな声で話すべきだ。

問題演習

A

1 (1) You will be able to play tennis well.
(2) He will have to do it himself.
(3) I had to give up the plan.

解説
(2)(3) →例文 **120**

2 (1) ① must　② need, not
(2) ① may
② must〔または may〕, not
(3) can't〔または cannot〕

解説
(1)(2)(3) → p.73 **Open Sesame** 参照。
(1) すぐに出発しなければいけませんか。
① はい，そうです。
② いいえ，その必要はありません。
(2) 入ってもいいですか。
① はい，いいですよ。
② いいえ，いけません。
(3) そのニュースは本当ですか。
いいえ，そんなはずはありません。

3 (1) had, better, not
(2) help, laughing〔または but, laugh〕
(3) must, be
(4) well　(5) cannot, too
(6) cannot, have

解説
(1) →例文 **124**　(2) →例文 **113**
(3) →例文 **122**　(4) →例文 **119**

(5)　cannot 〜 too …「どんなに〜しても…すぎることはない」→例文 **114**
(6)　→例文 **112**

4　(1)　イ　(2)　ウ　(3)　エ　(4)　ア
(5)　イ

(解説)
(1)　would like to 〜「〜したい」
(2)　→例文 **127**　(3)　→例文 **120**
(4)　→例文 **124**　(5)　→例文 **105**

B

1　(1)　well　(2)　rather　(3)　certain
(4)　but
(5)　cannot, have, committed

(解説)
(1)　may を用いた慣用表現。
(2)　would rather「むしろ〜したい」の否定形→例文 **102**
(3)　→ p.75 **Open Sesame** 参照
(4)　can を用いた慣用表現。→例文 **113**
(5)　→例文 **112**

2　(1)　①　私は早起きに慣れている。
②　私は学生の頃，早起きをしたものだった。
(2)　①　私たちは大きなスーツケースを買う必要はなかった。
②　私たちは大きなスーツケースを買う必要がなかったのに（買ってしまった)。
(3)　①　赤ちゃんが眠っている。大声を出してはいけない。
②　はっきりとあなたの声が聞こえる。大声を出す必要はない。
(4)　①　あなたはその話を理解できますか。
②　その話は本当だろうか。

(解説)
(1)　→例文 **127**　(2)　→例文 **124**
(3)　①　→例文 **121**　②　→例文 **124**
(4)　①　→例文 **108**　②　→例文 **111**

3　(1)　イ—エ—オ—ア—ウ
(2)　イ—ア—カ—エ—ウ—オ—ク—キ
(3)　イ—ク—オ—ケ—キ—ア—エ—カ—ウ
(4)　オ—ウ—カ—ア—エ—イ
(5)　ア—ウ—イ—オ—キ—カ—エ
(6)　ウ—オ—エ—ケ—ア—カ—キ—ク—イ
(7)　エ—イ—カ—ウ—ア—オ—キ

(解説)
(1)　would の慣用表現。
would like to 〜「〜したい」
(2)　don't have to 〜＝need not 〜「〜する必要はない」
(3)　→例文 **102**
(4)　had better＋動詞の原形「〜した方がよい」→例文 **124**
(5)　→例文 **104**
(6)　can を用いた慣用表現。
cannot 〜 too …「どんなに〜しても…しすぎることはない」→例文 **114**
(7)　cannot help 〜ing「〜せずにはいられない」→例文 **113**

4　(1)　He used to be late for school when he was a student.
または　He would often be late for school when he was a student.
(2)　You need not take off your shoes in this building.
または　You don't have to take off your shoes in this building.
(3)　You ought not to visit a person late at night.

(解説)
(1)　→例文 **100・126**
(2)　「〜する必要はない」＝need not 〜＝don't have to 〜。→例文 **127**
(3)　「〜するべきではない」＝ought not to 〜＝should not 〜。→例文 **103・125**

§6　不定詞

Practice

34　(1)　It, to, have
(2)　when, to, visit　(3)　it, to
(4)　I want you to go there alone.
(5)　to go
(6)　advised, where, to
(7)　not, to, too, much

35　(1)　cold, to, drink　(2)　with
(3)　on

36　(1)　so, that, might〔または could〕
(2)　It, to, the, mountain
(3)　It, of, to　(4)　and, found

37　(1)　cross　(2)　to cry

(3) carry　(4) to accept

38 (1) seems, to, know
(2) seems, to, have, been
(3) It, that, was
(4) hoped, to, succeed, could, not

39 (1) of　(2) for

40 (1) a lot of work for you to do
(2) wants you to go there
(3) It is nice of you to help
(4) him to succeed in the business
(5) The first thing for you to do is

41 (1) stay　(2) bark
(3) To begin　(4) came
(5) ready

42 (1) too, to
(2) enough, to, show
(3) so, that, can't, it
(4) but, feel
(5) that, will, succeed
(6) so, to, speak

問題演習

B

1 (1) イ，オ　(2) ア，ウ　(3) エ，カ

(解説)

(1) To play tennis は主語で，名詞の働きをしているので「テニスをすること」と訳す。→例文 **128**
(2) to read は前の something new を修飾しているので，形容詞的用法である。→例文 **135**
(3) to study は目的を表す副詞的用法。→例文 **138**

2 (1) イ　(2) ア　(3) イ　(4) ウ
(5) ウ　(6) ア　(7) イ　(8) ウ
(9) イ　(10) ウ

(解説)

(1) 不定詞の否定形は not to ～とする。
advise＋人＋to ～「人に～を忠告する」
(2) 第５文型で知覚動詞のある場合は，補語には原形不定詞が用いられる。目的語である a bird が意味上の主語になっている。→例文 **144**
(3) It is very kind of you to help me. の感嘆文。→例文 **153**
(4) want は目的語に不定詞をとる。→例文 **129**
(5) 〈程度〉を表す副詞的用法。→例文 **154**
(6) 知覚動詞の受動態の場合は，補語は to＋原形にする。→例文 **144**
(7) 〈使役動詞(get)＋人＋to ～〉＝〈使役動詞(have)＋人＋原形〉→例文 **146**
(8) 独立不定詞。→例文 **156**
none of ～「誰も～ない」
notice「気づく」
(9) 第５文型で不完全他動詞が to 不定詞を目的語にとる場合は，it を用いた構文にする。→例文 **131**
go on with ～「～を続ける」
(10) 疑問詞以下が目的語になっている。→例文 **133**

3 (1) enough　(2) but　(3) to, go
(4) of, him　(5) too, for, me
(6) have, only　(7) It, to
(8) to, be, sick
(9) so, as, to〔または in, order, to〕
(10) Let

(解説)

(1) so … that ～＝… enough to ～
→例文 **155**
(2) cannot help ～ing＝cannot but＋原形「～せずにはいられない」→例文 **158**
admire「敬服する」，brave「勇敢な」，deed「行為」
(3) →例文 **133**
(4) It is＋人柄や態度の善悪を表す形容詞＋of＋目的語。→例文 **153**
(5) so ～ that＋S＋can't …
＝too ～ to …→例文 **154**
(6) All＋S＋have to do is (to) ～.
＝S＋have only to ～「S は～しさえすればよい」
(7) →例文 **130**
(8) It seems that＋S＋V.
＝S＋seem(s) ＋to ～.→例文 **148**
(9) so that＋S＋may ～＝so as to ～
＝in order to ～「～するために」
→例文 **138**
avoid「～を避ける」
traffic jam「交通渋滞」
(10) 使役動詞 (let)＋人＋原形

＝allow＋人＋to 〜. →例文 **147**
introduce「紹介する」
S＋知覚動詞＋O(意味上の主語)＋C(原形不定詞)→例文 **144**

4 (1) She is too young to go to school.
(2) He got up early so that he might〔または could〕take the first bus.
(3) The stone was too heavy for me to lift.
(4) She was made to work very hard by her father.

解説
(1) so 〜 that＋S＋can't …＝S is＋too 〜 to …. →例文 **154**
(2) so as to 〜＝so that＋S＋may 〜.
→例文 **138**
複文…主語，動詞のある文が他の一部となっている文や，従属接続詞によって結ばれている文。
(3) S＋is so 〜 that＋s＋can't …＋O. の構文では，S と s が異なる場合，s は不定詞の意味上の主語となり，for＋s の形で to 〜の前におき，O が省略されて S＋is too 〜 for＋s＋to …. となる。
→例文 **154**
(4) make＋人＋原形＝人＋is made＋to 〜.
→例文 **145**

5 (1) not to be late
(2) it best to say nothing about the matter
(3) want you to be happy
(4) is important for us to make a lot of friends
(5) is too difficult for me
(6) Don't let the children make a noise
(7) got a chance to go to Paris to study painting
(8) I have no right to stop him
(9) so as not to be late
(10) It doesn't look well to sleep with your mouth open

解説
(1) try to 〜の否定形は try not to 〜「〜しないように努力する」
(2) think it＋C＋to 〜「〜することが C だと思う」
it は形式目的語で，to 〜が真の目的語である。→例文 **131**
(3) to be happy は補語である。（第 5 文型）→例文 **132**
(4) 仮主語構文。→例文 **152**
(5) →例文 **154**
(6) 命令文〈使役動詞(let)＋人＋原形〉を否定にする場合は，Don't 〜と表す。
→例文 **147**
(7) to study painting は前の a chance を修飾しているので形容詞的用法。
→例文 **137**
(8) to stop him は前の right（権利）を修飾している形容詞的用法。→例文 **137**
(9) so as to 〜の否定形は so as not to 〜「〜しないように」
(10) It は形式主語，to sleep with your mouth open が真主語である。

6 (1) エ　(2) カ　(3) ア　(4) オ
(5) ウ　(6) イ

解説
(1) 〈目的〉を表す。→例文 **138**
(2) S＋is＋感情形容詞＋to 〜で〈原因・理由〉を表す。→例文 **139**
(3) S＋is＋難・易形容詞＋to 〜は〈限定〉を表す。→例文 **142**
(4) S＋is＋非難・賞賛形容詞＋to 〜は〈判断の根拠〉を表す。→例文 **140**
(5) S＋grow up to 〜＝S＋grow up and 〜は〈結果〉を表す。
S＋V＋only to 〜＝S＋V＋but 〜も〈結果〉を表すが，これは結果が失望させるものを表す場合に用いる。→例文 **141**
(6) 独立不定詞。→例文 **156**
to begin with「まず第一に」

7 (1) ウ　(2) イ　(3) ウ　(4) ウ
(5) ウ　(6) イ

解説
(1) would like＋人＋to 〜
＝want＋人＋to 〜. →例文 **132**
(2) 〈結果〉を表す。
live to be 〜＝live till＋S＋be 〜.
→例文 **141**
(3) foolish は非難の形容詞。
It is＋(非難の形容詞)＋of＋人
→例文 **153**
(4) 〈限定〉を表す。
＝It is comfortable to study in this room. →例文 **142**
(5) to have been は完了形不定詞。

=It is said that she was a beauty in her day. →例文 **149**

(6) →例文 **146**

8 (1) only (2) have, called
(3) was (4) have (5) for, to
(6) of, him (7) enough
(8) to, succeed

解説

(1) 〈結果〉を表す。→例文 **141**

(2) 過去の実現しなかった〈願望，期待〉を表す。→ p.88 **Advance** 参照

(3) be to be+過去分詞
=can be+過去分詞

(4) 完了不定詞。→例文 **149**

(5) →例文 **152**

(6) 〈判断の根拠〉を表す。wise は賞賛の形容詞。→例文 **140**

(7) have the kindness to ～
=kind enough to ～「～できるほど親切だ」→例文 **155**

(8) expect that+S+will ～
=expect+O+to ～. →例文 **132**

Ⓒ

1 (1) glad to help you with
(2) so kind as to tell me where
(3) too good to be true
(4) couldn't but sigh when I heard the news
(5) teacher told the boy to be quiet
(6) Let me know the time when
(7) be surprised to see how each living thing
(8) in order to prevent the ozone layer from being destroyed

解説

(1) →例文 **139**

(2) so … as to ～→例文 **155**

(3) →例文 **154**

(4) can't help ～ing=can't but+原形「～せずにはいられない」→例文 **158**

(5) →例文 **132**

(6) 使役動詞(let)+人+原形→例文 **147**

(7) 〈原因・理由〉を表す。→例文 **139**
be surprised to ～「～して驚く」

(8) 〈目的〉を表す。→例文 **138**
in order to ～「～するために」，prevent+A+from ～ing「A が～することを妨げる」，ozone layer「オゾン層」

2 (1) He is said to have invented the machine.
(2) I ran fast enough to overtake him in a minute.
または I ran so fast as to overtake him in a minute.
(3) She held out her hand for him to shake.
(4) I expect to be of some help to you.
(5) He pretended not to hear me.

解説

(1) 完了不定詞。It is said that+S+過去形=S+is said to have+過去分詞。
→例文 **149**

(2) so…that ～=…enough to ～.
→例文 **155**

(3) so that+S+may ～=for+人+to ～
→例文 **138**

(4) expect that+S+～=expect to ～.
be of some help「何か役に立つ」
→ p. 88 **Advance** 参照

(5) pretend that+S+～=pretend to ～「～のふりをする」

§7 動名詞

Practice

43 (1) smoking (2) reading
(3) waiting (4) hearing

44 (1) to pay (2) seeing
(3) raining (4) meeting
(5) met

45 (1) of, her, being
(2) his, son〔son's〕, having, done
(3) being killed
(4) on, her, going
(5) was (6) having seen

46 (1) my, turning, on
(2) no, denying
(3) no, use (4) On, finishing
(5) in, walking

47 (1) like (2) without
(3) help (4) worth (5) of

問題演習

A

1　イ

（解説）

前置詞の目的語になる動名詞。

→例文 **161**

（彼女は毎朝散歩することにしている）

2　(1)　イ　(2)　ウ　(3)　イ　(4)　ウ

(5)　ア　(6)　ウ　(7)　イ　(8)　エ

(9)　イ　(10)　ウ

（解説）

(1)(2)　enjoy, mind は目的語に動名詞のみをとる動詞である。→例文 **160**

(3)　cannot help ～ing「～せずにはいられない」→例文 **179**

(4)　worth ～ing「～する価値がある」→例文 **177**

(5)　There is no ～ing「～することはできない」→例文 **173**

(6)　need ～ing「～される必要がある」→例文 **179**

(7)　don’t feel like ～ing は「～したい気がしない」となる。→例文 **178**

(8)　not … without ～ing「…すれば必ず～する」→例文 **175**

(9)　→例文 **166**

(10)　regret to ～「残念ながら～する」→例文 **163**

3　(1)　saying　(2)　mind, sitting

(3)　On　(4)　having

(5)　his〔him〕, coming

(6)　in, speaking　(7)　no, knowing

（解説）

(1)　remember that ＋ S ＋ 過去形＝remember ～ing「～したことを覚えている」→例文 **162**

(2)　May I ～ ?＝Do you mind my ～ing ?「～してもいいですか」→例文 **170**

(3)　as soon as＋S＋～＝on ～ing「～するとすぐ」→例文 **172**

(4)　完了形の動名詞（having＋過去分詞）は主節の動詞より前の時制を表す。deny that＋S ～＝deny ～ing「～を否定する」→例文 **165**

(5)　be sure that＋S＋V＝be sure of＋所有格（または目的格）＋～ing「S が～だと確信している」→例文 **166**

(6)　when＋S＋V＝in ～ing「～するときは」→例文 **171**

(7)　It is impossible to ～＝There is no ～ing「～することはできない」→例文 **173**

4　(1)　ウ―カ―イ―キ―エ―ア―オ

(2)　イ―オ―エ―カ―ア―ウ

(3)　ウ―オ―ア―キ―エ―カ―イ

(4)　エ―ウ―カ―イ―オ―ア

(5)　エ―イ―ウ―オ―ア

(6)　エ―キ―オ―ア―イ―カ―ウ

（解説）

(1)　→例文 **173**

(2)　→例文 **170**

(3)　「思わず～する」＝「～せずにはいられない」→例文 **179**

(4)　be afraid of ～ing「～を恐れる」

(5)　without ～ing「～せずに」→例文 **161**

(6)　look forward to ～ing「～を楽しみに待つ」→例文 **176**

B

1　(1)　not, help　(2)　feel, like

(3)　worth　(4)　insisted, on

（解説）

(1)　→例文 **179**

(2)　→例文 **178**

(3)　→例文 **177**

(4)　S＋insist on＋s’＋～ing「s’ が～するように主張する」＝S＋insist that＋s＋should ～ →例文 **168**

2　(1)　that, getting　(2)　of, having

(3)　without　(4)　prevented, from

(5)　not, having

(6)　on, my〔me〕, paying

（解説）

(1)　同格。名詞＋that＋S＋～＝名詞＋of＋S＋～ing「S が～するという名詞」chance「見込み，可能性」, patient「患者」, get well「回復する」

(2)　完了形の動名詞（having＋過去分詞）は主節の動詞より前の時制を表す。

be ashamed that＋S＋～＝be ashamed of ～ing「～を恥じている」→例文 **165**

(3)　remind A of B「A に B のことを思い出させる」＝not〔never〕… without ～ing →例文 **175**

(4)　A cannot ～ because of B

＝B prevent A from ～ing「A は B のために～できない」

(5)　regret that＋S＋過去形＝regret ～ing〔または regret having＋過去分詞〕「～したことを後悔している」
動名詞の否定は，動名詞の前に not をつける。→例文 **163**

(6)　→例文 **168**

3 (1)　エ―イ―オ―ア―ウ
(2)　エ―カ―オ―ア―キ―ク―ウ―イ
(3)　キ―ウ―オ―エ―ア―カ―イ
(4)　オ―ア―エ―ウ―カ―イ―キ

(解説)

(1)　動名詞の受動態
while reading＝while I am reading
disturb「妨げる」

(2)　excuse A for ～ing「A の～を許す」，write to ～「～に手紙を書く」

(3)　every time＋S＋V，S＋～
＝S＋cannot＋V＋without ～ing「S が V すれば必ず～する」→例文 **175**

(4)　It is no use〔good〕～ing.「～しても無駄である」→例文 **174**
persuade「説得する」

§8　分　詞

Practice

48 (1)　wearing　(2)　spoken
(3)　lying　(4)　tiring
(5)　bored　(6)　boring

49 (1)　looking　(2)　buried
(3)　taking　(4)　burning
(5)　taken　(6)　understood
(7)　sung

50 (1)　Having　(2)　If，you，go
(3)　Seeing，us　(4)　and
(5)　As，we，were

51 (1)　Not，having
(2)　Having，gone
(3)　The，weather，being
(4)　with，crossed　(5)　scolded
(6)　Judging，from

52 (1)　Not knowing　(2)　Seen
(3)　Going　(4)　Having done
(5)　speaking　(6)　folded

問題演習

A

1 (1)　ア　(2)　ウ　(3)　ア　(4)　イ
(5)　ウ　(6)　ウ　(7)　イ　(8)　ウ
(9)　エ　(10)　イ　(11)　エ　(12)　エ
(13)　ウ　(14)　ウ　(15)　イ　(16)　エ
(17)　イ

(解説)

(1)　written は他動詞（write）の過去分詞であるため「書かれた」という受動的な意味をもっている。→例文 **183**

(2)　the setting sun「沈んでいく太陽」，the set sun「沈んでしまって見えない太陽」

(3)　S＋V＋～ing「～しながら V」
keep ～ing「～し続ける」

(4)　tired look「疲れた様子」

(5)　a camera made in Japan「日本で作られたカメラ」

(6)　excite は感情を表す動詞。
物＋is＋exciting

(7)　〈受身・被害〉を表す。
have＋物＋過去分詞「物を～される」
→例文 **192**

(8)　→例文 **193**

(9)　have＋物＋過去分詞「物を～してもらう」

(10)　分詞の限定用法「門の前に立っている女性」→例文 **181**

(11)　知覚動詞(hear)＋物＋過去分詞「物が～されるのを聞く」→例文 **191**

(12)　leave the water running「水を流しっぱなしにする」→例文 **189**

(13)　Crossing the street「通りを横切ると」は分詞構文になっている。→例文 **195**
run over「車が（人などを）ひく」

(14)　独立分詞構文。→例文 **202**
＝As school was over

(15)　If all things are considered,「あらゆることを考慮すれば」→例文 **202**・**203**

(16)　with your mouth full ＝when your mouth is full「食べながら」→例文 **204**

(17)　having＋過去分詞は分詞構文の完了形。→例文 **201**

2 (1)　lying　(2)　had
(3)　Not，knowing　(4)　written
(5)　Having，done　(6)　opening

(解説)

(1)　関係詞を分詞を使って書き換える。

(2)　使役動詞(have)＋物＋過去分詞「物を〜される」→例文 **192**

(3)　→例文 **200**　　(4)　→例文 **183**

(5)　→例文 **201**　　(6)　→例文 **199**

3　(1)　ウ－ア－イ－エ

(2)　オ－ア－ウ－イ－エ

(3)　イ－オ－ウ－ア－エ

(4)　ウ－オ－イ－エ－ア

(解説)

(1)　keep＋人＋〜ing「人を〜したままにしておく」→例文 **189**

(2)　知覚動詞(see)＋人＋〜ing「人が〜しているのを見る」→例文 **190**

(3)　使役動詞(have)＋物＋過去分詞「物を〜される」〈受身〉→例文 **192**

(4)　had better 〜「〜した方がよい」, leave＋物＋過去分詞「物を〜しておく」→例文 **189**

4　(1)　ウ　(2)　ア　(3)　ウ　(4)　エ　(5)　ア　(6)　イ　(7)　イ

(解説)

(1)　S＋make＋oneself＋過去分詞「自分のことを〜してもらう」→例文 **193**

(2)　受身の意味をもつ。
stand astonished at 〜「〜に驚いて立っている」→例文 **186**
be astonished at 〜「〜して驚く」

(3)　want＋物＋過去分詞「物を〜してもらうことを望む」

(4)　受身の意味をもつ。
使役動詞 (have) ＋人＋過去分詞「人を〜される」→例文 **192**

(5)　leave＋物＋過去分詞「物を〜しておく」→例文 **189**

(6)　→例文 **204**
with tears running down my cheeks「ほほに涙を流して」

(7)　分詞構文の受動態は過去分詞で始める。→例文 **203**

B

1　(1)　with, folded　(2)　Surprised

(3)　speaking

(4)　cross〔または crossing〕

(解説)

(1)　→例文 **204**

(2)　分詞構文の受動態。→例文 **203**
burst out crying「わっと泣き始める」

(3)　→例文 **205**

(4)　→例文 **190**

2　(1)　エ－ウ－ア－キ－カ－イ－オ

(2)　カ－キ－オ－ウ－イ－エ－ア

(3)　ウ－オ－カ－ア－イ－エ

(4)　エ－カ－ウ－ア－オ－イ

(5)　ウ－オ－エ－イ－ア

(解説)

(1)　→例文 **192**

(2)　→例文 **204**

(3)　→例文 **202**

(4)　→例文 **181**

(5)　→例文 **205**

§9　関係詞

Practice

53　(1)　whom　(2)　which
(3)　whose　(4)　who
(5)　which　(6)　of which
(7)　whom　(8)　who

54　(1)　whom　(2)　which
(3)　whom〔または that〕

55　(1)　This is the library in which we can read any book.
(2)　Mr. Sato has a son of whom he is always proud.
(3)　The man of whom I told you the other day is in New Zealand.

56　(1)　that　(2)　which　(3)　that
(4)　that　(5)　that

57　(1)　but　(2)　as　(3)　as
(4)　than

58　(1)　who　(2)　which　(3)　as
(4)　which

59　(1)　what　(2)　What
(3)　that　(4)　what

60　gave him what little money she had

61　(1)　when　(2)　where
(3)　why　(4)　how
(5)　which　(6)　where
(7)　which

62　(1)　in, which　(2)　on, which

63　(1)　and, there　(2)　for〔または

because または as〕, then

64 (1) Whatever (2) However
(3) Wherever (4) No, matter
(5) Whenever

問題演習

A

1 (1) ウ (2) イ (3) イ (4) ウ
(5) イ (6) ア (7) ウ (8) イ
(9) ウ

解説

(1) whom は目的格の関係代名詞。先行詞は a teacher である。→例文 **208**
(2) Monday is the day. I am busiest on the day. を 1 文にしたものである。
先行詞が時を表す語(the day)の場合は，関係副詞は when が用いられる。
→例文 **226**
(3) whose は所有格の関係代名詞。
→例文 **207**
(4) what は先行詞を含む関係代名詞。
what を the thing which に書き換えると，We will do the thing which we can do for him. →例文 **223**
(5) 目的格 which →例文 **211**
(6) This is the house. We grew up in it. を 1 文にしたものである。→例文 **213**
(7) the very が先行詞を修飾している。
→例文 **214**
(8) This is the place. I have long wanted to visit it. を 1 文にしたものである。
which は目的格の関係代名詞。
visit は他動詞。→例文 **211**
(9) He will visit the town. He was born in the town. を 1 文にしたものである。
先行詞が場所を表す語（the town）の場合は，関係副詞 where が用いられる。
→例文 **227**

2 (1) reason (2) way (3) when
(4) where

解説

(1) the reason（why）関係副詞か先行詞のどちらかを省略できる。→例文 **228**
(2) the way または how を使う。
→例文 **229**
(3) (the time) when →例文 **226**
(4) (the place) where →例文 **227**

B

1 (1) ウ (2) ウ (3) イ (4) エ
(5) ウ (6) ウ (7) ウ (8) ア
(9) イ (10) ア (11) ウ (12) イ

解説

(1) 関係副詞の継続（非制限）用法。
, where＝and there「そしてそこに」
→例文 **230**
(2) 先行詞が人と動物である。→例文 **216**
(3) 関係代名詞の継続（非制限）用法。
, which＝and it「そして（そのために）」
先行詞は I remained silent →例文 **221**
(4) what を含む慣用表現（what is 比較級）。What is more surprising「さらに驚くことに」→例文 **225**
(5) what は先行詞を含む関係代名詞。
→例文 **223**
(6) 先行詞は who である。→例文 **216**
(7) man を先行詞とする主格の関係代名詞→例文 **206**
(8) 先行詞に such がついている。
→例文 **217**
(9) whoever＝anyone who「最初に仕事に来る誰もが」が主語→例文 **232**
(10) July is the month. I like it. を 1 文にしたものである。
which は目的格の関係代名詞。like は他動詞。→例文 **211**
(11) That is the way. I came to know him in the way. を 1 文にしたものである。
how は関係副詞。→例文 **229**
(12) 先行詞 mother に no がついている。
→例文 **219**

2 (1) However tired you may be, you must walk
(2) show me the dress your mother made
(3) show me what was in it
(4) why he has decided to stay
(5) This is the room where she wrote her books

解説

(1) However＋形容詞＋S＋may＋～「たとえどんなに～しても」→例文 **235**
(2) 目的格の省略。the dress (which) your mother made
(3) 先行詞「もの」を含む関係代名詞。

→例文 **223**

(4) that is why ～「そういうわけで～」
→例文 **228**

(5) 先行詞は the room である。
→例文 **227**

3 (1) ウ (2) ウ (3) イ (4) イ
(5) ア (6) ア (7) ウ (8) ウ
(9) ウ (10) ウ

解説

(1) 先行詞は he was late for school
→例文 **222**
(彼にはよくあることだが，彼は学校に遅刻した)

(2) whenever「～するときはいつでも」

(3) A is to B what C is to D.「A の B に対する関係は C の D に対する関係と同じだ」
(読書の精神に対する関係は食べ物のからだに対する関係と同じだ)

(4) those＝the people believe の目的語なので those whom (～する人々) となる。

(5) Do the thing. You believe that it is right. →例文 **223**

(6) In the shop I saw a man と I thought (that) he was my uncle を 1 つにしたもの。he なので，主格の関係代名詞。
→例文 **212**

(7) 先行詞は nothing である。→例文 **219**
lesson「教訓」

(8) 先行詞に the same がついている。
→例文 **217**

(9) , where＝and there「そしてそこで」
→例文 **230**
stop at ～「～に立ち寄る」

4 (1) what (2) where, brought
(3) No, matter (4) what, for
(5) with, which (6) only, that
(7) to, whoever

解説

(1) what を含む慣用表現。→例文 **225**
what we call「いわゆる」

(2) →例文 **227** bring up「育てる」

(3) →例文 **233** (4) →例文 **223**

(5) A knife is a tool. と We cut a thing with it. を 1 文にしたものである。
→例文 **213**

(6) 先行詞に the only がついている。
→例文 **214**

(7) to whoever ～＝to anyone who ～「～する人は誰でも」，give＋物＋to＋人→例文 **232**

5 (1) but (2) who (3) what
(4) That, why (5) However

解説

(1) 先行詞は no one である。→例文 **219**

(2) John を先行詞とする継続用法の関係代名詞→例文 **220**

(3) our deeds (私たちの行為) ＝what we do (私たちがすること) →例文 **223**

(4) 先行詞が reason (理由) である場合，関係副詞 why が用いられる。
→例文 **228**

(5) →例文 **235**

Ⓒ

1 (1) spend more money than is needed
(2) All you have to do is press
(3) made him what he is
(4) This is the very book that I've been looking for.
(5) is to care for people who

解説

(1) Don't spend more money と It is needed が 1 文となり，先行詞 money に比較級がついているため関係代名詞 than が使われている。→例文 **218**

(2) all を先行詞として，目的格の関係代名詞 that が省略。この形では，be 動詞の後ろの to 不定詞の to を省略できる。All you have to do is to ～「～しさえすればよい」

(3) what を含む慣用表現。what he is「今の彼」，make は使役動詞。「母親が彼を今の彼にした」→例文 **225**

(4) 先行詞に the very がつくので that。

(5) people を先行詞とする主格の関係代名詞。care for ～「～の世話をする」
→例文 **206**

§10 比 較

Practice

65 (1) 比較級…prettier
最上級…prettiest
(2) 比較級…finer　最上級…finest
(3) 比較級…redder
最上級…reddest
(4) 比較級…more famous
最上級…most famous

66 (1) oldest
(2) more interesting

67 (1) little　(2) far　(3) late
(4) bad〔または ill〕
(5) many〔または much〕
(6) good〔または well〕

68 (1) further　(2) latest, last

69 (1) as, old, as
(2) not, as〔または so〕, tall, as
(3) I, could
(4) faster than
(5) times, as, as
(6) so, much, as

70 (1) much　(2) more sad
(3) all the　(4) the taller
(5) to　(6) by

71 (1) Most　(2) deepest　(3) by
(4) hardest　(5) of
(6) most　(7) last

72 (1) bigger, than, any
(2) never, such, an
(3) No, more
(4) longer, than, river, as〔または so〕, long, as
(5) better, than, boy, as〔または so〕, well

問題演習

B

1 (1) could　(2) to
(3) tallest　(4) to
(5) later　(6) as many
(7) as important　(8) earlier
(9) much　(10) largest

解説

(1) as＋原級＋as one can「できるだけ〜」→例文 **245**
(2) ラテン語に由来する比較級の語は to を用いる。→例文 **256**
superior「優れた」
(3) クラスの中で比べているので最上級→例文 **258**
(4) prefer A to B「B よりも A を好む」→例文 **257**
(5) later は時間を比べるとき，latter は順序を比べるときに用いる。lately は副詞で「最近・この頃」という意味。→例文 **241**
(日没は冬よりも夏の方が時間が遅い)
(6) 〜 times as＋原級＋as「〜倍」→例文 **244**
(7) Nothing is as＋原級＋as＋A「A ほど〜なものはない」→例文 **269**
(8) 時間の「早さ」を表すのは early である。fast, quick は動作の「速さ」を表す。
(9) much は比較級(faster)の程度を強める語である。→例文 **248**
(10) the third largest country「3 番目に大きな国」→例文 **259**

2 (1) イ　(2) イ　(3) エ　(4) イ
(5) ウ

解説

(1) of the two があるときは，比較級に the をつける。→例文 **249**
(2) the＋比較級＋for …「…なのでそれだけいっそう〜」→例文 **251**
(3) 比較の対象は同じものにする（ここと ロンドンの気温の比較)。the＋単数名詞の代名詞として that を使用する。the＋単数名詞＋of 〜＝that＋of 〜
→例文 **237**
(ここの気温はロンドンのそれより低い)
(4) 同じ川の中で深さを比較する表現。
→例文 **262**
(その川は橋の下が最も深い)
(5) latter は順序を表す。the latter half は「後半」と覚える。→例文 **241**

3 (1) cannot fast　(2) Nothing
(3) other, boy
(4) as, they, could
(5) as〔または so〕, beautiful
(6) senior, to　(7) by
(8) The, the, more

(解説)
(1) as ～ as の否定＝比較級の文
→例文 **243**
(2) →例文 **270**　(3) →例文 **266**
(4) as＋原級＋as possible
＝as＋原級＋as one can →例文 **245**
(5) →例文 **265**
(6) →例文 **256**
(7) ここでの by は「…の差で」の意味。
(8) the＋比較級…, the＋比較級～「…すればするほど～」→例文 **250**

4 (1) twice　(2) last
(3) The, higher, the, colder
(4) the, less　(5) superior
(6) as〔または so〕, looks

(解説)
(1) →例文 **244**　(2) →例文 **261**
(3) →例文 **250**　(4) →例文 **251**
(5) →例文 **256**　(6) →例文 **243**

5 (1) all the better for his faults
(2) was not so difficult as
(3) runs faster than any other train
(4) is more important than time
(5) is about twenty times as large
(6) is two years senior to
(7) is milder than that of
(8) get up as early as possible
(9) He is the last man to tell a lie
(10) He is not so rich as they say
(11) The more I know, the less I understand
(12) The Tone river is the third longest in Japan
または The Tone is the third longest river in Japan

(解説)
(1) 「かえっていっそう～」
＝all the better for ～　→例文 **251**
(2) 「…ほど～でない」
＝no＋so＋原級＋as …→例文 **243**
(3) 「他のどの～よりも」＝any other ～
→例文 **266**
(4) 「…ほど～なものはない」
＝Nothing is ～ than …→例文 **270**
(5) 「～倍」＝～times as＋原級＋as
→例文 **244**
(6) 「～より年上だ」＝be senior to ～
差を表す語句は senior の前，文末の場合は by＋差を表す語句
(7) the climate of ～＝that of ～
→例文 **237**
(8) 「できるだけ～」＝as ～ as possible,「～したほうがよい」＝had better＋原形→例文 **245**
(9) →例文 **261**
(10) He is rich. と They say that he is rich. の比較。「…ほど～でない」＝not so＋原級＋as …接続詞で 1 文にして共通部分（that he is rich）を省略。
→例文 **243**
(11) →例文 **250**　(12) →例文 **259**

6 (1) much　(2) nothing
(3) no, less　(4) senior, by
(5) no, less　(6) half
(7) more

(解説)
(1) 「A よりはむしろ B」＝B＋rather than＋A＝not so much＋A＋as＋B
(リホは歌手というよりはむしろ女優である）→例文 **246**
(2) →例文 **270**　(3) →例文 **255**
(4) ここでの senior は名詞で,「年上の人」の意味。by は程度，差を表す。
→例文 **256**
(5) →例文 **255**
(6) 倍数＋the 名詞＋of ～
＝倍数＋as ～ as …→例文 **244**
(7) no more than ～＝only「～しかない」
→例文 **255**

C

1 (1) worse　(2) no less than
(3) much superior to

(解説)
(1) badly off＝poor「貧しい」
badly の活用は，badly-worse-worst
(2) →例文 **255**
(3) ラテン語に由来する単語の比較級は to を用いる。→例文 **248・256**

2 (1) more or less interested in music
(2) feel all the better for a rest
(3) She is much better than when I saw her last
(4) Nothing can be more difficult than this
(5) their dreams seem to become

more like those

(解説)

(1) more or less「多かれ少なかれ」

(2) all the 比較級 for 名詞＝「～のためにそれだけますます～」

(3) She is well. と She was well when I saw her last. の比較。→例文 **248**

(4) →例文 **270**

(5) like(似ている)の比較級は more をつける。those は dreams を受けて，名詞の反復をさける代名詞。

§11 接続詞

Practice

73 (1) but…A (2) when…B
(3) though…B (4) for…A
(5) If…B

74 (1) or (2) and (3) and
(4) for〔または because〕

75 (1) Either, or, am
(2) neither, nor
(3) not, only, but
as, well, as
(4) Both, and, are

76 (1) I know that the earth is round.
(2) I don't know whether he likes it or not.
または I don't know whether or not he likes it.
(3) It is said that she is a great artist.

77 (1) No, sooner, than
(2) Hardly〔または Scarcely〕, when〔または before〕
(3) every, time
(4) before, turns

78 (1) エ (2) ア (3) ウ
(4) オ (5) イ

79 (1) so, that (2) so, that
(3) order, that (4) because

80 (1) If (2) Unless
(3) Though (4) as
(5) whether

問題演習

A

1 (1) or (2) Neither, nor
(3) whether (4) before
(5) Though

(解説)

(1) 命令文～, or …「～しなさい，さもないと…」→例文 **280**

(2) 動詞が is なので，複数扱いとなる both でないことがわかる。
→例文 **289**・**291**

(3) →例文 **296**

(4) before「～前に，～しないうちに」

(5) →例文 **309**

2 (1) エ (2) ウ (3) オ (4) イ
(5) ア

(解説)

(1)(2) 続くものは，know の目的語となる名詞節。未来のことは未来形で表される。if「～かどうか」→例文 **296**

(4) 現在完了の継続は，よく since「～以来」とともに用いる。

(5) →例文 **307**

B

1 (1) ウ (2) エ (3) ア (4) カ

(解説)

(1) as は理由を表す。

(2) so that ～ can は目的を表す。

(3) if は条件を表す。

(4) although は譲歩を表す。→例文 **309**

イ．when は時を表す。

オ．where は場所を表す。

カ．この while は譲歩を表す。

2 (1) and, were (2) or, was
(3) until〔または till〕 (4) since
(5) nor〔または neither〕 (6) as

(解説)

(1) in those days「あの頃」があるので過去の文である。

(2) at that time「そのとき」があるので過去の文である。動詞は your brother に合わせる。→例文 **290**

(3) →例文 **298** (5) →例文 **283**

(6) →例文 **311**

3 (1) ウ (2) イ (3) イ (4) ウ
(5) ウ (6) イ

解説

(1) while の次には節，during の次には名詞がくる。→例文 **297**

(2) →例文 **302**
now that「今や(もう)〜なので」

(3) この文の強調形が It is〔was〕not until 〜 that …である。→例文 **298**

(4) such 〜 that「とても〜なので」
→例文 **303**

(5) →例文 **312**

(6) even if「たとえ〜だとしても」は譲歩を表す。

4 (1) Though〔または Although〕, spite
(2) doesn't, matter
(3) only, as, well, as　(4) and, if
(5) that, he　(6) lest

解説

(1) though で始まる節は，in spite of＋名詞に書き換えることができる。
→例文 **309**

(2) no matter what 〜「何を(が)〜しようと」

(3) not only A but also B「A だけでなく B も」＝B as well as A →例文 **288**

(4) 命令文＋and 〜の構文は if を用いて書き換えることができる。→例文 **279**

(5) 程度を表す不定詞は，so 〜 that 節に書き換えることができる。→例文 **303**

(6) lest 〜 should …「〜が…しないように」→例文 **306**

5 (1) エ　(2) オ　(3) ウ　(4) イ
(5) カ　(6) ア　(7) キ

解説

(1) →例文 **296**

(2) It will not be long before 〜「まもなく〜だろう」→例文 **299**

(3) what は先行詞を含む関係代名詞。
what he used to be「昔の彼」

(4) Though I live next door, が分詞構文になり，接続詞と主語が省略されている。

(5) so … as to 〜「〜するほど…である」

(6) →例文 **312**

(7)「その翌日になってはじめて私はその知らせを聞いた」→例文 **298**

§ 12　仮定法

Practice

81 (1) If I were not old, I could help you.
(2) If I knew the story, I could tell it to you.

82 (1) If he had worked hard, he would have succeeded.
(2) If he had hurried, he could have caught the train.
(3) If I had studied English hard in my youth, I could speak it now.

83 (1) I wish I could join you.
(2) I wish I could have joined you.
(3) I wish they had been here.

84 (1) If, it, were, not, for　But, for
(2) If, it, had, not, been, for, Without
(3) you, went
(4) as, if〔または though〕, were

85 (1) If it were not for air and water, no living thing could live on earth.
(2) If he were an honest man, he would not do such a thing.
(3) If they had had a little more capital, they would not have been ruined.

問題演習

A

1 (1) ウ　(2) ア　(3) イ　(4) ウ
(5) ウ　(6) エ　(7) ウ

解説

(1) 仮定法過去完了。→例文 **317**
彼は時間がなかったので，暗くなる前に仕事を終えることができなかった。

(2) 仮定法過去。→例文 **315**

(3) I wish＋S＋仮定法過去完了形で〈実現できなかった願望〉を表す。
→例文 **320**

(4) 仮定法過去完了＋仮定法過去の文

(5) →例文 **327**
(6) if の省略→例文 **328**
(7) →例文 **318**

2 (1) sorry could (2) had, been
(3) But it, had
(4) had, explained (5) With

解説

(1) I wish＋S＋仮定法過去形「～ならいいのになあ」→例文 **319**
(2) →例文 **317**
(3) 仮定法過去完了。→例文 **324**
(4) →例文 **330**
(5) With more patience「もう少し我慢強さがあれば」

3 (1) Had she come five minutes earlier, she could have met her friend.
(2) If it had not been for the map, または If they had not had the map,

解説

(1) If を省略した文。→例文 **328**
(2) 主節が仮定法過去完了になっているから，それに合わせた時制にする。
→例文 **329**

4 (1) were (2) had done
(3) should〔were to〕die (4) had
(5) had not saved (6) prepared
(7) got (8) had not lent
(9) would not have gone

解説

(1) 仮定法過去。→例文 **315**
(2) 仮定法過去完了。→例文 **318**
(3) 仮定法未来。should die は were to die でもよい。what would become of ～「～はどうなるだろうか」→例文 **326**
(4) I wish＋S＋～(仮定法過去形)「～だったらいいのになあ」→例文 **319**
(5) 仮定法過去完了＋仮定法過去の文。
(6) It is time＋S＋～(仮定法過去形)「もう～してもよいときだ」→例文 **325**
(7) 仮定法過去。→例文 **316**
(8) →例文 **318** (9) →例文 **318**

B

1 (1) If he spoke clearly, people would understand him.
(2) I wish I could speak several languages.
(3) If you had explained your problem to me, I could have helped you.
(4) If the shop had packed the goods properly, they would not have got damaged.
(5) If you had remembered to bring a corkscrew, we could open the wine.

解説

(1) 彼が明確に話さないから，人々はわからない。
＝もし彼が明確に話せば，人々はわかるだろうに。→例文 **316**
(2) 何か国語かを話せなくて，なんて残念なんでしょう。
＝何か国語かを話せたらいいのになあ。
→例文 **319**
「～だったらいいのになあ」=I wish ～.
(3) あなたが私に問題を説明しなかったので，私は助けることができなかった。
＝もし，あなたが私に問題を説明していたら，私は助けることができたのに。
→例文 **318**
(4) その店は商品をきちんと梱包しなかったので，商品は損害を受けた。
＝その店がきちんと商品を梱包していたら，商品は損害を受けなかっただろうに。→例文 **318**
(5) 君がコルク抜きを持ってくるのを忘れたので，僕たちはワインを開けることができない。
＝君がコルク抜きを忘れずに持ってきていたら，僕たちはワインを開けることができるのに。
条件節は過去形だから仮定法過去完了で，主節は現在形だから仮定法過去にする。

2 (1) If she had had enough money, she would have bought the dress.
(2) What would you do if you had a million yen ?〔または仮定法未来を用いて if you should have a million yen ? または if you were to have a million yen ?〕
(3) I wish I could speak English well like you.

解説

(1) 仮定法過去完了にする。→例文 **318**
(2) 「あなたはどうしますか」＝What would you do ? →例文 **316**・**326**・**327**

(3)「～だといいのだが」=I wish ～。
→例文 **319**

§13　話法

Practice

86 (1) was　(2) had been

87 (1) is　(2) walks
(3) had, have
(4) said, discovered
(5) were

88 (1) She tells me (that) I am always kind.
(2) Father said (that) necessity is the mother of invention.
(3) He said (that) he had gone to the movies the day before〔または the previous day〕.
(4) She told us (that) she would stay if she were in our place.

89 (1) Mary asked me if I was all right.
(2) He asked me if I liked baseball.
(3) I asked her if she had slept well the night before〔または the previous night〕.
(4) He asked me when my mother would come.
(5) I asked him what he would have for dinner.

90 (1) The teacher told his pupils to go home quickly.
(2) She asked me to open the window.
(3) He suggested〔または proposed〕 to me that we should go home.
(4) Mother told me not to watch TV while eating.

問題演習

A

1 (1) イ　(2) ウ　(3) エ

(解説)
(1) 時間は矢のように過ぎる。(英語のことわざ) →例文 **334**
(2) 主節の動詞 (said) は過去形。
→例文 **332**
(3) →例文 **333**

2 (1) May, I　(2) did, buy
(3) had　(4) told, he
(5) she, was　(6) asked
(7) if〔または whether〕, was, those
(8) had, before
(9) asked, if〔または whether〕
(10) Let's

(解説)
(1) 被伝達文の語順と時制に注意。
→例文 **341**
(2) 間接話法から直接話法への転換。
→例文 **342**
(3) 直接話法の過去は，間接話法では過去完了の形にする。→例文 **342**
(4) 命令文の話法の転換。→例文 **343**
(5) →例文 **339・340**
(6) please を含む命令文は，伝達動詞を ask にする。→例文 **345**
(7) these days は時を表す副詞である。
→例文 **341**
(8) →例文 **340**　(9) →例文 **341**
(10) 勧誘文の話法の転換→例文 **345**

3 (1) He told me (that) he would come again the next〔または following〕 day.
(2) She asked him if〔または whether〕 he was hungry.
(3) Father told us not to make a noise.
(4) The doctor asked him what he had eaten the previous night〔または the night before〕.
(5) She asked Tom to lend her some money.

(解説)
(1) will は時制の一致を受けて would にする。tomorrow は the next day または the following day, the day after にする。→例文 **340**
(2) →例文 **341**　(3) →例文 **343・344**
(4) 直接話法の内容が過去であるから，had eaten にして平叙文 (肯定文) の形にする。→例文 **342**
(5) 呼びかけの語は間接話法では動詞の目的語にする。この場合の "Will you ～ ?" は，形は疑問文でも〈依頼〉を表す。
→例文 **345**

4 (1) The doctor said to me, “You will soon get well again.”
(2) He said to me, “You look pale. What’s the matter ?”
(3) He said to me, “Have you ever been to Hawaii ?”
(4) She said, “How lucky I am !”

(解説)
(1) wouldはwillにして直接話法にする。 →例文 **340**
(2) →例文 **340・342**
(3) →例文 **342**
(4) exclaimedはsaidにして感嘆文にする。

B

1 (1) ago, but, have
(2) he, had, very
(3) said, he, would, there, today

(解説)
(2) 現在完了は間接話法では過去完了時制になる。
(3) 昨日言った時点でのtomorrowというのは「今日」のことだから，間接話法では現実に合わせてtodayにする。

2 (1) ウ—カ—ア—ケ—オ—イ—キ—ク—コ—エ
(2) オ—イ—カ—ウ—ア—エ
(3) エ—ク—ウ—オ—ア—キ—イ—カ

(解説)
(1) 時間の長さをたずねるのは，how long ～ →例文 **342**
(2) 被伝達文は助言の内容である。 →例文 **344**
(3) →例文 **341**
「一杯のお茶」＝a cup of tea

§14 特殊構文

Practice

91 (1) It is this camera that he wants to buy.
(2) It is I that am responsible for the matter.
(3) It was not until yesterday that I knew the fact.

92 (1) 私がいない間に私の日記を読んだのはいったい誰だ。
(2) 母親が怒ったのは，彼が嘘をついたからだった。

93 (1) Do tell me the truth.
(2) What on earth are you looking for ?
(3) Who doesn’t want to have a house of his own ?
(4) Hardly had the boy seen his mother when he hid under the chair.
(5) “So am I.”

94 (1) 旅行している間に，私は病気になってしまった。
(2) 全く当然のことだが，彼女は夫に非常に腹を立てていた。
(3) 父は私を動物園へ連れていくと約束した。
(4) 私たちは私たちのできること，すべきことを考え，実行しなくてはならない。

95 (1) コンピューターのおかげで私たちは時間を節約できる。
(2) 嵐のために彼は外出できなかった。
(3) 10分歩いて私は公園に着いた。

96 (1) Why, he (2) from, going
(3) Whenever

97 (1) 正直は必ずしも割に合うという訳ではない。(英語のことわざ)
(2) 彼はめったに怒らない。
(3) 彼は決して嘘をつくような人ではない。
(4) その説明は決して満足のいくものではない。
(5) 彼は決して教師ではない。
(6) 「彼は運転が上手ですか。」「それどころか。」

98 (1) worker (2) To

問題演習

A

1 (1) オ (2) ウ (3) エ (4) ア
(5) イ

(解説)
ア．by no means＝not at all「決して～ない」→例文 **374**
イ．free from ～「～がない」

ウ. not in the least「少しも～ない」
エ. in the world＝on earth「いったい全体」
オ. to say nothing of ～「～は言うに及ばず」

2 (1) It was in Hokkaido that I was born.
(2) It was him that I met in the park.
(3) It was not until they came home that she slept.

（解説）
(2) →例文**346**
(3) It is not until ～ that というように述語動詞を否定形にする。
(彼らが帰ってきてはじめて彼女は寝た)

B

1 (1) ウ　(2) キ　(3) カ　(4) イ
(5) ア　(6) エ

（解説）
(1) →例文**353**
(2) ここでの very は形容詞で,「まさに, ぴったりの」という意味。
(あの人こそ私が会いたかった人です)
(3) 副詞(句)を強調するために文頭におくと倒置が起こる。→例文**350**
(もう一度彼に会うなんて夢にも思わなかった)
(4) 肯定の前文を受けて「～もまたそうだ」を表す。SO＋V＋S →例文**351**
(5) 仮定法の条件節で if が省略されると倒置が起こる。
(6) It is ～ that …の強調構文が疑問文になったもの。→例文**346**
(責められるべきなのは誰か)

2 (1) either　(2) far　(3) earth
(4) you, feel　(5) What
(6) prevented (または kept)

（解説）
(1) neither＝not ～ either
(2) anything but ～＝far from ～「少しも～でない, ～にはほど遠い」
(4)(5)(6) 無生物主語を用いた構文。

3 (1) This picture (always) reminds me of my father.
(2) A word processor will save you all this trouble.
(3) The accident prevented〔または kept〕him from visiting the famous museum.
(4) Never did I expect him to arrive on time.

（解説）
(1) →例文**366**
(2) save「(手間などを)省く」を使った無生物主語構文。
(3) →例文**365**
(4) →例文**350**

4 (1) エ―イ―カ―オ―ウ―ア
(2) イ―オ―ウ―カ―キ―エ―ア
(3) ア―カ―オ―エ―イ―ウ―キ

（解説）
(1) 徒歩を主語にする場合は, 動詞 bring を用いる。→例文**364**

§15　前置詞

Practice

99 (1) till〔または until〕　(2) on
(3) across　(4) in〔または into〕
(5) from

100 (1) on　(2) in　(3) on
(4) in　(5) at　(6) within
(7) till〔または until〕
(8) in〔または during〕
(9) before　(10) from, since

101 (1) at, in　(2) under
(3) on　(4) through
(5) into

102 (1) by　(2) over　(3) on
(4) in　(5) with　(6) from
(7) into　(8) of

103 (1) ア　(2) エ　(3) ウ
(4) オ　(5) イ

問題演習

A

1 (1) in　(2) by　(3) at, on
(4) for　(5) till　(6) by
(7) under　(8) over

（解説）
(1)「今から～後に」は in を使う。
→例文**380**
(2) 単位の by →例文**400**

(3)　正午のように時の一点を表す場合は at, 午前・午後などの場合は in, 曜日は on を用いる。→例文 **377・379**

(4)　for は「〜の間」という意味で，完了形とともによく用いられる。→例文 **384**

(5)　till〔または until〕は動作の継続を表す。→例文 **383**

(6)　by は期限を表す。→例文 **382**

(7)　under construction「建設中の」

(8)　over 〜「〜を飲み（食べ）ながら」

2　(1)　ウ　(2)　ケ　(3)　カ　(4)　オ　(5)　ア　(6)　ク

（解説）

(1)　→例文 **384**　(2)　→例文 **395**

(3)　→例文 **386**　(4)　→例文 **390**

(5)　to は到着点を表す。→例文 **394**

B

1　(1)　エ　(2)　カ　(3)　イ　(4)　オ　(5)　ア　(6)　ウ

（解説）

(1)　for the purpose of 〜「〜の目的で」

(2)　at the top of one's voice「声をかぎりに，できるだけ大声で」

(3)　instead of 〜「〜の代わりに」

(4)　owing to 〜「〜のために」という原因を表す。

(5)　for the sake of 〜「〜のために」という利益・目的を表す。

(6)　according to 〜「〜によると」

2　(1)　ク　(2)　オ　(3)　イ　(4)　コ　(5)　ケ　(6)　エ　(7)　カ　(8)　キ　(9)　ウ

（解説）

(1)　it is … of＋人＋to 〜「(人が)〜するのは…である」

(3)　catch up with 〜「〜に追いつく」

(5)　but for＝without「もし〜がなければ」

(8)　name after 〜「〜にちなんで名付ける」

(9)　against には「〜を背景にして」という意味もある。

3　(1)　ウ　(2)　ク　(3)　ウ　(4)　エ　(5)　キ

（解説）

(2)　belong to 〜「〜に属している」

(3)　→例文 **380**

(4)　原料が主語の場合は into を用いる。→例文 **402**

4　(1)　コ　(2)　キ　(3)　イ　(4)　ア　(5)　ウ　(6)　ク　(7)　エ　(8)　ケ　(9)　オ　(10)　カ

（解説）

(1)　to begin with「まず第一に」

(2)　take to one's bed「病床につく」

(3)　for は「〜に賛成で」, against は「〜に反対で」

(4)　take after 〜「〜に似ている」

(5)　fall in with 〜「〜に同意する」

(6)　under repair は「修理中で」

(7)　inform A of B「A に B を知らせる」

(8)　store up 〜「〜を蓄える」

(9)　take off 〜「〜を脱ぐ」

(10)　fall back on「(いざというときに) たよる」

§16　形容詞

Practice

104　(1)　to　(2)　for

105　(1)　若者は老人を敬うべきである。

(2)　芸術家は美を追い求める。科学者は真実を追い求める。

106　(1)　叙述用法。彼のねらいは確かなものだった。

(2)　限定用法。こちらがまさに私が探していた人だ。

(3)　叙述用法。彼は危険に気づいていましたか。

(4)　叙述用法。クラス全員が出席していますか。

(5)　叙述用法。彼女は犬を怖がっている。

(6)　限定用法。悪い雑草はすみやかに成長する。(憎まれっ子世にはばかる。)

107　(1)　many　(2)　a few　(3)　few　(4)　a little　(5)　little

108　(1)　イ　(2)　オ　(3)　ア　(4)　カ　(5)　ウ

109　(1)　We had little snow this winter.

(2)　Quite a few students are absent today.

110 (1) some (2) any
(3) any, some (4) Any
(5) any

111 (1) I was fool enough to believe him.
(2) Several of the windows were open.

112 (1) twenty-eight
(2) three hundred (and) sixty-five
(3) eight hundred (and) thirty-three
(4) fifteen thousand(,) four hundred (and) thirty-eight
(5) three point〔または decimal〕one four
(6) a third〔または one-third〕
(7) three-fourths (three-quarters)
(8) nineteen ninety-nine

問題演習

A

1 (1) He is a very good golfer.
または He is good at (playing) golf.
(2) He is an early riser.
(3) I have a very interesting book.

解説
(1) well は副詞で「上手に」, good は形容詞で「上手な」という意味である。
(2) an early riser「早起きな人」
(3) of＋名詞が形容詞の意味になる場合がある。☞ **§19「名詞」**

2 (1) two hundred seventy-three thousand eight hundred (and) forty-three
(2) one-third〔または a third〕
(3) two, nineteen forty-five
(4) twelve dollars and fifty cents

B

1 (1) little (2) much, a few
(3) few (4) open
(5) a great many, few
(6) some, some

解説
(1) time は数えられない名詞。
→例文 **423**
(2) money は数えられないが, coin は数えられる。→例文 **424**・**426**
(3) day に -s がついているので数えられる名詞とわかる。
(4) leave＋A＋形容詞「A を～のままにしておく」
(5) friend は数えられる名詞である。
close「親しい」
(6) tea は数えられない名詞。また, 肯定文なので some となる。→例文 **429**

2 (1) エ (2) エ (3) ウ (4) イ
(5) ア

解説
(1) sound＋形容詞「～に聞こえる」
(2) be short of ～「～が不足している」
(3) be rich in ～「～が豊富である」
(4) population「人口」は, many や few ではなく, large や small で表す。
(5) 形容詞としての「3 歳の」は, three-year-old となる。
He is three years old.（彼は 3 歳である）という表現と区別しよう。

3 (1) sweetly → sweet (2) 誤りなし
(3) 誤りなし
(4) pleasant → pleased
(5) easily → easy

解説
(1) →例文 **416**
smell＋形容詞「～な香りがする」
(2) taste＋形容詞「～な味がする」
(4) pleasant は「(物事が)楽しい」という意味で, 人の場合は「愛想のいい」という意味になる。please は「楽しませる」という意味で, 過去分詞 pleased で「(人が)楽しい, うれしい」という意味になる。
(5) find＋A＋形容詞「A が～であるとわかる」
easily は「簡単に」という副詞なので不適切である。→例文 **417**

4 (1) エ (2) ア (3) ア (4) ウ
(5) イ (6) イ

解説
(1) time は数えられない名詞。
→例文 **423**
(2) oil は数えられない。→例文 **426**
(3) people には -s がついていないが, 集合名詞として複数扱いなので many, few

を使う。

(4)　convenient は人を主語にして使うことはできない。

(5)　to 不定詞の意味上の主語が of＋人なので，人の性質や性格を表す形容詞がおかれる。☞ **§6「不定詞」**

(6)　be unable to 〜「〜できない」

5　(1)　イ　(2)　ウ　(3)　イ　(4)　ア
(5)　ウ

解説

(1)　be likely to 〜「多分〜しそうだ」

(2)　工業の

(3)　「敬意を表す」は respectful

(4)　人間を主語にするときは tired

(5)　be short of 〜「〜が足りない」

6　(1)　イ—エ—ア—ウ—カ—オ
(2)　カ—ア—オ—イ—エ—ウ—キ
またはカ—イ—エ—ア—オ—ウ—キ

解説

(1)　asleep は叙述用法のみの形容詞であり，名詞を修飾することはできない。find＋O(目的語)＋C(形容詞)で「O が C であるとわかる，O が C であるのをみつける」となる。

(2)　something はその後に形容詞を続ける代名詞である。to eat を「食べること」という to 不定詞の名詞的用法ととるか，「食べるための」という形容詞的用法ととるかで 2 通りできる。

§17　副　詞

Practice

113　(1)　studied　(2)　tired
(3)　fast　(4)　he
(5)　taller

114　(1)　彼は若いとき，一生懸命働いた。
(2)　その子供はほとんど静かにしていることができなかった。
(3)　私は今朝遅く起きた。
(4)　あなたは最近彼に会いましたか。
(5)　彼女はかなり上手にフランス語を話すことができる。
(6)　彼女はパーティーできれいに着飾っていた。

115　(1)　already　(2)　already
(3)　yet　(4)　ago　(5)　before

116　(1)　much　(2)　very
(3)　much　(4)　much
(5)　hardly

117　(1)　The father punished his son severely.
(2)　It was cold yesterday, but it is even colder today.
(3)　He is old enough to know better.
(4)　I have never been to Nara.
(5)　I am going to meet him at the station tomorrow.

118　(1)　あなたはどうやってそれをやりましたか。
(2)　あなたの休みはどれぐらい続きますか。
(3)　あなたはどのぐらいの頻度で映画を見に行きますか。

問題演習

A

1　(1)　very　(2)　yet　(3)　much
(4)　ago　(5)　still　(6)　either

解説

(1)　exciting は形容詞（原級）なので very で修飾する。→例文 **446**

(2)　yet は否定文では「まだ」と訳す。

(3)　比較級を修飾する場合は much。→例文 **447**

(4)　ago は過去形で，before は過去完了形で使われる。→例文 **443**・**444**

(5)　still は「まだ〜している」という肯定的な意味をもつのに対し，yet は「まだ〜していない」という否定的な意味をもつ。

(6)　否定文での「〜も」は，too ではなく either を使う。→例文 **461**

2　(1)　オ—ク—キ—カ—ウ—イ—エ—ア
(2)　イ—オ—ア—カ—エ—ウ—キ
(3)　ウ—オ—エ—イ—ア
(4)　ウ—ア—オ—カ—エ—キ—イ
(5)　ウ—キ—ア—オ—カ—エ—ク—イ

解説

(1)　usually のように頻度を表す副詞は通常一般動詞の前におく。→例文 **454**

(2)　方法や状態などを表す副詞 (hard) は動詞の後ろにおく。→例文 **453**

(3)　比較級を修飾する場合は much, far などをその前におく。→例文 **447**

(4)　right は「ちょうど」という意味で，修飾する語の直前におく。

(5)　too＋形容詞で名詞を修飾するときは，too＋形容詞＋冠詞＋名詞の順になる。
☞ **§20「冠詞」**

3　(1)　When　(2)　Why　(3)　How
(4)　Where　(5)　How

解説

(1)〜(4)　→例文 **459**

(5)　→例文 **460**

4　(1)　イ　(2)　イ　(3)　ウ　(4)　エ
(5)　ウ

解説

(1)　hardly ever「めったに〜しない」

(2)　nearly「危うく〜するところで」

(3)　→例文 **462**

(4)　badly「ひどく，とても」

(5)　scarcely「ほとんど〜ない」＝hardly

B

1　(1)　along　(2)　over　(3)　behind
(4)　off　(5)　around
(6)　up　(7)　for　(8)　after
(9)　up　(10)　back

解説

(1)　get along「うまくやっていく」

(2)　get 〜 over「〜を終わらせる」

(3)　get behind in 〜「〜に遅れる」

(4)　get 〜 off「〜を脱ぐ，(乗り物)を降りる」

(5)　get around「旅行する，(うわさなどが) 広まる」

(6)　get up「起きる，立ち上がる」

(7)　look for 〜「〜を探す」

(8)　look after 〜「〜の世話をする」

(9)　look up 〜「(辞書・参考書などで)〜を調べる」

(10)　look back「振り返る」

2　(1)　late　(2)　faster　(3)　wide
(4)　next　(5)　Little

解説

(1)　→例文 **442**

(2)　early は時間が「早く」，fast は動作が「速く」，soon は「(ある特定の時間のあと)まもなく」の意味で使われる。

(3)　wide は幅の広さ，broad は表面上の広がりに重点をおいた表現。

(4)　next to「ほとんど」

(5)　否定的な意味には little を用いる。
否定の副詞が文頭にきて語順が倒置している。

3　(1)　So → Neither〔または Nor〕
(2)　can't → can　(3)　very → much
(4)　good → well

解説

(1)　→例文 **462**

(2)　付加疑問文では，前が肯定文なら後ろは否定の形に，前が否定文なら後ろは肯定の形になる。
hardly や scarcely は「ほとんど〜ない」という否定的な意味をもっているため，後ろは肯定の形となる。

(3)　→例文 **447**

(4)　good は副詞では使えない。

§18　代名詞

Practice

119　(1)　He　(2)　They　(3)　her
(4)　We　(5)　him　(6)　his
(7)　mine

120　(1)　me　(2)　it　(3)　it, hers

121　(1)　yourself
(2)　help, yourself, to
(3)　make, yourself, understood

122　(1)　by, myself
(2)　for〔または by〕, himself
(3)　to, himself　(4)　of, itself
(5)　beside, himself

123　(1)　彼は人格者だ。我々はそれをよく知っている。
(前にあるものを受ける it)
(2)　私は早寝早起きをすることにしている。
(形式目的語の it)
(3)　私にとってフランス語を習得することは難しい。
(形式主語の it)
(4)　責任をとるべき人は君だ。
(強調構文の it)

124　(1)　ここの気温は東京(の気温)よ

り高い。

(2)　出席していた人々の側からは反対意見はなかった。

(3)　健康は富に勝る。というのは後者(富)は前者(健康)ほど多くの幸せを私たちに与えてくれないからである。

125　(1)　one　(2)　it
(3)　Every　(4)　Either
(5)　one　(6)　None
(7)　any　(8)　every

126　(1)　the others　(2)　the other
(3)　others　(4)　another
(5)　another

問題演習

A

1　(1)　me　(2)　he　(3)　its
(4)　hers　(5)　himself　(6)　by
(7)　one　(8)　any, some
(9)　nothing

解説

(1)　前置詞の次の代名詞は目的格となる。between は前置詞である。

(2)　比較した対象が主語なので主格となる。

(3)　it の所有格は its。

(4)　of の次は所有代名詞となる。→例文 **464**

(5)　kill oneself「自殺する」

(6)　→例文 **466**
by oneself「ひとりで, 独力で」

(7)　特定の狼を指しているのではないので, it ではなく one を使う。→例文 **477**

(8)　if 節の中では any, 肯定文では some となる。

(9)　have nothing to do with ～「～と関係がない」→例文 **494**

2　(1)　one　(2)　another
(3)　the other　(4)　that
(5)　yours

解説

(1)　なくした鞄と種類は同じだが, 別の鞄を買うことになるので one を使う。→例文 **477**

(2)　→例文 **493**

(3)　2つのうちの他方についていう場合は the other を使う。→例文 **488**

(4)　the population の繰り返しをさけるために that を使う。→例文 **473**

(5)　→例文 **463**
yours＝your family

3　(1)　Its　(2)　yourself
(3)　myself　(4)　One, the other
(5)　another　(6)　Each

解説

(1)　a cat は単数なので it で受ける。その所有格は its になる。

(2)　help oneself to ～「～を自由に取って食べる」

(3)　→例文 **465**

(4)　→例文 **488**

(5)　→例文 **492**

(6)　→例文 **486**

B

1　(1)　this → one
(2)　her some friends → some friends of hers
(3)　Every → Each　(4)　her → she
(5)　the (other) → some
(6)　another → the other
(7)　are → is
(8)　Your both hands → Both (of) your hands

解説

(1)　特定の傘を指しているのではないので, this ではなく one。→例文 **477**

(2)　some friends of＋所有代名詞
→例文 **464**

(3)　every は形容詞である。

(4)　she を It was と who の間にはさんで強調している。→例文 **471**

(5)　the other day は過去の日を指す。

(6)　2人のうちの他方を指す場合は, the other を使う。→例文 **488**

(7)　all は数えられない名詞について用いられたときは単数扱いになる。
→例文 **480**

2　(1)　her　(2)　those　(3)　every
(4)　Either　(5)　himself

解説

(2)　前に出てきた manners を繰り返すのをさける用法。単数なら that だが, 複数なので those となる。→例文 **473**

(3)　every「～ごとに」

(4) do「役に立つ」→例文 **484**
(5) →例文 **465**
hide は「隠す」という他動詞である。

3 (1) ウ　(2) ア　(3) ア
(4) ア　(5) エ　(6) ウ

解説
(1) call の目的語なので，目的格。
(2) a＋名詞＋of＋所有代名詞。
(3) →例文 **492**
(4) 原則として，each other は 2 者の場合に，one another は 3 者以上の場合に用いる。→例文 **493**
(5) enjoy は「～を楽しませる」という他動詞なので，目的語 oneself を伴ってはじめて「(自分自身が)楽しむ」という意味になる。→例文 **465**
(6) neither＝not＋either「どちらも～ない」→例文 **485**

4 (1) None have climbed that mountain.
(2) Both of his parents are not alive.
(3) I like neither of her brothers.

解説
(1) →例文 **479**
(2) →例文 **483**
(3) →例文 **485**

§19　名　詞

Practice

127 (1) イ　(2) エ　(3) エ
(4) ウ

128 (1) イ　(2) ア　(3) ア
(4) ア

129 (1) イ　(2) イ　(3) イ
(4) イ

130 (1) 彼はいつか漱石のような小説家になりたいと思っている。
(2) 私はピカソの絵を買った。

131 (1) ア　(2) イ　(3) ウ
(4) イ　(5) イ　(6) イ

132 (1) ウ　(2) ア　(3) イ
(4) オ　(5) エ

133 (1) happiness
(2) importance
(3) silence　(4) privacy
(5) belief　(6) denial
(7) existence
(8) ignorance

134 (1) hands　(2) lakes
(3) lives　(4) dishes
(5) leaves　(6) studios
(7) roofs　(8) pianos
(9) flies　(10) thieves

135 (1) women
(2) brothers-in-law
(3) fish　(4) teeth
(5) deer　(6) Japanese
(7) media　(8) phenomena

136 (1) a. 私の息子
b. 私の息子の犬
(2) a. トムとジョンの共有の机
b. トムの机とジョンの机
(3) a. ケネディの演説
b. ケネディ大統領の暗殺

問題演習

A

1 (1) eggs　(2) lives
(3) men　(4) benches
(5) babies　(6) classes
(7) oxen　(8) countries
(9) chimneys　(10) potatoes
(11) roofs　(12) teeth

2 (1) エ　(2) ク　(3) ア　(4) コ
(5) オ　(6) キ　(7) ケ　(8) ウ
(9) イ　(10) カ

B

1 (1) first visit to
(2) good swimmer　(3) It snows

2 (1) agreement　(2) sight
(3) his innocence

3 (1) barber → barber's
(2) is → are
(3) oxes → oxen,　sheeps → sheep
(4) The room's window
→ The window of the room
(5) are → is
(6) sister → sister's

解説
(1) barber は「理髪師・床屋の主人」となり人間を指す。barber's は「理髪店・床屋」と場所を指す。

(2) the English は集合的にイギリス人一般を指し，複数扱いとなる。
(3) sheep は単複同形の単語である。
(4) 's は原則として人や動物につく。

4 (1) feet (2) knees (3) teeth
(4) foreheads (5) nails

解説
(1) 立ったり歩いたりするときに，地面や床などに支えたりさわったりしている脚の一部。
(2) 人間の太ももとふくらはぎが一緒になる関節。
(3) 根元が歯ぐきの中にある固くて白い構造物で，かじったり噛んだりするために使われる。
(4) 目の上にある頭の前の部分。
(5) 手や足の指の外側の先にある角質の層。

§20 冠 詞

Practice

137 (1) an (2) a, the (3) the
(4) the (5) a
138 (1) too honest a boy to do so
(2) The Smiths go to church
(3) she had never met such a kind boy
(4) so honest a man as
139 (1) the boys → boys
(2) a → the
(3) The man → Man
(4) the morning till the night → morning till night
(5) the mayor → mayor

問題演習

A

1 (1) an (2) the (3) ×, a
(4) × (5) a (6) a, a
(7) ×, a (8) the, the
(9) the (10) a (11) ×
(12) a (13) the, the
(14) ×, the

解説
(1) →例文 **529**
(2) 方角には the をつける。→例文 **536**
(3) 学科名には冠詞をつけない。→例文 **545**
(4) 通常，国名には冠詞はつけない。
(5) →例文 **530**
(6) take a walk は「散歩する」という慣用表現。→例文 **543**
(7) Mr. West は固有名詞なので冠詞はつかない。pilot は初めて登場する名詞なので a をつける。
(8) same の前は the がつく。また，table は聞き手に何を指しているか分かるので the がつく。
(9) 最上級の形容詞の前には the がつく。→例文 **538**
(10) a good deal of「たくさんの，大量の」
(11) weather は数えられないので a はつかない。
(12) a lot of「たくさんの」
(13) in town「街で，都会で」
in the country「田舎で」
(14) only「唯一の」という修飾語がついているので the をつける。

2 (1) an (2) a (3) a (4) a
(5) an (6) an (7) an (8) a

解説
→ p.314 ▶不定冠詞

3 (1) school → the school
(2) by pound → by the pound
(3) capital → the capital
United States → the United States
(4) salt → the salt
(5) old friend → an old friend
(6) book → the〔または a〕book
(7) mother → the mother
(8) book → a book

解説
(1) 学校が建物として話題になっているので the が必要となる。
close to ～「～のすぐ近くに」
(2) 計量の単位を表す場合は the をつける。→例文 **539**
(3) 首都は1つしかないので the がつく。また，America には冠詞がつかないが，United States には the が必要である。→例文 **536**
(4) 何を指すか状況から判断できる場合は the をつける。→例文 **535**
(5) 初めて登場した数えられる名詞には a

〔または an〕をつける。→例文 **529**

(6) breakfast は食事名なので冠詞はつかない。book は数えられる名詞なので冠詞が必要である。

(7) 名詞が句によって修飾される場合は，聞き手が何を指しているかわかるので the をつける。→例文 **537**

(8) →例文 **542**

B

1 (1) a, the　(2) ×　(3) a, ×
(4) the　(5) the, ×

解説

(1) tea は何を指しているかわかっているので the がつく。

(2) 魚肉としての魚は数えられない名詞となるので a はつけない。

(3) glass は数えられる名詞，milk は数えられない名詞。

(5) 「(乗り物)で」という意味の by の次には冠詞をつけない。

2 (1) The pen is mightier than the sword
(2) The early bird catches the worm
(3) A drowning man will catch at a straw
(4) A bird in the hand is worth two in the bush
(5) Rome was not built in a day

3 (1) Englishman → an Englishman
(2) large ship → large a ship
Sumida → the Sumida
(3) great → a great
(4) the President → President
(5) the front → front
(6) shoulder → the shoulder
(7) the north → north
the south → south
(8) the hand → hand
the mouth → mouth
(9) The waiter → Waiter
(10) the Sannomiya → Sannomiya
a car → car
the breakfast → breakfast

解説

(1) →例文 **529**

(2) →例文 **542**

(3) in a hurry は「急いで」という慣用句。

(4) 官職。身分を表す名詞が補語として使われる場合は冠詞をつけない。
→例文 **545**

(5) in front of 〜は「〜の正面で」という慣用句。

(6) 身体の部分を指す場合は the がつく。
→例文 **540**

(7) 通常は方角には the が必要だが，慣用句のため不必要となる。→例文 **545**

(8) from hand to mouth は「その日暮らしで」という慣用句。

(9) 呼びかけの語には冠詞をつけない。

(10) 駅名，食事名はともに無冠詞である。

§ 21　発音とつづり字

Practice

140 (1) ウ　(2) イ　(3) イ
(4) オ

141 (1) エ　(2) ウ　(3) イ

142 (1) ア　(2) エ　(3) ウ
(4) イ　(5) ア

143 (1) ア，エ　(2) ウ，エ
(3) ア，ウ　(4) イ，エ
(5) ア，イ

144 (1) イ　(2) ア　(3) エ
(4) ア　(5) オ

145 (1)，(5)，(7)

問題演習

A

1 ウ，オ，キ，サ，セ

解説

下線部の発音は，それぞれ次のとおりである。

ア．[e]　イ．[ei]　ウ．[æ]
エ．[ei]　オ．[æ]　カ．[ai]
キ．[æ]　ク．[ʌ]　ケ．[ei]
コ．[ɑː]　サ．[æ]　シ．[ɔː]
ス．[ɔː]　セ．[æ]

2 (1) オ　(2) イ　(3) ア　(4) エ
(5) ウ

解説

(1) オのみ [ʌ]，他は [au]

(2) イのみ [ð]，他は [θ]

(3) アのみ [e]，他は [iː]

(4) エのみ [au]，他は [ou]

(5)　ウのみ [k]，他は [tʃ]

3　(1)　イ　(2)　エ　(3)　ウ　(4)　ウ
(5)　エ　(6)　エ　(7)　ウ　(8)　ウ
(9)　エ　(10)　イ

解説

(1)　[ʌ]
ア．[au]　イ．[ʌ]
ウ．[ɔː]　エ．[ou]

(2)　[ai]
ア．[ei]　イ．[ei]
ウ．[ei]　エ．[ai]

(3)　[au]
ア．[ou]　イ．[ɔː]
ウ．[au]　エ．[ɔː]

(4)　[əːr]
ア．[ɔːr]　イ．[ɔːr]
ウ．[əːr]　エ．[ɑːr]

(5)　[ou]
ア．[uː]　イ．[au]
ウ．[uː]　エ．[ou]

(6)　[æ]
ア．[ʌ]　イ．[ei]
ウ．[iː]　エ．[æ]

(7)　[u]
ア．[ʌ]　イ．[uː]
ウ．[u]　エ．[uː]

(8)　[sai]
ア．[fi]　イ．[fi]
ウ．[sai]　エ．[si]

(9)　[θ]
ア．[ð]　イ．[z]
ウ．[z]　エ．[θ]

(10)　[iː]
ア．[i]　イ．[iː]
ウ．[aːə]　エ．[ai]

4　ウ，オ

解説

ア．[au]－[au]　イ．[εər]－[εər]
ウ．[ei]－[ai]　エ．[ʌ]－[ʌ]
オ．[ɑːr]－[əːr]　カ．[ei]－[ei]
キ．[iː]－[iː]

5　(1)　イ　(2)　エ　(3)　ア　(4)　エ
(5)　ウ

解説

(1)　ア．[au]　イ．[ʌ]
ウ．[ə]　エ．[au]

(2)　ア．[iei]　イ．[ei]
ウ．[iːə]　エ．[i]

(3)　ア．[u]　イ．[i]
ウ．[ʌ]　エ．[juː]

(4)　エ．[f] で，その他は無声音。

(5)　ア．[tʃ]　イ．[k]
ウ．[ʃ]　エ．[k]

6　(1)　エ　(2)　イ　(3)　エ　(4)　ア
(5)　ウ

解説

(1)　introdúce
ア．consíder　イ　remémber
ウ．ímitate　エ　disappéar

(2)　impórtance
ア．ópposite　イ．idéal
ウ．dífficult　エ．béautiful

(3)　enjóy
ア．párdon　イ．óffer
ウ．cómfort　エ．suppóse

(4)　ánimal
ア．pássenger　イ．banána
ウ．musícian　エ．condítion

(5)　páper
ア．machíne　イ．guitár
ウ．órange　エ．hotél

7　イ，オ，ク，コ，セ

解説

ア．caréer　ウ．offícial　エ．advíce
カ．idéa　キ．biólogy
ケ．percéntage　サ．polícеman
シ．Pacíffic　ス．competítion
ソ．musícian

8　(1)　イ　(2)　イ　(3)　ア　(4)　ア
(5)　ア　(6)　ア　(7)　ア　(8)　ア
(9)　ウ　(10)　エ

9　(1)　ウ　(2)　エ　(3)　エ　(4)　ア

解説

(1)　[bǽθ]
ア．[bríːð]　イ．[féðər]
ウ．[θróut]　エ．[klóuð]

(2)　[fíːvər]
ア．[bétər]　イ．[lénz]
ウ．[stréŋkθ]　エ．[síːnjər]

(3)　[rizə́ːrvd]
ア．[ǽskt]　イ．[ríːtʃt]
ウ．[wɑ́ntid]　エ．[púld]

(4)　[kʌ́z(ə)n]
ア．[rʌ́f]　イ．[θɔ́ːt]
ウ．[fául]　エ．[káunt]

10　(1)　ウ　(2)　ア　(3)　オ　(4)　イ

解説

(1)　[béiðz]

ア．[bréθ]　イ．[θə́ːrou]

ウ．[wə́ːrði]　エ．[mʌ́nθs]

オ．[símpəθi]

(2)　[lə́ːrnid]

ア．[wíkid]　イ．[wɑ́tʃt]

ウ．[kəmpléind]

エ．[píkt]　オ．[kənsə́ːrnd]

(3)　[réd]

ア．[hwíːt]　イ．[híːl]

ウ．[líːn]　エ．[bríːð]

オ．[θrét]

(4)　[klóus]

ア．[mjuːzí(ː)əm]

イ．[mʌ́s(ə)l]

ウ．[hézəteit]

エ．[dizíːz]　オ．[níːz]

11　(1)　×　(2)　×　(3)　×　(4)　○

(5)　×　(6)　○　(7)　×

解説

(1)　[məsɑ́ːʒ/mǽsɑːʒ]，[práivət]

(2)　[ditə́ːrmən]，[prisáis]

(3)　[tóutl]，[ɑ́pəzət]

(4)　[fɔ́ːt]，[tɔ́ːt]

(5)　[fə́ːrðər]，[θrúː]

(6)　[wéit]，[háit]

(7)　[kənklúːʒ(ə)n]，[diskʌ́ʃ(ə)n]

12　(1)　×　(2)　○　(3)　×　(4)　△

解説

(1)　[ǽnsestər]，[éinʃ(ə)nt]，[énibɑdi]

(2)　[rédʒistər]，[dʒimnéiziəm]，
[énərdʒi]

(3)　[kri(ː)éit]，[brékfəst]，[tríːtmənt]

(4)　[risíːv]，[bəlíːv]，[fréndli]

13　(3)，(4)，(6)，(8)

解説

(1)　[dɔ́ːn]－[dáun]

(2)　[lúːs]－[lúːz]

(3)　どちらも [péər]

(4)　どちらも [əláud]

(5)　[bóuld]－[bɔ́ːld]

(6)　どちらも [ɛ́ər]

(7)　[bɔ́ːl]－[bóul]

(8)　どちらも [béri]

(9)　[hɑ́ːrd]－[hə́ːrd]

(10)　[swíːt]－[swét]

14　(3)，(5)，(7)，(14)，(17)

解説

〈第1音節を最も強く発音するもの〉

(1)，(2)，(6)，(8)，(9)，(10)，(13)，(15)，(19)

〈第3音節を最も強く発音するもの〉

(4)，(11)，(12)，(16)，(18)

(20)は，第4音節を最も強く発音する。

15　(3)，(5)，(8)，(10)，(13)

B

1　イ，オ，ク，ケ，ス

解説

イ．advíce　オ．offícial

ク．ágriculture　ケ．cómfortable

ス．éducate

2　イ

解説

media　[míːdiə]

(1)　[klénz]

(2)　[príːviəs]

(3)　[ripɔ́ːrt]

(4)　[ju(ə)rəpíːən]

(5)　[délikət]

(6)　[ríːs(ə)nt]

(7)　[pəlíːs]

(8)　[mékəniz(ə)m]

(9)　[víːik(ə)l]

(10)　[divéləp]

(11)　[és(ə)ns]

(12)　[mént]

3　(3)，(4)，(7)

解説

(3)　sociólogy　(4)　tólerable

(7)　récognize

4　(1)　アとエ，イとウ

(2)　アとオ，イとエ

(3)　アとウ，イとエ

解説

(1)　ア．[fǽsəneit]　イ．[éid]

ウ．[ətéin]　エ．[ǽkjərəsi]

オ．[əbʌ́ndəns]

(2)　ア．[ikwíp]　イ．[hélpf(ə)l]

ウ．[spektǽkjələr]

エ．[niglékt]

オ．[ríð(ə)m]

(3)　ア．[disəgríː]

イ．[diskrípʃ(ə)n]

ウ．[kənsíːl]　エ．[kəmít]

オ．[inténʃ(ə)n]

§22　会話表現

Practice

146 (1) イ　(2) ウ　(3) エ　(4) ア
147 (1) イ　(2) ア　(3) ア　(4) イ
148 (1) ウ　(2) エ　(3) イ
149 (1) エ　(2) ソ　(3) ス　(4) オ　(5) ア　(6) キ　(7) ウ　(8) イ　(9) サ　(10) セ

問題演習

A

1 (1) エ　(2) ウ　(3) イ　(4) ウ
2 (1) ウ　(2) ア　(3) イ　(4) オ　(5) エ

B

1 (a) エ　(b) ウ　(c) ア　(d) オ　(e) イ

〈全訳〉

通りの男：すみませんが，グリーンパークへの道を教えていただけませんか。
ヤスオ：私はこの町に来たばかりで，正確にお教えできるかどうかわかりませんよ。
男：大体の方向だけでもよろしいですから，教えてくださいませんか。
ヤスオ：えーっと，この通りを数ブロック行って，多分6，7ブロックだと思うんですが，そうしたら右に曲がって下さい。
男：それは遠いですか。
ヤスオ：いいえ，そんなことはありません。そっちの方にあるガソリンスタンドで聞いてみたらいかがですか。
男：はい，わかりました。ありがとうございました。
ヤスオ：無事に行けるといいですね。

ヤスオ：ジム，図書館からグリーンパークってどっちの方角だったかな。
ジム：西だよ。どうして。
ヤスオ：ああっ，(道を聞かれた)あの人に間違った方角を教えちゃった。

2 (1) エ　(2) ア　(3) オ　(4) ウ　(5) カ　(6) イ　(7) キ

3 問1 (1) オ　(2) ウ　(3) ア
問2 Would you show me where it is on the map

4 ① オ　② ケ　③ ウ　④ サ　⑤ カ　⑥ ス

〈全訳〉

A：今朝はかなり疲れているように見えるよ。気分でも悪いの？
B：あまりよくない。疲れているんだ。昨晩よく眠れなかったんだよ。
A：気の毒に。なぜ眠れなかったの？医者にみてもらった方がいいんじゃない？
B：そんな大したことじゃないんだ。ただ虫歯があるだけなんだ。今日の午後抜いてもらうつもりだよ。
A：それがいい。虫歯を抜いてもらったら，もう痛くならないね。
B：そうなんだよ。僕の友達は数年前に全部の歯を抜いたんだ。彼女の新しい歯はすごく調子がいいんだ！

5 ① オ　② キ　③ ク　④ エ　⑤ カ　⑥ ケ　⑦ イ　⑧ ア　⑨ ウ

〈全訳〉

A：何をそんなに早くから動き回っているの？
B：今日一緒にピクニックに行くって約束したじゃないか。
A：そうだけど，こんなに早くにしなくちゃいけないの？今日は土曜日よ。
B：お願いだよ。約束したじゃないか。
A：そうね。ジョンとジェーンはどうするの，彼らも一緒に来ないの？
B：来ないよ。
A：彼らに声をかけるべきだと思わない？
B：思わないよ。頼むよ，君に用があるんだ。お願いだ，君に見せたいものがあるんだよ。
A：私は彼らの気分を悪くしたくないわ。
B：そんなことにはならないよ。彼らはいずれにせよ来ないんだ。もうすでに彼らに聞いたんだ，友達が来るといけないから家にいたいと言っていたよ。
A：確かなの？
B：もちろんだよ。
A：あなたの弟はどうなの？
B：今日やらなきゃいけないことがあるっ

て言ってたよ。いいから来てよ。
A：ええ，わかったわ。服ぐらいは着させて。
B：急いで！適当でいいよ，すぐに外に出て来て。車の中で待ってるよ。
A：車で行くの？
B：そうだよ。だめかい？
A：いいわ。

6　① ask〔または have〕　② the　③ of　④ look　⑤ enough　⑥ out　⑦ not　⑧ hurts〔または aches〕　⑨ next　⑩ worse　⑪ upper　⑫ of　⑬ for　⑭ across　⑮ care

7　問1　イ　問2　ウ　問3　ア
問4　what kind of job are you planning to get ?
問5　ウ　問6　ウ　問7　ウ
問8　ア　問9　ア　問10　エ
問11　全訳参照。
問12　ア
問13　動詞形…please,
形容詞形…pleasant
問14　(1)　オ　(2)　ク　(3)　カ
(4)　イ　(5)　ケ　(6)　コ
(7)　ア　(8)　キ　(9)　エ
(10)　ウ

〈全訳〉

フィリップ・ステュワート医師の病院の仕事場。ドアをノックして，ロビーが入って来る。
P：どうぞ。やあ，ロビー。
R：父さん，邪魔だった？
P：全然そんなことはないよ。どうしたんだい？
R：話があるんだけど。
P：いいよ。
R：ちょっと頼みがあるんだ。
P：いいよ，父親っていうのはそのためにいるものだ。
R：あのね，大学に進学する前に，一夏あるんだ。そこで夏の間，働こうと思っているんだよ。
P：それで，どんな仕事をするんだ？
R：市民プールの監視員の仕事に応募したんだ。
P：なかなかよさそうだ。
R：うん。採用されたらとても儲かるんだよ。でもちょうど今は少しお金が足りないんだ。
P：(笑って) なるほど。
R：それに，僕の友達のアレクサンドラがもうすぐギリシャに行くんだ。母さんは彼女のお別れサプライズパーティーを開こうって言っているんだ。
P：それはいい。
R：それで彼女にいい贈り物をしたいんだけど…。
P：何をあげようと思っているんだい？
R：腕時計だよ。それで時刻を見るたびに僕を思い出すと思うんだ。派手なものでも高価なものでもなくて，何か飾り気はないけれど，いいものが欲しいんだ。
P：いいと思うよ，ロビー。
R：それで，いい時計を見つけたんだけど，借金しなきゃいけないんだ。⑪もしお金を貸してくれたら，給料で返すよ。
P：そうだね，母さんと私なら何とかできるだろう。いつお金がいるんだい？
R：明日でもいいかな？
P：わかったよ。
R：ありがとう，父さん。
P：どういたしまして，ロビー。

§23　長文問題

Practice

150　① カ　② エ　③ ク　④ イ　⑤ キ

〈全訳〉

日本の学生はたいへん勤勉で真面目だと言われているが，私の経験からすれば，このことはともかく常に当たっているとは限らない。たいていの学生は適切な方法で勉強していない。熱心に英語を学び始める学生はたくさんいるが，やり遂げるのはほんのわずかである。というのは，日本の学生は変わり気な性格があり，目新しさを好むが容易に困難にくじけてしまうからである。しかし，困難なことに取り組むことは学生の義務である。学生は自然に，かつ容易に起こることをするために学校や大学に行くのではなく，障害に打ち勝つために行くのである。たとえば，文法規則が難しければ難しいほど，それを習得するときの達成感はより報われるものになるのである。

151 ①〜⑤ 全訳参照。

〈全訳〉

①精神分析学は人間の心がどのように働くかについて新たに理解することでもあり，また，心の病気を治療する新しい方法でもある。精神分析学における重要な考え方の一つに，私たちは私たちの考えや感情のほとんどを知らず，抑制できないというものがある。フロイトは人間の心を海に浮かぶ氷山に例えた。氷山の一角だけが水の表面に表れているのであり，その一方でそのほとんどの部分は水面下にある。フロイトは人間の心もこの氷山と同様であると述べた。私たちは，私たちの考えや感情のほんのわずかしか知らない。彼は心のこの部分を「意識」と呼んだ。②私たちが気づかず，抑制することのできない私たちの考えや感情の多くの部分を彼は「無意識」と呼んだ。

あなたがこのページを読むとき，あなたは自らの「無意識」の部分が実際に働いていることを実感することができる。あなたはあなたの手で何をしているだろうか。あなたは爪を噛んでいないだろうか。あなたはペンや鉛筆で遊んでいないだろうか。あなたが意識的にこれらのことを命令しない限り，あなたの「無意識」の部分がこれらの行動をつかさどっているといって間違いないのだ。

精神分析学のもう一つの考え方は，全ての神経症は「無意識」の領域で起こっているというものだ。③この考えから，もし「無意識」の考えが意識されれば，たいていの神経症は治るという意見が導き出された。万一神経症が「無意識」から出てくる考えによって治るとするならば，「無意識」に到達するために，研究方法が発見されなければならなかったはずだ。④フロイトは精神分析学の重要な部分となった「無意識」に到達する一つの研究法を見つけた。この方法を彼は「自由連想」と呼んだ。⑤患者たちは，考えを思いめぐらせて，心の中に浮かんだどんなことでも言うように求められた。彼は，患者たちの全ての記憶，夢，願いを聞きたいと思った。彼らが話すとき，彼は彼らが無意識から辛い記憶，長い間隠し続けてきた記憶を思い出すことを発見した。

152 (2) (6) (7) (8)

〈全訳〉

科学者や医者たちは全てのアメリカ人の半数以上がかなり肥満だと指摘している。これはなぜであろうか。理由の一つは，アメリカ人が食べるものの種類である。多くのアメリカ人は「ファーストフード」が好きである。これらの食べ物はしばしば脂肪分と糖分が多く含まれている。もう一つの理由は，アメリカ人の食べ方である。通常の食事の合間に食べるおやつが体に余分な脂肪をつけるのである。ほとんど運動をしないことは３つ目の理由として挙げられる。多くのアメリカ人はどこに行くにも車で行こうとする。つまり，彼らは歩きたくないのである。家の中でも，彼らはソファーに横になりテレビを見ている。チャンネルを換えるのにさえ，立ち上がろうとはしない。彼らはリモコンを使うのだ。

もしあなたが肥満だとしたら，あなたはすぐにでも健康上の問題を抱えることになるだろう。医者のグループが肥満によるいくつかの影響に関するレポートを書いている。重要な影響の一つとして，心臓に与える負担を挙げている。もしあなたが肥満ならば，あなたの心臓はより強く鼓動をしなければならない。これは心臓発作やその他の心臓の問題を招くことになる。余分な脂肪分によってまた，あなたの血糖値が変化することもある。これは，糖尿病などの深刻な病気を引き起こすことになる。高血圧は肥満によって起こりうるもう一つの結果である。がんにおかされることさえあるのだ。これらの全ての問題に関するもっとたくさんの研究が望まれるが，一つは解決している。肥満はあなたの命を縮めるということだ。

153 さまざまな理由で，多くの人が睡眠に問題を抱えているが，規則正しい生活習慣を身につけることが重要である。(51字)

〈全訳〉

中にはもっと少なくてよい人もいれば，多くなければならない人もいるが，通常，人は1日に7時間から8時間の睡眠をとる。しかし，何百万もの人々が日々の睡眠に問題を抱えている。

睡眠の専門家によれば，多くの人々は彼らが眠れない理由をわかっていないというのだ。ほとんどの人は，お茶(紅茶)やコーヒーはカフェインを含んでいるためしばしば眠りを妨げるのだということは知っている。しかし，薬の中にもカフェインを含んでいるものがあり，睡眠を妨げているのだ。

睡眠薬はあなたたちを眠りに就かせてくれるが，朝起きたときにすっきりした感じはしない。私たちの生活習慣もまた睡眠に影響を与えている。日中ストレスを感じながら忙しくしている人は，夜になっても落ち着くことができず，眠りに就くことができないのである。寝る前に取る食事もまた目を冴えさせるのである。

規則正しい睡眠のスケジュールを確立したほうが良い。つまり，毎晩同じ時間に床に就き，毎朝同じ時間に起きるようにしなさい。

問題演習

B

1　問1　①　全訳参照。
　　　②　全訳参照。

問2　イ．healthier　ロ．flying
　　ハ．spreading　ニ．which
　　ホ．where

問3　3，5，8

〈全訳〉

現代の世界は，歴史上のどの年代よりも健康であるが，それでも致命的な病気は存在する。このような病気は，一つの国から他の国へ急速に広がる。例えば，アフリカから日本へ飛ぶ飛行機が危険な病気の細菌を運ぶことがあり得る。①アフリカの一つの村で発生したウイルスが，何時間か後に東京に存在することも可能である。1000マイルも離れたところにあるはずの感染症が常に隣にある。

病気は，各国の人々の健康保護を目的とした組織によって，世界中に広がることを予防されている。その組織は，1948年に国際連合によって設立された世界保健機関(WHO)である。それは，ジュネーブの本部から世界の全地域に無電で通信している。

②感染症が広がるとWHOは全世界に警告する。時には船か飛行機が危険な感染症がある港(空港)に寄港(航)することもある。WHOは他の港か空港に警告する。そしてそこでは必要な準備ができる。乗客は予防接種を受けたり，隔離されたりすることができる。

解説

問2　イ．比較級＋than any other＋単数名詞で最上級の内容を表す。
　ロ．名詞＋現在分詞　現在分詞が形容詞の働きをして名詞を修飾している。
　ハ．prevent＋A＋from＋～ing　Aが～するのを防ぐ。
　ニ．物，動物を表す関係代名詞。
　ホ．場所を表す関係副詞。

問3　1．WHOは第2次世界大戦前に設立された。→×　戦後の1948年。
　2．アメリカ合衆国が1948年にWHOを設立した。
　　→×　設立したのは国連。
　3．WHOの本部はニューヨークではなくジュネーブにある。→○
　4．国連の本部はジュネーブにある。→×　国連の本部についての記述はない。
　5．感染症のような致命的な病気は非常に速く広がる。→○
　6．WHOから警告を受ければ，国連は感染症に対する必要な準備ができる。
　　→×　準備するのは港か空港。
　7．国連は，世界の人々の健康保護のために存在する機関である。
　　→×　WHOのことである。
　8．時には船か飛行機が致命的な病

気の細菌を運ぶこともある。→○

2　問1　(ア)　全訳参照。
(イ)　全訳参照。
(ウ)　全訳参照。
問2　①　passive smoke
②　thirty-five thousand
③　喫煙をやめる
問3　ア

〈全訳〉

（米国）環境保護局（EPA）の間接喫煙の危険性についての報告書が公表された。そして，そのニュースは予想よりはるかに悪いものである。非喫煙者のうち，年間3,000人が間接喫煙が直接の原因で死亡している。子供への影響は非常に不安である。肺炎，気管支炎，ぜんそく，これらは受動喫煙によって子供がかかる多くの重い病気のうちのほんのわずかでしかない。(ア)さらにおそらく最もショッキングな事実が心臓病と関係がある。米国心臓協会は，年間の35,000人の死を間接喫煙と関連づけている。(イ)それは，殺人者や酒酔い運転者に殺された人より多い。にもかかわらず，間接喫煙による「犯罪」は処罰を受けない。近年構内での禁煙は礼儀正しさの基準になっている。喫煙者は吸える場所を探すのが非常に困難であることに気づいている。(ウ)しかし，もし喫煙者が自分たちが殺人者かもしれないということを本当にわかっているならば，煙草を吸いたいと思うだろうか？EPAのこの数字は，彼らに「銃」を捨てることを納得させられるだろうか？

解説

問1　(ア)　have to do with …
＝…と関係がある
(イ)　That は前文の35,000 deaths を指す
(ウ)　if ～ knew ～ would ～は仮定法
問2　①　second-hand smoke「間接喫煙」passive smoke「受動喫煙」
③　間接喫煙で死に至ることがあるので，喫煙を「銃」に例えている。「銃を捨てる」とは喫煙を止めること。

3　問1　全訳参照。
問2　functions
問3　①　老廃物の排泄。
②　体温のバランスをとる。
③　体液のレベルの調節や外界の刺激からの保護。
問4　conditions
問5　①　肌ざわり　②　色
③　湿っているか乾燥しているか
問6　(1)　ア　(2)　ア　(3)　イ
(4)　ウ　(5)　ア　(6)　ア
(7)　イ　(8)　ア

〈全訳〉

私たちは，皮膚はさまざまなことがその内部で起こる袋状のものだと考えがちだが，しかし①皮膚という器官はからだ全体の組織にとって非常に重要である。

それには特殊で重要な機能，老廃物の排泄，体温のバランス，体液のレベル調節，その他の微妙な機能と同じく外界の刺激からの保護に関係している。

多くの機能を執り行うためには皮膚が必要とされるために，その人の通常の健康状態にいろいろな変化を受けやすい。ほとんどの状態は何らかの方法で皮膚に投影される。たとえば肌ざわり，色，乾燥の度合いである。

解説

問1　of(＋形容詞)＋抽象名詞＝形容詞。of profound importance ＝profoundly (≒ very) important
問3　該当箇所は *l*.4 ～*l*.7 の which relate … subtle functions.
問5　該当箇所は *l*.11 の changes … dryness

4　問1　a．T　b．F　c．F　d．F
e．T　f．F
問2　a．Sanskrit
b．a dinner party
c．reading about it
問3　ア．on　イ．in　ウ．with
エ．by　オ．at
問4　②
問5　a．全訳参照。
b．全訳参照。
c．全訳参照。
問6　a．I want to work as a volunteer at an old-people's home.
b．He has grown tired of running every day.
c．Nightingale is known very

much as an angel in white.

〈全訳〉

フローレンス－ナイチンゲールは，クリミア戦争で傷病兵を看病したことが最も知られるヴィクトリア女王治世時代の偉人だった。彼女は1820年5月12日，イタリアのフローレンスで，裕福なイギリス人の両親の間に産まれた。両親は彼女が産まれた場所にちなんで命名した。子供の時，彼女は父親から現代語だけでなく，古典や数学を教わった。大きくなった時，彼女は母親に同行して病人や貧しい人々を見舞った。1837年，16才の時，彼女は神に仕えよと呼ぶ「神の声」を聞いたと主張した。

この頃にはフローレンスは魅力的な若い女性に成長していた。ある晩餐会で彼女はリチャード－モンクトン－ミルネスに会った。彼は結婚相手にふさわしい独身者で，ヨークシャーの大地主の跡取りだった。彼はフローレンスに一目惚れし結婚したいと思った。a二人の交際は7年間続いたが，彼は彼女が結婚を承諾するのを待つことにうんざりしていた。そこで最後の申し出をした。bしかし，彼女は断り，看護婦の仕事を続けることを選んだ。

1854年，継続中のクリミア戦争やc負傷者が収容されている病院のひどい状態の記事を読んで，彼女はそこに志願して行った。彼女は38人の看護婦部隊を指導するように要請された。

1856年，「ランプを手にした淑女」（彼女はこのように呼ばれるようになった）は，国民的ヒロインとして英国に戻った。イギリスの人々は，クリミアでの偉業に感謝して，ロンドンのナイチンゲール看護学校への巨額の寄付金を募集した。

フローレンスは年をとるにつれて健康を害し病人になった。それにもかかわらず彼女は非常にかわいがっていた猫に囲まれて事務の仕事をした。

しかし，この仕事は失明のため急に終わった。1901年，彼女の目は全く見えなくなり，数年後には昏睡状態に陥った。1910年8月13日ついに90才で亡くなった。

（解説）

問1　a．彼女の両親は金持ちだった。
　　→T

b．彼女は母親と病院を訪れた。
　　→F　病院ではなく病人や貧しい人々を見舞った。

c．彼女はリチャード–モンクトン–ミルネスの最後の申し出を受け入れた。→F　断った。

d．彼女は病院の死亡率を減らした。→F　このような記述はない。

e．クリミア戦争後，彼女は非常に有名になった。→T

f．彼女は全く目が見えなかったにもかかわらず働き続けた。→F　失明したために急に終止した。

問4　①，②は時を表す。
　　③は様態を表す。
　　④は比例を表す。

5　問1　①　ability　　②　really
　　⑤　agreement

問2　a．エ　　d．オ　　e．ア

問3　b．until　　c．to

問4　language does give insights into a foreign culture

問5　language

問6　全訳参照。

〈全訳〉

言語は確かに他人を理解する際に重要な要素である。私の日本語の能力がよくなるにつれて，人々に対する理解も深まってくる。このことは私の大学での専攻科目のフランス語についても言える。私はフランス語が流暢に話せるようになって初めてフランスの人々のことがわかり，その真価も本当にわかるようになった。私はこのことが常に当てはまるとは言わないが，言語は外国文化に対して実際洞察を与えるものである。もし言語を理解しなければ，わからないだろうということだ。特に礼儀正しさや同意表現の大変な重要さに固執する日本人についてはなおさらである。

⑥お互いを理解することが可能であると確信していなければ，私はずっと以前に日本を離れていただろう。確かに努力や感受性が必要とされる。私は日本人を完全に理解していると明言できないが，アメリカ人やヨーロッパ人も大してわかってはいないのである。

（解説）

問5　otherwise「そうでなければ」の意。
　→「もし言語を理解しなければ」

問6　if が省略された仮定法。

＝If I were not convinced it is possible to understand one another, ….

条件節は仮定法過去，主節は仮定法過去完了。

6　イ，カ

〈全訳〉

もしアメリカの学生といっしょに授業に参加すると，日本の学生と多くの違いがあることにすぐにも気づくだろう。

1つの大きな違いはアメリカの学生は一般的に授業中お互いに話しかけないということである。学生は教師がしていることに注意を払っているのだ。また，アメリカの学生は答えがわからなくても，他の学生がその人に耳打ちするようなことはしない。

もう1つの違いは，アメリカの学生は教師にいどむことが好きだということだ。彼らはよく質問する。もし教師が間違っていると思えば，反対もする。わからないことがあれば，教師に再度説明を求める。

もしあなたがアメリカの授業に参加するのならば，適応するのに手助けとなるごく簡単なことがある。手を挙げるようにしなさい。

7　問1　①　ウ　②　イ　③　ア

問2　(1)　イ　(2)　オ　(3)　エ

問3　(4)　more　(5)　less

問4　a　全訳参照。

b　全訳参照。

問5　(1)　○　(2)　×　(3)　○

(4)　×　(5)　○

〈全訳〉

[a]作物の遺伝子工学（DNA を新しい形に作り変えること）は，科学者たちが普通の食べ物より，より大きく，よりおいしく，そしてある時はより健康的な農作物を作り出そうとしている過程である。例えば，多くの科学者たちは殺虫剤や他の化学薬品が必要なくなるように，虫や病気に侵されない食べ物を開発しようとしている。2つの新しい遺伝子工学による植物には，ウイルスに打ち勝つカボチャや，毎年ジャガイモに多大なダメージを引き起こすジャガイモハムシといった昔からの敵を倒すジャガイモが含まれる。

しかしながら，遺伝子工学の主たる目的の1つは，単によりよい食べ物を作ることであり，よりおいしく，より手ざわりがよく，あまり早くに悪くならない食べ物は，途中段階にある。熟成の遅いトマトは開発されてきており，これは，トマトが店に届く時に，全く熟しておらず柔らかくもないということを意味する。[b]ブロッコリーやメロンのような果物や野菜は，より長持ちするように変化してきている。新しいタイプの果物や野菜はまた，より甘くなるだろう。

食べ物はまたより健康的になるだろう。ジャガイモは，ほとんど脂肪のないポテトチップスを作るよう開発されている。ある種の小麦は，なめらかなでんぷんを多量に持つように変わってきている。パーム油やサンフラワー油を作る作物は，飽和脂肪含有量のより少ない健康的な油を提供するだろう。そして，朝の1杯のコーヒーでさえ，もっと香りがよく，もっとカフェインが少なくなるだろう。

解説

問3　many, much, few, little 等の，名詞を強調する語句に注意。

問4　a　scientists 以下は process にかかる句になっており，that 以下は crops にかかるようになっている。

b　last「続く，長持ちする」の意。

8　問1　①　全訳参照。

②　全訳参照。

問2　(1)　ノーベル平和賞

(2)　左肩に十字架をつけ，普段の白いサリーを着ていた。

(3)　15,000 人の空腹の人々の食べ物

(4)　1997年9月5日，心不全で亡くなった。

問3　(1)　for　(2)　after　(3)　to

(4)　of　(5)　as

問4　(a)　which　(b)　what

(c)　who

問5　She spent her whole life helping people in need

〈全訳〉

マザーテレサは1948年，インドのカルカッタで貧しい人のために働き始めた。多くの貧しい人々が道端で生活し，そのうちの何人かは病気にかかっていた。ある日，マザーは非常に病状の悪い女性にあった。

①彼女はその女性を病院につれて行こうとしたが，カルカッタの病院は人がいっぱいいすぎて，貧しい死にかけの女性にベッドを提供できなかった。彼女はマザーの努力にも関わらず路上で死んだ。そんな体験から，マザーは死にかけの人達のための施設を建てた。そこでは路上にいる非常に病状の悪い人が受け入れられ，彼らが静かに“尊厳と愛情を持った死”を迎えるまで世話を受けた。

マザーの働きは徐々に，1960年代の世界に知られるようになった。そして1979年に彼女は，自分や従者が世界中の貧しい人々に行ってきたことに対して，ノーベル平和賞が与えられた。彼女は12月，賞を受けとるためにノルウェーのオスロに行った。彼女は授賞式で多くの要人達の前で話をした。彼女は言った「…私はノーベル賞を受け取ることを，世間中から望まれておらず，愛されもせず，面倒を見てもらえないと感じる，空腹で着るものも家もない…全ての人々の名の下に感謝します。」聴衆の多くは，非常に寒い日だったので毛皮のコートを着ていた。しかしながら，彼女は左肩に十字架のマークのはいった，いつもの白いサリーを着ていただけであった。

ノーベル賞のような賞には，よく多額の金がつきものである。マザーは190,000ドルの賞金を受け取った。②彼女はそれを，自分のためではなく，助けを必要とする人達のために使った。実際，彼女は190,000ドル以上のものを得たのである。1979年，普段は授賞式の後に催された祝賀会が取り止めになった。祝賀会にかかるお金は節約され，リクエストによりマザーに与えられた。彼女はそれを15,000人の空腹の人々のための食べ物に使った。

マザーテレサは1997年9月5日，心不全で亡くなった。彼女は87歳だった。彼女は彼女の全生涯を，困っている人々を助けることについやした。

（解説）

問1 ① too ～ to …「～すぎて…できない（できなかった）」の意。
② not A but B「A でなく B」の意。

問3 2 look after「世話をする，面倒を見る」の意。

C

1
問1 Nearly everything is prepacked.
問2 全訳参照。
問3 (1) sweets (2) litter
(3) plastic
(4) greenhouse effect
問4 a．ウ b．ア c．エ
d．イ
問5 (1) × (2) × (3) ○
(4) ×

〈全訳〉

消費者運動とは単に買うことを意味する。つまり，我々が買うものとそれの買い方である。この国の消費者運動の型はここ20年で大いに変わってきた。

以前は毎日の買い物はいくつかの店で行っていた。肉を買うのには肉屋に，魚は魚屋に，野菜は八百屋に買いに行っていたのだ。

食料品店では，商品をはかりで計り，紙袋に入れてくれたものだ。ときには商品が買い物袋に直接入れられることもあった。肉，魚，パンは特別の紙に包んだものだった。

最近はスーパーで買い物をするのがふつうだ。スーパーではひとつ屋根の下で，欲しいものがすべて手に入る。ほとんどすべてのものが，あらかじめパック詰めされている。果物はすべて同じ大きさで，同じ色で，とてもおいしそうに見える。しかしそれには殺虫剤やホルモンが使われているからこう見えるのである。摘み取ったあと長持ちさせるために殺菌剤を吹きかけてあるのだ。②人々は今や，単に果物の見映えをよくしたり，長持ちさせたりするためのこれらのすべての化学薬品を，敢えて食べるべきなのだろうかと考え始めている。

スーパーの包装も人々を困らせ始めているもう一つの問題である。それにより我々の貴重な資源が使い尽くされるのである。紙は木から作られ，ポリエチレンは石油から作られるが，我々はただそれを捨てるだけなのである。たびたび精算係が，すでにパック詰めされているものを，さらに別のビニールの袋に入れる。もしあなたが買おうとしているものでこんなことになったら，余計な袋はいらないと言いなさい。そして後ろに長い列がなければ，いらない理由を説明しなさい。

毎年イギリスで出されるプラスティックの廃物は，1人あたり57キログラムにのぼる。このプラスティックをすべて処分することは，費用のかかる問題である。しかしそれだけではない。プラスティックを作るとエネルギーを消費し，公害を引き起こし，温暖化の影響が増すのである。

あいにく，このパックの中にはゴミ入れに届かない（入れられない）ものもある。その代わりゴミになる（散らかる）。お菓子の包みをはがして捨ててしまうだけの人もいる。彼らは飲みものの缶を何も考えずに捨てる。町中でこのゴミを目にするとひどいものである。しかし少なくとも最終的には誰かがそれを始末することになる。

③田舎では，付近の住民が拾わなければ，野原や道ばたにゴミが残る。そのうち，それにより飼育動物が死んだり傷ついたりするのである。ビンや缶が切傷の原因になったり，動物がポリエチレンの袋を食べて死んでしまったり，頭をつっこんで窒息してしまうこともあるかもしれない。ゴミを落とすことは罪悪である。誰かがそうしているのを目にしたら警察に報告する権利があるのだ。

（解説）

問2　②　wonder if 〜「〜かどうかと思う」

この so that 〜は〈目的〉を表している。

→「〜するように」

last(s) は動詞で，「長持ちする」の意味。

risk 〜 ing「あえて〜する」

③　直前の In the town，に注目。

In the country は「田舎では」の意味。it＝litter

…unless the people (who live near by) pick it up. の文では，the people が主語，pick up が動詞である。

問3　(1)　キャンディー，キャラメルの他にも砂糖が大いに含まれた食品

(2)　辺りに散らばった，散らかったもの，すなわち散らかったゴミ

(3)　柔らかいときに形作り，固くしてガラスや木や金属の代わりに使う材質のもの

(4)　二酸化炭素のようなガスによって生み出され，地球の表面温度を上昇させることによって大気に及ぼされる影響

2　問1　①　⑤　⑥

問2　1．b　2．d　3．d　4．b　5．c

問3　①　○　②　○　③　○　④　×　⑤　×　⑥　×　⑦　○

問4　①　c　②　b　③　b

問5　(1)　b　(2)　a　(3)　b

問6　(A)〜(C)全訳参照。

〈全訳〉

あなたは近頃ファーストフードを食べていますか。ハンバーガーやフライ，ピザのグローバル化のおかげであなたは多分食べているでしょう。あなたは今までにマクドナルドやバーガーキング，ケンタッキーフライドチキンやピザ・ハット等に行ったことがありますか。あなたは一度それを試してみると，何度も何度もそこに行くことになる。というのは，早くて安くて，かつ便利であり，あなたはその味を好きになるからである。

(A)アメリカでは，200人の人々が毎秒ハンバーガーを注文しており，ファーストフードは非常に大きなビジネスである。事実，それは年間1億米ドルのビジネスであり，まだ成長している。アメリカ人が外食する食べ物の半分以上がファーストフードのレストランで食べられる。

だが，私達が“ジャンクフード”や“ファーストフード”と言う時に，何について話しているのか。一般的に，それを食べる人達には，食べる準備ができているもの，素早く準備されるもの，バッグの中や，自分で破って開けて食べる容器の中のスナック食品（チップス，アイスクリーム，キャンディ…）のいずれかを意味している。大部分の人々にとって，ジャンクフードとは味がよく素早いものなのである。

しかしながら栄養学者達は，ジャンクフードは，脂肪や糖分や塩分，カロリーやコレステロールが高く，食物繊維やカルシウム，葉酸，ビタミンA，鉄分，亜鉛が低いと言う。人々の中には，これはアメリカ人

が食するもので，多くのアメリカ人が深刻な太りすぎの状態になると思われる大部分のものを示していると言う人もいる。

(B)何年もの間，アメリカ人の食事において，脂肪の摂りすぎや食物繊維の多大な摂取不足について警告を発してきた。これは更なる心臓発作やがんを引き起こす。多くの人々は，ナトリウムがほとんどなく，私達の日常のカロリー摂取量のたった30%を構成する脂肪を含む果物や野菜（つまりは食物繊維）を，食事にたくさん入れるべきだという国立がんセンターのアドバイスに同意するものの，ほとんどの人はこのアドバイスを守らない。

メディアによる健康や栄養に関する情報に注意が払われ，ジャンクフード産業が変化してきた。多くのファーストフードの会社では，サラダや赤身の肉，皮のないチキンやフローズンヨーグルトシェイクのような物を加えることによって，メニューにいくらか健康的な選択を加えるよう真に努力がなされた。

(C)より栄養的なファーストフードというこの大きなビジネスの実験結果に関するおもしろいものに，たった1年後には，これらの商品の多くが売れないため消えていったという事がある。人々がバーガーキングで欲しがる物は，3対1の割合で残りのメニューより多く売れるフーパーと呼ばれる630カロリーのハンバーガーである。

ここでは何が起こっているのか。人々は悪い食習慣から直接起こる健康の問題に関して，日常的に情報を与えられているにも関わらず，赤身の肉や飽和脂肪，精製糖や大量のナトリウムが含まれているとは思われないもの全てを好み続けている。公益科学センターに所属する栄養学者のジェーン・ハーレイは，「あなた方がもし注意深く選択すれば，ファーストフードのレストランでよい食事を得ることができる。しかし，大部分の人々がファーストフードのレストランに入ると，サラダでさえたのもうとしない」と言う。

今の所，人々が満足のいくようなあぶらっこい味がする，食べるのに便利なファーストフードを好むことは，はっきりしている。外見上は，マックグリルチキンクラシック（ソースなし）は，250カロリーと3gの脂肪しかないが，ビッグマック（510カロリー，26gの脂肪）に比べ，心に訴えるものが少ないだろう。Men's Healthという雑誌による非公式の調査を見ると，マックグリルチキンは「乾いていて，充実感も満足感もなく，全くおいしくない」ということだった。やはりファーストフードを欲しいと思う時は，そう，ビッグマックがたしかにおいしいのである，いかがかな。

解説

問1　①　*l*.5 In the United States ～ big business に着目。
　　⑤　6，7段落目に着目。
　　⑥　8段落目に着目。

3

問1	ウ	問2	ア	問3	エ
問4	イ	問5	オ	問6	ウ
問7	エ	問8	ア	問9	イ
問10	オ				

〈全訳〉

私は18歳のとき，小児まひの重病にかかり，1年半以上入院した。そこで私は人のために尽くしたガンジーやシュバイツァーのような有名な平和遂行者についての読書に何時間も費やした。そしてもし私がこの病気に打ち勝ったならば，そういうすばらしい人々の1人になろうと思った。しかし，私たちの多くがそうであるように，私は彼らの生涯について誤解をしていた。平凡な人には平和のためにたいしたことはできない。つまり，戦争から世界を救うために何か意義ある貢献をするためには貧しい社会事業家や現実離れした場所での医者や平和運動の指導者にならなければならないと思っていたのだ。

よく考えたり，実際世界の人々に手紙を書き福祉の必要性についてたずねたりしてから，私はアフリカで教師になろうと決心した。大学で一生懸命勉強して学部でトップクラスの1人になった。それで4年生になって学部長から，私は車椅子という制限があるために教員免許取得を断られたと告げられたとき大変な衝撃を受けた。

私は人を助けるという夢が壊れた，言い換えれば平和に貢献しようとする私のチャンスは完全に失くなったと感じた。私は大変失望し平和に関して書いた1000ページにも及ぶものをすべて燃やした。

家は自営業だったので，私はそこで仕事

を始めた。しかし私の気持ちは決して完全に仕事に打ち込めるものではなかった。私はひどく失敗と罪の間にいるのを感じた。私は自分が人間性を失ったかのように感じた。

何年間も私は仕事を次から次へ変えた。そしてついに1963年日本に来て家業の支店を開いた。東京に着くとすぐに地方新聞で私のような半身不随の何千人もの日本の子供たちが車椅子がないために社会に参加できず家に居るという記事を読んだ。私は自分の会社で小さな基金設立キャンペーンを始め，この子供たちに数台の車椅子を買おうと決めた。

驚いたことにその計画はすぐにも成功し，2年間で急速に広がり全国的に知れ渡るプログラムとなった。私は1966年に会社を辞めるまでに約1億円集めた。そしてそのお金で数百台の車椅子を買い，身体障害者のために尽くしているグループにかなりの寄付をすることができた。

ある日，日本政府の著明な代表者が，「ダートさん，あなたこそ真の平和の大使です」と私に言った。それを聞いて私は大変驚いた。突然，どんなことが世界に平和をもたらすのだろうかと考えていた今までの考えは間違っているとわかった。私は自分へのあわれみやつらい気持ちのために無駄にしていた年月，私が失ってしまった自分の夢を実現するためのあらゆる機会をひどく恥ずかしく思った。私は，銀行マンでも，主婦でも，労働者でも，セールスマンでもどんな職業であろうと誰もが何らかの方法で平和のために意義深い貢献ができるということがわかった。そして，非常に大切なことなのだが，戦争や苦しみはほんのわずかな有名な人や政府の指導者で止められるものではないだろうということがやっとわかった。真の世界平和は鏡にうつる“自分”から始まり，世界中の1人1人が平和を創造していく人となり，平和が日々すべての人々に生かされたときにやってくるのである。

(解説)

問1　(a)の前がif I survived the diseaseと仮定法過去になっていることより，ここは仮定法過去の主節になるとわかる。

問3　下線部①=「大きな衝撃をくらったようだった」
ア．それによって悲しくなった
イ．残念に思った
ウ．おびえた
エ．大きな衝撃を受けた
オ．病気にかかった
be taken ill「病気にかかる」

問4　下線部②は分詞構文の〈理由〉を表す。→「商売一家の出なので」

問5　caréer
ア．wélfare　イ．súffer　ウ．lócal
エ．tálent　オ．survíve

問7　participate in ～=take part in ～「～に参加する」

問10　下線部⑥のforに着目。前のfor all the years ～ bitternessの言い換えだとわかる。to live my dreamはall the opportunitiesを修飾する形容詞的用法の不定詞。

4
問1　①　ア　②　イ　③　ウ　④　エ
問2　A．ウ　B．ア　C．イ
問3　ⓐ　ア　ⓑ　ウ　ⓒ　ウ
問4　(1)　イ　(2)　ア　(3)　イ　(4)　ウ
問5　(1)　ア　(2)　ウ　(3)　エ

〈全訳〉

医院や診療所は通常混み合っている。しかしアメリカでは医者はしばしば予約制をとる。医者に診てもらいたいときは，まず医院に電話をかける。すると事務か受付係が予約をしてくれる。たぶん「わかりました。医者は10時25分に診てくれるでしょう」と言われるだろう。それであなたは10時25分に病院へ行ってあまり待たずに診てもらえるだろうと思う。さてそう考えると間違いなのである。医者に自分を診察するために待たせたくないので10時15分頃に着く。びっくりするだろうが，待合室には30～40人の人がいることがわかる。やっとあなたは予約時間より約4時間遅れて，2時15分頃に診察室へ入る。だから，予約は何のためにあるのだろうかと思う。

医者に病院から緊急呼び出しがかかることがあるのはわかる。アメリカの大部分の医者は自分で小さな医院や診療所をもっているが，また大きな一般病院の職員でもある。それで診察や最小限の処置は自分の小さな医院でするが，手術（からだを切ったり縫ったりする医学的処置）や他の重要な処置は病院でする。ときには緊急を要すること（速やかに処置されなければならない重大かつ危険な状況）もある。それで医者は自分の小さな医院に多くの患者を待たせたままにせざるを得ないのである。

しかしながら私は他の理由もあると思う。医者は予約をぎっしり詰め過ぎるということもある。医者は 1 時間に 20 ～ 30 人は診れると考えている。このようなスケジュールは患者の交替時間を含めて，患者 1 人当たりわずか 2 ～ 3 分しか時間をさけないということになる。

それぞれの医院には少なくとも 3 ～ 4 つの処置室がある。1 人の患者が看護婦にそれぞれの部屋へ連れて行かれる。医者は 1 の部屋から順に行く。看護婦は，患者がいつでも診てもらう準備ができていて，次の部屋で医者を待っていることがわかる。

実際これはよい考えであり，医者の貴重な時間を節約し，1 日により多くの患者を診てもらえるようである。しかし私の友人は妻を喉の痛みで医者に連れて行ったら，部屋から部屋へローラースケートに乗るほど医者が急いでいたと言った。医者は患者の病気が何かと分かる前にもう注射器を手にしていたと言った。これはあまりに能率的過ぎか急ぎ過ぎだと思う。それとも私の友人は冗談を言っていたと思いますか。

（解説）

問 2　A．最初の（　A　）の直前に前置詞 without があることより動名詞が入るとわかる。

・*l*.20　leave＋O＋C「O を C のままにしておく」

B．文脈より，最初の（　B　）を含む文意は「だから，予約は何のためにあるのだろうかと思う」

・*l*.35　he found out（　B　）the patient's problem was.「患者の問題が何かとわかる」

主な不規則動詞の活用表

原　　形	代表的な意味	過　去　形	過去分詞形	現在分詞形
arise	生じる	arose	arisen	arising
awake	目がさめる	awoke，awaked	awoken，awaked	awaking
be {am，is are}	存在する，ある	{was were}	been	being
bear	産む	bore	born，borne	bearing
beat	打つ	beat	beat，beaten	beating
become	～になる	became	become	becoming
begin	始める，始まる	began	begun	beginning
bite	かむ	bit	bitten	biting
blow	(風が) 吹く	blew	blown	blowing
break	こわす，こわれる	broke	broken	breaking
bring	持ってくる	brought	brought	bringing
build	建てる	built	built	building
burn	燃える，燃やす	burnt，burned	burnt，burned	burning
buy	買う	bought	bought	buying
catch	捕える	caught	caught	catching
choose	選ぶ	chose	chosen	choosing
come	来る	came	come	coming
cut	切る	cut	cut	cutting
do〔does〕	する，果たす	did	done	doing
draw	描く，引く	drew	drawn	drawing
dream	夢を見る	{dreamed dreamt}	{dreamed dreamt}	dreaming
drink	飲む	drank	drunk	drinking
drive	(車を)運転する	drove	driven	driving
eat	食べる	ate	eaten	eating
fall	落ちる	fell	fallen	falling
feed	食物を与える	fed	fed	feeding
fight	戦う	fought	fought	fighting
feel	感じる	felt	felt	feeling
find	見つける	found	found	finding
fit	ぴったり合う	fitted，fit	fitted，fit	fitting
fly	飛ぶ	flew	flown	flying

原形	代表的な意味	過去形	過去分詞形	現在分詞形
forbid	禁じる	forbade forbad	forbidden	forbidding
forget	忘れる	forgot	forgot forgotten	forgetting
forgive	許す	forgave	forgiven	forgiving
freeze	凍る，凍らせる	froze	frozen	freezing
get	得る	got	got，gotten	getting
give	与える	gave	given	giving
go	行く	went	gone	going
grow	成長する	grew	grown	growing
have〔has〕	持っている	had	had	having
hear	聞く	heard	heard	hearing
hide	隠す，隠れる	hid	hidden，hid	hiding
hit	打つ	hit	hit	hitting
hold	つかむ	held	held	holding
hurt	傷つける	hurt	hurt	hurting
keep	保つ	kept	kept	keeping
know	知っている	knew	known	knowing
lay	横たえる，置く	laid	laid	laying
learn	学ぶ，習う	learned，learnt	learned，learnt	learning
leave	去る	left	left	leaving
lend	貸す	lent	lent	lending
let	～させる	let	let	letting
lie	横になる	lay	lain	lying
lose	失う	lost	lost	losing
make	作る	made	made	making
mean	意味する	meant	meant	meaning
meet	会う	met	met	meeting
overcome	打ち負かす	overcame	overcome	overcoming
overtake	追いつく	overtook	overtaken	overtaking
pay	支払う	paid	paid	paying
put	置く	put	put	putting
read	読む	read〔red〕	read〔red〕	reading
ride	乗る	rode	ridden	riding
ring	（ベルが）鳴る	rang	rung	ringing
rise	上がる，昇る	rose	risen	rising
run	走る	ran	run	running

原　形	代表的な意味	過　去　形	過去分詞形	現在分詞形
say	言う	said	said	saying
see	見る，見える	saw	seen	seeing
seek	求める	sought	sought	seeking
sell	売る	sold	sold	selling
send	送る	sent	sent	sending
set	置く，沈む	set	set	setting
shake	振る	shook	shaken	shaking
shine	輝く	shone	shone	shining
shoot	撃つ	shot	shot	shooting
show	見せる，示す	showed	shown	showing
shut	閉じる	shut	shut	shutting
sing	歌う	sang	sung	singing
sink	沈む，沈める	sank，sunk	sunk，shunken	sinking
sit	座る	sat	sat	sitting
sleep	眠る	slept	slept	sleeping
speak	話す	spoke	spoken	speaking
spend	使う	spent	spent	spending
spill	こぼす	spilt	spilt	spilling
spread	広げる，広がる	spread	spread	spreading
stand	立つ，立たせる	stood	stood	standing
steal	盗む	stole	stolen	stealing
sweep	掃く，掃除する	swept	swept	sweeping
swim	泳ぐ	swam	swum	swimming
take	取る	took	taken	taking
teach	教える	taught	taught	teaching
tell	話す	told	told	telling
think	思う，考える	thought	thought	thinking
throw	投げる	threw	thrown	throwing
understand	理解する	understood	understood	understanding
wake	目がさめる	woke，waked	woken，waked	waking
wear	身につけている	wore	worn	wearing
weep	泣く	wept	wept	weeping
win	勝つ	won	won	winning
wind	巻く	wound	wound	winding
write	書く	wrote	written	writing

索　引

【さ行】

【た行】

【な行】

【は行】

【ま行】

【や行】

【ら行】

【わ行】

【a】

【b】

【i】

【k】

【l】

【m】

【n】

【o】

【p】

【q】

【r】

【s】

【x】

【y】

看護医療学校受験
オープンセサミシリーズ　参考書　③　英語

2024年２月15日　第１版第１刷

編　著　東京アカデミー
発行人　佐川　泰宏
発行所　株式会社ティーエーネットワーク
名古屋市中村区名駅 1-1-1
ＪＰタワー名古屋６Ｆ
〒450-6306　TEL　052-586-7805
FAX　052-563-2109
発売元　東京アカデミー七賢出版株式会社
東京都豊島区西池袋 1-11-1
メトロポリタンプラザビル 13F
〒171-0021　TEL　03-6852-0803
FAX　03-6852-0180
印刷・製本　名鉄局印刷株式会社

ISBN978-4-86455-658-3　C7037
Printed in Japan